신영복
함께 읽기

여럿이 함께 씀

돌베개

신영복 함께 읽기

여럿이 함께 씀

2006년 8월 14일 초판 1쇄 발행
2018년 11월 22일 초판 6쇄 발행

펴낸이 한철희 | 펴낸곳 주식회사 돌베개 | 등록 1979년 8월 25일 제406-2003-000018호
주소 (10881) 경기도 파주시 회동길 77-20 (문발동)
전화 (031) 955-5020 | 팩스 (031) 955-5050
홈페이지 www.dolbegae.co.kr | 전자우편 book@dolbegae.co.kr

책임편집 박숙희 | 편집 김희진·이경아·윤미향·김희동·서민경
표지디자인 박정은 | 본문디자인 박정은·박정영·이은정 | 인쇄·제본 영신사

ⓒ 강준만 외, 2006

ISBN 89-7199-244-1 03040
책값은 뒤표지에 있습니다.

이 도서의 국립중앙도서관 출판시도서목록(CIP)은 e-CIP 홈페이지
(http://www.nl.go.kr/cip.php)에서 이용하실 수 있습니다.(CIP제어번호: CIP2006001691)

신영복
함께 읽기

'처음처럼'의 의미를 되새기며

사람은 사람을 닮아가나 봅니다. 당대의 논객이라 불리는 분들의 홈페이지 방문자들이 남긴 글을 보면, 날카로운 논리와 분석으로 무장한, 그러나 사랑보다는 비판에 바탕을 둔 글이라는 생각을 하게 됩니다. 그 논객들의 글을 닮은 것이지요. 반면에 신영복 선생의 홈페이지 '더불어숲'에 가면 마음이 따스한 사람들이 쓴 문장들을 만납니다. 용서, 화해, 안타까움, 미안함, 격려, 희망, 새로운 다짐 등으로 가득 찬 글들은 마치 신영복 선생이 쓰신 글을 읽는 것 같은 착각을 불러오기도 합니다. 어느덧 우리는 선생을 닮아가고 있습니다.

작년 가을, 그렇게 신영복 선생을 닮아가는 성공회 대학교 사람들 중 몇 명이 선생의 퇴임을 기념하는 문집을 준비하기 위해서 모였습니다. 모임의 이름은 '신영복 선생님의 출판을 귀하게 생각하는 모임'이라 지었고, '신출귀모'라고 재미있게 줄여서 불렀습니다. 책에서 받는 사색 깊은 선비의 인상뿐만 아니라 유쾌하고 재미있는 선생의 또 다른 모습에서 떠올린 발상이었습니다. 한 가지 놀라웠던 점은 누가 먼저 제안하지도 않았건만, 다들 퇴임기념 '논문집' 형식은 아니어야 한다고 생각했다는 것입니다. 학자로서 선생께서 그 동안 걸어오셨던 길이 건조한 논문 형식이 아니라 어머님이나 계수씨에게 보내는 따스한 편지의 모습이어서 그랬을 것이라고 생각합니다.

문집 준비를 시작하면서 저희들은 선생과 인연을 맺고 있는 사람들이 그렇게 많다는 사실에 매우 놀랐습니다. 20년의 징역살이 동안 모든 인간관계로부터 철저하게 단절되었던 선생께서 어쩌면 이렇게 많고 다양한 사람들과 깊은 인연을 맺고 계셨는지. 심지어 감옥이라는 지극히 비인간적인 공간에서 쌓은 관계조차 이렇듯 소중하게 유지되고 있다니⋯⋯. 그분들 가운데 글을 쓸 사람을 선별하는 것 자체가 웬일인지 이 책의 기획의도에 어울리지 않는다는 생각이 들었습니다만, 책의 한정된 지면 탓을 할 수밖에 없었습니다. 결국 선생의 중요한 삶의 지점들을 잘 보여줄 수 있는 분들을 필자로 모시기로 했는데, 나중에 소문을 듣고 책에 참여하기를 원하셨던 분들을 모두 포함하지 못한 점은 못내 아쉬움으로 남습니다.

굳이 구별을 하자면 1부는 신영복 선생의 사상과 사색의 세계를 살펴본 글들이고, 2부는 선생의 삶을 되돌아본 글들입니다. 1부의 필자들은 각 분야에서 활동하고 있는 전문 연구자들이며, 각자 자기 영역에서 신영복 선생의 사상과 저작들을 펼쳐놓고 "오늘날 우리는 왜 신영복을 읽는가"를 살펴보고 있습니다. 2부에는 참으로 다양한 분들이 필자로 참여해주셨습니다. 선생의 아버님과 인연을 맺은 분들, 스승, 친구, 제자, 그리고 감옥 동료에 이르기까지 참으로 많은 분들이 선생의 삶을 잔잔하게 전해주고 있습니다.

원고를 하나씩 받아들 때마다, 그래서 선생에 대한 다른 사람들의 느낌을 하나씩 확인할 때마다 든 생각은, 선생의 삶은 당신이 쓰신 책의 내용과 일치한다는 것이었습니다. 감동받은 책의 저자를 직접 만났을 때 실망한 경험이 있는 사람은 아마도 그와 반대되는 이 느낌을 이해할 수 있으리라 믿습니다.

말과 글이 다르지 않아야 하고 생각과 실천이 어긋나지 않아야 한다는 평범한 진리를, 여러 사람의 글 속에 나타난 선생의 삶을 통해서 확인할 수 있었습니다.

이 책은 신영복 선생을 거울로 삼고 닮아가려는 사람들이 만든 문집입니다. 각자 나무로 살다가 선생을 만나서 더불어 숲을 이룬 많은 사람들의 이야기이기도 합니다. 나이에서 징역살이 20년을 빼면 아직도 40대라고 웃으시는 선생께서는 대학에서의 정년퇴임을 수많은 일 중의 하나로 여기시지만, 숲을 이룬 나무들에게는 선생의 정년퇴임과 문집 출간이 '처음처럼'의 의미를 되새기는 시간이 됩니다.

이제 신영복 선생이 뿌린 씨앗들이 자라나 더 큰 숲을 이루게 되었습니다. 이 숲이 서로를 보듬고 손잡아주는 희망의 공간이 되기를 빕니다. '신출귀모'로 긴 시간 동안 수고해주신 강인선, 권혁태, 김명철, 김진업, 김창남, 임규찬, 정원오, 진영종 선생, 귀한 원고를 써주신 모든 필자들, 그리고 출판의 전 과정을 함께 해주신 돌베개 출판사의 한철희, 박숙희 선생께 감사의 인사를 전합니다.

'신출귀모'를 대신하여
박경태

서문 '처음처럼'의 의미를 되새기며 박경태

1부_신영복을 읽는다

Ⅰ. 끝나지 않은 사색 _ 삶과 사유

Ⅱ. 나무에서 숲으로 _ 글과 예술

Ⅲ. 낮고 깊은 성찰 _ 신영복 다시 읽기

2부_신영복을 말한다

1부
신영복을 읽는다

I. 끝나지 않은 사색

삶 과 사 유

끝나지 않은 사색 ✛ 신영복 사유의 흐름[1]

김형찬 | 고려대 철학과 교수

교도소에서는 정보가 없으니까 논리 중심의 사고가 발달하는 데 비해, 출소 후
에는 정보 중심 사고를 하게 돼요. 너무 많은 정보가 사람을 무력하게 만들어
요. 교도소에서는 자기 사고의 흐름을 주시해 보고, 자기 생각을 되짚어갈 수
있었지요. 그런데 출소 후에는 생각 되짚기를 서너 개 이상 하기 어려워졌어
요. 논리적 사고를 하지 않고 텔레비전이나 영화처럼 이미지로 연결되는 사고
를 하기 때문이지요. 이것도 물론 하나의 뛰어난 인식틀이긴 하지만, 너무 많
은 정보로 어지러운 때는 그런 것을 막아주던 교도소 시절이 그립기도 해요.
(2003년 봄, 필자와의 대화 중에서)

감옥에서의 20년 20일은 그의 삶과 사유에 깊은 각인을 남겼다. 그것은 슬
픈 상처이기도 하지만, 한 시대와 함께 또 다른 삶의 형식이 그의 몸에 짙게
배어들어 그의 일부로 남은 흔적이기도 하다.
그는 자신의 인생 여정을 감옥 이전의 20여 년, 감옥에서의 20년 그리고

감옥 이후의 약 20년, 이렇게 세 개의 길로 나누어 이야기한다. 첫번째 길은 책과 교실 속에 묻혀 지냈던 '심부름' 같은 길이었고, 두번째 길은 사회에 대해 심층적 이해를 가지는 한편 자신을 반성할 수 있었던 길이었다. 그리고 지금 걷고 있는 세번째 길은 정말 '나의 발'로 살아가야겠다고 생각하는 또 하나의 길이다.

심부름 같은 길, 마르크스 그리고 동양사상

교사의 집안에 태어난 그는 어린 시절부터 자연스럽게 책과 교실을 통해 세상 보는 눈을 갖게 되었다. 대부분의 사람들이 그렇듯이 유년 시절의 경험은 그의 의식 깊은 곳에 자리 잡고 있다. 그러나 이 시기의 삶은 자신의 의식적인 선택이 아니었기에, 그는 1968년(28세) 통일혁명당 사건으로 구속되기 전까지 자신이 걸어온 길을 '심부름 같은 길'이라고 부른다.

그는 대학에서 경제학도 시절에 마르크스의 『자본론』을 비롯한 경제학 서적을 접하면서 사회를 구조적으로 인식하는 관점을 가질 수 있었다. 특히 『자본론』은 자본주의 사회구조에 대한 탁월한 분석서였다. 그러한 구조적 인식의 관점 덕분에 1988년 20년의 감옥생활을 마치고 사회로 돌아왔을 때에도, 한편으로는 한국 사회의 물량적인 변화를 보며 적잖이 놀랐지만, 또 한편으로는 그런 현상적 변화를 그다지 생소하게 느끼지 않을 수 있었다. 그는 광복 직후 미군정에 의해 기본적으로 짜인 한국 사회의 경제구조와 정치권력의 틀이 지금까지 크게 변하지 않았다고 보고 있다.

한편, 제한된 독서밖에 허용되지 않았던 교도소에서 읽었던 동양고전은 그의 사고를 넓히는 좋은 계기를 제공했다. 인간관계에 관한 풍부한 담론을 담고 있는 『논어』를 읽으며 사회와 인간에 대해 사고의 범위와 틀을 확장시킬 수 있었고, 『노자』와 『장자』를 읽으며 인간의 문제를 자연과의 총체적 관계 속에서 바라볼 수 있게 됐다. 그는 이를 통해 사회구조 중심의 생각을 인간관계와 자연에까지 확장할 수 있었다.

20년 감옥생활, 거기서 만난 사람들

몸 가까이 있는 잡다한 현실을 그 내적 연관에 따라 올바로 이론화해내는 역량은 역시 책 속에서는 적은 분량밖에 얻을 수 없다고 해야 할 것 같습니다. 독서가 남의 사고를 반복하는 낭비일 뿐이라는 극언을 수긍할 수야 없지만, 대신 책과 책을 쓰는 모든 '창백한 손'들의 한계와 파당성派黨性은 수시로 상기돼야 한다고 믿습니다.(『감옥으로부터의 사색』, 188쪽)

지금도 그는 경제학, 철학, 시집 등 다양한 독서를 하고 있지만, 생각이나 정서의 형성에 더 큰 계기를 제공한 것은 오히려 오랜 감옥생활과 그곳에서 만난 '사람들'이었다. 우선 20년의 감옥생활은 자신에 대한 깊은 반성의 기회였다. 그는 이를 통해 현실에 뿌리를 깊이 박지 못한 자신의 '창백한' 관념과 주관적 관념론을 반성했다.

그곳에서 만난 '사람들'은 인간에 대한 그의 이해를 근본적으로 변화시키는 계기가 됐다. 감옥에서는 동료들과 몇 년씩 하루 스물네 시간을 같은 방에서 생활하면서 그 사람의 역사, 가족, 처지 등을 총체적으로 접하며 이해할 수 있었다. 책을 가지고 구성했던 사회론 대신, 가장 소외된 밑바닥 인생을 힘들게 살아온 사람들을 통해, 그리고 그들의 삶에 새겨진 사회의 숨겨진 모순구조를 통해 사회를 새롭게 바라보게 됐다. 빨치산, 북한 안내원, 북한 정치공작원 그리고 광복 전후 격동기를 살았던 노인들을 만났고 그들의 삶을 통해 역사를 다시 '읽었다.' 책을 통해 배웠던 역사가 이제 삶의 일부로, 인간적 체취가 생생하게 느껴지는 것으로 생환生還됨을 인식할 수 있었다.

'관계'는 '관점'을 결정합니다. …… 바늘구멍으로 황소를 바라볼 수도 있겠지만 대상이 물건이 아니라 마음을 가진 '사람'인 경우에는 이 바라본다는 행위는 그를 알려는 태도가 못 됩니다. 사람은 그림처럼 벽에 걸어놓고 바라볼 수 있는 정적 평면이 아니라 '관계'를 통하여 비로소 발휘되는 가능성의 총체이기에 그렇습니다.(『감옥으로부터의 사색』, 245~246쪽)

존재론에서 관계론으로

역사상 수많은 실천가들도 "나 자신의 계급적 성분만은 개조하지 못했다"고 술회했지만, 그는 20년의 감옥생활을 통해 자신의 계급적 성분을 완전히 개조했다고 생각했다. 이미 양재洋裁, 제화, 목공, 간판 제작 등 여러 가지 기술을 익힌 그는 구체적인 노동을 통해, 그리고 교도소 동료들과의 생활을 통해 스스로 계급적 성분을 바꿨다고 자부했다.

그러나 그가 출소한 후 다시 사회 속에 서게 되면서 그것이 어떤 점에서는 착각일 수 있다는 것을 깨달았다. 사람의 변화는 이웃과 함께 이루어지는 것이지, 자기 개인만 개조한다는 것은 불가능하다는 사실을 절감한 것이다. 그는 "어떤 이웃과 함께, 어떤 언어를 사용하고, 어떤 정서를 공유하는가 하는 사회적 입장에 따라 자신이 재구성될 수밖에 없다"고 이야기한다. 그가 감옥에서 함께했던 사람들을 떠나 새로운 사회적 입장을 수용하게 됨에 따라 그의 사고와 정서는 달라질 수밖에 없었고, 그것은 그가 받아들여야 할 현실이었다.

인간주의적 관점에서 규정하는 인성이란 한 개인이 맺고 있는 여러 층위의 인간관계에 의하여 구성됩니다. 인성은 개인이 자기의 개체 속에 쌓아놓은 어떤 능력, 즉 배타적으로 자신을 높여가는 어떤 능력을 의미하는 것이 아닙니

다. 인성이란 다른 사람과의 관계에 의해서 이루어지는〔成〕 것이지요.(『강의』, 41쪽)

감옥에 있는 동안 그는 통틀어 5년쯤 독방생활을 했다. 독방에서 자신의 지나간 과거를 추체험해보며 그가 얻은 결론은 "'나'란 그 동안 맺은 '관계'의 총체"라는 것이었다. '관계'를 통해 자아와 타자가 함께 존재하며 서로가 서로를 만들어간다. 그가 '화이부동' 和而不同이라는 공자의 말을 들어 설명하는 이 '관계론'은 서로가 조화롭게 공존하면서도 서로의 존재 가치를 인정하는 '관계'에 주목한다. 그가 말하는 '관계론'이란 '나'의 과거와 현재를 규정하는 정체성인 동시에 미래의 문명론이기도 하다. 그는 모든 나라, 문화가 공존하는 사회를 지향하는 이 '관계론'이야말로 "진정한 21세기의 정신"이라고 강조한다.

그래서 그는 '존재론에서 관계론으로' 전환되어야 한다는 이야기를 설파하고 있다. 근대 시민사회(자본주의)의 역사는 존재론적인 과정이었으나, 새로운 세기를 맞이하기 위해서는 그 패러다임 자체가 관계론으로 바뀌어야 한다는 것이다.

오늘날의 패권적 국제질서나 우리의 삶을 황폐하게 하는 치열한 경쟁과 침탈의 구조가 이런 존재론적 논리에서 비롯될 뿐 아니라, 개인이나 집단이 타자와의 차별성을 통해 자기 정체성을 주장하는 오늘의 문화적 현실 역시 존재론적 구조의 다른 측면이라는 것이다. 특히 사회운동이 여러 갈래로 분립되고 있는 현상은 우리 사회의 가치 중심의 취약함에서 비롯됐다기보다는 역량의 구심력이 취약하기 때문이라고 진단한다. 사회 역량의 조직 수준이 높은 단계에서는 군이 다른 것과의 차별성을 부각시키며 작은 단위의 정체성 같은 것을 주장할 필요가 없다는 것이다. 그는 "이런 배타적인 '자기 정체성' 주장은 사회의 조직 수준이 낮은 '정파 중심 단계'의 역량 소모"라고 지적한다.

> 처음으로 쇠가 만들어졌을 때 세상의 모든 나무들이 두려움에 떨었다. 그러나
> 어느 생각 깊은 나무가 말했다. 두려워할 것 없다. 우리들이 자루가 되어주지
> 않는 한 쇠는 결코 우리를 해칠 수 없는 법이다.(『나무야 나무야』, 29쪽)

한국 사상사와 지성의 과제

1988년 출소 후 이듬해부터 성공회대에서 강의를 맡게 되자, 그는 경제학 이외에 자청해서 '한국 사상사'를 강의하기 시작했다. 경제학 전공인 그가 한국 사상사에 관심을 기울인 것은 "결국은 우리 시대, 우리 과제를 중심으로 고민해야 한다"는 믿음 때문이었다. 그는 감옥에서 경제학 서적이 반입되지 않았을 때 실학 이후의 한국사에 관한 책들을 구해서 읽었다. 특히 한학자인 노촌老村 이구영李九榮 선생과 4년간 한 방에서 생활하며 한국의 역사와 사상에 대한 이해에 깊이를 더할 수 있었다.

그는 '한국 사상사'의 과제는 한국 사상을 고루 망라할 수 있는 코드를 찾는 것이라기보다는 현재 우리가 당면한 과제, 즉 통일, 경제적 자립, 민족 주체, 자주 등을 어떤 역사에 비추어 재조명할 것인가 하는 문제라고 생각한다. 그래서 그는 민속, 미륵사상, 풍수론과 같은 사상사의 심층 부분, 그리고 지식인 운동, 농민전쟁, 민중항쟁 등 민족사의 저변에 흐르는 변혁사상에 무게를 두고자 했다.

그는 모든 사람들이 자기 안에 키우는 '지성의 나무'는 자기가 서 있는 곳의 토양, 바람과 햇빛 그리고 주변의 다른 나무를 통해 만들어진다고 강조한다. 지성은 그 사회가 가지고 있는 가장 중요한 과제와 맞닿아 있을 때, 다시 말해서 그 사회의 기본적 모순의 한복판에 그 나무가 뿌리를 내리고 있을 때

가장 '정직한 나무'가 된다는 것이다.

그는 우리의 기본적 과제가 자본의 논리를 인간적 원리로 전환하는 것이라고 생각한다. 그리고 주요 과제로 통일과 경제적 자립 및 민족의 자주성과 정체성을 꼽는다. 당면 과제는 이런 기본적 문제를 외면하고도 국제 경쟁력을 높이기만 하면 잘 살 수 있다는 식의 '환상'을 청산하는 데서 시작돼야 한다고 지적한다. 그는 "미래란 '제3의 물결'처럼 밖에서 물결쳐 현재를 향해 밀려오는 것이 아니다"라고 강조하며, 근래 유행처럼 번지고 있는 '미래 사회 담론'을 비판한다. 우리 현재 속에 과거가 그대로 있고, 현재 속에서 미래를 구성해야만 하는 현실이 우리가 존재하는 과거, 현재, 미래의 구조라는 것이다. 마치 현재 구조와는 전연 이질적인 새로운 것이 밀려온다는 듯한 담론들은 수동적인 식민지적 의식이 일반화된 인식 형태라고 지적한다. 그는 "우리 현실의 변화가 우리의 역량을 뛰어넘어서 닥쳐오기 때문에 그런 인식이 보편화돼 있는 듯하다"고 진단한다. 이 때문에 "자립의식이 부족한 사회에서 생긴 이런 현상을 반성하는 것이 지성의 과제"라고 강조한다.

> 꿈은 우리로 하여금 곤고困苦함을 견디게 하는 희망의 동의어가 되고 있습니다. 그러나 또 한편으로 꿈은 발밑의 땅과 자기 자신의 현실에 눈멀게 합니다. 오늘에 쏟아야 할 노력을 모욕합니다. 나는 이것이 가장 경계해야 할 꿈의 위험이라고 생각합니다.(『더불어 숲』 2, 23쪽)

세 권의 '강의'

오랜 감옥생활을 마친 그는 이제 정말 자신의 뜻대로 살아가야겠다고 다짐하지만, 실제로 개인의 삶이 개인의 뜻대로만 살아갈 수는 없는 것임을 누구보다 잘 알고 있었다.

그는 "개인이 자기 인생을 살 때 그 개인의 삶 속에 그 시대가 얼마나 들어와 있는지가 중요하다"고 말한다. 사회의 격변으로부터 유리돼서 개인의 탑 속에 안주하는 것은 정직한 삶이 아니라는 것이다. 그래서 "앞으로도 우리 시대의 요구를 정직하게 받아들이며 살아갈 것"이라고 다짐한다. 다만 출소 후 자신이 가진 이념적 색깔이 보수계층으로부터 공격의 빌미가 될 수 있다는 생각에서 말과 행동을 절제해왔다. 그러나 사회참여의 방식과 활동의 공간은 얼마든지 다양할 수 있다는 것이 그의 생각이다.

개인적으로는 감옥에 있을 때, '50살에는 나간다. 50~60살에는 많이 보고 자료수집하고, 60~70살까지는 책을 한 권 쓰고, 70~80살에는 그냥 좀 편하게 쉬겠다'고 생각했단다. 그렇다면 지금은 책을 쓸 시기다. 그 동안 국내외 기행문을 모아 책으로 내고 신문에도 연재하며 폭넓은 경험을 축적했지만, 그것은 자료수집의 차원이었다. 2002년에는 안식년을 맞아 1년간 강원도 산골에 칩거하면서 자료를 정리하며 생각을 가다듬기도 했다. 1988년 출소 직후에는 감옥생활 20년의 삶과 생각을 『감옥으로부터의 사색』이라는 편지 형식의 글로 담아냈으니, 이제는 출소 후 약 20년간 그가 부딪치고 고민해온 사회와 인간의 문제들을 정리해내려고 준비하고 있는 것이다.

2004년 12월 출간된 『강의─나의 동양고전 독법』은 그 첫째 권이라고 할 수 있다. 이 책은 주로 춘추전국시대라는 거대한 사회 변혁기에 쓰인 동양고전을 통해 사회와 인간의 본질에 대한 근본적인 성찰을 시도한 것이었다. 그리고 그 다음으로는 '나의 대학생활'을 주제로 책을 준비 중이다. 사회와 인간과 역사에 대해 가장 많은 것을 배우고 가장 깊이 성찰할 수 있었던 감옥시절을 회상하며, 이 시대의 젊은이들과 공유하고 싶은 이야기들을 정리하는 작업을 진행하고 있다. 이것이 두번째 '강의'라면, 세번째 '강의'에는 경제학자 혹은 사회과학자로서 세상을 보는 그의 시선이 담길 것이다.

그런데 가장 어려운 일은 그 내용이나 관점보다도, "우리의 문화전통에 가장 근접한 글쓰기의 형식을 찾는 것"이라고 그는 말한다. "아마 앞으로도 십여 년의 시간과 사색을 더 들여야 책으로 나오게 될 것"이라고 말하는 그는, '나의 대학생활' 원고를 다듬으며 이 시대의 젊은이들과 자연스럽게 소통할 수 있는 표현의 형식을 고민하고 있다.

■ ■ ■ ■ ■

1 신영복 선생을 처음 만난 것은 필자가 『동아일보』 기자였던 2003년 3월 말 기획기사를 취재하는 과정에서 였다. 한국을 대표할 만한 지성인들의 지적 여정을 정리해보는 이 기획은 2003년 3월부터 9월까지 총 20회에 걸쳐 『동아일보』에 연재되었는데, 신영복 선생에 관한 기사는 2003년 4월 15일자에 「지성의 나무 (3) 신영복 성공회대 교수」라는 제목으로 실렸다. 이 책에 수록된 글은 이 기사를 바탕으로 당시 신문의 지면 사정상 기사에 다 담지 못했던 내용을 추가하고, 2006년 4월 신영복 선생을 만나 근황을 들은 뒤 보충한 것이다. 필자는 선생을 처음 만났을 때의 깊은 인상을 지금도 잊지 못한다. 그때의 인상에 대해서는 『동아일보』 2005년 10월 1일자에 게재된 기사 「책 읽는 대한민국/21세기 신고전 50권 (44) 『감옥으로부터의 사색』」에 일부 기록해두었다.

진보주의의
새로운 지평 ❖

김호기 | 연세대 사회학과 교수

들어가며

먼저 개인적인 이야기로 이 글을 시작하고 싶다. 이제까지 신영복 선생을 여기저기서 뵈어왔지만 길게 만난 것은 두 번이었다. 첫번째는 2000년 『신동아』에 '한국 대표적 지성의 사상적 원류'를 연재할 때였다. 당시 진보주의를 대표하는 네 명의 지식인 중 한 사람으로 선생의 삶과 사상을 쓰기 위해 성공회대로 찾아뵙고 긴 시간 이야기를 나눴다. 두번째 긴 만남은 2005년 한국방송공사(KBS)에서 한국 지성사의 진행을 맡아 역시 성공회대로 인터뷰를 하러 갔을 때였다. 선생의 인터뷰는 지성사 4부인 '성찰의 시대에 서다'에서 1990년대 우리 지식사회를 성찰하고 앞으로의 전망을 모색하는 자리였다.

선생을 뵐 때마다 드는 생각은 두 가지다. 하나는 선생의 사상이다. 누가 뭐라 해도 선생의 사상을 일관하는 저류底流는 인간해방이다. 선생이 품고 있는 인간해방 사상은 인간에 대한 따뜻한 시선과 현실에 대한 정치경제학적 분석이 변증법적으로 결합된 것이다. 이 인간해방 사상은 추상적인 인간주의와 협애한 마르크스주의와는 사뭇 다르다. 그것은 인간의 얼굴을 강조하는 점에서 마르크스의 경직성을 넘어서면서도, 동시에 과학적 분석을 강조하는 점에서 추상성을 아우르는 구체성을 획득한다. 이는 분명 우리 진보주의의 새로운 지평으로 봐야 한다고 나는 생각한다.

다른 하나는 선생의 삶이 갖는 상징성이다. 선생의 책 『강의』에 소개된 약력을 보면, 선생은 1968년 통일혁명당 사건으로 구속되어 무기징역형을 받았고, 복역한 지 20년 20일 만인 1988년 8월 15일 특별가석방으로 출소했으며, 1989년부터 현재까지 성공회 대학교 사회과학부 교수로 재직하고 계시다. 한국 현대사의 많은 시간이 냉전분단체제로 얼룩져 있다면 선생은 냉전분단체제가 빚은 비극의 한가운데를 걸어오셨다. 지성의 역사에서 때로는 사상보다는 삶 그 자체가 더 강렬한 메시지를 전달할 수 있는데, 선생의 경우가 그러하다. 선생의 삶은 한국 진보주의가 걸어온 길을 상징한다.

아직도 내게는 선생의 『감옥으로부터의 사색』을 처음 읽었을 때의 기억이 새롭다. 당시 나는 독일 유학 중이었다. 넷째 형님이 보내준 이 책을 나는 가벼운 마음으로 읽기 시작했지만, 마지막 책장을 덮을 때에는 마음이 한없이 무겁고 또 시렸다. 1984년 16년 만에 귀휴하여 엿새를 보내고 다시 감옥으로 돌아간 선생이 계수씨에게 보낸 편지 「엿새간의 귀휴」에서 받은 감동은 아직도 생생하다.

교도소로 돌아오는 형님의 차 안에서 넥타이를 풀고, 와이셔츠, 저고리, 바지 등 세상의 옷들을 하나하나 벗어버리고 다시 수의로 갈아입을 때, 그때의 유별난 아픔은 냉정한 이성의 언어를 거부하는 감정의 독립 같은 것이었습니다. (『감옥으로부터의 사색』, 295쪽)

내 가슴에 와닿은 것은 "이성의 언어를 거부하는 감정의 독립"이라는 구절이었다. 이 땅의 지식인들에게 이성의 언어가 교과서나 이론을 통해 배울 수 있는 추상적인 관념의 세계라면, 감정의 독립은 우리 사회와 우리 의식 안에서 숨쉬는 구체적인 현실의 세계라 할 수 있다. 이 감정의 세계는 보편성을 지향하는 이론으로 포획되지는 않지만, 현실의 세계에 부단히 개입함으로써 현실 그 자체를 변형시키는 원동력을 이뤄온 것이 아닐까. 이성의 언어로 감정의 독립을 해명하는 것이 바로 비서구사회 지식인의 과제 중 하나이지 않을까 하는 생각을 갖지 않을 수 없었다.

한국 지성사와 신영복

돌아보면 우리 지성사에서 진보주의의 역사는 드라마틱하다. 해방 공간에서 분출했던 진보주의는 분단체제의 성립과 한국전쟁의 영향으로 정치사회는 물론 시민사회에서도 크게 위축되었다. 학문 영역 안에서 진보적 연구들은 소수의 예외적인 사람들에 의해 이뤄진 것이었으며, 그 내용 또한 민족주의적 성격이 두드러진 것이었다. 이 진보주의는 1980년대 중반 일대 전환기를 맞았다. 특히 '사회구성체 논쟁'은 비판 사회과학의 시대를 열었다고 할 만큼 지식사회와 시민사회에 큰 영향을 미쳤다. 현재의 시점에서 보면 그 열기가 다소 과도했던 감이 없지 않지만, 이 논쟁은 진보주의에게 '학문적 시민권'을 부여한 것으로 평가된다.

현재 우리 사회 진보주의의 이념적 스펙트럼은 케인스주의 좌파에서 정통 마르크스주의에 이르기까지 다양하다. 현실 정치와 연관해보면 민주노동당을 지지하는 그룹, 열린우리당 좌파를 지지하는 그룹, 진보적 시민운동에 주력하는 그룹, 그리고 독자적인 좌파 기획을 지지하는 그룹 등이 공존하고 있다. 우리의 진보주의에 최근 크게 영향을 미친 것은 세계화의 충격이다. 세계화를 어떻게 인식하고 또 어떻게 대응할 것인가에 대해 진보주의는 민족주의적 입장을 강조하는 흐름과 대안적인 세계화 내지 반세계화를 모색하는 흐름으로 대별해볼 수 있다. 민족주의적 진보주의가 민족해방주의·마르크스주의·사회민주주의 좌파로부터 이론적 영향을 받았다면, 세계주의적 진보주의는 포스트마르크스주의·포스트구조주의·반세계화 사회운동으로부터 이론적 자원을 끌어오고 있다.

이런 진보주의의 구도 속에서 선생의 자리는 매우 독특한 곳에 위치한다. 그것은 선생의 사상이 갖는 독창성에 기인한다. 민족주의적 진보주의든 세계주의적 진보주의든 그 주요 텍스트들은 서구 이론에서 빌려온 것들이다. 최근 화제를 모은 바 있는 백낙청 선생과 최장집 선생 사이의 논쟁의 기본구도도, 세계체제론에 기반한 민족주의 좌파와 복지국가를 모색하는 사회민주주의 좌파 사이의 토론이라고 볼 수 있다. 선생의 사상은 이런 흐름과 일정한 거리를 두고 있다. 굳이 이름을 붙이자면 그것은 인간해방적 또는 문명성찰적 진보주의이다.

선생의 사상을 받치는 두 지반은 마르크스 정치경제학과 관계론의 인간철학이다. 먼저 정치경제학적 접근은 우리 사회와 세계 사회를 보는 선생의 기본틀이다. 이 접근은 현재 우리 사회를 자본주의로 보며, 자본주의의 중핵을 자본과 노동의 대립, 자본가 계급과 노동자 계급의 대립으로 파악한다. 자본주의의 또 하나의 중요한 특징은 인간과 인간이 단절되는 물신성이 사회 전체를 지배한다는 것이다. 선생에 따르면, 자본의 운동은 현재 우리 사회를 재생산하는 중심 원리이다. 예를 들어, 1997년 국제통화기금(IMF) 경제위기도 과잉축적자본의 순환에 따른 생산력의 파괴와 노동비용 통제의 결과라는 것이다. 선생은 금융자본주의가 낳은 파국적 결과인 '20 대 80의 사회구조'가 경제적 지배를 넘어 문화와 정신 그리고 인종까지 지배하려는 것을 우려한다.

한편 관계론적 인간주의 철학은 선생 사상의 또 다른 거점이다. 인간과 사회를 어떻게 볼 것인가에 대한 선생의 철학은 존재론에서 관계론으로의 패러다임 전환을 모색한다. 선생에게 존재론은 인간을 하나의 고립된 존재로 보는 것을 뜻한다. 문제는 이런 존재론이 언제나 경쟁력과 승패를 요구하는, 결국 사회적 약자들의 희생을 요구하는 자본주의 철학이라는 점에 있다. 관계론은 이런 존재론에 대한 사상적 대안이다. 관계론이란 '나 아닌 다른 것과의 관계성의 총체'가 인간 생명의 본질을 이루고 있음을 의미한다. 선생은 이 관계론적 패러다임이야말로 자본주의의 물신성과 소외를 극복하고 인간적인 사회를 열어갈 수 있는 사상적 지반임을 강조한다.

관계론적 인간철학에 대한 선생의 생각이 잘 드러난 책이 다름 아닌 『강의』이다. '나의 동양고전 독법'이란 부제를 달고 있는 이 책은 『시경』에서 『한비자』에 이르기까지 동양 제자백가諸子百家의 사상을 재해석하고 있는데, 그 재해석의 기본틀이 관계론적 인간론이다. 『강의』에서 선생은 배타적 독립성이나 개별적 정체성이 아니라 최대한의 관계성을 존재의 본질로 규정하고, 이 관계론의 프리즘을 통해 동양고전을 재조명하고 있다. 이 책에서 내게 특히 인상적인 것은 『주역』의 마지막 괘인 화수미제火水未濟에 대한 선생의 해석과, 『장자』의 「천지」편에 나오는 "아기가 자기를 닮았을까 두려워하다"〔唯恐其似己也〕는 구절에 대한 해석이다.

먼저 화수미제는 주역 64괘의 마지막 괘이다. 선생에 따르면, "어린 여우가 강을 거의 다 건넜을 즈음 그 꼬리를 적신다"는 내용은 실패가 있는 미완성을 함축한다. 실패가 있는 미완성은 지나간 것에 대한 반성인 동시에 새로운 출발이자 가능성을 의미한다. 한편, "불치병자가 밤중에 아기를 낳고 급히 불을 들어 살펴보았는데, 그 까닭은 아기가 자기를 닮았을까 두려워서였다"라는 장자의 한 구절로부터 선생은 엄정한 자기성찰과 냉철한 문명비판의 메시지를 이끌어낸다. 자기 자신과 자기 시대의 일그러진 모습을 정확하게 인식해야 하는 지식인의 자아성찰을 요청하는 것이라는 선생의 해석은 고전이 갖는 현대적 의미를 생생히 전달하고 있다.

인간을 관계 속의 존재로 파악하고자 하는 흐름은 현대 서구사상에서도 관찰된다. 관계론의 인간철학은 '상호주관성'을 강조하는 하버마스의 이론이나 '성찰적 관찰'을 주목하는 기든스의 이론과 공유하는 점이 적지 않다. 하지만 선생의 사상은 이런 서양이론으로부터 영향을 받지 않은 독창적인 것이며, 하버마스나 기든스와는 달리 이를 자본주의에 대한 정치경제학적 분석에 직접 연관시킨다. 경제와 사회에 대한 분석에 있어서는 정치경제학적 접근을 중시하되, 인간과 인간, 인간과 사회에 대한 분석에 있어서는 관계론에 기반해 있는 것이 선생의 일관된 입장이다.

이런 선생의 사상적 거점은 우리 진보주의의 역사에서 매우 주목할 성취라고 나는 생각한다. 모름지기 사상의 독창성이란 고유의 방법론과 이론을 요구한다. 우리의 진보주의는 넓게 보아 마르크스 정치경제학, 신좌파 비판이론, 프랑스 탈구조주의 등으로부터 주요 방법론적, 이론적 자원을 빌려오고 있지만, 일각에서는 이러한 진보주의의 흐름에 대한 비판적 시각도 없지 않았다. 다양한 이론들은 마치 상품처럼 소비되어왔으며, 그 이론이 우리 현실에 주는 함의들은 진지하게 검토되지 않았던 것으로 보인다.

선생의 연구가 돋보이는 부분도 바로 여기다. 선생의 관계론은 우리 안에 내재하는 관계로서의 보편성을 주목하고 이 보편성을 이론화한다는 점에서 독창적이다. 물론 관계론에 대한 선생의 연구가 풍부한 편은 아니다. 하지만 선생의 거점은 1960~70년대 라틴 아메리카의 종속이론처럼 비서구사회의 주체적 관점을 보여주는 것이자, 서구적 보편성을 넘어서는 진정한 보편성을 갖고 있는 것이기도 하다. 관계론이라는 보편성의 관점에서 한국 자본주의의 현실을 조명할 때, 그것은 정치경제학적 비판의 의미를 포괄하는 동시에 그것을 넘어서는 인간해방적, 문명성찰적 비판의 의미를 갖는다.

최근 우리의 진보주의는 새로운 전환에 직면해 있다. 민주화가 진행되어

왔음에도 불구하고 사회적 양극화가 강화되어왔으며, 진보개혁 세력에 대한 국민적 지지가 점차 약화되고 있다. 이런 변화를 가져온 원인에 대해서는 여러 진단들이 제시된다. 신자유주의 세계화에 주목하는 사람들도 있고, 민주화 세력이 주도한 개혁의 실패를 지적하는 사람들도 있다. 여러 상황들을 고려해 우리 진보주의가 '뒤늦은 개화'에 이어 '때 이른 쇠퇴'의 도정에 있지 않나 하는 우려를 갖는 사람들도 있다.

한 가지 분명한 사실은 우리 진보주의가 새로운 전환의 지점에 놓여 있다는 점이다. 현재 우리의 진보주의가 새롭게 모색해야 할 길은 두 갈래다. 하나는 우리 사회의 현재와 미래에 대한 진보적 대안을 마련하는 것이다. 누가 뭐라 해도 진보주의의 궁극적인 목표는 지배와 억압으로부터의 해방이다. 자본의 논리, 권력의 논리로부터 벗어나 진정한 의미의 인간적인 삶을 영위할 수 있는 대안을 모색하는 것은 진보주의에 부여된 역사적 과제다. 따라서 우리의 진보주의는 변화하는 현실에 대응하여 진보적 이상을 실현할 수 있는 지속가능한 대안과 전략을 탐구하는 데 더욱 주력해야 한다.

다른 하나는 우리 안에 존재하는 보편성을 이론화하여 우리의 인식론적 거점을 마련하는 것이다. 이 인식론은 우리 지식사회에 여전히 큰 영향을 미치고 있는 오리엔탈리즘과 옥시덴탈리즘을 넘어설 것을 요구한다. 우리에게 서구사상이 본격적으로 수입된 지도 벌써 백 년에 가까운데, 이제는 우리 삶과 사회에 기반한 보편성을 이론화할 때가 됐다. 선생의 사상이 갖는 의미도 바로 여기에 있다. 선생의 관계론과 이에 기초한 인간해방적, 문명성찰적 진보주의는 서구중심주의와 비서구중심주의를 모두 넘어서서 인간해방과 사회해방을 위한 새로운 보편 사상을 모색하려는 치열한 고투苦鬪를 보여준다. 선생의 이런 시도와 성취는 앞으로 우리 진보주의의 발전에 대단히 중요한 이론적 자산이 될 것이라고 나는 생각한다.

지식인의 위엄

처음으로 다시 돌아오면, 선생의 글 못지않게 내게 선명한 기억으로 남아 있는 것은 사소한 것에도 드러나는 선생의 모습이다. 한국방송공사 인터뷰를 할 때가 지금도 기억에 선하다. 도서관에서 인터뷰를 마친 다음 선생은 밖으로 배웅을 나오셨다. 인터뷰를 위해 같이 온 프로듀서, 촬영 및 조명 스태프들과 일일이 악수를 하시고 성공회대 새천년관 앞에 있는 느티나무 옆에서 떠나는 우리를 지켜보고 서 계셨다. 자신이 만난 사람 모두에게 이렇게 따뜻하게 인간적으로 대하는 지식인을 이제까지 나는 보지 못했다.

진정한 지식인은 민중이든 대중이든 동시대 사람들과 함께 어울려야 한다. 동시에 지식인은 지식과 진실을 탐구하는 존재로서 자기 위엄을 가져야 한다. 하지만 오늘날 우리 사회에서 지식인들은 동시대 사람들의 삶으로부터 점점 멀어지고, 지식인이라면 가져야 할 자기 위엄을 상실하거나 스스로 부정하는 것처럼 보인다. 동시대 사람들과 언제나 함께하려는 일상성과 진실의 탐구자로서의 자기 위엄을 그때 나는 선생으로부터 생생히 보았으며, 나 자신에 대해서 다시 한번 돌아보지 않을 수 없었다.

우리가 학교 교문을 벗어날 때까지 느티나무 옆에 서서 우리를 내내 지켜보시는 선생의 모습을 보면서 "쌀랑쌀랑 소리도 나며 눈을 맞을, 그 드물다는 굳고 정한 갈매나무"를 떠올렸다. 선생님의 삶과 사상이 우리 사회에서 앞으로 오랫동안 바로 그 느티나무처럼, 그리고 굳고 정한 갈매나무처럼 때로는 쉬어 가고 때로는 성찰할 수 있는 큰 그늘이 될 것이라고 나는 믿는다.

사람을 거울로 삼는 구도자, 신영복 ✚ '증오의 정치'를 넘어서

강준만 ┃ 전북대 신문방송학과 교수

'정의로운 분노'의 딜레마

공중의 감격, 호의, 관대함을 일으키는 것은 오래가지 않으며 또 그들을 움직
이지 못한다. 반대로, 공중의 증오를 불러일으키는 것이야말로 그들을 흥분시
키고 봉기하게 하며 그들에게 행동의 기회를 제공한다. 공중에게 먹이로서 그
러한 반발과 스캔들의 대상을 보여주고 던져주는 것은 그들에게 잠재적인 파
괴성, 즉 터지기 위해서 사인sign만을 기다리고 있다고 말할 수 있는 공격성을
자유롭게 발휘하도록 해주는 것이다. 결국, 공중을 어떤 적敵에 대해서 반대하
게 하는 것은 그들의 선두에 서고 그들의 왕이 되는 가장 확실한 방법이다.[1]

세르주 모스코비치는 타르드가 역설한 '증오'의 힘을 해설하면서 위와 같
이 말했다. '정치'와 '증오'는 분리될 수 없다는 것인가? 유감스럽게도 '그
렇다'고 말하는 사람들이 많다. 칼 슈미트는 『정치적인 것의 개념』*Der Begriff
des Politischen*이라는 책에서 아예 정치성을 '친구와 적'을 구분하게 하는 것

이라고 정의했다.[2]

또 한번 유감스럽게도 그건 현실이 되었다. 대중의 지지와 복종을 얻어내는 데에 '적 만들기'는 절대적으로 중요하다. 적이야말로 가장 큰 문제가 아닐 수 없을 터이다. 꼭 구체적인 적을 만들어낼 필요는 없다. 적은 오히려 그 실체가 애매할 때 대중에게 더욱 큰 공포감을 가져다줄 수 있다. 적에 대한 집착은 정치적 사고와 행동을 극도로 제약하기 때문에 지배 집단의 대중 조작은 훨씬 더 쉬워진다. '정치화된' 대중은 그들이 두려워하고 혐오하는 사람에 대한 반대를 통해 자신의 정체성을 규명하려는 경향이 있다. 리더십은 그걸 돕는 것이다. 그런 의미에서 리더십은 '적을 만들어내는 게임'이기도 하다.[3]

미국 역사에서 국가적 적이 없었던 적은 한번도 없었다는 건 결코 우연이 아니다. 적이 없으면 대통령은 수단과 방법을 가리지 않고 적을 만들어내야 한다. 그래야 통치하기가 쉬워진다. 지금의 미국을 보라. 부시 행정부는 증오라는 동력에 의해 굴러가고 있으며, 유럽의 정치도 인종적 증오의 영향을 크게 받고 있지 않은가.

우리를 곤혹스럽게 만드는 딜레마는 '정의로운 분노'다. 분노는 곧 증오가 된다. 약자와 저항자의 증오는 정당한 것으로 간주되었다. 그 정당성을 잃지 않기 위해 민주화 세력은 정권을 장악한 뒤에도 자신들이 오랜 세월 형성된 수구 기득권 체제에 대한 저항자이자 약자임을 주장해왔다. 물론 그러한 주장엔 타당한 면이 있었으나, 그 결과는 증오의 악순환과 확대재생산이었다. 증오의 대상을 절멸시킬 수 없다는 걸 뻔히 알면서도 그들과 공존하고 타협하는 일엔 익숙하지 않았기에 벌어진 일이었다.

그러한 메커니즘 자체에 의문을 제기하는 사람은 거의 없었다. 공존과 타협을 외치는 목소리가 없었던 건 아니지만 그마저 아전인수격 주장의 도구에 불과했다. 이제 우리 모두 누굴 탓하기에 앞서 나 자신의 일로 받아들이면서 이에 대해 성찰해야 할 때가 아닐까? 신영복이라는 인물의 가치와 의미는 바로 그런 상황에 대한 정확한 독해를 전제로 할 때 제대로 음미될 수 있다.

사람을 거울로 삼는 법

신영복의 화두는 늘 사람과 사랑이었다. 일상에 지치고 일상의 행복에 대한 불감증을 앓고 있는 현대인에게 사람과 사랑은 진부한 주제일 것이며, '정의로운 정의감'에 불타거나 그걸 이용하려고 하는 사람들에겐 현실과는 동떨어진 종교적 메시지로 여겨졌을지도 모를 일이다. 그러나 최소한의 성찰 능력을 가진 사람이라면 신영복이 한사코 직설법을 회피하면서 하고자 했던 말이 무엇인지를 간파했을 것이다.

우리는 사람을 통해 사회를 보고 읽는 것이 아니라 오히려 사회를 통해 사람을 보고 읽으려 한다. 이미 짜인 연역적 각본을 갖고 사람을 대하는 것이다. 20년 20일간의 교도소 생활이 신영복에게 가져다준 깨달음은 사람을 통해 사회를 읽는 법이었다.

신영복은 "진정한 지식과 정보는 오직 사랑과 봉사를 통해서만 얻을 수 있으며 사람과의 관계 속에서 서서히 성장하는 것인지도 모릅니다. 그것은 바깥에서 얻어올 수 있는 것이 아니라 우리의 삶 속에서 씨를 뿌리고 가꾸어야 하는 한 그루 나무인지도 모릅니다"라고 말했다.

옛사람들은 물에다 얼굴을 비추지 말라고 하는 '무감어수' 無鑑於水의 경구를 가지고 있었습니다. 물로 거울을 삼던 시절의 이야기입니다만 그것이 바로 표면에 천착하지 말라는 경계라고 생각합니다. '감어인' 鑑於人. 사람들에게 자신을 비추어보라고 하였습니다. 사람들과의 사업 속에 자신을 세우고 사람을 거울로 삼아 자신을 비추어보기를 이 금언은 요구하고 있습니다. 사람들의 어깨동무 속에서 흔들리지 않는 바위처럼 살아가기를 요구하고 있습니다.(『나무

야 나무야』, 128쪽)

이처럼 신영복은 사람을 거울로 삼는 구도자였다. '관조'와 '성찰'과 '혜
안'의 철학자였다. 그러나 그는 속세의 천박함과 격리된 산중이나 상아탑에
서 도를 닦고 철학을 한 게 아니었다. 그는 너무도 낮고 비천한 곳에서 사람
을 거울로 삼는 법을 터득했다. 신영복이 1985년 8월 '계수씨께' 보낸 편지
야말로 그걸 잘 보여주는 사례이다.

신영복은 그 편지에서 "없는 사람이 살기는 겨울보다 여름이 낫다고 하지
만 교도소의 우리들은 없이 살기는 더합니다만 차라리 겨울을 택합니다. 왜
냐하면 여름 징역의 열 가지 스무 가지 장점을 일시에 무색케 해버리는 결정
적인 사실—여름 징역은 자기의 바로 옆사람을 증오하게 한다는 사실 때문입
니다" 라고 말했다.

> 모로 누워 칼잠을 자야 하는 좁은 잠자리는 옆사람을 단지 37°C의 열덩어리로
> 만 느끼게 합니다. 이것은 옆사람의 체온으로 추위를 이겨나가는 겨울철의 원
> 시적 우정과는 극명한 대조를 이루는 형벌 중의 형벌입니다.
> 자기의 가장 가까이에 있는 사람을 미워한다는 사실, 자기의 가장 가까이에 있
> 는 사람으로부터 미움받는다는 사실은 매우 불행한 일입니다. 더욱이 그 미움
> 의 원인이 자신의 고의적인 소행에서 연유된 것이 아니고 자신의 존재 그 자
> 체 때문이라는 사실은 그 불행을 매우 절망적인 것으로 만듭니다. 그러나 무
> 엇보다도 우리 자신을 불행하게 하는 것은 우리가 미워하는 대상이 이성적으
> 로 옳게 파악되지 못하고 말초감각에 의하여 그릇되게 파악되고 있다는 것, 그
> 리고 그것을 알면서도 증오의 감정과 대상을 바로잡지 못하고 있다는 자기혐
> 오에 있습니다. (『감옥으로부터의 사색』, 329쪽)

'내포의 강화'와 '외연의 확대'

이 편지는 우리로 하여금 사람과 사랑에 대해 달리 생각하게 만든다. 평소 보지 못하고 느끼지 못했던 것들에 대해 생각하게 해준다. 교도소 밖의 사회에선 과연 증오의 원인과 대상이 옳게 파악되고 있는 것일까? 혹 우리는 우리 자신의 이익을 지키고 누리기 위한 일에 사회적 차원의 증오를 끌어들이는 건 아닐까? 사랑마저 그런 셈법에 종속돼 있는 건 아닐까?

우리는 자주 숙성되지 못한 시련이 만들어내는 아름답지 못한 모습을 목격하게 되지만, 신영복의 시련은 전혀 다른 모습이었다. 고은이 잘 지적했듯이, "모진 시련은 인간을 파괴하기도 합니다. 드물게는 그것은 인간을 승화시키기도 합니다. 신 교수는 지난날 긴 시간의 시련을 통해서 그 자신을 어떤 증오나 착각에 파묻히게 하는 교조적 황폐화 대신 그 자신을 간단없이 단련하였습니다. 그 정신으로서의 절도는 가히 수행의 그것이었고 고금을 오고 간 지식의 오랜 섭렵은 순결한 기도와도 방불하였습니다".[4]

'수행'과 '순결한 기도'는 신영복 담론의 현실 적합성을 위협하는가? 신영복은 나무다. 민중에 뿌리를 내린 나무다. 그래서 그의 수행과 기도는 허공에 붕 뜨지 않는다. 그가 섭렵한 지식과 그 실천도 나무를 닮았다. 그는 "사회의 모순 구조 속에 이해와 애정으로 연대된 지식이라야 객관적 지식으로 발전할 가능성을 갖는 것이며, 그러한 지식인이라야 지성인으로 성장할 수 있다고 믿습니다"라고 했다.[5]

신영복은 "한편에서는 '사람 얘기'를 너무 많이 한다는 유감(?)도 없지 않은 듯합니다"라는 질문에 대해 온화하지만 단호하게 답했다. 그는 "우선 나 자신이 사람이기 때문입니다. 가끔 강아지를 안은 사람과 승강기를 함께 타기도 합니다만, 그때도 저는 사람이 더 좋고 사람한테서 더 많은 것을 배웁니다. 더욱 풍부한 사회성과 더욱 풍부한 역사성이 사람 속에 담겨 있기 때문입니다"라고 말했다.

> 사람은 출발점이고 종착점입니다. 사람과 사람의 관계가 사회이고, 사회가 나
> 아가는 모습이 역사입니다. 어떠한 제도나 이데올로기도, 또 그것을 이루어내
> 는 역사도 최종적으로는 훌륭한 사람들의 훌륭한 삶을 위한 것입니다. 다만
> 사람을 개인으로 환원하여 소위 인성을 절대화하고 거기서부터 연역적으로
> 사람 일반을 규정하려는 철학이나, 또 개인의 구원에만 몰두하는 개량주의나
> 종교적 한계를 분명히 인식해야 함은 물론입니다. 사람과의 사업이 곧 사회적
> 실천이고, 사람과의 사업 작풍이 곧 대중성입니다. 산다는 것은 또한 사람을
> 만나는 일이기도 합니다.[6]

신영복은 "어떤 사람들은 교수님이 치열한 실천에서 멀어지고 관념화된다
는 느낌을 받았다고 합니다"라는 질문을 받았을 때에도 "그렇게 느끼는 독자
는 안 읽어도 된다고 봅니다"라고 답했다.

> 저는 그런 독자의 건너편에 있는 사람들을 독자로 상정하고 있어요. 사회적
> 실천은 내포를 강화하는 일도 중요하지만 외연을 확대하는 일이 훨씬 더 중요
> 합니다. 그런 아쉬움을 갖는 독자들은 행간에 대해서 좀더 깊이 생각해주기를
> 바랍니다.[7]

'내포의 강화'는 자기 이익을 강화할 수 있지만, '외연의 확대'는 자기 이
익을 위협할 수 있다. 우리는 과연 이런 셈법으로부터 자유로운 것일까?

'투쟁 패러다임'의 덫

신영복은 인간의 신뢰와 애정에서 오는 감동은 다른 무엇과도 바꿀 수 없는 것이라고 했다. 어떤 이는 '20년 20일간의 교도소 생활'이라고 하는 신영복의 경험을 떠올리며 그걸 '특수 경험'으로 생각하고 싶어할지도 모르겠다. 그러나 우리가 그 어떤 진보를 이룬다 한들 그것이 사람에 대한 믿음과 무관하거나 오히려 그것을 해치는 것이라면, 과연 '무엇을 위한 진보인가'라는 질문을 던져야 하지 않을까?

신영복은 서울대 경제학부가 '동문 초청 강연회'를 위해 학생들을 상대로 실시한 희망 연사 설문조사에서 1위를 차지해, 지난 1997년 4월 '우리들의 삶과 길'이라는 주제로 특별 강연을 했다. 그는 서울대 문화관의 계단과 통로까지 가득 메운 600여 명의 학생들에게 "세태에 잘 적응하는 영리한 사람보다는 우직한 사람들의 한 걸음 한 걸음이 세상을 올바르게 변화시켜왔다"며 "대학생활 중 고시 준비에만 몰두하지 말고 사람들과 어깨동무하며 살아가는 법을 익혀달라"고 주문했다.[8]

학생들이 곧장 그 말에 수긍해 삶의 자세를 바꾸지는 않았을 것이며, 오늘날의 학생들도 마찬가지일 게다. 그렇다면 신영복의 메시지는 단지 고담준론高談峻論일 뿐인가? 아니다. 지금 우리는 '어깨동무하며 살아가는 법'을 삶의 문법으로 삼는 일을 사회적 차원에서, 담론의 수준에서도, 우리의 목표로 삼고 있지 않다는 점에 주목할 필요가 있다.

우리의 개혁과 진보는 여전히 '투쟁 패러다임'이라는 덫에 갇혀 있다. 그래서 정치는 우선적으로 증오를 부추기는 '적 만들기' 게임이 될 것을 요구받고 있다. 그건 서구적 패러다임인데도 그걸 선진화의 증거로 여기기도 한다. 그러나 신영복은 "정치란 사회의 잠재적 역량을 최대한으로 조직해내고 키우는 일"(『나무야 나무야』, 22쪽)이라며 그걸 잊지 말아야 한다고 했다.

한국 정치는 사회의 잠재적 역량을 죽이는 데 혈안이 된 것처럼 보인다. 화이부동和而不同은 어디로 갔는가? 그건 '오리엔탈 키치'에 불과한 것인가? 신영복은 "화는 나와 다른 것을 존중하고 공존하는 원리이고, 동은 흡수해서 자기 것으로 만드는 원리"라며 다음과 같이 말했다.

> 콜럼버스에서 이라크 전쟁까지 지금까지의 서양 근대사는 부단히 동의 역사 였다. 종교도 언어도 자기 것을 강요하는 세계 유일한 지배 체제를 만들어냈 다. 이런 동의 세계를 청산하고 화의 논리로 새로운 문명을 이끌어내기 위해 서도 동양의 지혜가 필요하다. 물론 서양을 배타적으로 대하거나 동양의 우월 성만 강조한다면 국수주의나 또 다른 오리엔탈리즘으로 빠질 위험이 있다는 점도 경계해야 한다.[9]

왜 '암묵지'를 외면하는가?

신영복은 보다 나은 공동의 삶을 만들기 위한 시도에서 기존의 연역적 접 근법에 의문을 제기했다. 우리 사회의 모순구조를 이론적이고 관념적으로 해 석하고 추구하려 했던 과거에서 탈출한 신영복은 변혁의 물결이 외부에서 오 는 것처럼 인식하는 건 식민주의적인 인식구조라고 했다.[10]

신영복은 사실상 암묵지暗默知에 근거한 비전을 제시한 것이다. 반면 우리 는 명시지明示知의 패러다임에 갇혀 있다. 우리의 삶은 하루 종일 암묵지의 바다에서 헤엄치고 있다고 해도 과언이 아닌데도, 우리는 삶과 분리된 명시 지에만 집착하고 있는 것이다.

마이클 폴라니는 "우리는 우리가 말할 수 있는 것 이상으로 알고 있다"며 기존의 철학적 인식론이 명시지만을 특권화하고 있음을 비판했다.[11] 왜 그렇 게 됐을까? 암묵지가 보수주의 또는 시장주의의 이론적 근거이기도 했다는 점이 그런 결과를 초래하는 데 일조했던 건 아닐까? 그러나 세상을 바꾸고자 하는 시도도 전형적인 암묵지에 의존할 수밖에 없는 것이다. 암묵지를 외면하는 건 보수-진보의 차원을 넘어 기존 '투쟁 패러다임'의 산물일 수 있다.

예컨대, 정치와 국정 운영의 방법은 명시지가 아니라 암묵지다. 그 방법을 다룬 책이 있을 리 없다. 그건 인터넷에도 없다. 국정 운영을 담당했던 사람들로부터 직접 전수받아야 할 지식이다. 적어도 시행착오를 줄이기 위해서라도 그건 꼭 필요하다.

그러나 한국의 정권들은 이전 정권과의 차별화를 시도하기에만 바쁘다. 민주화의 과정에서는 불가피한 점도 있었을 것이나, 민주화가 된 이후에도 마찬가지다. 앞선 정권의 경험조차 제대로 탐구되지 않는다. 과거와의 '단절'을 내세우면서 자신을 새 시대의 원조로 부각시키고 싶은 욕심을 앞세우는 탓이다. 과거의 모든 걸 부정하고 완전히 새로 태어났다는 걸 강조하기 위해 새로운 실험에만 몰두하느라 과도한 사회비용과 기회비용을 유발하곤 한다. 그 비용에 대해선 '과도기적 진통'이라는 편리한 변명이 늘 준비돼 있다.

행정부처 장관에서부터 공기업 사장에 이르기까지 '리더십 암묵지'는 어떠한가? 아예 없다. 그런 자리는 벼슬 자리로 통하기 때문에 나눠주고 즐기는 데에만 의미를 둘 뿐이다. 그간 수많은 장관과 사장 들이 배출되었지만 그들 가운데 어느 누구도 암묵지의 공유를 위한 책 한 권 낸 적이 없다. 자서전이라고 해서 나온 걸 보면 거의 모두 자기 자랑 일색이다.

기업에선 사원들의 '안전의 욕구' 때문에 암묵지 공유가 이뤄지지 않는다. 그걸 많은 사람들에게 알려주면 자신의 지위가 위협받을 수 있기 때문이다. 시민운동가는 내부 비판을 했다는 핀잔을 들을까봐 시민운동의 암묵지에 대해선 입을 다문다. 사회 전 분야에 걸쳐 암묵지는 이런저런 이유로 사장되고 있는 것이다. 즉, 어깨동무하며 살아갈 뜻이 없거나 그렇게 할 최소한의 여건이 갖추어져 있지 않은 곳에선 '투쟁 패러다임'만이 지극히 현실적인 대안을 공급할 수 있었던 것이다.

신영복을 읽어야 할 이유

2006년 3월 교육부는 특정 계층을 비하하는 내용 등을 담고 있는 급훈은 비교육적이라며, 전국 시·도 교육청에서 장학지도를 통해 이러한 급훈들을 해당 학교장들이 재검토할 수 있도록 당부했다고 밝혔다. 문제된 급훈들은 다음과 같다.

"네 성적에 잠이 오냐?" "쟤 깨워라" "30분 더 공부하면 남편 직업이(마누라 몸매가) 달라진다" "10분만 더 공부하면 마누라가 바뀐다" "대학 가서 미팅 할래, 공장 가서 미싱할래?" "끝없는 연습만이 살 길이다. 10시간: 서울대, 8시간: 연대, 7시간: 이대"[12]

그러나 이 급훈들은 현실적인 것이요, 이런 급훈을 치우라고 요구하는 건 위선적인 것이다. 이 급훈들이 보수와 진보를 막론하고 모든 이들이 신봉하고 있는 '투쟁 패러다임'과 '증오의 정치'에 충실한 것임을 누가 부인할 수 있으랴.

사정이 이러하건대, 신영복의 메시지가 비현실적이라는 건 도무지 말이 안 되는 자가당착으로 전락하고 만다. 2006년 3월 전국의 고교생들을 중심으로 인터넷을 떠들썩하게 만든 '죽음의 트라이앵글: 누가 우리를 미치게 만드는가' 라는 제목의 동영상은 "친구를 짓밟고 적으로 만드는 것이 창의적 인재인가"라고 물었다. 감히 누가 '아니다' 고 답할 수 있을 것인가?

남을 대할 때는 봄바람처럼 부드럽게 하고 자기를 닦기는 가을서리처럼 매섭게 하라는 신영복의 생활 신조는 속세를 떠난 도사의 허공에 뜬 말이 아니다. 이제 우리는 그런 삶의 문법을 따르지 않으면 모두 파국에 이를 수밖에 없을 만큼 극한 상황으로 내몰리고 있다.

우리가 사람을 거울로 삼으며, '증오의 정치'를 넘어서 "정치란 사회의 잠재적 역량을 최대한으로 조직해내고 키우는 일"로 재정의하고 실천해야 할 이유가 바로 여기에 있다. 기존 투쟁 패러다임을 넘어서는 일에 보수-진보를 구분하는 건 어리석은 일이다.

신영복은 바위다. 그는 흔들리지 않는다. 그래서 그는 늘 온화한 얼굴을 하고 있다. 왜 우리 사회가 그런 온화함을 가질 수 없단 말인가? 신영복을 읽어야 한다. 다시 읽어야 한다. 읽고 또 읽어야 한다. 그는 오래전에 '투쟁 패러다임'을 내버렸기에 자신의 메시지를 투쟁적으로 제시하지 않았다. 그래서 오독誤讀이 많아졌다. 신영복을 탓할 수는 없다. 그는 실천 없는 말을 하지 않기 때문이다.

아무리 정의로운 일이라도 남을 밟고 올라서는 순간 정의는 죽는다.[13] 우리에게 증오하는 누군가 있다면 그 사람을 거울로 삼아보자. 증오하기 이전의 '처음처럼' 다시 생각해보자. 반드시 새로운 발상과 이론이 나올 것이다. 신영복의 메시지를 사회과학적으로 해석하고 재해석하면서 새로운 이론을 세워보자. '투쟁 패러다임'에 몸과 영혼을 내맡기면서 개혁과 진보를 생각하는 우리 모두의 어리석음을 다시 생각해보자. 신영복의 말을 빌리자면, "나이가 60이 되면 사람도 자기 인생을 뒤돌아보듯 우리 사회도 이제 근본 구조를 성찰해야 할 시기입니다".[14]

1 세르주 모스코비치, 이상률 옮김, 『군중의 시대』, 문예출판사, 1996, 332~333쪽.

2 헤르만 셰어, 윤진희 옮김, 『정치인을 위한 변명』, 개마고원, 2005, 189쪽.

3 Murray Edelman, *Constructing the Political Spectacle*(Chicago: University of Chicago Press, 1988), pp. 73, 80, 82~83.

4 고은, 「시인 고은이 읽은 『신영복의 엽서』」, 『중앙일보』, 1997년 12월 30일, 41면.

5 정운영, 「인물탐구: 신영복」, 『한겨레신문』, 1991년 12월 20일, 21면.

6 같은 자료.

7 김경환, 「권두 인터뷰 신영복: 더 높은 인간성을 향한 불안스럽지만, 확고한 '떨림'」, 『말』, 1996년 8월, 20~27쪽.

8 나현철, 「신영복 씨 29년 만에 모교 강연」, 『중앙일보』, 1997년 4월 8일, 21면.

9 안철홍, 「"혁명 거치지 못한 역사의 대가 크게 치르고 있다": 신영복 성공회대 교수」, 『시사저널』, 2005년 1월 11일, 57쪽.

10 김은정, 「"과거와의 대화가 미래 여는 지혜": 전주 강연회 갖는 신영복 성공회대 교수」, 『전북일보』, 2005년 3월 17일, 5면.

11 마이클 폴라니, 표재명·김봉미 옮김, 『개인적 지식: 후기비판적 철학을 향하여』, 아카넷, 2001.

12 박현갑, 「고3 교실 '뛰는 급훈' 논란」, 『서울신문』, 2006년 3월 18일, 7면.

13 이하나, 「"남을 밟고 올라서면 사회가 무너지죠": 정년퇴임 앞둔 신영복 성공회대 교수」, 『매일경제』, 2006년 3월 7일, A40면.

14 이성대, 「"올해는 한국사회 내부 성찰하는 해": 신영복 교수 동양고전 특강서 밝혀」, 『세계일보』, 2005년 1월 6일, 24면.

신영복의 '60년'을 돌아본다 ✚

한홍구 | 성공회대 교양학부 교수

아버지 친구들의 조기 '의식화' 교육

은근과 끈기의 민족이 어느새 '빨리빨리'를 입에 달고 살게 될 정도로 숨 가쁘게 달려온 세월, 사색이니 성찰이니 하는 것은 모두 사치스러운 장식물이었는지 모른다. 군사독재 정권이 앞을 내다보고 역할 분담을 시켜놓은 것이라고나 해둘까? 쫓기듯이 바쁘게 사는 바깥사람들이 꿈꾸지 못할 차분한 사색과 깊은 성찰을 바깥사람 몫까지 대신해야 했던 분이 있다. 1988년 세상이 조금 좋아진 뒤,『평화신문』에 그의 사색의 편린이 실리기 시작했다. 그리고 그가 세상 밖으로 나왔다. 징역은 나오는 맛에 산다는 말을 위로로 건네기에는 너무 긴 20년 세월을 뒤로하고서. 20대의 청년 시절인 1968년 음력 생일에 잡혀간 그는 꼭 20년 세월을 보내고 1988년 음력 생일에 석방되었다. 그리고 20년 가까운 세월이 또 흘러 그가 올해 정년을 맞는다.

신영복 선생님과 같은 학교에 근무하는 나는 최근에 한국 현대사 속에서 선생님의 삶을 정리해볼 기회를 갖게 되었다. 그래서 자주 뵙는 사이에 정색을 하고 마주 앉아 인터뷰하는 쑥스러움을 무릅쓰고 자리를 마련하였다.[1] 선생님께서 기억하기 싫어하는 부분도 캐물어야 하는 곤란한 순간도 있었지만, 선생님께서 살아내신 한국 현대사를 가까이서 듣게 되는 소중한 시간이었다.

신영복은 1941년 경상남도에서 태어났다. 고향은 밀양이지만, 출생지는 의령이었다. 아버지는 대구사범을 졸업하고 경상북도에서 교사로 근무하였는데, 일본인 교장의 조선학생 차별에 항의하다가 파면되었다. 몇 년 지난 뒤에 경상북도가 아닌 경상남도에서 정식 '훈도'가 아니라 '촉탁'으로 복직되었다. 아버지께서 교사 한 명뿐인 간이학교의 '교장'으로 의령에서 근무하실 때 신영복은 교장 사택에서 태어난 것이다. 고등학교에 진학하여 부산으로 유학을 떠날 때까지 어린 신영복은 교장 선생님의 아들로 밀양 등지의 사택에서 자라게 된다.

아버지의 사랑에는 유열, 이극로 등 저명한 한글학자들—모두 월북했다—도 드나드셨는데, 어느 분인지 모르지만 아버지 친구들은 꼬마 신영복에게 장래 희망을 물으셨다. 이럴 때 아이들은 처음에야 자기 희망을 솔직하게 얘기하지만, 조금 지나면 어른들이 바라는 '정답'을 말하게 되는 법. 일제 말기의 암울한 시절, 그가 가진 희망은 일본 총독이 되어 일본인들에게 한글을 가르치는 것이었다. 일본 총독이 뭐냐고? 조선이 독립되고 일본을 식민지로 삼게 된다면 일본을 다스리는 조선인 총독이 된다는 얘기다. 해직교사였던 아버지, 그리고 그의 민족주의자 친구들의 장난기 어린 조기 '의식화' 교육을 받으며 신영복은 세상과 만나기 시작했다.

다섯 살 꼬마 신영복의 머리에도 해방의 그날은 기억이 또렷하다. 비가 엄청나게 온 그날, 동네 청년들은 어린 신영복을 집에서 조금 떨어진 교장 사택으로 데려가 그곳을 지키게 했다. 해방이 되자 일본인 교장은 어디론가 사라져버렸고, 집 안은 책상 서랍도 다 열려 있는 등 급히 떠난 흔적이 역력했다. 동네 청년들이 다섯 살 난 어린 신영복에게 왜 일본인 교장의 텅 빈 사택을 지키게 하였는지는 지금도 잘 이해가 되지 않지만, 아무튼 그는 적산의 접수와 보호라는 중대 임무를 충실히 수행했다.

전쟁은 그가 열 살 때 터졌다. 그러나 밀양은 인민군 수중에 들어가지 않아 '인공' 치하를 겪은 것은 아니었다. 그래도 전쟁의 기억은 끔찍했다. 어느 날 서북청년단원들이 좌익으로 몰린 청년들을 잡아 죽이고, 그들의 머리를 벤 후 철사로 귀를 꿰어 영남루 부근의 다리 양쪽으로 가로등마다 묶어놓았다는 것이다. 20여 개의 머리가 걸려 있다 보니 여학생들은 겁에 질려 다리를 못 건너고 우는데, 어린 남학생들은 그래도 다리를 건너갔다고 한다. 신영복은 무서움 속에서도 머리 하나하나를 자세히 살폈다. 실제로 자세히 바라보니, 피가 다 빠져 백지장처럼 하얘진 얼굴은 생각만큼 무섭지는 않았다.

신영복이 베인 머리를 유심히 살핀 까닭은 거기에 누군가 있을 것 같은 느낌 때문이었다. 해방 직후 떠들썩한 분위기 속에 신영복 집에 모였던 수많은 청년들, 그 중에 특히 기억나는 사람이 있었다. 동네 토박이는 아니고, 떠돌이로 다니다 동네로 흘러 들어와 궂은일 해주고 밥 얻어먹던 청년이었다. 토끼도 잘 잡고, 팽이도 잘 만들어주던 청년. 그러나 늘 천대 받던 그가 기세등등해진 모습을 보고 세상이 바뀐 걸 실감할 수 있었다. 앞장서서 친일파 집을 부수기도 했다. 그는 미군이 들어오고, 사라졌던 친일파들이 다시 나타난 뒤로 다시 볼 수 없었다. 신영복은 어린 마음에 사라졌던 그가 꼭 거기 있을 것만 같았다. 아직 너무 어려 해방과 전쟁의 의미를 이해할 수는 없었지만, 기억만큼은 너무도 또렷이 그의 잠재의식 속에 각인되어버렸다.

밀양군 교육감이 되신 아버지가 무슨 바람이 불었는지 국회의원에 출마했다가 낙선하면서 가세가 기울었고, 그는 자형이 교사로 근무하고 있던 부산 상고로 진학하게 되었다. 시인으로 5·16 군사반란 후 교원노조운동으로 구속된 살뫼 김태홍 선생이 당시 국어 선생님이었는데, 그분의 권유로 한국은행 면접시험 대신 서울대 상대에 시험을 쳐 합격한 것이 1959년이었다.

4·19, '푸른 하늘'의 감동

대학에 들어간 지 꼭 1년 만에 4·19가 일어났다. 그것은 엄청난 감동이자 충격이었다. 처음에는 '부정선거 다시 해라', '자유당 정권 물러가라'에 정서적 민족주의가 어느 정도 가미된 수준이었지만, 세상이 바뀐 것을 경험한다는 것은 큰 감동이었다. 4·19에서 5·16까지 비록 1년여의 짧은 기간이었지만, 푸른 하늘을 보았다는 것은, 그것을 직접 보았을 때의 그 감동은 지금까지 그를 지탱시켜준 중요한 원동력이었다. 4·19는 그야말로 "총탄이 이마를 뚫고 지나간 혁명"이었다. 비록 독일어 원서를 교재로 썼지만, 『자본론』 강독이 정식 과목으로 개설되기도 했고, 학생들은 「공산당 선언」 같은 문건을 번역해서 세미나를 시작했다. 한국전쟁으로 완전히 초토화된 지식 사회에 새싹이 트기 시작한 것이다.

그리고 5·16이 왔다. 처음에는 지주 아들 윤보선과 가난한 소작농의 아들 박정희를 대비시키기도 하고, 박정희의 좌익 경력을 이야기하며 기대감을 표시하기도 했다고 한다. 그러나 이른바 혁명재판소를 만들어 『민족일보』 조용수 사장 등을 사형시키는 등 사태 진전을 보니 박정희는 영락없이 '권총 찬 이승만'일 수밖에 없었다. 그리고 그 배후에는 미국이라는 외세가 있었다. 그 거대한 힘이 4·19를 누르고 있었다. 4·19의 감동 속에 총알은 우리의 이마를 뚫고 지나갔다고 진보적 청년들은 생각했지만, 5·16의 현실 속에서 그들은 다시 깨달았다. 총알은 모자만 뚫고 지나갔다고! 5·16이 무너뜨린 것은 무능한 장면 정권만이 아니었다. 5·16이 진정 짓밟은 것은 4·19 이후 돋아나기 시작한 통일운동, 노동운동 등 각 부문운동의 새싹이었다. 해방 정국에서의 변혁적 운동의 복원이라는 의미의 4·19가 군부세력에 의해 짓밟힌 것이 5·16이었던 것이다.

1, 2학년 때까지 가정교사 하느라 학교 공부 따라가기에 바빴던 신영복은 5·16이 일어난 3학년 때부터 본격적으로 후배들의 세미나 지도를 시작하는 등 학생운동에 몰두하게 된다. 그는 군사정권이 들어선 현실에서 장기적인 학생운동이 필요하다는 것을 절감하면서, 서울대 상대에 본격적인 독서 서클을 만들게 된다. 마오쩌둥의 「모순론」이나 「신민주주의론」 같은 논문도 번역해서 대학노트에 베껴 적어(복사기와 컴퓨터가 없었던 시절!) 돌려 읽고, 고리키의 『어머니』도 영문판을 구해 대학노트 네 권에 깨알같이 번역해서 돌려 읽곤 했는데, 나중에 통혁당 사건이 터지면서 모두 중앙정보부에 압수당했다.

3학년 이후, 거의 매일같이 세미나의 연속이었다. 상대 학생들로 조직된 경우회, CCC란 종교단체 산하의 경제복지회, 정읍 출신들이 모인 동학연구회 등 나중에 통혁당 사건 때 연루된 서클들 외에도, 고려대·연세대의 학생 서클 세미나에도 자주 가서 지도했는데, 이런 모임이 예닐곱 개가 되다 보니 각각 일주일에 한 번씩만 있어도 매일 불려다니느라 정신없는 나날을 보냈다.

대학원에 진학한 뒤에는 주로 다른 대학이나 연합 서클 지도에 주력했다. 당시 경제과는 150명이나 되었지만, 지금과 달라서 대학원에는 세 명만이 진학했다. 그런데 같이 입학한 동기들 중 한 명은 ROTC로, 다른 한 명은 해군 장교로 입대해버려 대학원에는 혼자만 남았다. 경제과 대학원의 한 해 위에는 안병직과 사회학과를 졸업한 신용하가 있어 친하게 지냈는데, 지금 뉴라이트의 깃발을 내세운 안병직은 그때는 아주 좌파적인 입장이었다.

통혁당 사건의 전말

대학원을 마치고 숙명여대에 강사로 나가던 시절, 아마 1965년 2학기나 1966년 초에 『청맥』이라는 잡지의 예비 필자 모임인 새문화연구회 모임에 안병직 등 선배들을 따라 나가게 되었는데, 여기서 서울대 사회학과 출신의 김질락을 만나게 되었다. 김질락은 신영복보다는 6, 7년 선배였다. 『청맥』은 통혁당 핵심들이 당의 합법 기관지로 설정한 잡지인데, 반미적인 논설이 종종 실리곤 했다. 당시 신영복은 대학원을 갓 졸업한 신출내기 강사이다 보니, 잡지의 필자 풀Pool 성격인 새문화연구회에서는 막내인지라, 적극적인 역할을 할 입장은 아니었다.

김질락과 그의 후배 이진영 등은 신영복이 학생운동에 깊이 관여하고 있는 것을 알고 그를 유심히 관찰하였다. 어느 날 김질락이 정색하고 혁명을 지지하느냐고 묻기에 신영복이 그렇다고 하자 그날 이후부터 김질락, 이진영과는 따로 만나게 되었다. 이것이 나중에 통혁당 산하의 민족해방전선으로 발표된 모임이다. 통혁당 사건으로 김종태, 이문규, 김질락 등이 사형당하였으니, 무기징역을 선고받은 신영복은 살아 있는 사건 관련자 중에서 가장 핵심 인물이 된다. 그런데 인터뷰를 하며 처음 알았지만, 신영복은 최고 책임자로 발표된 김종태나 조국해방전선 책임자로 발표된 이문규 등 핵심 간부들을 사건이 날 때까지 만나본 적도 없다는 것이다. 이문규야 학생운동 선배라서 이름 정도는 들어보았지만, 김종태에 대해서는 이름도 들어보지 못했다는 것이다. 신영복이 김질락, 이진영과 만난 것이 전부 10번 안팎이라니 참으로 비싼 징역을 산 셈이다.

그런데도 공안당국의 기록은 물론이고, 진보진영에서 나온 통혁당 관련 일부 서적에는 신영복이 김종태, 이문규, 김질락 등과 함께 통혁당의 강령을 정하는 등 당의 핵심 성원으로 활동한 것으로 나온다. 신영복은 민족해방전선이 조직한 산하단체라고 발표된 경제복지회나 경우회, 동학혁명회 등은 각각 역사가 오랜 자생적인 단체로서 자신과 개인적인 관계를 맺었을 뿐인데, 사건에 연루되어 고생하게 되었다면서 미안해했다. 중앙정보부가 엄청나게 부풀린 것이냐는 질문에 대해서는 그런 측면도 분명 있지만, 또 한편으로는 김질락 등이 북에 산하단체라 보고한 것 같다고 덧붙였다. 남과 북 관료집단의 성과주의와 자기 활동을 과장해서 보고한 통혁당 지도부의 합작으로 사건이 확대되었다고나 할까? 북과의 관련성을 부풀리려는 공안당국이나, 통혁당을 북의 지도성이 관철된 조직으로 그리려는 진보진영 일각이 각각 다른 입장에서 역사를 왜곡하고 있는 것이다.

통혁당 사건에서 핵심은 북과의 관련 문제이다. 신영복은 통혁당에 대해서는 전혀 알지 못했고, 중앙정보부에 가서야 들었다고 했다. 사건이 발발할 당시에는 아직 통일혁명당이라는 조직이 정식으로 결성되지 않은 상태였으니 그럴 수밖에 없었다. 신영복은 통일과 혁명이 서로 돕는 관계여야 한다는 정도의 논의는 있었으며, 민족해방전선이라는 조직의 명칭도 명시적으로 합의한 적은 없지만, 분단된 베트남을 보면서 그런 성격의 조직이어야 한다는 논의는 있었다고 회고했다. 그는 민족해방전선의 지도부라고 발표된 김질락, 이진영과의 논의과정에서 이미 남과 북이 질적으로 다른 단계에 있기 때문에, 일국일당주의를 취해 북이 중앙이 되고 남에 지역당을 건설하는 것은 옳지 않으며, 남쪽에 자생적인 운동의 구심이 서야 한다고 합의했다고 말했다. 김질락이 김종태나 이문규 등과, 또는 북에 가서는 어떤 식으로 이야기했는지 알 수 없지만, 적어도 민족해방전선 모임에서는 북의 직간접적인 지도를 받는 것에 대해서는 논의한 바도 없으며, 북과의 관계는 대등한 혁명의 구심 정도로 이야기되었다는 것이다.

중앙정보부에서의 수사는 혹독했다. 이미 김질락이 다 분 터라, 저들은 신영복이 전혀 모르는 것에 대해서도 다 알고 있었다. 현역 장교로 근무하고 있는 신영복이 북에 갔다 오려야 갔다 올 수 없음을 누구보다도 잘 알고 있는 저들은 북에 갔다 온 날짜를 대라고 구타와 전기고문을 하여 까무러치기도 했다. 고문도 힘들었지만, 조사 자체가 고문이기도 했다. 청년기의 고민과 방황이 어린 수많은 만남과 토론, 그리고 서로 빌려주고 빌려보았던 수많은 책들은 몇십 장의 자술서와 몇십 장의 조서와 몇 줄의 법률용어에 의해 온통 조직적인 관계로 규정되었다. 지난 수년 간 자신이 행한 활동을 담은 것이건만 수사 기록은 외국어보다도 낯설었다. '이런 방식으로 한 사람의 복잡한 사상과 의식이 규정되고 단죄되는구나' 하는 것을 뼈저리게 느끼지 않을 수 없었다. 당시 아이들 사이에서 유행하던 원숭이 똥구멍 노래가 생각났다고 한다. 신영복이 수사를 받을 때 국민학교 3학년이었던 나도 친구들과 많이 외우며 놀았던 노래이다. "원숭이 똥구멍은 빨개-빨가면 사과-사과는 맛있어-맛있으면 바나나-바나나는 길어-길으면 기차-기차는 빨라-빠르면 비행기-비행기는 높아-높으면 백두산!" 수사기관의 논리학을 지배하고 있는 것은 흑백논리도 삼단논법도 아니었다. 무엇이든 갖다붙이면 척 붙어버리는, 도저히 벗어날 수 없는 수사기관의 연상법 놀이여!

당시 육사 교관으로 현역 장교 신분이었던 신영복은 군사재판에 회부된다. 김형욱의 중앙정보부는 이문규를 구출하러 북이 파견한 공작선의 암호를 해독하여 격침시키면서 두 명을 생포했는데, 이들도 통혁당 관련자로 사형을 언도하는 등 이 사건의 크기를 부풀리는 데 주력했다. 그러다 보니 직접 북에 내왕한 것은 아니지만, 민족해방전선의 지도부 격으로 위치지어진 신영복에게도 사형을 선고해야 했던 것으로 보인다. 수사 당시에는 주로 불고지죄, 즉 김질락이 북과 관련 있다는 사실을 알고도 고발하지 않은 죄가 중심이었던 것이 기소 단계에서는 반국가단체 구성 예비음모가 중심이 되었고, 1심과 2심에서는 반국가단체 구성죄로 사형이 선고되었다. 재미있는 것은 최고형이 징역 2년 이상의 유기징역형인 반국가단체 구성 예비음모죄로 기소된 사람에게 군사재판에서는 기소 죄목이 아닌 반국가단체 구성죄를 적용하여 사형을 구형하고 선고했다는 것이다. 형사소송법의 기본원칙을 정면으로 어긴 것이기에 대법원에서는 당연히 파기환송. 군 법무사들이 사형을 구형하면서 미안한 표정을 지으며 너무 걱정하지 말라던—사형을 구형하며 걱정하지 말라는 놀라운 인도주의와 여유!—이유를 알 것 같았다고 신영복은 말한다.

사형수에서 무기수로

사형은 사람의 목숨을 빼앗는 것이다. 국가가 공식적으로 죽여버리겠다는 법적 결정이다. 사람이 죽음 앞에서 얼마나 의연해질 수 있을까? 뒤에 민청학련 사건 당시 서울대 상대생이던 김병곤이 사형을 언도받고 "영광입니다"라고 되받아 전설을 남겼지만, 그 받아침은 진짜로 죽이지는 못할 것이라는 확신이 있었기 때문 아니었을까? 사형을 구형받은 김대중도 선고의 순간에 최대한 의연한 척하려 했지만, 눈은 판결문을 읽는 판사의 입으로 가더란다. 무기징역이라 말하려면 입이 삐죽 앞으로 나오고, 사형이라 말하려면 입이 옆으로 찢어지는데, 그 짧은 순간에 입이 앞으로 삐죽 튀어나오길 간절히 바라게 되더라는 것이다. 드라마 〈모래시계〉의 잊히지 않는 명대사 "나 떨고 있니?"처럼, 아무리 사상범이라 한들 죽음 앞에선 떨리기 마련이 아닐까? 20대의 청년 신영복은 1심과 2심인 보통군법회의와 고등군법회의에서 각각 구형과 선고, 그리고 군법회의 형 확정 절차인 관할관 확인을 거치며 모두 여섯 번이나 자신의 이름에 사형이라는 무거운 꼬리표가 붙는 것을 들어야 했다.

처음에는 사형이 근거 없다고 생각했지만, 곧 '아, 이 정권은 충분히 사형을 집행할 수 있구나' 하는 생각이 들었고, 심각하게 죽음의 문제를 생각하는 시간을 보내야 했다. 실제로 그가 남한산성의 육군교도소에 갇혀 있는 1년 반 동안 일상을 같이 보내던 여섯 명이 차례로 사형집행을 당했다고 한다.

그들의 죄목은 대개 상관살인이었는데, 신영복은 1960년대의 억압적인 병영 문화가 낳은 가슴 시린 비극을 연속적으로 가까이서 지켜봐야 했던 것이다.

사형이 확정되는 순간 참으로 말로 표현하기 힘든, 삶이 너무 일찍 끝나고 만다는 애석함과 쓸쓸함이 밀려왔다. 당시의 젊은 언어로는 죽음은 삶의 완성이었기에 사형이 삶의 단절로 귀결된다는 생각은 들지 않았다. 또 당시 혁명적 의식이 투철했던 청년들의 낭만적인 정서로는 척박한 식민지 땅에 태어나 군사정권에 항거하다가 형장의 이슬로 사라진다는 것이 식민지 청년들 앞에 놓인 삶의 당연한 한 형태라고 합리화해보기도 했다. 그러나 어느 날 신영복은 접견을 마치고 돌아가는 노부모의 쓸쓸한 뒷모습을 바라보며 자신의 죽음이 자신에게야 삶의 완성일 수 있지만, 부모님께는 감당할 수 없는 충격과 상실일 수밖에 없지 않은가라고 생각하면서 죽음이란 것도 결코 한 개인의 죽음일 수는 없겠다는 생각을 하게 되었다.

신영복은 사건 당시 현역 육군 중위였기 때문에 그의 사형집행 형식은 교수형이 아니라 총살형이었다. 교수형이 아니라 총살형이란 것이 그나마 위안이라면 위안이었다. 프랑스혁명의 선봉에 섰다가 옥사한 대수학자 콩도르세는 '찬란한 햇빛 아래 죽는 것'을 그렇게 바랐다지 않나. 모든 사형수가 철학자가 되는 것은 아니겠지만, 우리 마음의 깊은 곳에 와닿는 신영복의 사색은 총살형을 그나마 다행으로 여겨야 했던 처연한 낭만과, 갈라진 현대사의 처절한 아픔이 안겨준 젊은 날의 임사체험臨死體驗의 결과라 할 수 있지 않을까?

파기환송심에서 군검찰은 반국가단체 구성 예비음모죄를 반국가단체구성죄로 바꾸는 공소장 변경 조치를 취했고, 재판부는 정상을 참작하여 최고형 대신 무기형을 선고했다. 당시 살벌한 분위기의 군사법정에 이현재·박희범 교수 등 은사들이 변호인측 증인으로 증언해주기도 했다. 학생 서클을 반국가단체로 규정하는 나쁜 대법원 판례를 남기는 것이 좋지 않다는 변호사의 권유에 따라 상고는 포기했다. 통혁당에 가입한 적도 없고─실제 통혁당은 그가 투옥된 이후에 조직된 것으로 북에서 발표되었다─김질락 이외에는 통혁당 지도부인 김종태나 이문규를 만난 적이 없음에도 불구하고 대표적인 통혁당 지도간부로 인식되는 무기수 신영복은 이렇게 탄생되었다. 상고포기를 하여 무기징역이 확정된 것은 1970년 5월 5일 어린이날이었다. 육군본부에 출두하여 상고포기 서류를 접수시키고 다시 남한산성으로 돌아오는 길에 죽 재판을 지켜본 호송 헌병의 호의로 남산에 들러 아이스크림을 사먹고 무기징역의 기나긴 터널로 들어가게 된다. 사형수일 때는 무기만 되어도 원이 없다고 생각했건만, 무기징역은 어떤 의미에서 사형보다 더 암담했다.

대법원에서 상고포기로 형이 확정된 후 신영복은 1970년 9월 안양교도소로 이감되었다. 그는 안양교도소에서 전향서에 도장을 찍었다. 신영복은 당시에는 전향 문제의 정치적 의미에 대해 심각하게 생각하지 않았다고 했다. 육군교도소에서는 전향 문제에 대한 권유도 없었고, 그런 고민을 하지도 않았다. 당시 안양에는 사상범이라고는 신영복 한 사람뿐이었다. 전향 문제에 대해 이야기해줄 수 있는 선배도 없었다. 교도소 당국은 김종태, 이문규, 김질락을 비롯하여 다른 사람들도 이미 다 전향을 했다며 도장을 찍으라고 했고, 가족들도 통혁당 사건의 다른 관련자들도 전향서에 날인하였다는 사실을 들어 강력히 권하였다. 그래서 인적사항을 적고, 북한 공산주의에 반대하고 대한민국을 위해서 살아가겠다는 간단한 내용으로 '전향의 변' 난을 메워 전향서를 작성했다.

전향 문제에 대해 다시 생각하게 된 것은 대전교도소로 이감된 후였다. 당시는 박정희 정권의 강제전향공작이 본격화될 때였고 그곳에서 그는 비전향 장기수들도 보게 된다. 그는 한 사람이 자기의 사상을 끝까지 견지하는 일의 중요성을 새삼 깨달으면서, 반성도 하고 고민도 하고 자기합리화도 했다. 그 중요성에 대해 굉장히 쉽고 편의적으로 생각하긴 했지만, 그 중요성을 일찍 깨달았다고 해도 자신은 결국 전향하지 않을 수 없었을 것이라는 점을 그는 부인하지 않았다. 그가 조직성원이었다면 좀더 심각하게 고민했을지도 모르나, 그는 조선노동당원도 아니고 통혁당원도 아니었다.

감옥에서의 자기개조

신영복이 20년 감옥생활에서 꼬박 15년을 보낸 대전교도소로 이감된 것은 1971년 2월이었다. 안양과는 달리 대전은 한국의 모스크바라 불릴 만큼 좌익 사상범이 많았다. 그는 이미 전향서를 쓴 상태에서 대전으로 이감되었기 때문에 비전향수들이 있는 특별사동에 수용되지는 않았다. 그러나 교도소 당국은 통혁당 사건 무기수인 신영복을 바로 공장에 출역시키지 않았다. 한 1년 정도 독방과 혼거를 거듭하면서 관찰한 뒤에야 출역을 허락했다.

『감옥으로부터의 사색』을 인쇄본으로 읽을 때는 그런 느낌을 갖기 어렵지만, 감옥에서 보낸 편지를 그대로 영인한 『엽서』를 보다 보면 고친 자국이 거의 없다는 점에 깜짝 놀라게 된다. 글 쓰는 사람 입장에서 볼 때 정말 있을 수 없는 일이다. 여기에도 다 사연이 있었다. 20대 후반의 지식 청년 신영복은 감옥이라는 새로운 환경에서 생활을 시작하면서 여러 가지 충격적인 경험을 하게 된다. 그냥 두면 다 잊어버릴 것 같은 이 경험을 어딘가 기록해두어야 한다는 생각이었는데, 분단된 조국의 감옥에서 그런 생각을 담아두려면 한 달에 한 번 보내는 엽서 외에는 다른 방법이 없었다. 밖으로 보낸 엽서가 모여 있으면, 언젠가는 내가 다시 읽어보리라 하는 생각에서 감옥시절을 잊어버리지 않으려는 노력의 하나로 엽서 쓰기가 시작된 것이다. 주제를 하나 잡으면 한 달 내내 감방 안에서 면벽 명상을 통해 생각에 생각을 거듭하고 미리 머릿속에서 교정까지 다 봐두었다가, 엽서를 쓰는 날 머릿속에 완성된 문장

형태로 갖고 있던 것을 토해냈다고 한다.

면벽 명상이나 독서를 하기에는 독방이 좋을 것 같지만, 20년 감옥생활 중 5년여를 독방에서 보낸 신영복에 따르면, 독방의 징역살이가 더 힘들고 때로는 정신적으로 위험하기까지 하다. 혼자 있으면 언어를 잃어버린 것 같아서 방을 왔다 갔다 하며 혼잣말을 하는데, 그러면 교도관은 통방하는 줄 알고 앉으라고 야단을 치기도 했다. 혼자서 이야기하다 보면 종종 이상한 생각에 빠지기도 하는데, 스스로에게 깜짝 놀라서 후딱 그쳤다가, 다시 혼자서 말 하기를 반복하는 일도 많았다고 한다. 사람이란 역시 같이 대화하고 부대끼며 사는 존재였던 것이다.

대전교도소에는 제법 많은 수의 친구, 후배들이 와 있었다. 이들 중 상당수는 징역살이가 자기 인생에서 마이너스가 되지 않도록 밤잠 줄여가며 열심히 공부를 하였다. 이들은 감방에 있는 사람들과 어울리거나 공장에 출역하는 것보다는 오로지 독서에 열중하려는 태도를 취했다. 교도소 재소자란 물론 우리 사회의 하층민이긴 하지만, 룸펜적 성격을 벗지 못하는 사람들이기에 이들과의 접촉이 별로 의미가 없다는 생각이었다. 그러나 신영복은 이런 생각에 동의하지 않았다. 신영복이 보기에도 재소자 대부분이 룸펜적 성격이 강해서 사회변혁 의지라든가, 노동계급으로서의 건강한 자부심 같은 것은 찾아보기 힘들었지만, 그들도 역시 민중이었고, 그들의 삶을 통해 우리 사회의 억압구조를 충분히 읽어낼 수 있었다. 신영복은 그들 한복판으로 들어가 그들과 맨살을 맞대는 접촉을 하면서 지식 청년으로서 자신이 가졌던 관념성에 대해 통절한 반성을 하게 된다.

교도소에서 사람을 만나고 같이 지낸다는 것은 바깥세상에서 잠깐 악수하고 헤어지는 그런 정도의 사이가 아니다. 온몸을 부대끼며 살아가는 징역생활에서 도덕적 가식을 부리거나 무언가를 숨기고 감추는 일은 불가능하다. 어쩔 수 없이 알몸 그대로가 노출될 수밖에 없다. 한 방에서 몇 년을 같이 보내는 동안 서로의 삶과 살아온 내력을 공유하며, 개인에 대한 이해를 넘어 우리 사회의 가장 밑바닥을 사는 그들을 통해 또 다른 사회가 있다는 것을 깨달았다. "아하, 목수가 집을 그릴 때는 지붕부터 그리는 게 아니라 일하는 순서대로 주춧돌부터 그리는 거구나" 하는 깨달음은, 책이나 교실에서 인식했던 것과는 다른 펄펄 뛰는 세상에 대한 새로운 인식을 가능케 했다. 교장 선생님의 아들로 학교 사택에서 쭉 자라고, 책을 통해 정서를 키워온 사람으로서, 그런 자신의 인식 틀이 깨어지는 것은 감옥 초년에 그가 겪은 가장 충격적인 일이었다.

육군교도소 시절이나 독방생활만 한 안양 시절에는 잘 몰랐다가 대전에 와서 새삼 발견한 사실은 교도소에 노인들이 그렇게 많다는 것이었다. 공장에서건 사방舍房에서건 그들의 사연을 들으면서 신영복은 개인의 성격과 범죄를 연결시켜왔던 그때까지의 단순한 논리를 반성했다. 그들의 파란만장한 일생에 관해서 이야기 들으며 그 혹독한 상황에서 죄를 범하지 않을 수 없는 사연에 고개를 끄덕이게 되었고, 범죄가 개인의 성향보다는 사회나 시대의 반영이라는 생각을 하게 되었다.

신영복은 밑바닥 인생들과 맨몸으로 부대긴 오랜 감옥생활을 통해 지식청년으로서의 관념성을 깨고 인간과 사회에 대한 새로운 이해를 하게 되었다. 여기에 더하여 감옥은 청년 신영복에게 새로운 역사의식을 일깨워주었다. 1970년대 초반은 아직 해방으로부터 채 30년이 지나지 않은 시절이었다. 조국이 찢어진 상황에서 전쟁의 격동에 몸을 내던졌던 사람들, 또는 그 격랑에 휘말린 사람들 중에 아직 감옥생활을 하는 이들이 많았다. 세월이 흘러 이제는 물론 50대 60대를 넘긴 노년이었다. 그들 중에는 한국전쟁 당시의 부역사건으로 들어온 사람도 있었고 빨치산 출신도 있었다. 한국전쟁 중에 입산한 '신빨치'만이 아니라 전쟁 발발 이전에 입산했던 '구빨치'들도 어렵지 않게 만날 수 있었다. 또 북에서 내려온 공작원, 안내원 들도 있었다. 신영복은 해방 전후의 분단현실을 온몸으로 담아내고 있는 분들과 일상을 같이했다. 막연하게 책에서 보았던 한국 근현대사의 산증인들을 만나 이들로부터 생생한 그 시절의 이야기를 듣게 된 것이다. 앞날을 기약할 수 없는 노인들은 20대의 명석한 신영복에게 참으로 많은 이야기를 전해주고 신영복은 마치 체험하듯 역사를 대면하게 된다. 그것은 '생환生還된 역사'였다. 화석에 피가 통하고 숨결이 이는 듯한 그 느낌!

독특한 한글 서체 창안

신영복은 그 시절 한학의 대가인 노촌老村 이구영李九榮 선생과 4년간 한방에서 지내는 행운을 얻게 된다. 박치음이 「소쩍새」란 노래를 헌정한 노촌 선생은 참 특이한 분이시다. 명문 연안 이씨 집안의 종손으로 조선 봉건사회에 태어나 일제 식민지를 거쳐, 전쟁을 겪으며 월북하여 사회주의 사회를 몸소 겪고, 분단의 현실 속에서 남파된 후 일제 때 그를 체포했던 형사가 알아보는 바람에 다시 체포되어 20여 년을 감옥에서 보내고, 고도로 발달한 80년대의 자본주의 사회로 튕겨나온 분이시다. 한학을 공부한 사람들은 대개 보수적이기 쉽지만 노촌 선생은 드물게도 더불어 고르게 잘사는 대동의 꿈을 간직한 채, 사회주의적 사고를 체화하셨고, 또 고전에 대해 진보적 해석을 내리셨다.

신영복이 동양고전에 관심을 갖게 된 것은 물론 노촌 선생을 만나기 이전부터였다. 60년대 대학 시절 문화에 대한 반성과도 관련이 깊다. 일제 식민지 시절부터 한국 사회는 근대화 모델을 따라 줄달음쳐 갔다. 해방 이후의 격동과 한국전쟁, 그리고 전쟁 후의 부패와 가난을 겪는 동안 한국 사회는 오로지 서구적인 문화, 서구적인 가치 등을 이상적인 모델로 삼았기에 우리 것에 대한 자부심을 갖기가 어려웠다. 자존심이 없는 개인, 자부심이 없는 민족처럼 불행한 인간은 없을지도 모른다. 이런 반성 속에서 신영복은 감옥에 들어가서 동양고전을 깊이 읽어보자는 결심을 하게 된다. 서구 자본주의 사회를 비판적으로 성찰하는 준거를 동양고전의 지혜와 가치를 통해 찾아보려는 생각이었다.

그런데 이런 거창한 문제의식 말고도 옥중의 신영복이 동양고전에 빠져들게 된 데에는 아주 현실적인 이유가 있었다. 당시의 교도소 규정은 재소자가 책을 세 권 이상 소지할 수 없도록 되어 있었는데, 징역 초년의 왕성한 지식욕에다 하루 한두 권씩 읽을 나이였으니 책을 당해낼 재간이 없었다. 자연히 곁에 두고 아주 오래 읽을 수 있는 책을 붙잡을 수밖에 없었는데, 그런 점에서 중국고전이 딱이었다. 『노자 도덕경』 같은 책은 5,200자에 불과하지만 몇 달을 두고 읽을 수 있지 않은가. 신영복은 동양고전을 통해서 얻은 내용과 징역살이에서 깨달은 내용을 '관계론'이란 개념으로 정리해간다. 서구 사회는 개별적 존재성을 패러다임으로 하는 반면, 동양이나, 근대를 뛰어넘는 사회는 관계론을 기반으로 할 것이라는 생각이 바로 2004년 말에 출간된 『강의』의 핵심 내용이다.

신영복은 현재 서예가로도 이름이 높다. 곳곳에 들어서는 건물, 특히 민주화운동 관련 기념물은 그가 도맡아 글씨를 쓰고 있다. 어디 기념물뿐이랴. 최근 대박을 터뜨린 소주 '처음처럼'도 그의 글씨이다. 얼마 전 어느 서예학회에서 '서예의 실용화'라는 주제를 놓고 학술대회를 연다는 기사를 보고 신영복 선생 생각이 나서 혼자 웃음지은 적이 있다. 그의 '작품'으로 처음 '전시'된 것은 아마 '동상예방 주의사항'이나 '재소자 준수사항' 같은 소내 게시물이 아니었을까? 어려서 할아버지께 잠시 배우다가 잊어버렸던 붓글씨를 신영복은 옥중에서 다시 만났고, 감옥에 서도반이 생기면서 만당晚堂 성주표成柱杓, 정향靜香 조병호趙柄鎬 선생에게서 체계적인 지도를 받게 된다. 특히 풍양 조씨 노론 대가집 후예인 정향 선생은 추사의 서법을 이은 민형식閔衡植 선생이나 한말의 서화 대가이자 독립운동가인 오세창吳世昌 선생에게 배운 분이었다. 교도소장이 글씨 한 점 얻을 욕심에 서도반이 생긴 뒤 한번 모신 것인데, 교도소란 살인범, 도둑놈이나 가는 곳으로만 알던 정향 선생이 신영복 등 사상범들이 옥중에 있는 것을 알고는 깜짝 놀라시며 '아, 이분들은 귀양 온 사람들이구나' 하고 생각하시고 7년간 매주 교도소에 오시어 글씨를 지도해주셨다고 한다.

신영복의 한글글씨는 우리 서예 발전사에서 극히 중요한 위치를 점한다. 그 이전 한글글씨는 궁체가 주류를 이루었다. 정적이고 귀족적인 미학을 지닌 궁체는 시조나 별곡, 성경 구절을 쓰면 내용과 형식이 썩 잘 어울리지만, 신경림, 신동엽의 시나 민요, 또는 투쟁 현장의 목소리 같은 것을 쓰면 내용과 형식이 전혀 맞지 않게 된다. 신영복은 그런 내용과 형식 사이의 문제를 두고 고민하던 중 어머니께서 보내는 모필 서간체 글씨를 보며 깊이 느낀 바 있어, 어릴 적에 『춘향전』 필사본 등 어머님이 갖고 계셨던 두루마리 글씨를 회상하면서 한문서도에서 익힌 필법을 도입하여, 궁체에 대비되는 민체民體, 또는 연대체連帶體, 어깨동무체라 불리는 서체를 창안하여 서민적 형식과 민중적 내용을 담아내는 독특한 경지를 이루었다.

신영복은 교도소에서 보낸 20년을 '나의 대학시절'이라고 종종 표현한다. 사람과 세상을 보는 눈을 새롭게 키우고, 생생한 역사의식을 길렀으며, 게다가 양화공, 봉제공, 목공, 영선營繕, 페인트 등 여러 가지 기술까지 익히고 나왔으니 그럴 만도 했다. 1988년 8월 15일 잡혀간 지 꼭 20년 20일 만(그러나 어머님 말씀에 따르면 음력으로 꼭 20년 만이다. 생일날 잡혀가서 생일날 풀려났다고 한다)에 출옥했다.

그는 20년의 징역살이가 헛된 것이 아니라고 생각했다. 그가 자위를 넘어 일종의 성취감을 느낀 부분은 자기 자신이 완전히 다른 사람이 되어 나왔다는 것이다. 레닌을 포함하여 수많은 실천가들이 성공하지 못한 자기개조를 이뤄냈다는 것! 그런데 오랜만에 만난 친구들은 "야, 너 하나도 안 변했구나"

라며 칭찬하더란다. 신영복은 그렇게 세상과 다시 만났다.

　신영복이 출옥하기 얼마 전, 『평화신문』은 그의 편지에서 여러 구절을 뽑아 4회에 걸쳐 연재했다. 통혁당 사건으로 같이 고생한 선배인 오병철의 부인을 통해 신영복이 가족들에게 보낸 기막힌 엽서가 있다는 사실이 주위 사람들에게 알려졌고, 주변의 지인들이 알음알음으로 편지를 돌려보았다. 이런 차에 천주교 쪽에서 오래 민주화운동을 해온 김정남 등이 양심수 석방운동의 일환으로 신영복의 편지글을 『평화신문』에 실은 것이다. 처음에는 한 번 실을 생각이었지만, 독자들의 요구가 있어 2회, 3회를 내었고, 그러고도 요구가 그치지 않아 한 번 더 해서 총 4회를 연재하게 된 것이다. 감옥에 있던 신영복은 이런 사실을 당연히 알지 못했다. 어느 날 아는 교도관이 오더니 밖에서 뭔가 사건이 터진 모양이라고 귀띔해주었다. 신영복의 서신대장을 안기부에서 와서 다 조사해갔다는 것이다. 나중에 교도관이 『평화신문』 한 장을 몰래 가져와 보여주어 신영복은 밖에서 벌어진 일을 짐작할 수 있었다.
　『감옥으로부터의 사색』의 초판 발간일자는 1988년 8월 15일로, 신영복과 함께 세상에 나온 것으로 되어 있지만, 사실은 신영복이 먼저 햇빛을 보았다. 신영복의 편지가 인기를 끌자 열성 독자들은 아예 책으로 묶어내라고 강력히 요구했고, 오병철의 부인이 경영하던 출판사 '햇빛'에서 출간을 준비하게 되었다. 그러나 안기부에서 노부모께 압력을 가해 책이 나오지 못하다가, 그가 출소한 뒤 바로 나오게 된 것이다. 신영복의 친구이자 '공범'으로 당시 마당세실극장을 경영하던 이영윤이 이 책을 때마침 토론토에서 유학을 마치고 귀국한 성공회 이재정 신부에게 권했고, 이어 김성수 주교도 이 책을 읽게 되었다. 이재정 신부는 신영복이 교단에서 학생들을 가르치다가 옥고를 치르고 나왔기 때문에, 그를 원래의 자리에 서게 해야 할 도리가 있다며 성공회대에서 강의할 수 있도록 적극 주선하여, 1989년 1학기부터 강의를 하게 되었다.

당시 성공회대는 정식 대학이 아니라 신학과와 사회복지과만 있는 작은 신학교였는데, 여기서 경제원론을 가르치는 것으로 젊은 학생들과의 만남을 시작했다. 1989년 3월 6일 첫 강의를 하였는데 20년 수형생활을 한 무기수의 첫 강의라고 기자들이 취재를 와 강의실이 북적대었다.

비판적 지성의 구심

신영복은 경제원론 이외에 '한국 사상사'와 '중국고전강독'을 강의했다. 한국 사상사는 학부나 대학원 시절의 전공은 아니었지만, 독재정권의 감옥에서는 경제학 서적을 읽는 것조차 허용되지 않아, 신영복은 옥중에서 중국고전과 조선 후기의 실학사상에 대해 많이 읽을 수밖에 없었고, 그 경험이 강의로 이어진 것이다. 경제학이란 최소의 희생으로 최대의 효과를 얻으려는 생산력주의와 통하는 것인데, 생산의 인간화, 다시 말해 더 많은 생산보다는 더 인간적인 생산의 관리가 절실하다는 생각을 갖게 된 신영복이었기에 '한국 사상사'와 '중국고전강독', 뒤에 가서는 '신영복 함께 읽기' 같은 강의가 원래의 전공인 경제학 강의보다 더 그다운 강의였다.

1년쯤 지난 뒤 학교측은 신영복에게 연구실도 제공했지만, 그의 신분은 여전히 '비정규직'이었고, 석방되고 근 10년이 지나 사면복권된 뒤인 1998년 5월에야 '정규직' 교수로 임명이 된다. 비록 '비정규직'이었지만, 신영복이 둥지를 튼 이후 성공회대에는 조희연(사회학), 권진관(신학), 이영환(사회복지학) 등 학생운동 과정에서 옥고를 치른 젊은 연구자들이 자리를 잡게 되어, 성공회대는 실천적이고 진보적인 지식인들이 모인 비판적 지성의 전당으로 발전하게 된다. 신영복은 이들 젊은 사회과학자들이 성공회대에 모이게 된 것이, 자신이 주도해서 그렇게 된 것은 아니었지만 참 잘된 일이라고 평가했다. 개인적으로도 신영복은 이들로부터 위로도 받고 힘도 얻으며 잘 지낼 수 있었다고 고마워했다.

성공회대가 종합대학으로 커가기 시작한 1990년대 중반은 1987년 민주화 운동 과정에서 아주 중요한 기능을 했던 한신대가 이런저런 이유로 더 이상 그런 역할을 수행하기 어려워지던 때였다. 또한 1987년을 전후한 시기는 민 주주의의 내용을 봐도 국민운동본부를 중심으로 했던 절차적 민주주의 운동 에 충실했던 시기이다. 신영복에 따르면, 1990년대 중반은 민주주의의 내용 을 조금 더 발전시켜 민중적 성격을 강화시키는 작업을 자기 사명으로 하는 일련의 지식인 집단이 요구되던 상황이었는데, 성공회대에 민중적이면서도 실천적인 성향의 사람들이 모이게 되면서 1980년대 한신대가 수행한 역할을 발전적으로 승계하게 되었다고 평가했다. 그러나 그 역시 성공회대가 아직 규모가 너무 작다는 점을 아쉬워했다. 비유해서 이야기한다면 성공회대의 교 수들은 푸른 나무로서의 역할을 훌륭히 수행하고 있지만, 성공회대가 숲이라 고 하기에는 아직 규모가 작아 아쉬움이 크다는 것이다. 늘 더불어 숲을 이야 기해온 신영복은 나무는 짧지만 숲은 영원하다면서 성공회대 '학파'가 구체 적인 학문적 성과를 내면서 지속되어야 한다는 점을 강조했다.

신영복이 출옥한 1988년 8월은 민주화의 열기가 드높던 시절이었다. 투옥 되기 이전 신영복은 자신의 지도를 받던 서클 출신들이 현장으로 투입되어 기층민중운동을 조직해내야 한다는 생각을 갖고 있었다. 20년의 징역살이 끝 에 그가 세상에 나왔을 때는 이런 일이 매우 활발히 진행되고 있었다. 젊은 날에 생각했던 것만큼 격동적인 변화는 아니었을지 몰라도, 역사의 진행이 더디긴 하지만 20대 젊은 날에 학습하고 토론했던 방향으로 착실히 나아간다 는 점이 신영복에게는 큰 기쁨이었다. 그러나 곧 혼돈이 밀려왔다. 중국에서 의 천안문 사태에 이어 베를린 장벽이 무너지고, 동구의 현실 사회주의 체제 가 도미노처럼 무너져버렸다.

이런 예상치 못했던 변화는 신영복에게도 큰 충격이었지만, 세상의 변혁을 위해 달려왔던 젊은 벗들에게는 감당하기 힘든 더 큰 충격이었다. 그는 혼란에 빠진 젊은 벗들에게 사회변혁을 꿈꾸는 사람들이 가장 경계해야 할 것은 이상주의적 작풍이라고 호소했다. 그의 생각에 이상주의적 작풍이란 어떤 이상적인 모델을 먼저 세워놓고 그 모델로부터 지금 여기에서 해야 할 실천적인 과제를 끌어내오는 방식으로 규정할 수 있었다. 많은 젊은 벗들은 자기들이 이상적 모델로 설정한 사회주의 체제가 무너지면서 모델뿐 아니라 실천 방향까지 같이 잃어버린 것이다. 이때 신영복은 어떤 선험적인 모델보다도 현실로부터 실천적 과제를 어떻게 조직해내느냐가 중요하다고 강조했다.

이 무렵 그가 즐겨 쓴 글씨가 〈여럿이 함께〉라는 민체民體 글씨인데, 가까운 후배 하나가 참 좋은 말이긴 하나 방법론만 있고 가치지향성은 담고 있지 않다고 비판했다. 신영복은 당시의 상황도 상황이었던 만큼 우리가 지향할 목표도 '여럿이 함께' 속에 있다고 답한 적이 있다. 물론 이상주의적 작풍에 대한 반성을 깔고 한 말이었다. 그 이후 신영복은 〈여럿이 함께〉란 글씨를 쓸 때면 그 아래 작은 글씨로 방서傍書를 했다. "여럿이 함께 가면 길은 뒤에 생겨난다"라고!

크게 보면 계몽철학 이후 인류의 정신사는 이상주의적 패러다임을 갖고 있었다. 그것은 마치 신학적 질서와도 같아서 구원의 가치나 이상주의적 질서를 먼저 상정해놓았다. 실천 현장에서도 이 문제에 대한 반성이 필요했다. 신영복은 그런 점에서 이른바 포스트모더니즘의 해체주의적 사고가 한국 사회 내에서 비록 여러 가지 부정적 함의를 갖고 있지만, 이상주의적이고 관념적인 모델 빌딩을 해체한다는 점에서 굉장히 긍정적인 의미를 갖는 것으로 보았다.

신영복이 성공회대에서 가르치는 또 다른 과목은 1학년들이 주로 듣는 '사회과학개론'이다. 그래서 그는 새내기들과 제일 먼저 만나는 교실에 서 왔다. 새내기들의 표정을 가장 먼저 접촉하는 그는 80년대의 뜨거운 의식이 90

년대 후반에 들어와 급속히 변화하기 시작했다는 것을 절감하고 있다. 그 특징을 한마디로 요약하라면 해체주의적 사고를 갖는다는 것이다. 신영복은 젊은 학생들의 이런 변화가 바로 자본주의의 상품미학이 영향력을 확대하고, 자본주의 문화가 고도의 포섭기제를 완성해가는 것과 관계가 있다고 생각한다. 감수성이 예민한 젊은 학생들이 이성만이 아니라 감성까지도 포섭당하는 그런 단계에 온 것이 아닌가 하는 생각을 하는 것이다.

신영복은 이런 변화를 가져온 또 하나의 요인으로 민주화운동이 내용성을 갖지 못한 채 형식주의적, 절차주의적 사고에 머물러 있었기 때문은 아닌가 하는 생각을 해보고 있다. 조선 후기 이래 우리 사회의 지배구조는 타협-야합-승계가 이루어진 것이지 근본적인 변혁을 겪지는 못했다. 그런데도 형식적인 민주화가 이루어졌다는 이유로 변혁적 과제를 제시 못 하는 것은 민주화운동 세대조차 민주주의를 관념적으로 이해하고 있기 때문은 아닐까?

사실 한국 사회는 아주 훌륭한 역사적 전통을 갖고 있다. 10년, 20년 전까지 우리는 세계에서 유례를 찾기 힘든 뜨거운 역사를 만들어내고 있었는데, 그런 기억이 사라지고 없다는 사실은 큰 문제가 아닐 수 없다. 신영복은 이런 분위기가 5년, 10년 계속된다면 그런 전통의 역량을 우리가 이어갈 수 있을까 고민하고 있다. 조선 후기 이래 단 한번도 무너지지 않은 보수적인 지배구조는 지금도 건재할 뿐 아니라, 강력한 외세로부터 든든한 뒷받침을 받고 있다. 그리고 저들 보수세력은 지금 근본적인 사회변혁의 의지와 실천을 희석화하고 희화화하고 있다.

우리 시대를 성찰하는 낮고 차분한 목소리

출옥 이후 신영복이 우리에게 들려준 지혜와 성찰은 참으로 소중한 것이지만, 왜 그는 다른 많은 장기수들처럼 나름대로 현실운동의 일선에 나서지 않은 것일까?

사실 출옥 이후 지금까지 신영복은 운동단체는 물론이고 때로는 정계로부터도 러브콜을 많이 받았다. 그러나 그는 이러저러한 러브콜에 대해 일정한 거리를 두어왔다. 통혁당 사건의 무기수로 20년간 징역살이를 한 그는 한국 현대사에 등장한 조직사건에서 살아남은 최대 피해자의 한 사람이라는 객관적인 조건을 갖고 있다. 특히 사건의 성격상 그는 일단 친북좌익 인사라는 딱지가 붙기 십상인 그런 처지에 놓여 있었다. 물론 그에게 참가를 요청하는 단체에서도 그의 전력을 다 알고 청하는 것이긴 하나, 신영복으로서는 자신이 관여하게 된다면 본의 아니게 그 단체의 성격이나 이미지에 영향을 줄 수 있다는 우려를 떨쳐버리기 어려웠던 것이다. 그 때문에 신영복은 조직사업과는 일정한 거리를 두려는 입장을 스스로 견지해왔다.

신영복이 어떤 조직에 적극적으로 참가하지 않은 데는 또 다른 이유도 있었다. 그가 출옥한 1988년은 비록 1987년의 대통령 선거에서 민주진영이 패배하긴 했지만 아직 민주화의 열기 속에서 일종의 공세 국면이 유지되고 있었는데, 이 과정에서 그는 아주 부정적인 모습을 보게 된다. 1987년 대통령 선거 당시 많은 실천활동가들이 현장을 다 버리고 중앙으로 집결하였는데, 중앙에 집결한 각 정파들은 어떤 합의도 이루지 못한 채 제도정치권으로 뛰어든 것이다. 그 당시는 1987년 민주화운동의 성과로 상당한 정도의 공간이 열렸는데, 민족민주운동 진영 내에도 그 공간에 먼저 뛰어들려는 기회주의적 작풍이 있었다. 열린 공간을 선점하면 된다는 조급증에서 비롯된 것인데, 민족민주운동 진영 내의 합의 없이 몇몇 정파가 민주 공간에 먼저 뛰어들었다가 참담한 실패를 맛본다.

신영복에게는 그 실패 자체보다도 그 실패를 두고 운동진영에서 전개된 담론이 더 실망스러웠다. 신영복이 보기에는 당시의 운동 역량이 하나로 뭉쳐 총화하지 못한 상태에서 일부 정파가 현실정치에 기회주의적으로 대응했을 뿐인데, 운동진영은 진보정당이 아직 시기상조라는 결론에 너무 쉽게 도달하는 것이었다. 왜 기회주의적 작풍에 대한 비판으로 가지는 못했을까? 신영복은 다른 정파들도 기회주의적, 모험주의적 작풍을 지녔구나 하는 것을 고통스럽게 깨닫지 않을 수 없었다. 그런 분위기 속에서 신영복은 학교에 자리 잡게 되었고, 학교라는 공간에서 현실운동의 여러 모습을 보면서 적극적으로 사회운동 단체에 참여하지는 않게 된다.

20년 징역살이 후 풀려나 학교에서 근 20년을 보내고 60대 중반의 나이에 해배解配 2기를 맞는 신영복. (해배는 귀양살이에서 풀렸다는 말이다.) 앞으로 20년을 어떤 일을 하며 보낼 계획이냐는 질문에 그는 지난 60년을 되돌아보는 일을 해야 하지 않겠냐고 답했다. 지난 60년은 엄청난 격동의 역사였기 때문에 그 집단적, 그리고 개인적 경험의 전체적인 성격을 규정해보는 일을 하고 싶다는 것이다. 신영복은 어려서는 물론이고 감옥에 가게 된 변혁운동 참가 과정도, 그리고 출옥 이후에 해온 일도, 꼭 해야 하는 일에 대한 사명감으로, 어떤 의미에서는 선택이라기보다는 강요된 일만 해온 것이 아닌가 하는 생각이 든다고 말했다. 어떤 의미에서는 지명 방어전만 치르고 살아온 것인지도 모른다. 이제 해배 2기에 그는 자신이 해야만 하는 일보다는 자신이 하고 싶은 일을 할 수 있도록 준비하고 있다. 사실 이는 모든 사람들이 원하는 것이지만, 실제 상황에서는 허용이 안 되는 일인지도 모르며, 어쩌면 신영복에게도 하나의 바람으로만 끝나는 일이 될지도 모른다.

대한민국은 장기수의 나라다. 북으로 간 비전향 장기수들의 감옥살이 평균은 무려 31년 몇 개월이나 된다. 세계적으로 초장기수로 알려진 넬슨 만델라도 한국에 데려다 놓으면 비전향 장기수의 평균에도 미치지 못한다. 그런데 징역을 오래 산 사람들은 많았지만, 고된 징역살이는 많은 경우 그들의 목소리를 빼앗았다. 아니, 오랜 반공독재의 열병으로 우리가 오랜 감옥살이에서 살아나온 장기수들의 목소리를 들을 수 있는 귀를 잃어버린 것인지도 모른다. 그런 한국 사회에서 신영복의 낮고 차분한 목소리는 몹쓸 열병을 앓아 온 우리 사회의 성원들의 귀에, 그리고 가슴에 진한 울림을 남기는 보기 드문 역할을 했다. 오랜 징역살이 끝에 자기만의 목소리를 갖고 돌아온 신영복, 이제 해배 2기에 신영복은 우리에게 어떤 이야기를 들려줄 것인가?

---

1 인터뷰는 2006년 5월 23일, 25일, 6월 6일 등 세 번에 걸쳐 신영복 교수의 연구실에서 진행되었다.

그의 몸에 새겨진 한국 현대의 역사,
그의 몸이 뛰어넘은 한국 현대의 역사❖

조희연 | 성공회대 사회과학부 교수

통혁당과 신영복

1968년 8월 24일 악명 높았던 중앙정보부는 이른바 통일혁명당 사건을 발표한다.[1] 북한에 연계된, 한국전쟁 이후 최대의 지하당 조직, 즉 통일혁명당이 적발되었다는 것이다. 이 조직에는 당시 통혁당 서울시 창당준비위원회의 구성원들(김종태, 김질락, 이문규, 신영복 등), 통혁당 전라남도 창당준비위원회(일명 임자도 조직)의 구성원들(최영도, 정태묵, 김수상 등), 남조선해방전략당의 구성원들(권재혁, 이일재 등)이 관련된 것으로 되어 있다. 여기서 신영복이라는 이름이 '세상'에 알려지게 된다.

중앙정보부가 수사한 당시의 사건이 으레 그러하듯, 이 사건에는 실체적 측면과 조작적 측면이 존재한다. 한국 현대사를 돌아보면, 한국 사회의 좌파 세력은 한국전쟁을 경과하면서 대대적으로 제거되었고 더구나 한국전쟁 이후 한국 사회의 이데올로기적 지형이 극우반공주의적으로 협애화되면서 상당 부분이 활동중지 상태에 들어간다. 이러한 상황에서 50년대 후반, 60년대 초에는 대중적인 기반을 가진 혁명조직은 존재하지 않았고 좌파적인 활동을 포기 또는 중단하고 개인적으로 살아가는 유형이 대부분이었으며, 일부는 과거의 인적 관계에 기초하여 소규모의 잔존 모임 혹은 지인 모임의 형태로 존재하고 있었다.

서울시 창당준비위원회와 전남 창당준비위원회, 남조선해방전략당은 크게 보면 전후에 잔존한 좌파 소그룹에 해당한다고 할 수 있다. 잔존 좌파 소그룹은 북한과 연계되는 조직과 연계되지 않는 조직으로 대별될 수 있는데, 서울시 창당준비위원회와 전남 창당준비위원회는 연계하에 활동을 한 경우이고 남조선해방전략당은 북한과 관계 없이 전후에 존속했던 소규모 좌파적인 지인 모임이었는데 통혁당의 조작된 그림 속에서 대거 구속된 경우라고 할 수 있다. 여기에 통혁당 사건의 조작적 측면이 존재한다. 통혁당이라고 하면 통상 서울시 창당준비위와 전남 창당준비 사건이라고 해야 할 것이다.

통혁당에는 세 개의 상이하고 이질적인 부분이 존재한다. 첫째는 김종태 등으로 상징되는 통혁당의 상층지도부이다. 둘째는 신영복으로 상징되는 그룹이다. 이 부분은 4·19와 60년대 초를 거치면서 학생운동에서 성장해오던, 변혁적 지향을 가진 학생운동 출신 선진그룹이다. 셋째는 박성준 등으로 상징되는 하부그룹이다. 첫째가 과거 남로당 등 좌익운동의 잔존 흐름을 계승하는 경우라면, 둘째는 한국전쟁 이후 새롭게 성장해오는 학생운동을 중심으로 변혁적 지향을 갖게 된 경우라고 할 수 있다. 첫째 그룹은 1964년경부터 김종태를 중심으로 하여 형성되어 전후의 본격적인 비합법혁명전위조직을 결성하려는 시도를 하였다. 물론 이러한 시도는 북한의 노선이 '남조선독자혁명론'으로 변화하면서 북한의 '지원을 받지만', 북한의 노동당과는 구별되는, 남한 독자적인 전위조직을 건설하려는 지향을 가졌다. 아주 초보적 단계이기는 하였지만, 통혁당 서울시 창당준비위원회를 중심으로 하여 전국적인 지하전위조직을 만들고자 했던 것으로 보인다. 첫번째 그룹의 활동을 보면,

분명 남한의 독자적인 지하전위조직을 건설하고자 했고 이는 공안기관 발표의 한 실체적 측면이 존재하고 있음을 보여준다. 김종태 등은 북한에 다녀왔으며 북한의 지원도 받고 자금도 받았던 것으로 보인다. 물론 이 실체적 측면에는, 북한에 연계되었다고 하는 것의 의미에 대한 섬세한 구분도 고려되어야 할 것이다. 북한의 '지령을 받는', 즉 조선노동당의 하부기관으로서의 통혁당인가, 아니면 북한의 지원을 받을 수는 있지만 독립적 성격을 갖는 전위조직을 지향했는가 하는 점에서 구분이 필요할 것이다.

이 점을 차치하고 통혁당과 관련된 조작적 측면은, 위의 두번째 그룹과 세번째 그룹을 모두 친북 지하당 조직의 하부조직으로 자리 매김한 데서 찾아볼 수 있다. 한국전쟁 이후, 특히 박정희 시대 이후 공안사건은 대체로 하나의 전위적 행위자가 있을 때 이 행위자가 만난 모든 사람을 '접선과 포섭'으로 설정하고 거대한 조직도를 그리는 식으로 만들어진다. 통혁당의 경우도 마찬가지이다. 즉 두번째와 세번째 그룹은 중앙정보부가 그린 거대한 조직도에서 지하당의 중간책 및 하부조직원으로 자리 매김된다. 예컨대 박성준처럼 하부조직원으로 위치지어진 많은 경우들은 요즘 대학가에 무수하게 존재하는 비판적인 학회 내지는 조직 들(기독교 단체 등)이었다. 그 조직들은 때로는 마르크스주의 저작도 읽고 정권에 대해서 울분도 토하고 때로는 데모도 기획하는 그러한 연구모임이자 조직이었다. 그러나 중앙정보부의 조직도에서 이러한 자발적 행위들은 모두 지령에 의한 조직활동으로 규정된다.

신영복 역시 두번째 그룹으로, 첫째 그룹과 연관되었다는 것만으로 중간지도책이 되고 한순간에 '사형수'가 된다. 즉 4·19 이후의 공간에서, 그리고 60년대 군부정권의 출범 이후 현실에 대해 비판적·진보적 인식을 심화시켜온 신영복은, 첫째 그룹과 연계된 것만으로 엄청난 지하당 조직의 핵심 멤버가 되어 사형수가 된 것이다. 물론 후에 주위의 구명운동으로 무기수가 된다. 요즘 같은 민주화된 조건이라면 모든 사실을 인정하더라도 수년의 복역으로

족한 사안으로 무기수가 되어, 20여 년 동안 감옥에서 보내야 하는 상황이 벌어진 것이다. 한국 현대사의 비정한 역사는 신영복의 몸에 이렇게 새겨진다.

우리는 여기서 '역사적 희생犧牲'[2]이라는 개념을 생각하게 된다. 엄혹한 역사가 실체적 진실을 뛰어넘어 한 개인에게 강요한 희생이 바로 그것이다. 유신체제를 생각해보자. 당시에는 무수한 정당화의 요설饒舌들이 난무했지만 이제 유신체제를 공개적으로 옹호하는 사람은 없다. 그럴 때 유신체제하에서 무수한 사람들에게 가해졌던 희생—후에 '민주화운동'으로 명예회복되거나 약간의 보상을 받는다 하더라도—은 누구도 되돌릴 수 없는 것으로 남아 있게 된다. 특정 시기의 역사적 조건은 진실과 무관하게 권력의 논리에 따라 한 개인을 역사의 희생자로 만들고 그의 몸에 시대적 고난의 흔적을 각인한다. 후에 그 역사적 조건이 극복될 때 그의 고난도 끝나지만 그의 몸에 새겨진 고난의 흔적은 지울 수 없다. 여기서 우리는 역사적 희생을 이야기한다.

물론 이러한 역사적 조건은 (강요에 의해서건 허위의식에 의해서건) 민중들이 독재정권에 의해 조작적으로 주어진 현실을 받아들임으로써 구성된 것이고, 바로 그 민중들이 다시 그 현실을 부당한 것으로 인식함으로써 바뀌게 되는 어떤 것이다. 1987년 6월 민주항쟁으로 수렴된 거대한 변동은 민중들로 하여금 신영복을 무기수로 만들었던 현실을 비판적으로 바라보게 함으로써, 그 역사적 희생의 존재들에 대한 부채감을 갖게 했다. 거기서 역사적 희생의 존재와 민중들의 새로운 관계가 성립한다. 신영복과 우리의 관계도 바로 여기에 있다.

비합법 정치와 금단의 기제

이상에서 신영복이 (전부는 아니지만 많은 부분이) '억울하게' 역사적 희생을 치렀음을 이야기한 셈이다. 그러나 더 나아가서 '정치라는 것이 무엇인가' 하는 물음을 통혁당 및 신영복과 관련해서 던질 수 있다고 본다.

나는 먼저 정치는, 사회 구성원들에게 영향을 미치는 집단적인 의제들의 공적 결정을 둘러싼 집단 및 개인들의 상호관계와 활동이라고 생각한다. 이런 의미에서 보면, 정치는 합법적 제도정치로만 한정되지 않는, 사회 속의 다양한 정치적 활동이다. 그런데 현실의 정치는 언제나 정치의 출발점이 되는 사회(혹은 사회 구성원)와 괴리되어 존재한다. 또한 언제나 지배적 권력의 요구로 특정한 활동은 정치로 규정되고 특정한 활동은 非정치로 규정되어 배제된다. 이는 우리가 언제나 권력에 의해서 획정된 정치의 특정한 '경계' 境界를 전제로 하여 살고 있음을 의미한다. 예컨대 여성해방운동에서 "개인적인 것이 정치적인 것이다"라고 선언했을 때 이는 남성주의적 권력이 공사公私의 구분과 같은 형태로 설정한 경계를 허무는 것을 의미하였다.

민주주의가 발전되었다고 하는 서구의 대의민주주의 체제하에서도 사실, 정치는 제도화된 정치로만 한정되고 그 외부에 있는 것은 비정치로 규정되었다. 이러한 상황은 독재하에서 더욱 강화된다. 독재국가는 제도화된 정치마저도 불구화된 정치로 만든다. 즉 정치의 주체로서의 민중이 복종과 순종의 존재가 되도록 하고, 다양한 억압과 동원의 기제들을 통하여 제도정치 내의 활동이 지배적 권력에 반하지 않도록 통제한다. 독재국가가 허용하는 정치는 권위주의에 충성을 표하는 정치적 활동들로 한정된다. 그래서 정치의 영역은 대단히 협소해지고[3] 그만큼 정치와 사회는 괴리된다. 그래서 독재하에서는 (모든 사회에서도 그러하지만) 사회 구성원의 요구와 괴리된 정치를 극복하고 변화시키기 위한 다양한 '비정치적인 정치' 활동들이 강력하게 전개된다. 물론 이러한 '비정치적 정치' 활동은 독재권력에 의해서 비정치, 나아가 비합법적인 반국가 활동으로 규정된다.

국가권력이 정치와 비정치를 구분하고 비정치를 정치로부터 배제하기 위해서 사용하는 기제들은 여러 가지가 있다. 그 하나가 바로 금단의 기제다.

금단은 특정한 사회 조건—반공주의 혹은 인종주의 등—을 매개로 하여 사회 속에 존재하는 일정한 정치적 활동을 반사회적인 혹은 반국가적인 것으로 규정하여 '원천적으로' 정치의 장에서 배제하는 것을 의미한다. 금단의 대상이 되는 사회적 활동은 도저히 정치적으로 용납할 수 없는 것으로, 사회 구성원들이 '합의'하는 것으로 전제된다. 한국에서 이 금단의 동학은 이데올로기적 대립의 경계를 중심으로, 즉 냉전적 경계를 중심으로 작동하였다. 우리가 모두 경험하였다시피, 한국전쟁이라고 하는 '내전'內戰적 상황을 경험한 한국 사회에서 북한은 동일한 정치 공동체의 일부가 아니라 적대국가로 간주되고 여기서 북한과 연관된 일체의 정치적, 사회적 활동은 준準'간첩활동'으로 간주된다. 금단의 기제는 한 공동체가 두 개의 집단으로 분리되고 두 집단이 질적으로 다른 집단으로 간주되는 조건 속에서 작동한다. '간첩활동이 정치활동인가' 라는 물음이 도저히 한국전쟁 이후의 남한 사회에서는 성립할 수 없는 물음이었음을 생각해보면, 이 금단의 의미를 알 수 있다. 첨예한 남북 적대 속에서, 북한을 적으로 상정하지 않은 정치적 활동, 혹은 북한에 우호적인 활동은 바로 이러한 금단의 기제에 의해서 비정치의 영역에 던져져 혹독한 탄압을 받게 된다.

그러나 대중들의 의식이 변화하면서 권력이 금단의 기제를 통해서 획정해 놓은 정치의 경계는 변화하기 시작한다. 1980년 광주항쟁을 거치면서 사회운동가들이 급진화되었고 혁명을 목표로 하는 비합법 정치가 사회운동의 새로운 활동 영역으로 나타나게 된다. 이 과정에서, 60년대의 맥락에서—통혁당에 대한 60년대의 인식을 상기해보자—이전에 준간첩 활동이라고 간주되었던 활동들이 이제 급진적 정치활동 혹은 사회운동으로 인식되기에 이른다.

신영복의 석방과정은 바로 금단의 활동이 당당한 사회운동 혹은 운동정치로 인식되어가는 과정이었다. 이는 금단의 영역에 존재하는 활동들이, 독재에 저항하여 정치와 사회의 괴리, 정치와 국가의 반사회적 성격에 분노하고 저항하는 사람들이 벌이는 도덕적 활동으로 인식되는 과정이었다.[4] 다시 말해, 우리 사회에서 독재가 타도되고 민주주의가 실현되는 과정은, 신영복으로 상징되는 비합법 운동가들이 적극적으로 하고자 했던 어떤 활동들이 정당한 우리 삶의 일부로서의 정치로 재인식되는 과정이었다.

이런 점에서 단순히 통혁당이 조작되었기 때문에, 그의 감옥생활이 역사적 희생이었다고 말하는 것은 아니다. 그러한 차원을 뛰어넘어, 당당한 사회운동이자 비합법 정치활동을 억압하던 현실이 신영복에게 강요했던 역사적 희생을 그의 삶에서 발견하게 되는 것이다. 신영복은 독재권력의 '조작'된 구도에 의해서 역사적 희생을 감수하기도 했지만, 정치에 대한 보다 근원적인 관점에서 볼 때, 그가 참여했던 '비합법 정치'가 당시의 시대적 조건에 의해서 비정치로 규정되어 혹독한 탄압을 받는 구도에 의해서도 역사적 희생을 감수해야 했다는 말이다.

민중들이 '정치에 대한 권력의 정의定義'를 받아들이고 그 탄압에 묵종하다가 언젠가 홀연히—1987년 6월항쟁 등을 계기로—권력의 정치 정의를 다시 보기 시작할 때, 그 권력의 정의로 인고의 세월을 보내던 존재들은 우리에게 새로운 의미로 다가왔다. 그래서 신영복은 독재시기에 우리가 짊어져야 했던 역사적 짐을 대신 진 존재로 재인식되는 것이다. 금단의 기제가 작동하는 조건에서 권력이 그에게 부여했던 역사적 낙인들, 인고의 세월들은 이제, 현재의 자유와 민주주의를 향유하기 위해서 누군가 치러야 했던 역사적 희생의 일부가 된다. 이제 그 역사적 희생자들은 우리에게 우리의 묵종과 현실 적응을 부끄러움으로 바라보게 하는 존재가 된다. 신영복에 대한 많은 사람들의 따뜻한 시선 속에는 바로 이러한 것들이 존재한다고 나는 생각한다.

가혹한 역사적 희생 속에서 길어올린 사색과 서체

그러나 신영복의 문제는 여기서 끝나지 않는다. 신영복의 문제는 그가 역사적 희생자로 혹은 무기수로 20년을 감옥에서 살았다는 것만을 의미하지 않는다. 사실 역사적 희생에 의해서 오랜 세월을 감옥에서 살았던 무기수는 많다.[5] 무기수 신영복은 자기에게 주어진 가혹한 역사적 희생 과정을 통해서 '깊은 우물에서 길어올린 시린 샘물'과 같은 두 가지를 들고 우리에게 나타났다. 하나는 우리의 역사, 현실, 삶, 인생에 대한 신영복만의 독특한 사색이며, 다른 하나는 신영복체라고 불리는 신영복만의 민중서예이다.

이 두 가지는 모두 신영복의 몸속에 (문학적인 사색의 맹아로 혹은 수려한 서예 능력으로) 있었을지도 모르겠다. 그러나 그것은 무기수 신영복 속에서 만들어지고 조탁된 것이다. 20년의 역사적 희생이 개인에게 강요한 고난에 한 인간이 응전하면서 만들어낸 것이다. 그래서 그의 사색과 서체는 개인과 역사가 합작해서 만들어낸 것이다. 엄혹한 역사적 희생이 개인에게 무수한 고통을 강제하면서 길어낸 역사적 정수淨水 같은 것이다.

『감옥으로부터의 사색』을 읽고 우리가 느끼는 감동이란 어떤 것인가. 그것은 1.5평의 독방에서, 가혹한 역사적 희생의 중압 속에서도 인간이 이렇게 사색할 수 있구나 하는 것을 깨달음으로써 느끼는 감동이다. 그것은 인간에 대한 환희일 수도 있고, 인간의 잠재력에 대한 깨달음일 수도 있고, 절망을 뛰어넘은 인간에 대한 깊은 발견이기도 하다. 그의 민중서예에서 느끼는 감동은 또 어떤 것인가. 절망을 강제하는 역사적 현실에도 굴하지 않는 인간의 어떤 역동성을 발견하는 데서 오는 감동이다. 단순히 서예라는 것이 기예가 아니고 삶이고 몸이고 자기표현이라는 것을 느끼게 하는 어떤 감동이다. 글을 통해 단순히 싸구려 교훈을 접하는 것이 아니라 인간, 사회, 역사에 대한 새로운 통찰을 접하는구나 하는 깨달음이 주는 감동이다. 우리가 신영복에게서 남다른 것을 발견하는 이유가 여기에 있다. 이런 점에서 나는 그의 몸에 온전히 한국 현대사가 새겨져 있다면, 그는 그의 사색으로, 그의 서체로 한국 현대의 역사를 뛰어넘고 있다고 말하고 싶다.

신영복에게 역사적 희생을 강요했던 독재가 물러가고, 그 독재에 저항했던 반독재세력의 일부가 권력의 담당자가 된 지금, 역설적으로 반독재 민주진영에 대한 폄하와 냉소가 나타나고 있다. 그 이유는 여러 가지겠지만 중요한 이유 중 하나는, 독재에 저항했던 반독재 민주세력이 자신을 억압했던 독재세력을 능가하는 새로운 가치와 정신을 구현해내지 못한 데 있다고 나는 생각한다. 독재세력이 범접할 수 없는 그 어떤 것―고전적 표현을 사용한다면 '미덕' virtue이라고 부를 수 있을 것이다―을 정치권에 참여한 반독재 민주세력 혹은 반독재의 열렬한 투쟁을 자랑하는 많은 사람들에게서 찾을 수 없기 때문이다. 독재세력을 뛰어넘는 반독재세력의 미덕 말이다. 예컨대 민주화 출신 기업가들이 유한양행을 창업한 유일한 씨보다도 더 '사회적'인 기업, 더 공적인 기업, 더 민주적인 기업을 만들 수 있는가, 반독재투쟁을 했던 사람들이 개인 치부를 일삼던 독재세력을 뛰어넘어 자신의 재산을 사회에 온전히 환원하는 더 높은 '부의 윤리'를 창출할 수 있는가, 단순히 권력이 다원화되거나 과거보다 부패가 줄었다거나 하는 것을 넘어서서 반독재 민주세력이 새로운 시대정신과 새로운 인간적 삶의 모습을 구현하고 있는가,라는 물음 앞에서 우리는 긍정적 대답을 하지 못한다.

이런 점에서 신영복 속에는, 자신에게 역사적 희생을 강요했던 독재세력도 숙연해지게 만드는 그 무엇이 있다. 그의 깊은 사색과 그의 서체 속에는, 독재와 반독재의 시대적 대립을 뛰어넘는 그 무엇이 있다. 그의 몸에 온전히 한국 현대의 역사가 새겨져 있다면, 그는 몸으로, 사색으로, 서체로 한국 현대사의 협소한 지형을 뛰어넘고 있다. 그는 그 역사적 제약을 그에게 강요했던 사람들도 숙연해지지 않을 수 없는 어떤 존재로 우리 앞에 있다. 신영복이 우리 시대의 정신적 사표가 되는 이유도 여기에 있다. '전환적 위기'를 겪고 있는 2000년대 한국 사회가 신영복의 삶의 궤적을 반추하고 그의 책을 읽으면서 얻어야 하는 교훈이 있다면 바로 이것일 것이다.

---

1 조희연, 『한국사회운동과 조직─비합법전위조직을 중심으로』, 한울, 1993; 세계편집부 편, 『공안사건기록: 1964~1986』, 세계, 1986; 박태순·김동춘, 「통혁당 사건과 청맥」, 『1960년대의 사회운동』, 까치, 1991; 유영 구, 「통일혁명당 내막」, 『월간중앙』 1992년 1월호; 유영구, 「통일혁명당(續)」, 『월간중앙』 1992년 2월호; 대 검찰청 공안부, 『좌익사건실록 제12권』; 편집부 편, 『통혁당─역사, 성격, 투쟁, 문헌』, 대동, 1989; 편집부 편, 『통일혁명당』, 나라사랑, 1989; 이주헌, 『한국전위조직운동사』, 동해, 1992 참조.
2 조희연, 『국가폭력, 민주주의 투쟁, 그리고 희생』, 함께읽는책, 2002 참조.
3 이러한 정치와 비정치의 경계에 대해서는 조희연, 「 '장외정치', 운동정치 그리고 '정치의 경계 허물기'」, 『우리 안의 보편성』, 한울, 2006 참조.
4 더구나 통혁당의 첫번째 그룹이 모두 형장의 이슬로 사라지고, 조직적 측면에 의해서 무시무시한 지하전위 당의 중간지도부로 위치지어져 오랜 고난의 세월을 감옥에서 보낸 신영복에 대해서는 더욱 그러하였다.
5 무기수로서의 삶 속에서 어떤 것을 '창조'하여 출옥하는가 하는 데에는 여러 유형이 있을 것이다. '24반 무예'를 재발견하여 출옥한 임동규 선생의 예도 있다.

Ⅱ. 나무에서 숲으로

글 과 예 술

세번째
봉우리 ✛

조정래 | 소설가

누구나 '수필은 붓 가는 대로 쓰는 글'이라고 생각한다. 교과서에 그렇게 적혀 있고, 그렇게 암기했고, 그게 시험의 정답이니까 그것은 이미 상식이고, 진리의 반열에 서서 엄숙한 표정을 짓고 있기도 하다.

썩 그럴듯하다고 믿고 있는 그 정의 아닌 정의는 여러 종류의 문학 가운데서 수필이라는 것의 '형식'에 대해서 말하고 있을 뿐이다. 엄격하다 못해 구속적이라고 할 수 있는 시와 소설의 형식에 비해 수필은 그렇게 자유스럽게 쓸 수 있는 글이라는 뜻이다.

그런데, 이 세상을 떠도는 숱한 정의들이 많은 오류와 오해를 불러일으키듯 수필의 그 정의도 적잖은 문제를 낳았다. '붓 가는 대로 쓰는 글'이라는 점이 '아무렇게나 써도 되는 글'로, '아무나 쓸 수 있는 글'로 오해되어 수필 범람을 초래하게 된 것이다.

수필에 '문학'이라는 말이 붙어 있는 한 그것은 '아무렇게나 써도 되는 글'이 아니며, '아무나 쓸 수 있는 글'은 더구나 아니다. 문학은 아무리 낮추어 말해도 '예술'이며, 예술에는 예술다운 '무게로서의 내용'과 예술다운 '아름다운 감동'이 있어야 한다. 그런데 한국의 수필문학에는 그 두 가지 미덕을 겸비한 글들이 그다지 많지 않다.

나의 협소한 독서량을 통해서 감히 말하자면, 우리 동시대의 수필가로서 두 봉우리는 피천득 선생과 법정 스님이 아닐까 한다. 그 두 분의 글은 예술다운 내용과 감동을 잘 조화시켜내고 있다. 그분들의 글이 오랜 세월에 걸쳐서 넓게 읽히고 있는 것은 이 땅의 독자들이 얼마나 눈 밝은지를 잘 보여준다.

나는 이제 그 두 분과 나란히 신영복 선생을 하나의 봉우리로 놓고자 한다. 이렇게 되면 한국의 수필문학은 튼실한 세 다리를 갖춘 솥이 되었으니, 먼 세월 뒤에도 독자들은 맘껏 밥을 퍼먹으며 행복감을 느끼지 않을까 싶다. 우리의 수필문학의 대중화 세월을 50년으로 잡으면, 그런 결실은 너무 큰 축복인지도 모른다.

나는 40여 년 가까이 소설을 써오면서도 소설이 무엇인지 모른다. 육십 하고도 절반을 산 나이에 인생이 무엇인지 모르듯이. 대학에 강연을 가면 '소설이 무엇이냐'고 불쑥 묻는 똑똑한 학생들이 더러 있다. 나는 부처님 흉내를 내 염화시중의 미소를 짓고 만다. 그것이 이심전심이 되었는지 어쩐지는 알 길이 없다. 나는 수필이 무엇인지도 잘 모른다. 그런데 잘 씌어진 수필이 어떤 것인지는 고를 줄 안다. 그것이 아마 독자의 특권일 것이다. 신영복, 그이의 수필들은 독자들이 그 특권을 서슴없이 누릴 수 있는 즐거움을 준다.

수필은 시대의 아픔과 분노를 담되 격문이어서는 안 되고, 인생의 고뇌와 회의를 담되 사변이어서는 안 되고, 문학의 깊이와 아름다움을 담되 미사여구의 분장이어서는 안 된다. 신영복, 그이의 수필들은 그런 여러 요소들을 고루 담고 있으면서도, 그 함정들을 슬기롭게 넘어서고 있다.

없는 사람이 살기는 겨울보다 여름이 낫다고 하지만 교도소의 우리들은 없이 살기는 더합니다만 차라리 겨울을 택합니다. 왜냐하면 여름 징역의 열 가지 스무 가지 장점을 일시에 무색케 해버리는 결정적인 사실 – 여름 징역은 자기의 바로 옆사람을 증오하게 한다는 사실 때문입니다.

모로 누워 칼잠을 자야 하는 좁은 잠자리는 옆사람을 단지 37℃의 열덩어리로만 느끼게 합니다. 이것은 옆사람의 체온으로 추위를 이겨나가는 겨울철의 원시적 우정과는 극명한 대조를 이루는 형벌 중의 형벌입니다.

자기의 가장 가까이에 있는 사람을 미워한다는 사실, 자기의 가장 가까이에 있는 사람으로부터 미움받는다는 사실은 매우 불행한 일입니다. 더욱이 그 미움의 원인이 자신의 고의적인 소행에서 연유된 것이 아니고 자신의 존재 그 자체 때문이라는 사실은 그 불행을 매우 절망적인 것으로 만듭니다.(『감옥으로부터의 사색』, 329쪽)

이어도가 나락의 섬이면서 동시에 가멸진 낙토인 것처럼 제주도는 섬 전체가 빛과 그림자로 빚어져 있다고 할 수 있습니다. 신혼의 부부들이 첫발을 내딛는 제주공항의 활주로 밑에는 숱한 원혼이 묻혀 있으며, 꽃멀미를 부를 정도로 무연하게 펼쳐져 있는 유채꽃밭 위에는 생산비도 건지지 못하는 농민들의 한숨소리가 바람이 되어 불고 있습니다. 수려한 산과 해안의 절경이 있는가 하면 단 한 줄기의 강물도 흐르지 않는 땅입니다. 천혜의 관광자원을 가지고 있지만 당신의 말처럼 그것은 모두 '육지'의 소유일 따름입니다.(『나무야 나무야』, 56쪽)

이윽고 그 푸른 들판 길에 집으로 돌아가는 학생들의 자전거 행렬이 미끄러지듯 나타납니다. 녹색의 들판을 배경으로 흰 아오자이를 바람에 날리며 지나가는 모습은 마치 백학이 푸른 벌판에 날아드는 듯 평화롭습니다. 새로운 풀들이 들판을 덮고 그 들판에서 태어난 새로운 생명들이 백학처럼 날아가고 있습니다. 나는 이처럼 평화로운 광경을 눈앞에 두고 나의 심정을 어떻게 간추려야 할지 망연해집니다. 내게는 아직도 「사이공의 흰 옷」을 읽고 아픔을 다스리지 못해 하던 당신의 얼굴이 남아 있고, 지금도 증오를 키우고 있는 분단의 세월을 떠날 수 없는 나로서는 백학이 날아가는 베트남의 푸른 들녘은 그 한복판에 앉아 있으면서도 잡을 수 없는 환영처럼 멀기만 합니다.(『더불어 숲』 1, 73쪽)

이 인용문들에서 그런 요소들이 얼마나 잘 농익어 어우러져 있는지를 쉽게 확인할 수 있을 것이다. 그런 점들을 하나하나 짚어가며 설명하고 싶은 마음도 없지 않지만, 그건 독자 모독이고, 그이에 대한 결례일 수 있어 그만 삼간다.

그이의 글의 마력과 매력은 뜨겁고 강하고 아픈 이야기를 낮고 조용하고 부드럽게 하는 데 있다. 그러면서도 뜨거움을 자각케 하고 정의로움을 일깨우며 부끄러움을 느끼게 하는 힘을 발휘한다. 그건 단순히 글재주에서 오는 것이 아니라 깊고 진솔한 사색의 열매여서일 것이다. 그이는 웅변과 글이 어떻게 다른지를 모범적으로 보여주는 동시에 인간이 인간답게 살아야 하는 삶과 길이 어떤 것인지를 우리 앞에 펼쳐 보인다.

우리가 너무 빈번하게 써서 그것이 쇠라면 이미 닳아 없어졌을 말로 '외유내강'이라는 것이 있다. 수십 년 동안 들어오면서 그 말은 내 의식 속에서 상투화되고 박제화되어버렸다. 그런 사람을 만날 수 없었기 때문이다. 그런데 어느 날 문득 만난 사람, 신영복 그이가 바로 그런 사람이었다. 아니, 나는 이미 『감옥으로부터의 사색』을 읽은 다음이라 그이를 보고 나서 글의 느낌과 사람이 일치하는 것을 발견했던 것이다. 그 발견은 '글이 곧 그 사람이다'는 말을 실감하는 흔치 않은 기쁨이었다. '글이 곧 그 사람이다'는 말은 우리를 얼마나 자주 실망시켜왔는가.

봉건시대의 것들은 쓸 만한 것들보다 몹쓸 것들이 더 많은데, 그 중에 가장 쓸 만한 것 하나가 선비가 갖추어야 할 덕목이 아닌가 싶다. 선비는 시·서·화에 능해야 한다고 했는데, 민주주의 시대에 누구보다도 민주의식이 투철한 신영복 그이가 바로 문장에, 글씨에, 그림에 능하니, 이것 참 야릇하고 신기한 일이 아닐 수 없다. 복고적 시점으로 말하면 그이는 조선시대의 마지막 선비이고, 현실적으로 말하면 가장 다재다능한 지식인이다.

척박한 땅에서 온갖 풍상 다 겪고 이겨내며 사느라고 비비 틀려 있는 조선 솔 같은 글씨체, 색감 다른 초록색으로 우리의 겹겹이 깊은 산정山情을 갈파해낸 그림, 속깊고 부드러우며 단아한 문장. 그이는 욕심 많게도 '신영복체 글씨', '신영복체 그림', '신영복체 문장'을 이룩해냈다.

누구나 아는 바이지만, 그런 것들이 어찌 재능으로만 될 일인가. 그이는 그런 것들을 20년 넘는 감옥살이 속에서 갈고닦은 것이니, 그이에게는 끔찍스러운 말이 되겠지만, 그렇게 될 수 있다면 나도 한 20년쯤 감옥살이를 해도 좋겠다는 어이없는 생각을 문득 하곤 한다.

그이가 짧은 교수 생활을 마감하게 되었다. 그러나 그것은 사회제도에 따라 직장 생활이 끝나는 것뿐이다. 이제 진정한 자유 속에서 서예가로, 화가로, 수필가로 더 왕성하게 작품들을 만들어내며 이 땅의 빛으로 새로운 삶을 펼치시기를 기대한다.

사색의 산책이 펼치는
언어의 숲 ✚ 신영복의 글과 언어

임규찬 | 성공회대 교양학부 교수

글과 언어: 현대적 고전의 수묵화

　언제부터인가 '신영복' 하면 떠오르는 글이 있다. 최근의 것인데 우연히 인터넷에서 본 것이다. 독후감이라고 하기에도 뭐하고, 아예 저자의 글을 이리저리 짜깁기한 터라 표절이라 하기에도 오히려 어색하다. 『감옥으로부터의 사색』에서 중요한 대목을 그대로 따와 임의로 편제編制해놓은 글이 왜 먼저 떠오를까. 이유는 간단하다. '농활! 그토록 아름다울 수 있다면!'이라는 제목의 '농활지침서'로 완벽하게 변신한 탓이다. 전혀 예상치 못한, 농촌 현장에서도 또 다르게 창조적으로 변용할 수 있는 그런 변신의 마술에 미혹당한 것이다. 아니 마술적 변신이 아니라 고갈되지 않는 샘물과 같은 생명력에 매혹당한다. 그 글을 쓴 필자는 '농활'과 관련하여 일반론에서부터 분반활동, 심지어 '마을잔치를 어떻게 준비해야 하는지'에 이르기까지 일목요연하게 정리된 문건들은 많지만, 정작 농활 현장에서 제기되는 여러 문제들을 풀어가는 데 크게 빛을 내지 못하는 경우가 많다고 말한다. 거기에는 농활을 바라보는 관점, 농활에 임하는 자세 등 근원적이고 기본적인 문제가 가로놓여 있다며 이를 해결하기 위해 신영복 선생의 글을 활용했다고 말한다. 말 그대로 일당백의 서책임을 말해주는 산 증거가 아니던가. 홍대용의 말처럼 하나를 알고 하나를 실천하니 눈과 발이 함께 나아가게 되는 것이 아닌가.

그래서일까, 언젠가 적절한 대상을 만나면 활용할 생각으로 기억 속에 깊이 갈무리해둔 옛글 하나도 그제야 문을 연다.

처음에는 모두 시각과 청각을 거두어들이고 생각에 잠긴 채, 여러 방면으로 탐색해 봄으로써 정신은 팔극八極으로 달리고 마음은 만 길 깊은 곳을 노닌다. …… 백대의 빠뜨린 글을 모으고 천년 세월 내려온 글을 채집하여 이미 피어난 아침의 꽃망울을 사양하고 아직 피지 않은 저녁의 꽃을 펼쳐, 찰나에 고금을 두루 살피고 한순간에 사해를 어루만져본다.

육기陸機의 『문부』文賦 속에 있는 글귀다. 묵혀두었던 이 대목이 살아나는 이유를 굳이 설명할 필요가 있을까. 오히려 이어지는 말을 더 새겨보자. "적막함의 문을 두드려 소리를 찾아서 한 장의 흰 자락에 원대한 뜻을 담고 마음 속에서 지대한 뜻을 토해낸다. 말로 그것을 표현하여 더욱 넓히고 생각으로 더듬어서 더욱 깊게 하여 향그러운 문사로 펼쳐내고 무상한 언사로 발설하나니, 바람이 날려 휘몰아치듯 찬연하고 구름이 한림翰林에서 일어나듯 울창해진다." 천지를 두루 생각하고, 만년의 시간을 두루 떠다니는 저 광활한 사유의 날갯짓을 떠올려보자. 어디 옛사람의 글귀와 말뜻만 실어나르던가. 어느 글에든 신영복이 있다. 어느 글에든 자득自得이 만들어낸 자성일가自成一家의 풍골風骨이 있다. 연沿(답습)하면서 혁革(혁신)하고, 인因(계승)하면서 창創(창신)하는, 옛사람을 배우되 자기를 드러낼 줄 아는 토고흡신吐古吸新의 경지가 물씬하다.

사람의 마음 역시 작은 경우에는 그 안에 더 이상 무엇이 담길 수 없을 정도로 작고, 큰 경우에는 경계가 없을 정도로 크니 그 만나는 것에 따라 형상 역시 크고 작기 마련이다. 그렇다, 격에도 급이 있다. 그렇게 일가를 이루었기에 자연 일가의 풍미가 없을 수 없으니, 속이 충만하여 그제서야 밖으로 드러날 수밖에 없는 초목의 꽃과 열매와도 같은 문장부터가 남다르다. 연대체, 협동체로 불리는 그의 글씨체와 함께 '처음처럼', '더불어 숲' 등 우리 시대를, 무엇보다 우리들 자신을 따뜻하게 다독이는 현대적 성어成語들의 보이지 않는 유행을 보라. 이 자체가 실인즉 '시언지'詩言志가 아니던가. 근원으로 직핍해 들어가는 돈문頓門의 돌올새김이다. 말씀은 많고 뜻은 적은 오늘의 세상에서 '만드는〔形〕' 것보다 그것을 추동하는 '근원적 힘〔勢〕'을 일깨우는 현대적 고전의 수묵화이다. 마치 그의 붓글씨처럼 단순히 검은 빛깔로서가 아니라 색계의 온갖 빛을 품고 있는 창조적 어둠으로서 묵색의 힘이 묵직하다.

하여 조물주가 만물을 생겨나게 하고 수많은 꽃과 물을 자라게 하듯 그의 글과 언어에는 자연自然과 자유自由가 있다. 술술 흐르는 듯하면서도 깊이가 있고, 그냥 평이한 듯하면서도 고담한 운치가 있고, 꾸밈이라고는 하나도 없는 듯한데 다감한 향내가 은근하다. 은은한 힘이 잔물결처럼 부드럽게 적셔오고 두둑한 정이 안개처럼 슬며시 밀려오니, 이치가 저처럼 지극하고 내용이 저처럼 투명하다. 정신과 사물이 더불어 다닌 탓이다. 언어가 통하니 형상에 숨겨지는 것이 없다. 하여 부드럽되 강직하다. 또한 고전적이면서도 매우 현대적이니 옛것을 논하되 미래로 난 길을 가리키는 시간의 시위가 팽팽하다. 탁 트여 넓은 듯하여 크게 활보하면 너무나 세밀한 필치가 눈을 정지시키고, 너그럽고 느슨하여 느긋하게 옷고름을 풀면 서릿장 같은 차가움이 마음을 툭 건든다. 전통과 현대, 좌와 우가 넘나들며, 동서양의 대립에 대한 사색이 깊은 골짝을 이룬가 싶으면 어느새 어깨동무 서예론의 등성이가 우람하다. 그렇게 넘나드는 회통會通이 눈부시고, 이건가 싶으면 저것이 고개를 내

밀며 언제나 양면이 상즉相卽 일체화하는 불이不二의 기운이 생동한다.

　사실 신영복의 글은 대체로 흘러가는 구름이나 흐르는 물과 같아, 글 자체의 세계로 그냥 자연스럽게 스며들어 글에 대한 기교나 문체를 특별히 생각할 기회를 만나기 힘들다. 말하자면 마땅히 가야 할 곳으로 가고 멈추지 않으면 안 될 곳에서 멈추고 문리 또한 자연스러우니, 만들었다기보다는 생겨났다고 하는 편이 더욱 알맞다. 해서 "부드럽게 이야기하면서도 해야 할 말은 확실하게 전달하는 그의 문체는 정말 탁월하다. 감탄을 넘어 질투를 불러일으키는 문체에서 동양고전의 미학을 발견할 수 있다"는 평가에 대체로 동감할 터이다. 왜냐하면 "기奇와 정正은 비록 상반되나 반드시 함께 이해하여 모두 통달해야 하며, 강剛과 유柔가 비록 다르나 반드시 때에 따라서 적절히 사용해야 한다"는 동양고전의 원리를 체화했기 때문이다.

예술과 미학: '통변'·'활법'의 고차원적 율동

　나 자신이 문학평론가임을 자인할수록 신영복의 글은 여러모로 비수다. 무엇보다 말단이 아닌 근원을 추궁케 하기 때문이다. 장르별 분업화의 섬에 갇힌 아둔한 시야부터 뜯적거린다. 글이란 본체 앞에서 시나 소설이라는 형태는 역설적으로 테두리를 앞세우는 양식적 덫이다. 자연스럽게 활보하는 산문의 자유로움부터 회복할 일이다. 아울러 삶과 인간의 실상으로부터 멀어져가는 가상, 가공의 이미지 미학이 '개성'이나 '변별'이란 이름으로 섣부르게 앞세우는 잔재주에 대한 생각부터 뒤집는다. 유협劉勰이 말했듯이, "마음에 깊이 깨우쳐 통달한 자는 뜻을 새롭게 함으로써 교묘함을 얻으나, 남과 다르려 하는 자는 본질을 잃어버리고 괴이한 것으로 만든다. 오래 단련된 재주는 정正을 잡고서 기奇를 부리지만 신예新銳들은 기만을 추구하고 정을 잃어버린다. 그러한 추세가 정으로 돌아오지 않는다면 문학의 본질은 없어지고 말

것"을 신영복의 글은 반문한다. 사실 현대에 들어설수록 기교는 복잡의 도를 더하고 있다. 인간은 자연을 떠나 작위에 예술을 떠맡기려 했던 것이다. 자연을 향한 무심한 신앙이 그 작품을 낳은 것이 아니라 자기 기교에 대한 의식이 주요한 힘이 되면서 예술은 사실상 타락의 길로 들어선 것이 아닌지. 신영복은 기술을 통하여 오히려 자연을 살린다. 그가 행한 모든 것 역시 가공이지만 자연의 본능보다 자연의 의지를 명확하게 충족하려는 방향이다. 말하자면 훌륭한 자연이 밑바탕이 된 기술의 적용은 다듬어지지 않은 채 그대로 방치된 자연보다 훨씬 낫다는 것을 보여준다.

가령 '모든 획과 획이 서로 기대는 것, 모든 글자와 글자가 서로 돕는 상태'인, 즉 '한 글자만 빠지면 전체의 균형이 와르르 무너질 것 같은 관계와 조화의 총체'로 보는 신영복의 예술과 철학으로서의 서도書道는 단순히 서예에만 한정되지 않는, 또 그 자신의 표현대로 '나의 사회학이며 나의 인간학'이면서 동시에 문학을 포함한 모든 분야에 창조적으로 적용 가능한 예술론, 미학론이라 할 만하다. 무엇보다 그 자신이 국보적으로 창안한 글씨체가 그것을 실증한다. 사실 글은 그 글을 짓는 자를 닮는다면서 흔히 인품을 많이 거론하지만, 신영복의 경우 시서화詩書畵 역시 서로 닮았다는 점에 더 구체적으로 주목할 필요가 있다. 물론 그에 앞서 문사철文史哲의 원융적 식견 역시 떠올리지 않을 수 없는바, 이렇게 보면 그가 전통적 선비의 자질을 두루 체현하고 있음을 새삼 떠올리지 않을 수 없다.

어쨌든 비뚤비뚤 서로 이웃해 의지한 글씨들이 만들어내는 조화가 신묘하다고까지 하는 이른바 신영복의 어깨동무체는 일단 획의 굵기에 변화가 많으며 힘이 강한 것이 특징이다. 그래서일까, 나는 그 글씨에서 매의 골기骨氣를 본다. "무릇 꿩은 아름다운 색을 가졌지만 백보百步밖에 날지 못하니, 살은 쪘어도 힘이 부족하기 때문이다. 매는 빛깔은 빈약하지만 하늘 끝까지 날 수 있는 것은 골骨이 굳세고 기氣가 맹렬하기 때문이다. 문장의 재才와 역力도

이와 비슷한 바가 있다."(유협) 그래서일까, 또 나는 이중섭의 황소 그림을 그의 붓글씨에서 연상한다. 이중섭의 황소, 그 소의 골격이나 얼굴 형상에서 볼 수 있는, 억세고 강인하고 끈질긴 어떤 힘 같은 것이 신영복의 붓글씨에도 언뜻 비친다. 그러나 이중섭의 그림은 형태가 지나치게 앞선다. 그래서 속이 빈 듯한 느낌마저 든다고 비판하는 걸까. 그렇게 보니 신영복의 글씨는 형태보다는 역시 선이다. 부드러운 선, 곡선의 부드러움이 힘을 감싼다. 연한 것이 강한 것을 품고 있다. 저 한글의 흘림이 불러오는 그림 같은 맛을 보라. 그래서일까, 나는 그의 글씨에서 이제 소나무와 버드나무를 동시에 본다. 사태沙汰진 황토를 뿌리로 움켜잡고 서 있는 소나무 나뭇가지, 차라리 돌에 가까운 나무라는 소나무의 강인한 형상을 확실히 닮았다. 그러나 어느 고비에서 신석초의 멋진 표현처럼 "춘풍에 나부끼는 수류垂柳"의 멋이 휘감는다. 하여 우리 춤에 대한 탁월한 해석으로 즐겨 인용되는 "유연히 선회하면서 어깨를 잠깐 올리고 미동의 상태로 흔드는 포즈는 도저히 번역할 수 없는 순수한 멋"이라는 표현이 신영복 글씨체에도 그대로 겹쳐진다. 정지의 상태보다는 동작의 상태가, 그러나 과도히 움직이지 않는 자연스런 율동의 상태가 신영복체의 묘妙이다.

이런 '신영복체'야말로 사실 신영복의 문채文彩이기도 하다. 가령 그의 글에는 논리적인 측면보다 정감적인 측면이 물씬하다. 풀 한 포기, 나무 한 그루에도 마음이 실려 있다. 논증이라기보다는 감동이다. 논증을 통한 설득이 논리적 증거를 중요시한다면 감동을 통한 설득은 그 전언을 받아들이는 사람의 마음에 접신한다. 그래서 신영복의 글에는 이성과 감정, 합리적인 것과 정감적인 것이 분리되지 않고 전체 속에서 함께 춤을 춘다. 말하자면 논증에도 이미 시적인 정감과 운미가 있다. 신영복 산문의 마술에는 이미지, 리듬, 다양한 반복적인 표현들 등 시로부터 차용해온 여러 가지 문체론적 방식들이 의외로 은미하다. 그것은 곧 장식적 수식을 말하는 것이 아니라, 표현하고자 하는 사상과의 적합성이라는 견지에서 그것에 빛과 생기를 불어넣는 피와 활력임을 의미한다. 오히려 그가 사용하는 단어나 문장들은 애매함이 없이, 또는 불필요한 허식이 없이 정확히 구사되어 단순하게 구성되어 있다. 대신 단어와 문장의 요소들은 조화롭게 결합되어 결과적으로 사유에 힘이 실린다. 그 점에서 그의 문채는 언어적 차원이라기보다는 사유적 차원이다.

가령 『감옥으로부터의 사색』에서 「한 송이 팬지꽃이 부끄럽다」를 보자. 이 글에서 저자는 물컵보다 작은 화분에 심은 팬지꽃 한 포기가 피워내는 꽃의 창조에 아연한다. "한 줌도 채 못 되는 흙 속의 어디에 그처럼 빛나는 꽃의 양식糧食이 들어 있는지……." 뒤이어 "흙 한 줌보다 훨씬 많은 것을 소유하고 있는 내가 과연 꽃 한 송이라도 피울 수 있는지 오월의 창가에서 나는 팬지꽃이 부끄럽습니다"라고 마무리한다. 내 눈길은 '부끄럽습니다'에 머문다. 나는 '부럽습니다'로 읽었는데 '부끄러움'이, 욕망을 누르는 깊은 성찰이 뒤통수를 친다. 한마디의 말이 이렇게 번개와 천둥으로 다가온다. 시 속의 부릅뜬 눈동자, 시안詩眼이 도처이다.

말이 나왔으니 이어지는 글 「흙내」를 보자. 이 글 역시 평탄하다. 이층 감방에서 여름 빗소리를 듣는다. 그런데 장대비를 타고 오르는 흙내를 맡는다. 지심地心의 깊음을 상기시킨다. 그런데 한 행을 비우고 글은 "귀뚜라미가 방에 들어왔습니다"로 마무리된다. 한마디로 시를 연상케 하는 맛이다. 빗소리 탓인지 빠르던 가락이 문득 뚝 그치고 잠깐의 그 침묵이 묘하다. 가야금 산조같이 곡조가 완만하고 활달하게 중머리로 흐르다가 잠깐 동안 정지하며 선만 그윽히 율동하듯 여운이 어느새 계절마저 앞당긴다. 또 『나무야 나무야』 속의 백담사 이야기는 환상소설에 육박한다. 결코 평범하지 않은 변격變格의 파란波瀾이 참으로 은밀하다.

이러한 사실들은 통변通變, 활법活法 등의 고전미학, 나아가 고전정신의 현대화가 한마디로 살아 있음을 말해주는 사례이다. 가령 "법도가 다 갖추어져 있으면서도 법도 밖으로 나올 수 있고 변화무쌍하면서도 법도에 어긋나지 않는" '활법'의 고차원적 율동이야말로 신영복체, 신영복 문채가 내뿜는 미학적 춤이 아닌가. 오히려 그러한, 없는 듯하면 있고 있다고 보면 또 다르게 변화하는 듯한 면모는, 우리의 고유 미학을 이야기할 때 즐겨 거론되는 '무기교의 기교'론과 상통하는 바가 많다.

이 지점에서 두보杜甫를 두고 곧잘 이야기하는, 평담平談한데 들여다보면 산 높고 물 깊은 경지가 있다는 말을 떠올리지 않을 수 없다. 가령 그의 글이 갖는 최대의 강점 하나가 비흥比興, 기탁寄託의 탁월한 활용인데 이거야말로 사실은 참으로 낯익은, 오래된 수사학이다. 동양미학의 전통에서도 사물에 기탁해서 감흥을 일으키거나 사물을 통해 뜻을 비유하는 비흥은 『시경』에서부터 시작되어 수천 년 동안 시가 창작과 비평이론에 이용되어왔다. 그런데 그의 글을 이야기하고자 할 때 맨 먼저 떠오르는, 여름과 겨울의 징역살이로 통해 본 인간의 두 얼굴이나, 지붕부터 그리지 않는 목수의 집 그리기 이야기 등에서부터, 서로 어깨동무하는 붓글씨론, 나아가 동同과 화和에 대한 사유, 동서양과 연계된 존재론과 관계론의 대비 등등은 비흥, 기탁의 탁월한 사례들이다. 이들의 효과는 의외로 귀납의 가장 단순한 형태인 '예증법'에서 태생한 것이다. 유사한 것을 알아볼 수 있는 능력에서 생겨나 일종의 유추에 의한 논증이라고 할 수 있는 예증법은 설득하고자 하는 것과 유사한 훌륭한 실례들을 찾아내는 일반적인 기초기술을 의미한다. 이처럼 뜻은 깊고 말은 쉬운 것이 신영복의 글이다. "말은 다함이 있되 뜻은 무궁한"〔言有盡而意無窮〕, 남아도는 맛이 있고 남아도는 뜻이 있어 여운이 깊다. 옛사람들도 참으로 어려워했던 바가 그것이다.

확실히 신영복은 대다수가 물밀듯이 떠밀려가고 있는 복잡한 기교의 길이 아닌 지순한 자연의 길을 되짚어보듯 지시하고 있다. 어디 그에게서 복잡하고 기이한 형태를 찾을 수 있던가. 어디 그에게서 정치하고도 현란한 색채를 볼 수 있던가. 그런 만큼 그가 창안한 단순화는 지금 이 시대에 얼음장처럼 투명하고 서늘하다. 그래서 더욱 신영복체로 확실하게 응고된다. 그는 우리 시대의 한 이름이다.

나무에서 숲으로 가는 길을 같이 거닐다 왜 독자들은 신영복의 책을 읽는 것일까

이권우 | 도서평론가

너무 늦게 내는 '리포트'

신영복은 분명, 우리 현대 지성사의 '지연된' 축복이다. 더 나은 세계를 만들어내려는 민중들의 열망에도 불구하고 더 이상 역사의 수레바퀴를 굴리지 못하고 있던 바로 그때, 신영복은 홀연 나타났다. 실의, 절망, 분노, 회한, 변절, 타협이 난무하는 어두운 밤하늘에 그이는 성찰과 일관의 삶이 내뿜는 희망의 빛을 쏘아올렸다. 역사라는 석각장이는, 신영복이라는 석재를 현대사의 집을 짓는 데 써먹지 않았다. 쓸모없다고, 어울리지 않는다고, 맞지 않는다며 그이를 20년 넘게 야적장에 방치했다. 그런데 신영복은, 놀라워라, 거기서 스스로를 다듬었다. 현실운동의 징이 아니라 성찰과 사색이라는 준엄한 채찍으로 자신의 모난 부분을 쳐나갔다. 옹치격이라 하더니, 바로 이 경우를 이르는 말이 아니던가. 석각장이가 쓸모없다 여겨 버린 돌이 훗날 주춧돌로 쓰였다. 어쩌면 역사의 신은 신영복을 이토록 요긴하게 쓰기 위해 그 긴 세월, 그이를 가두어놓았는지도 모른다. 신영복 개인에게는 참혹한 세월이었을지 모르나,

우리에게는 그리하여, 축복인 것이다. 비록 그 선물이 너무 뒤늦게 도착하였으나, 결과적으로는 더 적절할 때 나타나 큰 격려가 되었던 것으로서 말이다.

신영복이 우리 지성사의 벼락같은 축복이었다는 것은, 일반 독자들의 뜨거운 반응에서 확인된다. 처녀작 『감옥으로부터의 사색』을 필두로 『나무야 나무야』, 『더불어 숲』, 그리고 『강의』로 이어진 일련의 저서에서 독자들은 감동과 위안과 격려를 받았다. 그 결과, 신영복의 책은 매번 베스트셀러 목록에 이름을 올려놓았다. 넓은 의미의 인문학적 사유력을 담은 책들이 시장에서 거푸 고배를 마신 상황을 감안한다면, 상당히 놀라운 성과라 할 만하다. 어찌 보면, 이 같은 현상은 일찌감치 주목을 받고, 그 원인이 어디에 있나 정밀하게 분석했어야 할 필요가 있었다. 이른바 보수혁명의 시대에, 독자들은 왜 책으로 세운 신영복의 학교에 기꺼이 입교했던 것일까, 라고 말이다. 그 전문가 대열에 이름 석 자 올려놓은 나 같은 이도 당연히 게으름을 반성해야 하나, 어찌 보면 너무나 당연한 일이라 굳이 분석 대상으로 삼지 않았다 할 수도 있을 터이다. 그만큼 신영복은 새삼스럽게 검토해야 할 그 무엇이라기보다, 이미 대중들의 마음속에 '사상의 스승'으로 굳건히 자리잡은 면이 있기 때문이다.

하나, 독자들이 왜 신영복을 그토록 열정적으로 읽었는지 톺아보는 것은 의미있는 일일 터이다. 비록 때늦은 리포트 격이지만, 책으로 보는 사회사라는 가치가 있기 때문이다. 문제는, 어떤 방식으로 이를 정리해낼 것이냐 하는 점이다. 여러모로 궁리하다, 현실적인 방법을 찾았으니, 인터넷 서점에 올라온 독자들의 서평을 분석해 '신영복 신드롬'의 정체를 알아보기로 한 것이다. 책을 읽고 감동한 이들이 스스로 올린 서평이라면 객관적 근거로 삼을 만하다고 보았다. 물론, 인터넷 서점의 독자서평을 부정적으로 보는 시각이 있다는 점을 모르는 것은 아니다. 출판사가 홍보수단으로 활용하기 위해 서평을 작성해 올리고 있다며 빈축을 산 일도 있다. 그러나, 독서시장에서 상당한 반응을 얻은 책의 경우에는 그럴 가능성이 현격히 낮다. 더욱이 베스트셀러가 스테디셀러로 자리바꿈한 상황에서 올라온 독자서평은 신뢰할 만하다. 자발성과 솔직함이 반영되었을 가능성이 높기 때문이다.'

'신인류'마저 사로잡은 매력

신영복의 글은 명문으로 소문이 자자하다. 그만큼 많은 독자들이 신영복의 문체를 높이 평가한다는 말이다. 그런데 개인적으로 이런 평가를 한동안 의아하게 여긴 적이 있다. 『감옥으로부터의 사색』의 경우, 한글세대가 수월하게 읽어내기 어려운 점이 있다고 보았기 때문이다. 생경할 법한 한문투 문장과, 경전에 대한 이해를 바탕으로 한 내용 등속이 그 이유였다. 더욱이 90년대 이후 젊은 독자들을 사로잡았던 저자들의 글쓰기는 과거와 판이하게 달라져 있었다. 가볍고, 짧고, 감각적인 문체들이 각광을 받았던 것이다. 그럼에도 독자서평을 보면, 신영복의 문체에 대한 상찬이 그득하다. "신영복 선생님의 책은 『감옥으로부터의 사색』부터 명문으로 자자했다. 나 역시 그 명문에 많은 감동을 받았던 사람 중 한 명"이라는 평이 대표적인 예이다.

그러나 개인적인 예상이 맞아떨어진 서평을 볼 수 있었으니, "개인적으로 '점잖은 교수님'의 '아무 문제없는 글'보다는 김규항식의 '까대는 글'이나 강준만의 '평지풍파 일으키는 글'에 더 매력"을 느꼈다는 고백이 그것이다. 그러면 이 서평자는 신영복의 문체에 저항감을 느꼈던 것일까. 그렇지 않다. 그럼에도 "선생님이 쓰신 『감옥으로부터의 사색』을 읽고 밑에서부터 용솟음치는 무언가 뜨거운 감정을 느낄 수가 있었습니다. 뭐라고 표현하기가 힘든 감정, 동정심, 세상에 대한 분노, 그분의 통찰력에 대한 탄복, 저에 대한 무기력감, 이런 복합적인 감정에 한동안 정신이 멍하였"단다. 그렇다면, '신인류'마저 사로잡은 신영복 문체의 매력은 어디에서 비롯되는 것일까.

장강의 깊은 물과도 같은 흔들림 없는 삶과 호통 치지 않되 가슴 가장 깊은 곳을 울리는 단호한 어조에 깊은 감명을 받았다.

이 책의 놀라움은 뜨겁고 강한 이야기를 낮고 조용하게 하는 데 있습니다.

나는 이 글의 문장 하나하나에서 진실함을 읽었다. 쉬우면서도 잡담에 그치지 않고, 일관된 관점을 유지하되 경직되어 있지 않은 태도 속에서 나보다 한참 더 산 사람의 사유의 깊이를 느낄 수 있었다.

더구나 여성성이 배어 있는 경어투의 문체, 단아하고 짧되 놀라운 지혜가 스며 있는 문장 등 잘 읽히면서도 의미가 실려 있는 글이기에, 형식과 실질 양면으로 탁월한 글이란 어떤 것인지를 전범으로 보여주고 있는 최고의 명편이라 해도 지나침이 없다 하겠다.

신영복의 글을 줄곧 읽어온 사람이라면 대체로 고개를 주억거릴 수밖에 없는 평가들이다. 현학적이지 않되 지혜를 잃지 않았으며, 과장되지 않되 사유의 깊이를 간직하고 있으며, 단아하고 짧되 관점을 잃지 않은 문장에 독자들이 매료되고 만 것이다. 신영복의 글은 낮은 목소리로 지혜의 말을 전해주고 있다. 강요하지 않으나 고민할 거리를 안겨주는 셈이다. 그래서 많은 독자들은 신영복의 글을 통해 성찰의 기회를 얻었다고 실토한다. 당연하다고 여겼거나, 미처 몰랐거나, 새롭게 알게 된 사실을 놓고 깊이 생각하게 되는 것이다. 신영복을 읽은 사람들은 그 성찰의 계기를 높이 평가하고 있다.

이루 다 헤아릴 수 없는 생각의 주제들이 도저히 그냥 가만히 책장을 넘기지 못하게 한 듯하다. 깊은 생각에 이르지는 못했지만 잠시나마 멀기만 했던 상념의 주제들이 되살아온 것만으로 충분한 기쁨이었다.

편지 구절구절에 담겨 있는 인간에 대한 애정과, 나의 허를 찌르는 엽서의 내용은 자신을 돌아볼 수 있는 맑은 거울과 같은 역할을 했다. 그리고 삶에 대한 그분의 태도는 우리 모두가 지향해야 할 자세라는 것을 깨달았다.

더욱 놀라운 건 단순히 새로운 담론을 제시하는 데 그치는 것이 아니라, 나의 삶과 생각을 반추하게 한다는 것에 이 책의 더욱 뛰어난 점이 있다고 생각한다. 책을 읽는 과정에서 나는 끊임없이 나의 주변과 생활에서 어디가 잘못되었는지 또는 어떤 관점에서 나의 삶 주변을 바라봐야 할지를 알 수 있었다.

이 책을 읽으면서 나는 최근에 고민했던 내 문제를, 그리고 내 직장에서 일어나고 있는 다양한 갈등들을 끊임없이 생각했고, 담임 교사로서의 학급운영, 남을 가르친다는 것의 의미에 대해 많은 생각거리를 얻었다. 신영복 선생님의 '동양고전 독법'이 내게로 와서 '내 삶의 독법'이 된 셈이다.

신영복은 『나무야 나무야』에서 옛사람들이 무감어수無鑑於水 하고, 감어인鑑於人 하라고 말한 바 있다. 물에다 얼굴을 비추지 말라 했으니, 쉽게 바뀌는 표면에 집착해서는 안 된다는 경고일 터이다. 사람에게 자신을 비추라 했으니, 사람들과의 관계 속에서 자신을 세우고 반성하라는 뜻이리라. 독자들은 바로 감어인의 인의 자리에 신영복의 글을 놓아두었다. 경쟁과 이기 그리고 물신이 판치는 세상에서 신영복은 의문부호의 역할을 하고 있다. 그것만이 우리 삶의 전부인가, 그 너머 또 다른 세계는 없는가, 라고 묻는다. 독자들은 그 지혜의 글에 감전당해 잃어버린 것의 가치를 환기한다. 바쁜 일상에 지쳐 미처 되돌아보지 못했던 참된 것, 옳은 것의 가치를 되새김질하고 있는 것이다. 그런 뜻에서, 신영복의 글은 맑은 거울이다.

독자들이 신영복을 기꺼이 수용하는 데는 그가 늘 처음 같은, 일관된 삶을 산 데 대한 존경에서 비롯한 바 크다. "신영복이라는 한 개인의 생과 그 궤적에서도 짐작할 수 있듯이, 한국 근현대사의 어려운 시대 여건 속에서도 쉽게 세상과 타협하지 않았던 그가 지식인으로서 표방한 행동의 근저에 이미 인간의 삶을 둘러싼 근본성을 탐구하는 정신이 깃들어 있다"고 믿은 것이다. 이런 평가는 아래와 같은 글에서 극명하게 확인된다.

> 내일이면 혁명이 올 것같이 붉은 주먹을 움켜쥐던 선배들이, 도서관에서 공부만 하던 이들보다도 더 세상과 타협하여, 주식과 골프를 운운하는 것을 들으며, 십 년의 세월이 흘렀습니다. 그리하여 알게 되었지요. 첫마음을 간직하는 것이 쉽지 않다는 것을. 그냥 간직하는 것보다 더 어려운 것은 정직한 자기부정과 옹졸한 자기변명을 구별해가며, 시대의 변화 속에 삶을 강건하게 다듬어 나가는 것이 더 중요하다는 것도.

삶에 대한 존경은 사상에 대한 공감으로 확대된다. 신영복 사상의 고갱이는, 그의 표현에 빗대면, '관계론'이라 할 만하다. 이 관계론은 서양의 존재론과 대척점에 놓여 있는 것으로, 『강의』에서 설파한 바를 인용하면, "인간이란 존재 자체를 인간관계라는 관계성의 실체로 보는 것"을 이른다. 독자들은 바로 이 관계론에 대해 깊은 신뢰와 동의를 보내고 있다.

> 출옥 후 사색의 소산인 『나무야 나무야』, 『더불어 숲』에서 우리 문화, 세계 문화의 여행을 통해 역지사지易地思之의 추구를 보여주는 그의 관심적 지속을 살필 수도 있겠다. 특히 삶의 문화 여행으로 삶의 여정을 살피고 나무로 엮이는 숲의 이미지가 저서의 제목을 통해 이어져오고 있음은, 이번 『강의』의 중지

인 관계론의 화두가 일시적 관심사가 아니라 그의 정신세계에서 면면히 이어져오고 있었음을 짐작케 한다.

저자가 인식하고 있는 동양의 인식론인 인간 관계론에 상당히 공감이 간다. 한 개인으로만 문제를 바라보는 시각인 서양의 존재론을 동양에서 무비판적으로 수용하다 보니 지금의 동양 사회의 문제가 나타나게 됐다고 생각한다. 사회과학적인 이해와 기반을 바탕으로 기존의 인문학적인 해설과는 달리 흥미를 이끄는 방식이 재미를 끈다.

감옥에서 보낸 편지든, 이 땅에 새겨진 은유와 상징을 읽어내든, 이국의 땅에서 삶의 의미를 다시 읽어내든, 동양고전이란 막장에서 빛나는 사색의 광물을 캐내든, 그것은 하나로 수렴되고 있다. 그것을 독자들은 관계론이라 이름짓고 동의하고 있는 것이다. 그러므로, 신영복은 행복한 저자이다. 홀로 굳게 서되, 함께하여 큰 숲을 이루고자 하는 뜻을 눈 밝은 이들이 읽어내고, 동의하고 있으니 말이다.

더 나은 세상을 꿈꾸는 이들의 벗

저자의 처지에서 같은 시대를 살아가는 독자들의 사랑과 존경을 받기란 결코 녹록지 않은 일이다. 너무 앞서 가면 모험주의자로 비난받고, 뒤처져 있으면 수구주의자로 낙인찍힌다. 한발이라도 앞서 나가면 계몽주의자로 욕먹고, 한 걸음이라도 늦으면 변절자로 의심받는다. 이러니 가르치려 하지 않으나 감동을 주고, 모험주의자가 아니나 진보의 신념을 전하기란 얼마나 어려운 일이겠는가. 그런데 신영복은 이 긴장의 한가운데를 가로지르고 있다. 조화와 균형의 정신으로 동시대 독자들의 지지를 얻고 있는 것이다. 그러기에 신영복에 대한 평가는 기실 총체적이다. 그 어느 하나에 유독 끌려서 그의 책을 읽는 것이 아니라, 신영복이라는 존재 자체가 매력 있어 그의 책을 읽는 것이다(그러므로 앞의 분석은 어디까지나 편의적인 분류에 따랐을 뿐이다). 왜 신영복을 즐겨 읽는가. 독자들은 다음처럼 말한다.

큰소리 치지 않지만 일관된 자세로 유지되는 단호한 잔잔함! 결코 희망의 끈을 놓지 않으면서 자신을 올곧게 지켜내고 성장하고 이웃과 미물과 역사를 보듬어 안으려는 치열함! 극한의 상황에서 피어나는 부처님의 여유 같은 미소!

그는 관조적이되 세상사 뒷짐 지고 보며 한가롭게 '훈수' 나 두는 방관자가 아니며, 지적이되 삶의 현장과 유리된 '책상물림' 들의 시각을 담보하는 박제된 지식인이 아니며, 실천가이되 결코 교조적 이론의 맹신이나 허황된 구호로 모든 것을 해결하려 덤비는 가짜 '선동가'가 아니다. 그는 그만큼 보편적이고 중도적인 의식의 지평에 서 있으며, 옥 안에 있되 결코 옥 안에 갇힌 영혼이 아니다.

신영복 교수님의 글은 진실로 옷깃을 여미고 경건한 자세를 취하게 하는 힘이 있는 것 같아요. 길이 아니라 생각한 곳에서 기어코 보이지 않던 길을 찾아내고 마는 소중한 의미의 글이라고 할까요.

사람이 꽃보다 아름답다 한다. 꽃의 빛깔과 향기가 아무리 고와도 순간이다. 순간을 향유하고 미래를 열어두고 가지만 시든 꽃은 쓸쓸하다. 꽃처럼 아름다운데 시들지 않는 것? 별이 아닐까. …… 신영복 선생은 '별' 같다. 밤이지만 두려워 숨지 않고 오히려 빛을 낸다. 별은 꿈꾸는 사람의 친구다.

신영복은 더 나은 세상을 꿈꾸는 이들의 친구였다. 그는 거칠고 새된 목소리로 선동하는 예언자의 자리에 있지 않았다. 성찰적이고 친근한 목소리로 설득하는 철학자의 모습이었다. 그러하기에 신영복은, 한 언론의 표현대로, "이제 '존재' 자체만으로 많은 이들에게 위안과 나침반"이 되어주었던 것이다. 아마도 독자들은 신영복에게 이렇게 요구하고 있을 터이다. 일상의 사막을 건너는 이들에게 깊은 우물에서 건져 올린 찬물을 대접할 수 있기를 바란다고. 그리고 책으로 세운 학교에서 신영복과 대화와 토론 그리고 논쟁을 벌일 독자들은 훗날 이렇게 기록할 성싶다. 그 시대, 신영복과 함께해 행복했노라고.

---

1 인터넷 서점에 올라온 서평을 분석한다고 했지만, 모든 인터넷 서점의 독자서평을 대상으로 하지는 않았다. 인문 독자들이 많이 찾는 것으로 알려진 알라딘에 올라온 서평만을 대상으로 삼았다. 2006년 4월 9일 현재 알라딘에 발표된 신영복 저서별 독자서평 수는 다음과 같다.
『강의』 39편, 『엽서』 8편, 『더불어 숲』(합본) 9편, 『나무야 나무야』 31편, 『감옥으로부터의 사색』(돌베개판) 63편.

신영복의
서예 미학 ✛ 그의 옥중서체가 형성되기까지

유홍준 | 문화재청장·미술사가

『감옥으로부터의 사색』의 감동과 충격

신영복 선생의『감옥으로부터의 사색』이 처음 세상에 나왔을 때 우리 독서인들이 받은 그 신선한 감동과 감당키 어려운 충격은 20세기 어느 책도 따를 수 없는 긴 파장을 이루었다.

20년 20일을 감옥에서 보내면서 생의 창조적 열정이 빛나는 청춘과 원숙한 시각으로 세계를 재인식하는 중년의 나날들을 모두 거기에 가두어야 했던 힘겨운 세월이었지만, 그는 그 철저한 차단과 아픔을 깊은 달관으로 승화시켜 수정처럼 맑은 단상斷想들을 우리에게 선사해주었던 것이다.

그래서『감옥으로부터의 사색』은 출간 이후 오늘날까지 숱한 찬사를 받아왔다. 정양모 신부님은 이 책이 차라리 우리 시대의 축복이라고 했고, 어떤 이는 우리나라의 루쉰 같은 분이라고 했으며, 소설가 이호철 선생은 파스칼의『팡세』, 몽테뉴의『수상록』, 심지어는 공자의『논어』에까지 비기면서 우리나라 최고의 수상록이라고 단언하였다.

나 또한 이 책에서 받은 감동이 누구보다도 컸다. 나는 이 작은 책을 읽는데 몇 달이 걸렸는지 모른다. 하루에 내가 읽고 소화할 수 있는 편지는 서너 통 정도였다. 봉함엽서 한 장에 실린 그 짧은 글 속에는 족히 한 권 분량의 사연과 사색과 사상이 서려 있었다. 그래서 한 통의 편지를 읽은 다음에는 잠시 눈을 감은 채로 두 손에 책을 꼭 쥐고 저자가 인도하는 명상의 세계로 잠입해야 했다.

그러고는 나름대로 신영복이라는 인간상을 그려보고, 왜 그는 형님과 아우보다도 형수님과 계수씨께 보내는 편지가 많았는가, 그분의 아버님과 어머님은 나의 부모님과 어떤 면이 같고 어떤 면이 다른지 따위를 일없이 생각해보기도 하였다.

그런 중 그가 이처럼 명징한 해맑은 글을 쓸 수 있었던 것이 타고난 문장력에 있었는지 아닌지를 생각하게 되었다. 문장력이 없다고 확신하는 나도 노력하면 이런 아름다운 글을 쓸 수 있을지에 대한 희망이 어린 반문이었다.

그리고 이에 대한 대답은 바로 그의 편지 중 다음과 같은 구절에서 얻을 수 있었다. 그의 이야기는 문장력이 아니라 필재筆才에 관한 것이었지만 서로 통하기는 매한가지인 셈이다.

대부분의 사람들은 글씨란 타고나는 것이며 필재가 없는 사람은 아무리 노력하여도 명필이 될 수 없다고 생각합니다. 그러나 저는 정반대의 생각을 가지고 있습니다. 필재가 있는 사람의 글씨는 대체로 그 재능에 의존하기 때문에 일견 빼어나긴 하되 재능이 도리어 함정이 되어 손끝의 교巧를 벗어나기 어려운 데 비하여, 필재가 없는 사람의 글씨는 손끝으로 쓰는 것이 아니라 온몸으로 쓰기 때문에 그 속에 혼신의 힘과 정성이 배어 있어서 '단련의 미'가 쟁쟁히 빛나게 됩니다.

나는 이 필재에 대한 단상을 통하여 많은 것을 생각해보았고, 또 미술사에서 항시 의문으로 남겨놓았던 숙제를 풀 수도 있었다.

탄은灘隱 이정李霆(1541~1622?)이라는 화가는 대나무 그림에서 가히 일인자였는데, 임진왜란 때 왜적의 칼에 오른팔을 맞아 수술을 받았다. 그런데 그 뒤로 그림이 오히려 힘차고 기운이 생동하여 의사가 팔을 고치면서 속기俗氣까지 고쳐주었나 보다라는 일화가 있다. 검여劍如 유희강柳熙綱(1911~1976)은 만년에 와서 오른손이 마비되자 왼손으로 글씨를 썼다. 그런데 그의 명작은 오히려 좌수서左手書에 있다고 판단되는데 이게 무슨 조화이고 무슨 아이러니인가라는 의문이었다.

내가 지금 신영복 선생의 글씨와 그림을 논하면서 글머리에 장광설을 늘어놓은 것은 이것이 그대로 그의 작품세계 속에 녹아 있는 정신이기 때문이다.

출소 기념 글씨 전시회의 기억

그날이 언제인지 나는 정확하게 기억하지는 못한다. 신영복 선생의 출소와 책 출간을 기념하여 그의 글씨 전시회가 세실레스토랑에서 열렸다. 나는 비록 초대받지 못한 객이었고 그 모임에서는 아는 얼굴을 한 분도 만날 수 없었으나 그분의 글씨에 대한 호기심 때문에 첫날 기념식에 참여했다. 미술평론가라는 직업의식 때문이었다. 그리고 그의 글만큼이나 맑고 오롯한 기품의 글씨를 맘껏 즐겼다. 나는 당시 『한국일보』에 미술평을 기고하고 있었기에 며칠 뒤 그의 글씨와 최종태의 조각전을 묶어 「구도하는 마음의 예술」이라는 제목 아래 단평을 실었다.

그 글에서 나는, 지금 내가 『감옥으로부터의 사색』의 저자 신영복의 글씨에 대하여 무언가를 말하고자 함은 결코 어떤 감상에서 시작하는 것이 아님을 강조하였다. 비록 그의 작가 경력이 이채롭고 그의 전시방식이 본격적인 것이 아닐지라도, 나의 비평적 안목에 간취된 그의 독자적인 서풍書風은 예술 그 자체로서 높이 평가받을 만한 것이고 본격적인 것이었다는 내용이었다.

그때나 지금이나 신영복 선생의 글씨에 대한 나의 생각과 판단은 같다. 일단 그의 한문글씨를 제외하고 한글서체로 말할 것 같으면, 신영복 선생은 전문 서예가들도 아직껏 이렇다고 제시하지 못한 한글 흘림체를 독자적인 서체로 대담하게 제시하고 있다는 점만으로도 높이 평가받을 만한 것이었다.

한글서예는 전통적으로 활자체, 내간체, 궁서체로 내려오다가, 일제시대부터 현대서예의 개념으로 탐구되어 먼저 궁체가 자리를 잡은 가운데 한글 예서체가 여러 형태로 추구되었고, 일부에서 예서체와 반흘림체 등이 나오면서 제법 서체의 다양성을 확보해오고 있다. 그러나 글씨를 한자의 서체에 빗대어 고찰해볼 때 가장 중요한 것은 정체라고 할 해서체의 다양한 개발이다.

이것이 확립되고서야 거기에서 응용된 행서와 초서, 즉 반흘림과 흘림체가 제자리를 찾아갈 수 있는 것이다. 이를테면 왕희지, 구양순, 안진경, 조맹부 등의 서체가 보여주는 기본 틀을 우리 한글도 확보해가야 하는데, 사실 말이야 쉽지 수많은 시행착오와 대중적 검증을 거친 서체의 등장이란 몇 세기에 하나꼴일 수밖에 없는 어려운 과제인 것이다.

신영복 선생이 그런 가운데 행서에서 전문 서예가들이 이루지 못한 어떤 예술세계를 이처럼 당당히 제시할 수 있었던 것은 참으로 반갑고도 놀라운 일이 아닐 수 없다.

미불米芾과 어머님의 모필 서한

신영복 선생의 글씨체는 획의 굵기와 필세의 리듬에 변화가 많은 것을 특징으로 한다. 예를 들어 〈길벗삼천리〉라는 작품에서 위에서 아래로 내려긋는 획은 모두 다른 리듬과 굵기를 갖고 있다. 또 한 글자 속에 필연적으로 존재하는 낱낱 점획들이 모두 하나의 필세로 구성되어 있지 않다. 그래서 그의 글씨는 힘이 강하고 움직임이 빠르게 드러나고 있다.

나는 신영복 선생의 이러한 서체는 아마도 그가 즐겨 본받았다는 송나라 미불米芾(1051~1107)의 글씨체를 공부함으로써 얻은 결실이 아닐까 생각하고 있다. 미불의 글씨는 개성이 아주 강할 뿐만 아니라 주관적 감정과 성격이 두드러지게 나타나기 때문에 후대의 개성파 서가들이 많이 따르곤 했다. 우리나라에서는 백하白下 윤순尹淳(1680~1741)이 미불의 글씨를 본받아 크게 성공한 것으로 평가되고 있는데, 백하의 제자인 원교圓嶠 이광사李匡師(1705~1777)는 그 미불의 글씨를 온전히 소화하지 못하여 오히려 그것을 따름으로써 손해 보았다는 평을 듣곤 한다.

하기야 서예의 세계에서 미불의 글씨는 배우는 사람들이 삼가거나 경원해야 할 대상으로 인식되고 있다. 쉽게 말해서 미불의 글씨를 배워서 득 될 것이 없다는 것이며, 그의 글씨는 개성이 강한 만큼 그 개성을 받쳐주는 법도를 잃기 쉽다는 풀이도 있다. 아무튼 미불의 글씨는 개성적인 것, 현대적인 멋을 추구하는 사람들에게는 더없이 매력적인 존재이면서도 그것을 그대로 본받는 것은 금기시되는 요술 덩어리 같은 것이다.

그래서 미불의 글씨를 본받은 자는 모름지기 그 개성적인 것이 들뜨지 않게 눌러주는 수련과 연찬을 다른 곳에서 반드시 구해야만 한다. 그렇지 않으면 그것은 교巧에 빠져 망해버리고 마는 것이다. 신영복 선생이 미불의 글씨에서 그 점, 획의 필법과 필세와 리듬을 익혀 그것으로 독자적인 한글서체를 만들어감에 있어서 진중한 무게를 실어준 것은 과연 무엇이었을까?

그것은 아주 중요하면서도 흥미로운 문제이다. 이 점에 대하여 나는 우선 그가 20년 20일을 감옥에서 보냈다는 사실이 전혀 무관할 수 없다는 생각을 해보았다. 아마도 그랬을 것이다. 그러나 이 사실만으로는 그 모두를 설명해내지 못한다. 이보다 더 중요한 것은 아마도 창작 자세에서 찾아보는 일일 텐데, 그 점에 대하여는 앞서 인용한 그의 '필재론'에서도 어느 정도 간취되지만 보다 구체적인 내용은 그가 정향 선생의 글씨에 대해 언급한 가운데서 살필 수 있다.

> 정향 선생님의 행초서는 …… 아무렇게나 쓴 것같이 서투르고 어수룩하여 처음 대하는 사람들을 잠시 당황케 합니다. 그러나 이윽고 바라보면 被褐懷玉 藏巧於拙 일견 어수룩한 듯하면서도 그 속에 범상치 않은 기교와 법도, 그리고 엄정한 중봉中鋒이 뼈대를 이루고 있음을 깨닫게 됩니다.

요컨대 노자가 말한 대교약졸大巧若拙, 큰 재주는 어리숙해 보인다는 자기 겸손과 절제의 미덕을 지키고자 함으로써, 글씨가 교한 데로 흐름을 막을 수 있었던 것인지도 모른다.

그러나 창작의 자세란 어디까지나 창작 자세일 따름이다. 이론과 실천이 다르듯이 창작 자세가 곧 작품의 구체적인 지도 사항이 될 수는 없는 일이다. 그는 한글글씨를 쓰면서 무엇인가를 머릿속에 범본範本으로 삼은 다음에 필획을 구사할 수 있었을 것이다. 그렇다면 그의 눈앞에, 최소한 그의 머릿속에 어른거린 한글글씨는 과연 무엇이었는가?

신영복 선생은 1995년 학고재에서 열린 개인전 도록에 자전적 고백에 해

당하는 글 「서도와 나」를 쓰셨다. 나는 이 글 속에서 내가 품어온 그 의문을
확연히 풀 수 있었다.

······ 매우 오랫동안 고민하였다. 그때 작은 계기를 마련해 준 것이 어머님의
모필체 서한이었다. 당시 칠순의 할머니였던 어머님의 붓글씨는 물론 궁서체
가 아니다. 칠순의 노모가 옥중의 아들에게 보내는 서한은 설령 그 사연의 절
절함이 아니라도 유다른 감개가 없을 수 없지만 나는 그 내용의 절절함이 아
닌 그것의 형식, 즉 글씨의 모양에서 매우 중요한 느낌을 받게 된다.
어머님의 서한을 임서臨書하면서 나는 고아하고 품위 있는 귀족적 형식이 아
닌, 서민들의 정서가 담긴 소박하고 어수룩한 글씨체에 주목하게 되고 그런 형
식을 지향하게 된다.

무기수 아들이 옥중에서 받은 어머님의 편지가 지니는 의미를 우리는 다
는 몰라도 대략은 짐작한다. 그러나 그런 감성의 문제가 아니라 내간체가 지
니고 있는 소탈한 아름다움, 마치 분청사기나 백자 달항아리 같은 아름다움
을 범본으로 삼았다니 그보다 더 좋은 교본은 없었을 것이다.

'연대체', 그 내용과 형식의 통일

신영복 선생의 글씨체를 어떤 사람은 '연대체'라고 불렀다. 〈여럿이 함께〉
에서 보여주는 바와 같이 어깨동무를 하고 있는 것이 모두가 뜻을 같이하여
동지애로 연대감을 북돋는 듯한 모습이라고 한다. 참으로 재미있는 표현이다.
신영복 선생이 한글서체에서 남다른 모습을 보여주었던 중요한 계기는 바
로 그 '연대의식'이었는지도 모른다. 이제까지 신영복 선생이 쓴 서예작품을
보면 그 내용이 한결같이 진보적이고 리얼리즘적이며 삶과 역사에 대한 은은

한 인식을 담고 있다.

단 한번도 그는 가벼운 감상으로 흐른 일이 없다. 도덕적인 것, 교훈적인 것, 정치구호적인 것을 피하고 〈녹두씨올〉〈흙내〉〈처음처럼〉 같은 간명하지만 폭넓은 이미지가 담긴 글귀를 찾아내어 그의 특유한 필치와 구성법으로 부기附記를 달고 관서款署를 매긴다.

원론적인 얘기지만 "모든 예술작품은 내용이 그 형식을 규정한다".

신영복 선생이 자신의 서예작품에 구현하고자 한 내용이 한글의 고체나 궁체로는 도저히 표현할 수 없음을 느꼈다는 것은 이 점을 말한다. 그리하여 그는 그 내용을 담아낼 수 있는 새로운 형식을 찾았고, 또 그 형식으로 하여금 내용을 받쳐내게끔 함으로써 작가적 개성을 완성했던 것이다. 그리하여 이제 신영복의 서풍이라는 것이 구체적으로 제시되기에 이르렀으니, 논리학에서 "그렇게 이루어진 형식은 다시 다음 내용을 규정한다"는 단계로 들어선 것이다. 이것을 예술의 세계에서는 일가一家를 이루어간다고 말한다.

우리 시대의 살아 있는 문인화

신영복 선생의 글씨에서 우리가 느낄 수 있는 또 다른 감각은 그림 같은 맛이다. 한자는 본래 서화동원書畵同源인지라 그림 같은 글씨, 글씨 같은 그림이 가능하지만 한글은 그저 부호의 이런저런 조합일 수밖에 없다. 그러나 신영복 선생은 〈솔아 푸르른 솔아〉에서 보여주듯 그 형상성을 잡아내려 노력하고 있고 우리는 어느 정도 그 이미지를 잡아낼 수 있다. 특히 〈서울〉이라는 작품에 이르면 그 절묘함이 산과 도시와 강으로 이어지는 즐거운 묵희墨戲, 필희筆戲를 보게 된다.

신영복 선생이 남달리 형상성을 추구한 것은 어쩌면 그의 그림 취미와 무관하지 않을 것이라는 생각을 해본다. 신영복 옥중엽서를 그대로 실은 『엽서』라는 책에서 무수히 볼 수 있듯이 그는 대단히 뛰어난 그림 솜씨를 보여주고 있다. 대상을 골똘히 관찰한 묘사도 일품이지만 일종의 이야기 그림이라 할 서사적 형상들은 한 폭의 그림, 한 장의 편지, 한 권의 책으로 엮을 만한 내용을 담고 있다.

나는 신영복 선생의 이러한 그림들이 우리 시대의 살아 있는 문인화라고 생각한다. 조선시대 문인들이 보여준 문인화풍을 고답적으로 답습하는 것은 더 이상 문인화라고 할 수 없다.

삼불三佛 김원룡金元龍(1922~1993) 선생이 보여준 그림 에세이 같은 작품이나 신영복 선생이 반추상화까지 시도하면서 추구하는 형상적 탐구야말로, 전문 화가가 아니지만 전문 화가는 근접할 수 없는 하나의 예술세계를 잡아냈다는 점에서 '아마추얼리즘의 승리'라고까지 말할 수 있다.

옥중서체의 역사적 음미

신영복 선생은 「서법과 나」라는 글에서 서예는 곧 인격과 사상을 의미한다는 '서여인간불분론' 書予人間不分論을 강하게 주장하고 있다. 이는 서구의 미학에서는 단 한번도 제기된 바 없는 동양의 독특한 예술론 내지 미학으로 그 옛날에는 당연시했던 대원칙이다.

이것이 현대 사회의 전문화, 특수화, 개별화, 분화 현상과 함께 무너져내린 것을 반성하면서 최소한 서예만은 그것을 지켜야 한다는 주장인 것이다.

나 또한 이 이론을 지지하는 입장이지만 이는 어쩌면 필요조건에 해당되는바, 한편으로는 '프로의 미덕', 즉 장인적인 수련과 연찬 속에서 얻어낼 수 있는 득도를 존중함이 함께 따라야 할 것 같다.

선가禪家의 표현을 빌리자면 분명히 남종南宗을 지지하지만 남종의 방만함을 방지하기 위해 북종北宗을 끌어들이는 것을 희망한다. 미불의 글씨를 본받으면서 어머니의 내간체로 그 교巧함을 눌러주듯이.

내가 신영복 선생의 예술에서 서예가 인간 그 자체를 의미한다는 사실만큼 아주 중요하게 생각하고 있는 것은 그의 글씨가 일종의 옥중서체獄中書體

北岳無心五千年
漢水有情七百里 牛耳

라는 점이다.

조선시대 서예의 대가 중에서 원교 이광사, 다산 정약용, 추사 김정희 등이 모두 귀양살이에서 그 위대한 서체를 완성했다는 사실과 맞물려 생각하고 싶은 그 무엇이다. 원교는 신지도에서 25년간, 다산은 강진에서 18년간, 추사는 제주도에서 9년간 유배 살면서 그 사상과 글씨를 높은 차원으로 끌어올린 "유배체"의 서가書家였다. 신영복 선생의 20년 감옥살이가 이와 무관할 리 있겠는가.

한 시대를 지성으로 살다가 귀양살이나 감옥살이로 생의 창조적 열정을 잠재워야만 했던 인생들이 그 아픔의 세월 속에 자기를 절제하고 자기를 감추고 자기를 단련시키는 과정이란, 마치 대합조개가 진주를 닦아내는 그런 아픔의 결실과 같은 것이 아닐까.

옛날이나 지금이나 위대한 예술가들은 그처럼 외롭고 열악한 삶의 조건, 예술적 환경에서 자기를 지켜왔다는 사실을, 글을 쓰고 있는 나 자신이나 이 글을 읽고 있는 여러분이나 침묵으로 동의하리라.

Ⅲ. 낮고 깊은 성찰

신 영 복 다 시 읽 기

한 혁명적 인간의 낮고도 깊은
성찰의 기록 ✚ 다시 읽는 『감옥으로부터의 사색』

김명인 | 인하대 국어교육과 교수

부끄러움과 경의

『감옥으로부터의 사색』(이하 『사색』)을 두번째 읽는다. 1988년 초판본이 나왔을 때 어느 신문에선가 간략한 서평 청탁을 받았는데 쓰고 싶은 말에 비해 주어진 원고 분량이 너무 짧아서 안타까웠던 기억이 지금도 새롭다. 그런데 지금 그 짧은 서평마저도 어디 실렸는지 찾을 길이 없다. 그걸 찾았다면 지금, 같은 책을 두번째 읽는 심사와 그때의 생각이 18년이 지나는 동안 어떻게 달라졌는지 비교해볼 수 있었을 텐데 자못 아쉽다.

첫 독서 때의 느낌을 한마디로 말하자면, 낮을 대로 낮아져 더 낮아질 데가 없어서 깊어질 수밖에 없게 된 도저到底한 사유의 힘에 대한 부끄러움 섞인 경의였다. 그리고 그 부끄러움과 경의에 압도되어 나는 이 책을 충분히 읽어내지 못했던 것이다. 이제 18년 뒤 『사색』을 다시 읽으면서 나는 비로소 나의 부끄러움과 경의가 어디에서 왔는지 거칠게나마 들여다볼 여유를 가질 수 있게 되었다.

징역은 철학을 낳는다

20년 '징역쟁이' 신영복 선생 앞에서 감히 내놓을 경력은 못 되지만 내게도 3년에서 얼마간 빠지는 징역살이의 경험이 있다. 모든 사람들이 그렇지는 않겠지만 이른바 '양심수'들에게 징역살이는 남들이 생각하는 것처럼 그렇게 최악의 경험은 아니다. 지난 군사독재 시절 대개의 양심수들은 피가 마르고 입술이 타는 긴장된 투쟁의 나날 끝에 검거되어, 정보기관에서 고문을 곁들인 장기간의 취조를 받는 동안 이미 극단적 갈등과 죽음 같은 모멸의 시간을 경험한다. 최악은 그 기간이다. 그때 인간으로서 받을 수 있는 모든 고통과 모욕 그리고 자기 자신의 허약함에 대한 쓰라린 자학적 확인으로 심신이 완전한 탈진상태에 이른다. 그에 비하면 그 뒤의 실제 징역살이 과정은 건강만 지켜낸다면 그리 어려운 것이 아니다. 검찰로 송치되어 경찰서 유치장을 거쳐 마침내 구치소 한 평 내외의 독방 안에 들어가 앉았을 때의 그 허탈한 안도감과 평화는 차라리 달콤하기까지 하다고 할 수 있다. 그리고 그때부터 일상의 흐름이 생기고, 독서와 명상을 통한 자기 객관화도 가능해지고, 면회와 서신교환을 통한 바깥과의 소통도 가능해진다. 그리고 형이 확정되어 기결수가 되면 경우에 따라 출역을 하게 되고 그러면 어설프게나마 노동의 일상도 가능해진다.

특히 형이 확정된 이후 기결수로서의 징역살이는 바깥 사회에 대한 어느 정도의 체관諦觀을 바탕으로, 남은 형기까지의 주어진 시간에 적응하는 나름의 일상성의 토대 위에서 하나의 독자적인 삶의 논리를 갖게 되는데, 그것은 바깥과의 격리라는 기본 조건만 괄호를 친다면 가난한 삶이기는 하되 결핍된 삶은 아니다. 풍요나 윤택과는 거리가 멀지만 살아가는 데 별다른 지장은 없는 안정된 삶이다. 이런 가난한 안정, 혹은 안정된 가난의 감각은 바깥 사회에서는 좀처럼 얻을 수 없는 귀중한 것이다. 항용恒用 가난하면 안정되지 않고, 안정되면 가난하지 않은 게 속세의 삶 아닌가. 징역살이는 마치 산중의 승려나 수도원의 수사들에게나 가능한 이런 조건을 만들어준다.

이런 일상성의 토대 위에서 양심수들은 독서하고 성찰한다. 그 정신적 상황 또한 특별하다. 우선 일반 범법자들의 죄의식과는 다르지만, 그렇다고 검거되고 재판을 받기 전과 같은, 날카롭게 공격적이거나 방어적인 의식과는 구별되는 반성적, 혹은 성찰적인 자의식이 강하게 자리 잡게 된다. 특히 단순한 사건이 아닌 조직사건 관련자의 경우, 처음엔 노선이나 전술의 실패 혹은 오류나 개인적 불철저성에 대한 반성에서 나중에는 자신의 정세인식이나 운동관, 역사인식에 이르는 보다 겸허하고 근원적인 성찰로까지 나아가게 된다. 어느 정도의 자책과 반성 그리고 겸허가 양심수들의 기본적인 정신적 자질이 되는 것이다.

여기에 조금 특수하기는 하지만 '민중'임에 분명한 일반 사범들과 섞여서 부대끼며 고립된 시공간적 조건 속에서 사는 데서 오는 독특한 자각 또는 의식화가 한몫을 하게 된다. 처음엔 자신의 지식인적, 관념적 민중상과 현실의 민중상 사이에서 혼란을 겪다가 조금 더 지나면 있는 그대로의 민중의 모습을 알게 된다. 이 단계에서 일찌감치 부정적인 민중관을 가지게 되는 사람들도 있고, 일차원적인 천박한 민중의식에 함몰되는 사람들도 있으며, 이 두 경향을 변증법적으로 넘어서 더 나아가는 사람들—아마 신영복 선생 같은 분이 여기 해당되겠지만—도 있다.

징역살이의 이런 특수한 환경적, 정신적 조건에서 '징역의 철학'이 탄생하는 것은 자연스럽다. 그것은 스스로를 낮춘 가난하고 겸허한 자의 도저한 사색의 오랜 공글림에서 빚어지는 철학이다. 그리고 그것은 수행자의 철학과 많이 닮아 있기도 하다. 징역을 좀 오래 산 대개의 양심수들은 정도의 차이는 있지만 모두 위와 비슷한 조건 속에서 비슷한 일상과 사유의 행정을 경험하게 되며 대개 비슷한 철학적 체험에 접근하게 된다. 신영복 선생의 경우도 그것은 마찬가지다. 다만 차이가 있다면 신영복 선생은 그 일상과 사유에서 비롯된 경험철학을 예민하게 의식화하였으며, 또 그것을 고도로 정제된 글쓰기의 형태로 남겼다는 것이다. 거기까지 나아간 데에 그의 남다름이 있을 뿐이다. 물론 그것은 정말 귀중한 남다름이고 바로 그 남다름이 이처럼 깊은 감동을 오래 전하게 되는 힘이 되는 것임에는 두말할 여지가 없다.

혁명적 인간의 얼굴

처음 『사색』을 접했을 때 수필가도 아니고 서예가도 아니고 경제학자도 아닌 바로 '혁명적 인간' 신영복 선생의 면모가 직접적으로 드러나는 부분들에 가장 먼저 관심이 갔다. 검열을 통과해야 하는 편지글 모음이란 점에서 예상대로 그 부분은 대단히 절제되거나 은폐되어 있었지만 그 절제와 은폐 뒤에 길게 드리워진 정서적 울림조차 절제된 것은 아니었다.

언젠가는 어머님과 함께 어머님의 이 응어리진 아픔에 대하여 이야기를 나누고 싶습니다. 이 아픔은 어디에서 연유하는 것이며, 우리는 이를 어떻게 받아들여야 하는가, 같은 세월을 살아가는 다른 사람들은 어떤 아픔을 속에 담고 있으며 그것은 어머님의 그것과 어떻게 상통되는가, 냇물이 흘러흘러 바다에 이르듯 자신의 아픔을 통하여 모든 어머니들이 가슴에 안고 있는 그 숱한 아픔들을 만날 수는 없는가, 그리하여 한 아들의 어머니라는 '모정의 한계'를 뛰어넘어, 개인의 아픔에서 삶의 진실과 역사성을 깨달을 수는 없는가…….
(1983년 3월 16일, 241~242쪽)

증오는 그것이 증오하는 경우든 증오를 받는 경우든 실로 견디기 어려운 고통과 불행이 수반되기 마련이지만, 증오는 '있는 모순'을 유화宥和하거나 은폐함이 없기 때문에 피차의 입장과 차이를 선명히 드러내 줍니다. 그러므로 우리는 증오의 안받침이 없는 사랑의 이야기를 신뢰하지 않습니다. 왜냐하면 증오는 '사랑의 방법'이기 때문입니다.(1983년 7월 29일, 256쪽)

나는 그날 이곳의 흙 한 줌을 가지고 가서 새 교도소의 땅에 묻었습니다. 수많은 사람들의 피땀으로 얼룩진 흙 한 줌을 떼어 들자 역사의 한 조각을 손에 든 양 천근의 무게가 잠자는 나의 팔을 타고 뛰어들어 심장의 전율로 맥박칩니다. 나는 이 살아서 숨쉬는 흙 한 줌을 나의 가슴에 묻듯이 새 교도소의 땅에 묻고 돌아왔습니다.(1983년 9월 9일, 258쪽)

이 절제된 글들 속에서 어쩔 수 없이 드러나는 아픔과 안타까움, 증오 받아 마땅한 것에 대한 증오, 먼저 죽어간 사람들과의 끊을 수 없는 연대감 등은 그가 한갓 감옥의 철학자가 아니라 본디 '혁명가'였다는 사실을 새삼 일깨워준다. 혁명가란 아파하는 사람, 증오 없이 사랑 없는 사람, 역사의 질긴 부채를 떠안은 사람이라는 점에서 그렇다. 그리고 거기에는 또 분노와 연민이라는 덕목이 있다.

잔디밭의 잡초를 뽑으며
아리안의 영광과 아우슈비츠를 생각한다.
잔디만 남기고 잔디 외의 풀은 싸그리 뽑으며
남아연방을 생각한다. 육군사관학교를 생각한다.
그리고 운디드니의 인디언을 생각한다.
순화교육시간에 인내훈련 대신 잡초를 뽑는다.
잡초가 무슨 나쁜 역할을 하는지도 알지 못하면서
잔디만 남기고 잡초를 뽑는다.

도시에서 자라 아는 풀이름 몇 개 안 되는 나는

이름도 모르는 풀을 뽑는다.

이름을 모르기 때문에 잡초가 된 풀을 뽑는다.

아무도 심어준 사람 없는 잡초를 뽑으며,

벌써 씨앗까지 예비한 구월의 풀을 뽑으며 나는 생각한다.

아름다움이란 무엇인가, 생명이란 무엇인가.

잘 알고 있던 것 같은 것들이 갑자기 뜻을 잃는다.

구령에 따른 동작처럼 생각 없이 풀을 뽑는다.

썩어서 잔디의 거름이 될 풀을 뽑는다.

뽑은 잡초를 손에 쥐고

남아서 훈련받는 순화교육생을 바라본다.

앞으로 취침, 뒤로 취침, 원산폭격, 한강 철교의 순화교육생을 바라본다.

뽑혀서 더미를 이룬 잡초 위에 잡초를 보태며

십오 척 주벽周壁을 바라본다. 주벽 바깥의 청산靑山을 바라본다.(1984년 9월

14일, 301쪽)

순화교육이라는 이름의 폭력에 무방비로 노출된 수인들 옆에서 잔디밭의 잡초를 뽑으면서 잡초처럼 역사 속에서 뽑혀져나간, 그리하여 강한 것들을 위한 거름이 되었던 아우슈비츠의 유대인들과, 남아연방의 흑인들과, 운디드 니의 인디언들을 생각하는, 그러면서 갇힌 자신의 무력한 지식과 처지를 고통스럽게 돌아보는 이 장면 역시, 그가 본질적으로 혁명적 인간일 수밖에 없음을 알려준다. 그리고 나는 무엇보다 이런 부분들이 반가웠다. 『사색』이 기본적으로 잘못된 세상에 대해 분노하고 그 세상을 바꾸고자 했던 혁명적 인간의 글모음이라는 사실을 놓치면, 그것은 이 책을 한낱 지당한 '공자님 말씀'들로 이루어진 인생론집으로 전락시키는 것이 된다.

밑바닥의 철학

그 다음 『사색』을 읽는 동안 같은 '징역쟁이' 출신으로서 내게 흥미로웠던 부분은 같은 공간에서 신영복 선생과는 다른 이유로 징역을 살았던 일반사범들, 흔히 '도둑놈들'이라고 하는 사람들과 선생이 맺는 관계나 태도 그리고 그들에 대한 인식이었다. 신영복 선생도 징역 말로 하면 전형적인 '먹물' 출신이고, 여러 가지 면모로 보아 교도소의 본래 주인인 '도둑놈들'의 생태에 처음부터 수월히 적응할 수 있는 유형의 사람은 아니었음을 그 자신도 여러 번 밝히고 있다. 하지만 그는 시간이 흐르면서 점차 그들의 언어와 행태에 익숙해지고 그들을 마음으로 받아들이게 된다. 젊은 수인들의 언어와 발상과 감각에 격의 없이 섞이고 그것을 이해하게 되고, 기르던 토끼를 잡아 주전자에 끓여서 만든 토끼찌개를 스스럼없이 나누어 받아먹게 된 것을 '발전'이라고 스스로 대견해한다거나, 그들의 일상화된 욕설의 세계에서 민중적 리얼리즘을 발견하다 못해 그들의 거친 일상 언어와 대화를, 어렵다면 어려운 사이라고 할 수 있는 계수씨나 형수에게 보내는 편지 속에 그대로 길게 인용해 넣기에 이르는 것이다.

여기까지라면 70~80년대에 '민중'을 사고의 중심에 두었던 경험이 있는 대부분의 양심수들에게는 익숙한 장면이다. 지식인적인 관념 과잉과 민중적 삶과 문화에 대한 이해 부족에 늘 원죄의식을 가져오다가, 분명히 민중의 일부인 교도소의 일반사범들과 처음 접촉하게 된 지식인들은, 비록 그 중 일부는 민중현실에 접촉하면서 급격히 움츠러들지만 대개 새롭게 접하는 민중사실, 민중적 아비투스 등에 대해 수용적이고, 나아가 그것을 대부분 민중적 덕성으로 높이 평가하는 경향을 보인다. 그들의 단점에 대한 냉정한 인식보다는 그들의 단점을 먼저 발견하는 자기 자신을 질책하는 쪽으로 가는 게 보통이다. 신영복 선생에게도 종종 그런 점이 보이지 않는 것은 아니다.

하지만 오랜 징역생활 속에서 선생은 민중사실에 대한 피상적인 외면적 접촉과 관념적 수용의 단계를 넘어서서 민중들의 고난에 찬 삶에 대한 근원적인 공감과 연민에까지 다다랐던 것이고, 그를 바탕으로 한 민중인식은 피상성을 넘어설 수밖에 없다.

교도소에는 몸에 문신을 한 사람이 많습니다. …… 이러한 문신은 보는 사람을 겁주기 위한 것이라는 점에서 본질적으로 애벌레들의 안상문眼狀紋이나 경악색驚愕色과 다를 바 없는 것이라 할 수 있습니다. 험한 세상을 살아가기 위하여는 '돈이나 권력이 있든지 그렇지 못하면 하다못해 주먹이라도 있어야 한다'는 지극히 단순하되 정곡을 찌른 달관을 이 서투른 문신은 이야기해 주고 있습니다.

사회 속의 거대한 메커니즘 속에서, 지구의 자전처럼 개인이 느낄 수 없는 엄청난 '힘'들의 틈바구니 속에서 '종이호랑이'만도 못한 이 서투른 문신이 이들의 알몸을 어떻게 지켜줄 수 있을까. 생각하면 불행한 사람들의 가난한 그림입니다.

하루의 징역을 끝내고 곤히 잠들어 고르게 숨쉬는 가슴 위에 사천왕보다 험상궂은 얼굴로 눈떠 있는 짐승들을 바라보고 있노라면, 차라리 한 마리의 짐승을 배워야 하는 그 혹독한 처지가 가슴을 저미는 아픔이 되어 가득히 차오릅니다.(1983년 11월 22일, 267~268쪽)

일부일처제는 그들이 향유하기에는 너무나 고급한 제도입니다. 그들은 일부반처, 일부1/3처……, 일부1/10처……, 그리고 여자 쪽에서 보면 일처반부, 일처1/3부……, 일처1/10부……라는 왜소하고 영락된 삶의 형식을 가까스로 꾸려나가는 사람들입니다. 그들은 옹근 한 여자를 데불고 살 처지가 못 되는 지아비들이며, 아내의 자리 하나 온전히 차지할 수 없는 지어미들입니다.(1985년

1월 25일, 318쪽)

그리고 그러한 공감과 연민을 통해 선생은 스스로 낮출 수 있는 데까지 낮추었고 그 낮은 자리에서 세상을 보는 관점의 견고한 토대를 만들어낸 것이다. 선생이 스스로 이름 붙인 '밑바닥의 철학'이 바로 그것이다.

한 가지 분명한 것이 있다면 그것은, 교도소가 '밑바닥'이라는 사실입니다. 어떤 사회의 밑바닥, 어떤 시대, 어떤 인간의 밑바닥이라는 사실만은 분명합니다. 이처럼 낮고 어두운 밑바닥에서 살아가기 위해서는 여기에 걸맞은 '철학'을 정립하지 않으면 안 된다고 믿습니다. 이것은 비단 징역살이에 한한 문제만은 아니라 생각됩니다만 특히 징역살이에는 무엇보다 먼저 자기 자신을 가장 낮은 밑바닥에 세우는 시선과 용기가 요구됩니다. 이러한 냉정한 시선과 자신에 대한 용기만이 자기가 선 자리를 사회의 모순 구조 속에서 위치 규정할 수 있도록 대자적對自的 인식을 정립해 주는 동시에, 징역 세월 동안 무엇을 배우고 무엇에 물들지 말아야 하는가를 가릴 수 있도록 해주리라 생각합니다.(1987년 3월 21일, 367~368쪽)

단지 낮은 곳의 민중에 대한 감상적 이해나 수용에 그치는 것이 아니라, 스스로 그 낮은 자리에 서서 새로운 분별지의 근거를 마련하는 데에서 이 '밑바닥의 철학'은 깊이와 품위를 얻게 된다.

그러므로 똥치골목, 역전 앞, 꼬방동네, 시장골목, 큰집 등등 열악한 삶의 존재 조건에서 키워온 삶의 철학을 부도덕한 것으로 경멸하거나 중산층의 윤리의식으로 바꾸려는 여하한 시도도 그 본질은 폭력이고 위선입니다.(1984년 8월 8일, 298쪽)

사복을 수의로 바꿔 입혀보는 우리들의 놀이는 이러한 의상의 허구를 폭로하고 외피에 싸여 보이지 않는 그 '사람'을 드러내려는 우리들의 자존(?)의 노력이기도 할 것입니다. 그것이 일종의 정신적 가학 취미이고 부정의 시선임을 면치 못한다 하더라도 인간을 즉물적卽物的 대상으로 보지 않고 각종의 처지, 각이한 시점, 다양한 소임에 세워보게 함으로써 인간을 보는 눈을 넓고 깊게 해주는 것임에 틀림없습니다.(1986년 10월 21일, 356쪽)

전인적 체득과 양묵의 힘

징역살이를 통해 민중사실과 만나면서 이처럼 '밑바닥의 철학'에 도달하는 동안 선생은 이 밑바닥의 철학과 상충하는, 자기 자신에게 남은 관념적 지식인의 잔재들을 비판적으로 청산해나간다. 먼저 그 하나는 실천의 검증 없이 덧쌓여온 관념적 지식들을 경계하고 멀리하는 일이며, 대신 지식의 한계를 넘는 어떤 '전인적 체득'의 길을 모색하는 일이었다.

지독한 '지식의 사유욕'에, 어설픈 '관념의 야적野積'에 놀랐습니다. 그것은 늦게 깨달은 저의 치부였습니다. 사물이나 인식을 더 복잡하게 하는 지식, 실천의 지침도, 실천과 더불어 발전하지도 않는 이론은 분명 질곡이었습니다. 이 모든 질곡을 버려야 했습니다.(1977년 6월 8일, 104~105쪽)

몸 가까이 있는 잡다한 현실을 그 내적 연관에 따라 올바로 이론화해내는 역량은 역시 책 속에서는 적은 분량밖에 얻을 수 없다고 해야 할 것 같습니다. 독서가 남의 사고를 반복하는 낭비일 뿐이라는 극언을 수긍할 수야 없지만, 대신 책과 책을 쓰는 모든 '창백한 손'들의 한계와 파당성派黨性은 수시로 상기되어야 한다고 믿습니다.(1981년 10월 6일, 188쪽)

이 범상히 넘길 수 없는 소외의 시절을, 오거서五車書의 지식이나, 이미 문제에서 화제의 차원으로 떨어진 철늦은 경험들의 취집聚集에 머무르지 않고, 이러한 것들을 싸안고 훌쩍 뛰어넘는 이른바 '전인적 체득'과 '양묵'養默에 마음 바치고 싶습니다.(1982년 5월 25일, 206쪽)

그리고 또 하나는 노동을 통해 '흰 손[白手]의 한계'를 물질적으로 넘어서서 '노동하는 인간', 적어도 '노동할 수 있는 인간'으로 자신을 재조정하는 일이었다.

이번 여름은 구두 일이 많아 사실 더위를 상세히 느낄 여가도 없을 정도입니다. 제가 맡은 일이란 하루 십여 족足의 갑피甲皮를 만들어내는 것으로 별 뼛심 드는 일은 아니지만, 그 동안 바른손 중지中指의 펜에 눌려 생긴 굳은살이 사라지고 이제는 구두칼을 쓰느라 엄지 끝에 제법 단단한 못자리가 잡혀가고 있습니다. 이것은 일견 손가락 끝의 작은 변화에 불과하지만 이것이 갖는 의미는 매우 크고 흐뭇한 것이 아닐 수 없습니다.(1975년 6월 28일, 88쪽)

2, 3일 논일로 벌써 고단하고 힘겨워지는 나 자신이 몹시 부끄럽고 못나 보였습니다만 나는 이번의 일로 해서, 남들은 나더러 일당 5천 원짜리 일꾼은 된다고 추어주지만, 당초 목표로 했듯이 가을 들에서 조금이라도 도울 수 있는 훈련을 쌓은 것이 마음 흐뭇한 소득입니다.
비록 가을 들판에서만이 아니라, 우리는 삶의 어느 터전에 처한다 하더라도 자기 몫의 일에 대하여 이웃의 힘겨운 일들에 대하여 결코 무력하거나 무심하지 않도록 자신의 역량과 심정을 키워나가야 한다고 믿습니다.(1984년 11월 10일, 310쪽)

연일 계속되는 잔업으로 피곤도 하고 시간도 없어 볼 책이 많이 밀려 있습니다만 저로서는 책 속에는 없는, 이를테면 세상의 뼈대를 접해 보는 경험을 하는 느낌입니다.(1986년 12월 17일, 358쪽)

겸허함과 민중연대의 가르침

『사색』은 이처럼 한 관념적인 지식인 운동가가 20년이 넘는 오랜 영어의 조건 속에서, 어떻게 자신의 고답적인 관념성의 껍질을 벗고 현실과 현실의 민중 속에서 자신의 의식과 삶을 재구성해서 낮고도 깊은 무량한 지혜의 세계로 나아가는가를 잘 보여주고 있다. 그리고 이 책은 이처럼 한 인간의 세계 인식이 엄혹한 환경의 단련 속에서 단단하게 발전해가는 과정을 보여주는 흔치 않은 기록이라는 점만으로도 깊은 의미를 갖는다. 그리고 나는 70~80년대의 이른바 '변혁운동'의 한복판을 숨가쁘게 살아왔고, 그 갈망과 좌절을 쓰디쓰게 경험했던 한 사람으로서 이 책을 다시 정독하면서, 70~80년대에는 옹글게 감옥에만 있었던 한 선배 지식인에게서 그 변혁운동의 시대에 우리가 놓쳤던 것들―이를테면 겸허함!―과 이젠 그 시기를 또 멀리 떠나와 놓쳐서는 안 될 것들―이를테면 민중연대성!―둘 다에 대해서 다시금 채찍 같은 가르침을 받게 되었다.

하지만 나는 이 책에서, 아니 그 20년의 세월 속에서 선생이 얻은 궁극의 것을 다 이해할 수 없었음을 고백해야 하겠다. 그것은 무엇보다 선생이 영어의 생활 동안 크게 의지해온 유가나 도가의 사상들이나 주역의 철리 등 이른바 동아시아적 사유에 대해서 눈곱만치의 이해도 가지고 있지 못한 나의 근원적인 지적 불구성 때문일 것이다. 선생의 큰 사유틀 속에서는 분명 통일되거나 최소한 연관되어 있을 이 책 속의 수많은 번뜩이는 경구들이 내게는 그저 흩어진 채로 명멸하는 것처럼 보이는 것도 거기서 연유할 것이다. 이는 나로선 스스로 나의 지적 불구성을 넘어서면서 『나무야 나무야』나 『더불어 숲』
이라든가 『강의』 같은 또 다른 선생의 책들에 대한 진지한 탐구를 곁들일 때
에만 극복이 가능한 지난한 과제가 아닐 수 없다.

다만 이 책이 실천을 통한 확인이 궁극적으로 봉쇄된 감옥에서의 사유의
기록이라는 점에서 선생 스스로 그토록 경계해 마지않았던 실천 연관성의 문
제가 여전히 남아 있음을, 그리하여 이 책이 많은 사람들에게 단지 일종의 수
신서 혹은 자계서自戒書처럼 통속화된 바 있었음을 사족처럼 덧붙이지 않을
수 없다. 그리고 지난 18년의 세월이 흐르는 동안 세상은 또 크게 변화하여
『사색』에서 선생이 애써 도달한 세상과 인간에 대한 사유에 심각한 도전이
되고 있는 것이 사실이다. 3년 전 선생과 한 자리에서 좌담을 평계로 적지 않
은 이야기를 나눌 기회가 있었을 때 선생은 서구 근대의 존재론적 패러다임
에 대하여 동양학에 내재한 관계론적 패러다임을 운위한 바 있었다. 그것이
이를테면 21세기 세계현실에 대한 선생의 '치국평천하'의 사유틀일 텐데, 나
는 이 『사색』이 지닌 수정같이 단단한 수신적 사유가 그 관계론적 패러다임
이라는 치국평천하적 사유의 빛 아래서 다시 비춰지고 그 가르침을 입을 수
있기를 아둔하게 기다리고자 한다.

선생이 되는 길,
우리 모두의 길 ✣ 다시 읽는 「청구회 추억」

김명환 | 서울대 영어영문학과 교수

신영복 사상의 입문서: 「청구회 추억」

나는 1995년부터 성공회대 영어과에 몸을 담고 학생들을 가르치다가 2003
년 말에 서울대로 옮겼다. 10년 가까운 기간 신영복 선생님과 가까이 지내면
서 여러 가지로 배운 것도 많고 귀한 글씨도 여러 점 얻었으며 다른 동료 교
수들과 함께 축구도 즐겼다. 소중한 추억의 하나는 선생님의 발의로 교수 가
족모임을 어린이날이나 현충일에 학교 교정에서 매년 가진 일이다. 90년대
후반까지 성공회대의 교수진은 다 합해야 30~40명 남짓했고, 같은 또래의
아이를 기르는 젊은 교수들이 많아, 어린이날에 야외로 나가봐야 복잡하니
차라리 학교에서 만나자고 뜻을 모았던 것이다. 마침 출옥 후 뒤늦게 결혼해
얻은 선생님의 외동아들이 내 큰딸과 동갑내기여서 동년배의 가족 모임이나
진배없는 화기애애한 분위기가 선생님을 모시고 이루어졌다. 옥중에서 선생
님이 개발한 '땅탁구' 대회를 열어 성적에 따라 상으로 선생님 글씨도 받고,
구하기 힘든 해외 만화영화를 신문방송학과 동료 교수가 준비해서 아이들을

위해 상영하는가 하면, 가벼운 운동회를 마친 뒤에는 학교 뒷산에 한적하게 자리 잡은 순두부 집에서 저녁도 함께하고 노래도 부르며 하루를 보내곤 했다. (땅탁구는 탁구 채보다 좀더 큰 채를 직접 만들어 연식 정구공으로 소형 족구장 같은 곳에서 탁구 규칙에 따라 하는 공놀이인데, 코트 규격을 가로 518센티미터, 세로 610센티미터로 하여 광주항쟁과 6월항쟁을 기념하기도 했다.)

신영복 선생님의 삶과 사상을 이해하기 위해 맨 먼저 읽을 글을 고르라고 하면 나는 서슴없이 「청구회 추억」을 추천하겠다. 이 글은 『감옥으로부터의 사색』 초판에는 실리지 않았고, 1998년 돌베개 출판사에서 다시 펴낸 개정판부터 실려 있다. 옥중에서 남몰래 두루마리 화장지에 볼펜으로 눌러 쓴 이 글은, 이감 통보를 받은 어느 날 평소 알고 지내던 헌병에게 집에 부쳐 달라고 건네졌는데, 초판 출간 당시에는 구할 길이 없었다고 한다. 그후 없어진 줄 알았던 이 글을 집에서 찾아내 개정판에는 실리게 된 것이다. 그 탓에 『감옥으로부터의 사색』을 초판본으로 읽은 독자 중에는 이 글을 알지 못하는 이도 적지 않지만, 나는 「청구회 추억」을 신영복 옥중 문학의 백미라고 생각한다. 〔이 글의 원본을 눈으로 확인하고 싶은 독자는 『엽서』(돌베개, 2003)를 찾아보기 바란다. 누구라도 신선한 충격을 받지 않을 수 없을 것이다.〕

1966년의 어느 날 서울대 문학회의 초청으로 서오릉으로 소풍을 가던 신영복은 같은 방향으로 걸어가는 행색이 초라한 여섯 명의 어린이들과 마주치게 된다. 「청구회 추억」은 이때부터 1968년 7월 통혁당 사건으로 구속되기까지 약 2년간 이 여섯 명의 꼬마들과 사귄 전말을 적은 글이다. 당시 내 나이가 바로 그 여섯 명의 꼬마들 중 어린 축에 속하기 때문에 이 글을 읽을 때마다 나의 어린 시절과 그 어린 눈에 비친 60년대를 되짚어보게 된다.

이 글에서 무엇보다도 인상적인 것은 어린이들을 대하는 세심한 태도이다. 문학회 일행에 호기심을 느끼면서도 수줍어 눈치만 보는 어린이들에게 말을 건네는 방법에 대해 신영복은 다음과 같이 말한다.

나는 어린이들의 세계에 들어가는 방법을 누구보다도 잘 안다. 중요한 것은 '첫 대화'를 무사히 마치는 일이다. 대화를 주고받았다는 사실은 서로의 거리를 때에 따라서는 몇 년씩이나 당겨주는 것이다. 그러므로 내가 꼬마들에게 던지는 첫마디는 반드시 대답을 구하는, 그리고 대답이 가능한 것이어야 한다. 만일 "애, 너 이름이 뭐냐"라는 첫마디를 던진다면 그들로서는 우선 대답해 줄 필요를 느끼지 않을 뿐만 아니라 오히려 놀림의 대상이 되었다는 불쾌감으로 일정한 간격을 유지하고 뱅글뱅글 돌아가기만 할 뿐 결코 대화가 이루어지지 않는다. 그러므로 나는 반드시 대답을 필요로 하는 질문을, 그리고 어린이들이 가장 예민하게 알아차리는 놀림의 느낌이 전혀 없는 질문을 궁리하여 말을 걸어야 하는 것이다.(『감옥으로부터의 사색』, 31쪽)

제대로 말을 건넨 덕분에 아이들의 신뢰를 얻은 신영복은 야유회의 와중에서 아이들과도 어울리면서 기념촬영도 하고 나중에 사진이 나오면 보내주겠다고 약속도 한다. 가난하지만 서로 돕고 의지하던 이 여섯 소년도 이날 벼르고 벼르던 소풍을 서오릉으로 나선 길이었다. 그러나 보름 뒤에 아이들이 서툰 글씨로 써보낸 편지를 받고서야 자신이 모임의 이름을 지어주겠다거나 사진을 보내겠다고 한 약속을 잊고 있었음을 깨달은 신영복은, 부랴부랴 엽서를 띄워 장충체육관 앞에서 그들을 만나게 된다. 이때부터 그는 아무 인연도 없는 가난한 집의 아이들과 정기적으로 어울리면서 일종의 지도교사가 되어, 아이들이 다니던 학교 이름을 따서 '청구회'靑丘會라고 모임 이름도 짓고, 아이들 각자 자기가 번 돈 10원씩을 매달 모아 저축도 하게 하면서 독서 모임을 이끌어간다. 거르는 법이 없이 이어지던 청구회 모임은 신영복이 담낭절제수술로 수도육군병원에 입원하는 바람에 잠시 중단되는데, 꼬마들은 문화동(지금 신당동의 일부) 산동네에서부터 병원까지 먼 길을 걸어 두 번이나 면회를 왔다가 위병소에서 거절당해 돌아간다. 서오릉 소풍에도 삶은 계란을 가져가지 못한 가난한 꼬마들이, 헛걸음 와중에 갸륵하게도 삶은 계란을 마련해왔더라는 소식을 뒤늦게 듣고 신영복은 몹시 가슴 아파한다.

1960년대 후반 우리 사회의 선명한 기록화

나 자신은 청구회 아이들처럼 가난을 겪어본 적이 없다. 그러나 점심시간이 되면 슬그머니 교실을 빠져나가 수돗물을 마시며 배를 채우던 급우를 우연히 목격하고 마음 아파한 기억이 또렷하다. 내가 초등학교의 대부분을 보낸 지방도시의 아이들 중에는 머리에 기계총이 생긴 꾀죄죄한 모습에 점심을 굶던 애들이 적지 않게 있었다. 설령 점심은 싸오더라도 반찬은 짠지뿐이던 아이들은 더욱 많았다. 내 도시락 한가운데 박혀 있던 달걀부침 하나가 남보다 집안 형편이 낫다는 것을 알려주던 시절이었다. 전쟁의 상처와 기억이 사라져가던 60년대 후반이었지만 내 또래들에게 가난과 슬픔은 낯익은 것이었다. 학교에서 단체로 관람했던 〈저 하늘에도 슬픔이〉(1965년, 김수용 감독)를 보고 펑펑 울어 새빨개진 눈들을 서로 확인하며 멋쩍어했고, 다들 가슴 설레며 따르던 젊은 여선생님의 부은 눈을 보고 일종의 안도감을 느끼면서 더더욱 좋아하게 되었던 기억도 남아 있다. 학교는 어쩌자고 고작 초등학교 3학년에 불과한 애들에게 그토록 슬픈 영화를 보게 했는지 의아하기도 하다. 아마도 그만큼 가난은 그 시절 우리 사회의 일상이었기 때문일 것이다.

청구회의 어린이들은 대부분 중학교를 가지 못했다. 요즘 어린이들이나 젊은 세대는 잘 이해하지 못할 일이지만, 그 시절에는 그런 형편의 아이들이 지천으로 널려 있었다. 학교에 가지 못한 아이들 중 기억에 남는 친구는 없지만 그 정도로 가난한 아이들은 주변에 넘쳐났다. 역시 학교에서 단체관람을 한 〈사격장의 아이들〉(1967년, 김수용 감독)에 나오는, 상상하기 힘들 정도로 어려운 삶을 사는 또래들의 모습은 당시의 우리에게 너무도 익숙했다. 박정희 정권의 경제개발정책이 서서히 시동을 걸던 60년대 중후반의 시점에서 우리들은 각자의 집안 사정에 따라 차이가 있기는 했지만 가난을 늘상 접하며 성장하고 있었던 셈이다.

교육자의 아들이었지만 가세가 기운 탓에 상업고등학교를 다니기도 했던 신영복과 산동네 아이들의 우연한 만남은 내가 보기에 전형적인 60년대의 현상인데, 이 글에는 60년대가 아니면 불가능했을 일화가 하나 더 나온다. 육사 교관으로 근무하게 된 신영복이 1967년 6월 청구회 꼬마 여섯 명이 주인이 되는 봄소풍을 계획하여, 당시 자신이 지도하던 이화여대 세미나 서클 '청맥회' 여덟 명, 육군사관생도 여섯 명과 함께 백운대로 나들이를 한 일이다. 이 날 청구회의 여섯 어린이는 가난을 잊고 마음의 구김새 없이 평소에 동경해 마지않던 의젓한 육사 생도들과 화사한 이화여대 누나들의 관심 속에 하루를 신나게 놀며 지낸다.

이화여대생과 육군사관학교 생도가 함께 하는 야유회는 유신체제하의 긴급조치 세대에 속하는 나로서는 상상하기 힘든 장면이다. 삼선개헌, 유신선포 등으로 이어진 독재의 강화 과정에서 70년대 후반에 이르면 설령 비판의식이 없는 여대생이라 하더라도 (일대일 맞선이라면 모를까) 육사 생도와의 단체 만남은 그들에겐 매력적이지 않을뿐더러 꺼렸을 법한 일이었을 테다. 말을 바꾸면, 민주화운동의 시점에서 흔히 부정적으로 채색되게 마련인 육사 생도들도 특정한 시점에서는 모두 똑같지 않았다는 평범한 진실을 「청구회 추억」은 되살려준다. 5·16 군사쿠데타에 적극적으로 참여했지만 박정희의 이후 행보에 동의하지 못하고 뒤로 물러선 소수의 양심적인 군인들을 이 글의 육사 생도들은 상기시키는 것이다. 반체제 의식을 가진 젊은 한 지식인과 이화여대생과 육사 생도들, 그리고 가난한 어린이들의 모습은 신기하기까지한 낡은 흑백사진과도 같지만, 바로 그렇기 때문에 이 글에 그려진 60년대 후반은 오늘의 전사前史로서의 과거에 대한 충실한 기록화이다. (한 가지 덧붙일 것은, 청구회 어린이들과 신영복, 그리고 이 글을 쓰는 나는 모두 남성이며, 따라서 60년대의 제대로 된 역사화를 그리기에는 절반의 역량밖에 없다는 점을 잊어서는 안될 것이다.)

청구회 이야기에는 씁쓸한 기억도 없지 않다. 장충체육관 앞의 정기모임 외에도 편지와 엽서를 주고받으며 "우리의 역사를, 우리의 애정을 키워왔던" 신영복과 청구회 어린이들이었지만, 1968년 1월 3일 자신의 집에 아이들을 초대했던 신영복은 아이들이 나타나지 않는 섭섭한 일을 겪는다. 아이들은 끝끝내 초대에 응하지 않은 이유를 명확히 밝히지 못한다. 그들 스스로 폐를 끼칠까 염려했는지 아니면 그들의 부모에게 비슷한 이유로 금지를 당했는지 알지 못한 채 그냥 이 일은 모호하게 지나가게 된다. 이러한 종류의 심리적인 갈등이 두어 번 있었어도 큰 문제가 되었던 것은 아니다. 그러나 중학교에 진학하지 못하고 고작 검정고시로 마음을 달래던 이 아이들을 두고 신영복은 자신이 이들의 중학교 학비를 감당할 것인가 하는 내적 갈등을 겪으며, 이 문제를 두고 스스로 감상적이 되어서는 안 된다고 다짐하던 중 뜻밖에도 국가 변란을 꾀한 '빨갱이'가 되고 만다. 구속되어 수사를 받던 중 청구회의 조직 목적과 구성원을 대라는 어이없는 신문을 당하는가 하면, 신영복 자신이 지은 청구회 모임의 노래 중 1절인 "우리는 주먹 쥐고 힘차게 자란다"에서 '주먹 쥐고'가 "국가 변란을 노리는 폭력과 파괴를 의미"하는 것이 아니냐는 엉뚱한 추궁마저 받는다.

서로 가르치고 배우는 사람의 길

군사재판에서 사형선고를 받은 절박한 시점에서 쓰인 「청구회 추억」의 마지막 문장은 다음과 같이 마무리된다.

언젠가 먼 훗날 나는 서오릉으로 봄철의 외로운 산책을 하고 싶다. 맑은 진달래 한 송이 가슴에 붙이고 천천히 걸어갔다가 천천히 걸어오고 싶다.(『감옥으로부터의 사색』, 46쪽)

누런 화장지에 남의 눈을 피해 글을 적던 이 순간에 '언젠가 먼 훗날'은 영원히 오지 않을 가능성이 높은 것이었음을 독자는 잊지 말아야 한다. 서오릉의 첫 만남에서 자신들을 동등한 인격으로 대해주고 따뜻한 모습을 보인 신영복에게 이 어린 소년들은 헤어지면서 진달래꽃 한 묶음을 선물로 내밀었는데, 그 수줍어하면서도 진지한 아이들을 두고 신영복은 "일제히 머리 숙여 인사를 하는 그 작은 어깨와 머리 앞에서 나는 어쩔 수 없이 '선생님'이 아닐 수 없었으며, 선생으로서의 '진실'을 외면할 수는 도저히 없었던 것"이라고 적고 있다. 선생과 학생의 만남, 그 둘의 아름다운 주고받음은 이 글의 밑바닥에 깔린 주제이며, 그 주제의 배경에는 죽음의 그림자가 어른거리고 있었던 것이다.

어린이들에게 말 거는 법에 대한 구절을 앞서 길게 인용했지만, 내가 곁에서 지켜본 신영복 선생님은 언제나 학생들에게 말 거는 법을 잘 알고 계시는 분이다. 또 청구회 소년들에게서 많은 것을 배웠음을 글에서도 밝히고 있듯이, 선생으로서 학생들에게 배우는 자세를 항상 지키고 있는 분이다. 이제 가난과 무지의 쓰라린 과거는 지나갔다지만, 그 과거와는 다른 차원에서 새로운 사회 문제에 우리는 맞부딪히고 있다. 이제 중등학교를 마치지 못하는 사람은 거의 없고 진심으로 원하고 노력한다면 대부분 대학의 문도 두드릴 수 있다. 그러나 그렇다고 해서 청구회 소년들이 지녔던 삶의 요구가 모두 충족된 사회를 우리가 이룬 것은 결코 아니다. 오히려 학벌과 학력이 새로운 차원의 차별과 착취를 낳고 청구회 어린이들이 겪은 역경을 또 다른 모습으로 확대재생산하는 지구화 시대를 우리는 살고 있는 것이다.

나는 가끔 학생들에게 사람이 사람인 한은 누구나 선생이 되는 것이며, 선생이 특정의 직업에 국한되는 사회는 병든 사회라고 말한다. 또 공부는 학사나 박사를 취득함으로써 끝나는 것이 아니며 '평생교육'이 일반화되는 것이 21세기 지식기반사회의 참된 모습일 것이라고 덧붙인다. 평생교육은 전 세계를 휩쓰는 자본의 변화무쌍한 요구에 부응하며 살아남기 위한 차원에 그쳐서는 곤란하며, 현실에 적응하는 능력 배양을 도외시하지 않되 우리 전통에 깊이 뿌리박은 도道의 길, 자기수양의 길이어야 한다고 나는 말한다. 때로 나 자신에게조차 이 말이 다소 거창하고 허황된 것으로 들리지만, 「청구회 추억」에 담긴 배움과 가르침에 관한 소중한 진실은 문득문득 우리를 엄습하는 자괴감을 극복할 수 있는 힘을 북돋우는 마르지 않는 샘물과도 같다. 서로 배우고 깨우치는 선생의 길은 우리 모두의 길이며, 그것은 끝내 인간 해방의 세상을 열어갈 길인 것이다.

바다에 이르는
사색 깊은 강물의 여정 ❖ 다시 읽는 「나무야 나무야」

조병은 | 성공회대 영어학과 교수

역사적 상상력을 통한 반성적 성찰

'국토와 역사의 뒤안에서 보내는 엽서'라는 다소 겸손한 부제를 달고 있는 『나무야 나무야』는 스물다섯 편의 글 하나하나가 깊은 사색과 뛰어난 연상, 냉철한 이성과 따뜻한 가슴의 합체로 된 완성본이면서 동시에 작품 전체를 일관된 흐름과 잊지 못할 깨우침으로 이끌어가는 필수적인 부분으로 자리잡고 있다. 각 글은 풍부한 상호 텍스트성으로 서로서로를 이해하는 단서와 힌트가 되며, 이미저리나 비유 등이 공통으로 혹은 유사하게 사용되어 상호간에 깊은 문학적 연관성을 지닌다. 저자의 사색은 책에 언급된 것처럼, 마치 "계곡을 휘돌아 흐르는 강물이 드디어 바다를 만나는 여정"과 유사하다. 대체로 책 전반부에서 저자는 방문지를 통한 역사와 사회에 대한 성찰을 여러 대립적 요소와 모순의 실체를 파악함으로써 보여주고, 후반부에 이르면 화해와 평등, 겸손, 자유 그리고 평화의 메시지를 중심으로 우리 사회가 지향해야 할 모습과 비전, 그것을 위해 우리가 모색하고 추구할 바른 가치와 곧은 삶의 태도를 제시한다.

저자는 뛰어난 역사의식과 창의적인 상상력으로 방문지마다 그곳에 새겨진 역사를 통시적으로 재현하여 역사 속의 인물들과 저자 자신 그리고 독자가 함께 만나는 공간으로 만든다. 밀양의 얼음골에서는 민생의학의 기초를 위해 자신의 시체를 해부하도록 한 유의태와 그 옆에 꿇어앉아 준엄한 유의 遺意를 받드는 그의 제자 허준을, 영월 청량포에서는 어린아이에 불과한 단종이 정치의 희생양이 되어 사약을 받는 비극을 어린 시절 저자의 안타까웠던 마음으로 재창조하며, "평강공주와 함께 온달산성에 오른" 저자는 그곳에서 움직이지 않던 장군의 시신이 공주의 사랑의 손길로 움직이는 기적을 단한 문장으로 우리 앞에 생생하게 그려 보인다. 한편, "사람은 산천을 닮는다"는, 사람과 환경의 깊은 연관성을 자신의 고향인 밀양의 얼음골에서 확인한 저자는, 돋보이는 연상력으로 주변 사람들의 삶을 적절한 장소에 재구성하고 끝없는 연민으로 그들의 삶을 이해하려고 한다. 예컨대 폐교된 시골 초등학교에서는 감옥에서 만났던 한 시골 청년을 상상하고 그의 좌절과 고난, 더 나아가 피폐한 농촌과 농민들에 대한 깊은 우려와 걱정을 쏟아내며, 섬진강의 맑은 물가에서 떠올린 시를 통해서는 물탄 술에도 흥겨웠던 옛사람들의 낭만과 여유를, "물탄 피"를 팔며 가족 사랑을 실천하던 가난한 시골 청년의 가슴 아픈 사연에 접목시켜 물신 풍조의 현대 사회를 비판한다. 저자의 발길 따라 한적한 장소는 사람들로 붐비고, 그들의 이야기는 생생한 사실로 구체화되어 우리의 눈을 뜨게 하고 생각을 깨운다.

저자가 재현하는 역사는 고정된 단면성의 틀을 벗어나 내면의 모순과 대립 양상을 띤 복잡한 유기체로 나타난다. 저자는 이중 대립구조를 통해 역사의 모순을 표현하며, 역사의 이면까지 투시하는 통찰력으로 기록된 역사에 의문을 던지고 회의하며, 그 과정을 통해 역사에 대한 수정작업을 한다. 특히, 저자는 시대의 광휘를 누린 사람들보다 시대의 아픔을 겪었던 사람들의 입장에서 시대를 판단하고 역사를 평가하는 새 기준을 제시하고 역사의 진실을 밝힘으로써, 저자가 말한 대로 진정한 의미의 "역사서 둘째권"을 기록한다. 예컨대, 허균의 생가로 시작된 일련의 방문에서는 '봉건미덕의 정점'에 선 사임당과 당시 여성들의 고난과 질곡을 대표하는 허난설헌을 대조, "과연 우리가 역사의 다음 장을 살고" 있는지를 의심하며, 백담사에서는 마주하는 만해 시비와 일해의 편액을 통해 조국의 독립을 위해 일한 애국 승려와 5·18 민주화운동을 잔인하게 억압한 전직 대통령의 기묘한 만남을 꿈의 형태로 복원, 스님과의 선문답과 같은 깨우침의 과정을 통해 역사의 모순을 일깨운다.

한편, 같은 뜻을 가진 한자어로 된 압구정과 반구정을 통해서는 '현신'·'충신'으로 평가되는 황희와 '모신'·'권신'으로 일컬어지는 한명회가, 수백 년 후 역사의 평가를 거친 모습이 어떠한가를 오늘날의 두 모습으로 형상화한다. 또한 지리산에서는 평생 처사로 살았던 남명 조식과, 요직을 두루 거친 후 '처사'로 대접받기를 원했던 퇴계 이황을 대립시켜 '진정한 재야'의 전범을 제시하며, 백마강에서는 외세의 힘으로 반쪽짜리 통일을 이룬 신라와 그 희생이 된 '백제 유민'을 극명하게 대조시켜 역사에서 배울 것과 고칠 것, 지킬 것과 버릴 것, 경계해야 할 것과 새로이 인식해야 할 것을 일깨워준다.

사물의 본질과 역사의 핵심을 뚫어 보려는 저자의 노력은 평면적인 시각보다는 입체적인 시각으로 역사와 삶을 보게 한다. 가야산에서는 최치원에 대한 종합적이고 포괄적인 평가를 통해 그의 민중에 대한 모순된 태도까지도 이해하며, 이어도를 통해서는 절망과 희망의 양면성을, 모악산 미륵불에서는 미완성 속에 깃든 미래의 희망을, 강화의 일몰에서는 내일의 일출을 읽는 저자의 초극적인 시야가 돋보인다. 저자의 말대로, "기쁨과 아픔, 환희와 비탄을 하나의 창문에서 바라보는 하나의 풍경"으로 파악하고, "빛과 그림자, 이 둘을 동시에 승인하고 인정하는", 어쩌면 삶의 희로애락을 초월한 사람만이 들려줄 수 있는 지혜를 전해준다.

인간 중심

'고향 산기슭', 밀양의 얼음골에서 출발한 저자가 전국의 산천을 두루 돌아, 높은 산에서 낮은 계곡으로, 다시 더 낮은 바다로 흘러가는 강물처럼 끝없이 넓고 낮은 데로 내려가듯이, 그의 동정과 관심은 가난하고 소외된 사람, 힘들고 패배한 다수의 민중들에게로 나아간다. 저자는 백제의 마지막 왕 의자의 '삼천궁녀'도 사실은 신라의 관점에서 왜곡 기술된, 전쟁에서 패배한 백제 유민이었을 가능성을 놓치지 않고 지적하며, 단종의 죽음을 슬퍼하여 그 시신을 묻어준 영월 사람들의 행동을 역사에 대한 방관자적 자세를 벗어난 값진 공감적 행위로 해석한다. 동시에 저자는 역사의 동력은 개별 영웅이나 부분적인 사건이 아닌, 민중들의 희망과 애환과 잠재력의 결정체로 파악해야 한다는 폭넓은 사고를 보여준다. "과거와 사회의 벽을 뛰어넘어 드디어 자기를 뛰어넘는 비약"을 이룬 바보온달을 통해 저자는, 시대에 맞는 새 지도자에 대한 민중들의 소망을 읽으며, 이러한 민중의 의지, 저력의 결집이 최고조에 이르러 발화한 모습을 "언제나 사람들 한가운데 있던" 충무공 이순신의 힘으로 해석한다. 즉, 단편적 사건보다는 민중 전체의 희망과 좌절과 잠재력이 역사의 흐름으로 표출되기에 정치란, 정권창출에 앞서 "사회의 잠재적 역량을 최대한으로 조직해내고 키우는 일"이어야 한다는 저자의 논리가 설득력을 얻게 된다.

'입장의 동일함'을 관계의 최고 형태로 삼는 저자의 사람 이해는 백홍암 가는 길에서 그 절정을 이룬다. 백홍암 가는 길에 저자가 떠올린, 버스에서 좌석 사냥을 하던 중년 여성에 대한 다소 부정적인 묘사는 처음에는 우리를 당혹하게 한다. 그러나 자세히 읽어보면 우리는 부정적으로 느꼈던 상대마저도 그의 입장에서 이해하려는 저자의 인간 이해의 깊이를 엿볼 수 있다. 저자는 백홍암이 비구니들의 청정도량이어서 그 여인이 자연스레 떠올랐다고 한다. 붐비는 버스에서 악착같이 좌석을 차지한 후 내릴 정거장을 놓치고 다음 정거장에서 당황한 모습으로 내릴 때까지의 여인을 관찰했던 저자는 백홍암에 이르러, 불교계 내에서 비구니들의 어려운 입지를 "어쩌면 어느 곳에도 좌석이 없는 삶"으로 비유해 표현함으로써 여인과 비구니들을 동일한 피해자로 바라본다. 그렇게 함으로써 허난설헌의 무덤에서 느꼈던 것과는 또 다른 면에서, 여성들의 입지가 몹시도 어려운 사회의 본질적인 문제에 이르게 된다. 하지만 동시에 저자는 같은 상황에 처하되 어떻게 다른 삶의 태도가 나타날 수 있는지를, 가난하지만 노동으로 자급자족하고 겸허히 울력과 수도에 열중하는 비구니 스님들의 모습과, 지나치게 적극적이다 못해 공격적이기까지 한 여인의 좌석에 대한 집착을 통해 대조적으로 보여준다. 이는 백홍암의 낡고 "빛 바랜 백골 단청"이 아닌, 어느 "화려한 단청의 사찰 입구에서 등을 달고 있는" 여인의 모습을 그려보는 마지막 장면으로 이어져 더욱더 극화된다. 이로써 저자는 올바른 삶은 목표도 선해야 하지만 그 과정도 아름다워야 한다는 것을, 그 둘이 바르게 어우러져야 비로소 '진선진미'가 된다는 것을 암시적으로 강조한다.

모색: 평화의 지평, 나무와 숲, 관계

책 후반부에 이르면 저자의 여행지는 일관되게 자유, 평등, 평화의 메시지를 드러내는 지역으로 바뀐다. 강릉 단오제에서는 우리 문화가 지향해온 산천과 인간의 화해를, 그 완만한 능선 자체를 은유로 해석한 무등산에서는 사회의 불평등 구조를 넘어 '자유의 최고 형태'를 선보이는 평등의 미학을 설파한다. 지리산에서는 '오늘의 개량'보다는 '내일의 건설'을 전망하는 장중함을, 석양의 북한강에서는 가상공간이 아닌 오직 사랑을 통해서만 진정한 지식과 정보를 얻을 수 있다는 깨우침을 역설하고, 그 상징성이 두드러지는

'백두대간'을 굽는 이천 도자기 가마에서는 우리 삶을 바르게 이끌 정신과 문화를 모색한다. 여정의 마지막으로 저자는 한강, 임진강, 예성강이 합류하는 강화 철산리 앞바다에서 "더 이상 강물의 투쟁이 필요 없는" 넉넉한 바다를 통해 평화의 메시지를 전한다. 가장 낮고, 그러하기에 가장 겸손하면서도 평화로운, 그러나 끝이 아니라 다시 물이 "하늘로 오르는 도약의 출발점"인 바다를 보여줌으로써 새로운 삶의 지평을 제시한다. 그 새로운 지평에는 "이념과 사상과 이데올로기의 도도한 물결에 표류해 온 우리의 불행한 현대사"가 이제 그 고난의 장을 마감하고, 세 강이 합류하듯 남북한 민족이 서로 화합하여 더 이상 분열과 증오와 불신의 그림자가 함께하지 않기를 바라는 저자의 간절한 소망도 함께 숨쉰다.

『나무야 나무야』가 독자들의 가슴에 강하게 와 닿는 이유는 글 전체를 부드러운 교감의 장으로 만들어주는 경어체의 서간문과 그 수신인인 '당신'의 역할 때문이다. 물론 독자에 대한 친밀감과 공감의 장을 확대하는 저자의 노력으로 해석할 수도 있겠지만, '당신'은 막연한 일반 독자나 단순한 문학적 장치로만 제한되기엔 그 역할이 매우 구체적이고 또 저자와 특별한 사적 공감대가 형성된 존재이다. '당신'은 저자를 방문지로 안내하고 중요한 관점을 제시해주는 정신적 여행가이드이자, 훌륭한 충고자이며 절친한 친구로, 때로는 저자의 내면의 목소리나 제2의 자아와 같은 다양한 역할을 담당한다.

수동적으로 "타인과의 관계를 최소화함으로써 단지 갈등을 회피하려고만 할 뿐 관계 그 자체의 건설에는 관여하지 않으려는" 왜소한 '시민의식'을 비판하는 저자는, 자신의 글을 구체적인 수신대상이 있는 서간문체로 씀으로써 엽서의 발신인과 수신인, 작가와 독자 간의 탄탄한 관계를 설정한다. 저자는 이 '당신'을 매개로 자연스럽게 독자와 만나고, 자신의 느낌과 깨달음을 '당신'에게 투영시킴으로써 자신을 내세우지 않으면서 겸손하고 자연스럽게 생각을 펼쳐 보인다. '당신'은 특별하면서도 일반적이고, 각별한 관계지만 동시에 누구나 될 수 있는, 저자의 전작 『감옥으로부터의 사색』에 나오는 부모님, 계수씨, 형수님, 조카들의 총체이면서, 너와 내가 우리로 통합되어 저자와 공감하는 모든 독자로 확대된다. 이 '당신'은 단단하고 척박한 땅에 뿌리내리고 온갖 풍상에도 꿋꿋이 자라는 소광리 숲의 소나무로 비유되어 현실을 단단히 딛고 사는 노인 목수의 이미지를 띠게 되며, 더 나아가 책 제목의 '나무'로 형상화되고, 강한 유대감으로 결집되어 저자의 세계 문화 답사기인 『더불어 숲』에서 숲을 이룬다.

연대하여 숲은 이룬 '나무'는 저자에게 평화의 법칙을 전해주는 중요한 메타포로 작용한다. 더불어 숲을 이룸으로써 '나무'는 기계의 부속이 되기를 거부할 수 있으며, '쇠의 침입'으로부터 스스로를 지켜내고, 척박한 토양 속에서 온갖 풍상을 이겨내고 우람하게 자라 꽃과 열매를 맺으며, 새들의 보금자리를 제공할 수 있는 것이다. 시대의 아픔을 단단히 겪은 저자가 수동적으로 스스로를 방어만 하는 나무를 삶의 바람직한 메타포로 삼은 것은, 우리 독자들에게는 한편으로 몹시 가슴 아프게 와 닿는다. 그러나 평화란 어쩌면 수동성과 견딤의 미학에 바탕을 두고 있기에 '평화'가 아닌지 하는 생각이 든다. 아일랜드 시인 예이츠의 말대로, "평화는 천천히 내리며 오는 것이니". 전국의 산천을 돌아보면서 저자의 마음이 끊임없이 역사의 희생자들에게 머물고 힘없고 약하고 가난한 사회의 주변인들에게 가 있는 것도 이와 같은 맥락에서 이해할 수 있을 것이다.

『나무야 나무야』는 몇 가지 중요한 점에서 전작 『감옥으로부터의 사색』의 후속편으로, 저자의 다른 작품들과의 관계에서 핵심적인 위치를 차지하게 된다. 첫째, '국토와 역사의 뒤안길에서 보내는 엽서'라는 이 책의 부제는, 『감옥으로부터의 사색』의 전신이었으나 출판은 그 후에야 가능했던 영인본 『엽서』를 상기시킨다. 하루 두 장씩 배급되는 휴지에 깨알같이 쓴 사색 편지글 『엽서』는 거의 기적적인 방법으로 가족에게 전해졌고, 출감 후 그를 사랑하고 아끼던 친구들의 힘으로, 보통 책이 출판되는 경로로는 생각하기 어려운 방법에 의해 몇 권의 영인본으로 발간되었다. 저자가 『나무야 나무야』의 머리말에서 밝힌, "옥중에서 검열을 염두에 두고 엽서를 적을 때와 비슷한 마음이 되기도 하였다"는 말은 두 책의 밀접한 연관성과 함께, 출감 후 수년 뒤까지도 저자를 지배하는 정신적 긴장을 시사해준다.

둘째, 저자도 밝히듯, "감옥 20년, 출소 후 칩거 7여 년 후" 나온 이 책은 문자 그대로 저자가 '독보권'을 행사한 첫 여행기로, 어떤 의미에서는『감옥으로부터의 사색』의 현장 확인기 또는 현장 적용기라고 볼 수 있다. 즉, 걸어나온 사색이라고 할까? 혹은 사색에 겨운 답사기라고 할까? 따라서 이 책을 가장 잘 감상하기 위한 한 가지 방법은 두 권을 비교하여 읽고, 저자가 부여를 방문할 때 요구받은 '상상력'을 저자가 독자에게 주문하는 말로 바꿔 듣는 것이다. 실제 저자와 함께하는 여행은 가슴 설레는 자유와 호기심을 충족시킬 잊지 못할 경험이 될 터이니.

셋째, 책 제목의 '나무'로 형상화되는 편지의 수신인인 '당신'은, 이미 언급되었듯이 그 역할 면에서『감옥으로부터의 사색』에 나오는 부모님, 형수님, 계수씨, 조카 등으로 그대로 대치되어도 전혀 무리가 없을 만큼 저자와 공감대가 형성된 존재로, 글에 친근감과 겸손함을 부여하는 효과적인 기능을 수행한다.

예술 장르로 보면, 『나무야 나무야』는 19세기 영국 시인 윌리엄 블레이크가 『순수의 노래』와 『경험의 노래』에서 시와 판화를 접목시켜 그 효과를 배가하듯, 각각 독립적이면서도 상호 보충적인 글과 그림과 사진의 화합으로 이루어진 시각 종합예술이다. 단순화된 선과 색채의 조화, 그리고 메시지를 부각시키는 사진은 글의 호소력을 더해주며, 각 예술 형태 간의 조화로운 공존을 보여준다. 마치 다른 종의 '나무'들이 각각의 모양과 특성을 지닌 채 함께 어울려 숲을 이루어 서로를 지키는 힘이 되며 아름다운 화해의 메시지를 전해주듯이. 우리는 이 책에서 삶의 지혜와 더불어 한층 성숙된 모습으로 나타난 저자의 예술 감각에 깊은 심미적 만족감과 경이로움을 맛보게 된다.

저자는 『나무야 나무야』를 통하여 유려한 사색이 담긴 새로운 산문체를 선보인다. 기교를 배제한 간결하고 짧은 문장들은 차분한 마음으로 조용히 소리 내어 읽으면 우리말의 리듬감이 아름답게 살아나도록 씌어졌다. 비슷한 길이의 의미 구절들이 시조에서 연상되는 리듬감을 살려 낭송의 기쁨을 더해준다. 어쩌면 이 책의 가장 좋은 감상법의 하나는 낭독이 아닐까? 낭독이 곁들여지면 이 책은 글과 그림과 사진과 청각적 호소력이 겸비되어 독서는 한층 더 즐거워질 것이다.

저자는 문장이 짧고 간결하다는 의미에서 "화두를 던지듯" 썼다고 하지만, 글 한 편 한 편이, 문장 하나하나가 오래도록 긴 여운을 남길 만큼 함축적이고 암시적이다. 빈번한 한시의 인용과 한문 구절의 사용이 그런 인상을 줄 수도 있겠지만, 저자의 논리적이고 절제된 산문에서 드러나는 압축미와 표현의 절제미야말로 이 책의 특별한 분위기를 만드는 힘이다. 저자는 정확한 단어 선택과 산만하지 않고 간결한 문장으로 논리적이면서도 단아한 마음을 기록한다. 내용과 표현의 놀랄 만한 일치라고 할까? 저자가 근 30년 만에 처음으로 행사한 독보권의 기록이라는 점을 고려하면, 글의 간결함은 어쩌면 그간의 숱한 사색들을 다 담을 수 없는 언어 자체의 한계를 상징적으로 보여주는지도 모른다. 저자의 글은 '행간에 숨은 뜻'을 읽기 이전에 '글자 간에 숨은 뜻'을 찾아 읽어야 하며, 때로 여백이 주는 침묵을 우리의 사색공간으로 삼으면 심오한 의미를 찾아낼 수 있을 것이다.

『나무야 나무야』는 우리 마음의 '화두'로 삼아 시간을 두고 깊이 음미하고 생각해볼 가치가 있는 글이며, 그렇게 함으로써 저자의 글을 한 번 접한 사람은 오래도록 잊기 어려운 마음의 교훈을 얻게 될 것이다. 따뜻한 마음을 바탕으로 깊은 사색을 나누는 저자의 글은 차라리 한 편 한 편이 잘 쓰인 시라고 할 수 있다. 게다가 풍부한 연상과 상상력, 단호하면서도 부드럽고 겸허하게 이야기를 전개하는 저자의 글 솜씨는 참으로 귀한 감동을 자아낸다. 단순한 기교나 "화사한 언술"이 아닌, 따뜻한 가슴과 깊은 인간 사랑으로 쓴 글이기에 그 감동은 더 크고 그 파장은 더 오래간다.

지상의 인연,
인간의 연대 ▪ 다시 읽는 『더불어 숲』

홍윤기 ┃ 동국대 철학과 교수

『더불어 숲』과의 인연,
그리고 자기성찰을 자극한 수많은 흔적들

참으로 우연찮은 계기로 나는 신영복 선생의 『더불어 숲』에 나온 글들을 한 번은 한 편씩 잔잔한 단문들로 읽고, 세 번은 한꺼번에 정독할 기회를 가졌다. 선생의 다른 두 책, 즉 감옥의 편지글들을 모은 『감옥으로부터의 사색』이나[1] 신문 연재물을 하나로 묶은 『나무야 나무야』는[2] 모두 한 권의 책으로 나온 뒤에 읽었다. 그래서 그 안의 글들은 전부 별개의 시간에 나온 각기 별도의 작품이었음에도 불구하고, 그 두 책은 나에게는 전부 일관된 주제로 하나의 틀 안에서 쓰인 것처럼 보이는—그러나 사실은 '편집된'—단행본으로 체험되었다. 반면에 『더불어 숲』은 한 번은 신문에서 날짜별로 드문드문 한 편씩,[3] 그 다음은 이 글들을 저장하여 임의로 묶어서,[4] 그리고 그 뒤 두 번은 서화집으로 잘 편집된 두 권의 단행본으로[5] 읽을 수 있었다.[6] 다시 말한다면 간간이 단편적으로 책을 들춰 본 경우를 제외하고, 아주 의식적으로 주의를 집중한 경우에 한정해서 말한다면 한 권의 책 내용을 네 번 반추한 셈이다.

내가 『더불어 숲』을 아주 잘 안다는 것을 보여주려고 이 책을 이렇게 네 번 읽었다고 얘기하는 것은 아니다. (내가 '네 번이나'라고 표현하지 않은 점을 주목해주기 바란다.) 사실은 그 반대이다. 이 책에 심취하여 나보다 더 여러 번, 그리고 더 심오하게 읽은 독자는 수없이 많을 것이다. 나보다 더 비중 있는 분들이, 나보다 훨씬 정확하게, 그리고 나보다 훨씬 유려한 언설로 선생을 찬양한 말은 이미 수없이 나왔다. 몇 가지 예만 들어보아도 그 정황을 쉽게 짐작할 수 있을 것이다.[7]

신영복의 글은 부드럽고 따뜻하고 너그럽고 온화하다. 그러나 그 속에는 역사와 사회와 인간이 어떻게 삶을 살아야 할 것인가의 문제에 대한 냉철하고 준엄한 비판의 칼이 들어 있다. 그의 글을 읽는 것은 삶을 배우고 또 문장의 극치에 도달한 아름다움을 배우는 것이다.(조정래)

그의 글은 인생, 자연, 사물, 우리 일상에 대해 따뜻한 시선을 가지고 있으면서도 많은 깨우침을 주기 때문에, 한 번 읽고 마는 글이 아니라 항상 삶의 지침서로서 되새김하고 싶은 그런 소중한 글이다.(이해인)

봉함엽서 한 장 분량에 쏟아져 있는 글을 읽고 나면, 바로 다음 글로 넘어갈 수 없을 정도로 밀도 있고 감동이 있는 글들이다. 어떤 때는 책장을 편 채로 가슴에 대고 멍하니 생각에 빠진 적도 있었다. 책 한 권을 읽는데 두 달이나 걸렸다.(유홍준)

대학시절 처음 신영복 선생의 책을 접하고, 읽고 외우고 울기도 했다. 지금도 거의 내용을 외우고 있을 정도다. 신영복 선생의 글 속에 있는 내용들을 끝없

이 같이 생각하며 살고 싶다.(권해효)

　무엇보다 한결같이 이분들은 책에서 얻을 수 있는 최고의 독서체험을 고
백한다. 그것은 책에서 단지 몰랐던 지식이나 벅찬 감동뿐만 아니라 그 책으
로 인해 자기성찰까지 자극받았다는 것이다. 한 권의 책이 당대인들에게 이
정도의 효과를, 그것도 지속적으로 거두고 있다면 그 책은 당연히 고전의 반
열에 올라간다. 따라서 나는 어떤 경우에도 비단 『더불어 숲』뿐만 아니라 신
영복 선생의 다른 책 전부에 관해서도 위의 분들보다 더 훌륭하면서도 정곡
을 찌르는 찬양을 할 능력이 없다. 찬양이라는 측면에서 나는 다소 엉뚱한 점
을 부각하는 것으로 그치려고 한다.
　즉 20세기 후반기에 고도의 현대화를 달성함으로써 국가적 규모의 여행객
을 지구상에 흩뿌린 동아시아의 세 나라가 있었다. 1960~70년대의 일본이
선두를 섰고, 1990년대 한국이 그 뒤를 따랐으며, 세기 초엔 중국이 대규모
여행객을 지구상에 쏟아냈다. 내가 과문해서인지 몰라도 그런 여행객들 가운
데 '세기경영' 世紀經營의 화두를 안고 귀국해서 실존 탐사문을 쓴 사람은 신
영복 선생이 유일한 것으로 알고 있다. 나는 우선 그 점에서 일단은 단순 여
행기로 그칠지도 몰랐을 『더불어 숲』의 의의를 높이 사고 싶다.
　그래서 내가 이 글에서 하고 싶은 일은 새삼스레 선생을 찬양하는 것이 아
니다. 내가 『더불어 숲』을 다시 읽을 때마다 언젠가는 꼭 하고 싶었던 일은,
책의 저자인 신영복 선생이 한 편 한 편의 완성도를 높이기 위해 고도로 응집
시킴으로써 수많은 독자들의 감동을 자아냈던 바로 그 글들의 구성요인을 하
나하나 해체해 다시 읽어냄으로써, 바로 이 세기경영을 위한 아젠다를 내 나
름대로 성찰해서 정리하는 것이다.

세 차례의 파도: 인상印象, 이상理想, 상상想像

인상: '역사의 생환', 또는 과거와 미래, 이곳과 저곳이 같이 얽힌 시간과 공간의 보편사

신문 연재글, 복사물 그리고 단행본에 이르기까지 각기 다른 모습에 담겨 왔던 『더불어 숲』의 글들은 나에게도 그때마다 감동을 주었는데, 그 감동의 형태는 각기 달랐다. 우선 신문 위에서 처음 눈에 띄었던 선생의 글은, 마치 아무 생각 없이 아주 한가로운 기분으로 마냥 벤치에 앉아 있는 내 앞에 생각지도 않은 나뭇잎 한 장처럼 날아와 그 초록빛으로 허공에 선명하게 나선을 그리면서 천천히 떨어져내리는 '인상'으로 스며들었다. 아마 선생이 세계기행의 여정을 시작했던, 그리고 콜럼버스가 아메리카를 향해 처음 출항했던 스페인 우엘바 항구를 놓고 쓴 글이었다고 기억된다.[8]

분명한 것은 우엘바 항구를 가보고 쓴 글이면서도 당신이 '직접 본' 항구의 '지금 모습'에 관한 언급은 이 짧은 글에서도 딱 여섯 문장만 나온다.

> 나는 멀리 이베리아 반도 끝에 있는 스페인의 우엘바Huelva 항구에서 이 엽서를 띄웁니다.(1권, 15쪽)

> 내가 엽서를 적고 있는 이 항구는 작은 마을입니다.(1권, 16쪽)

> 나는 산타마리아호 선상에 올라가 멀리 대서양을 바라보았습니다. 바람에 출렁이는 대서양의 푸른 물결이 아득히 펼쳐져 있습니다. 바다 저편에 있을 신대륙은 물론 보이지 않습니다. …… 귓전을 스치는 바람 속에서 눈앞의 무심한 바닷물과는 반대로 수많은 목소리가 들려옵니다.(1권, 22쪽)

지금 이 순간 우엘바에 어떤 교통수단으로 갔으며, 그 풍경은 어떠하고, 거기 사람들은 어떤 태도로 여행객을 대했는지에 관해서 앞의 여섯 문장 말고는 단 한마디도 더 언급되지 않았다. 다시 말해 이 글에서 우엘바라는 곳에 관한 통상적인 기행문을 기대한다면 우리는 당연히 실망할 수밖에 없을 것이다. 그럼에도 불구하고 우리는 이 글을 읽으면서, 그 어떤 기행문보다 우엘바에 대해 '알았다는' 생각이 들며, 그것도 '제대로 잘 알았다는' 생각이 들고, 무엇보다 거기에 간 여행객의 생각과 마음까지 '깊게 알았다는' 느낌이 들 뿐만 아니라, 새삼 거기에 가지도 않은 채 그 글만 읽고 있는 '나 자신에 관해서도 뭔가 새로 알았다'는 느낌을 받는다. 그리고 이 글을 읽는 순간 **'대한민국 이 땅에서 지금 글을 읽고 있는 나'**는 단지 우엘바에서 엽서를 쓰는 **여행객(신영복 선생 자신)**뿐만 아니라, "중세의 청산이나 식민지 시대의 개막과는 아무 상관 없이 험한 파도와 사투를 벌였던 바다사나이"로서(1권, 21쪽) "1492년 이 항구를 떠난"(1권, 18쪽) **콜럼버스**를 만난다. 그뿐만 아니다. "귓전을 스치는 바람 속에서 눈앞의 무심한 바닷물과는 반대로" "지구가 둥글다는 것이 우리들에게 무슨 의미가 있는가"라고 외치는 **수많은 아메리카 원주민**도 같이 더불어 있다는 착각, 아니 적어도 **그들 모두가 하고 싶은 자신들의 이야기를 직접 하고 있다는 '인상'**을 받는다. 이로써 콜럼버스와 아메리카 원주민은 '비행기를 타고 온 나'를 사이에 두고 '과거의 땅 우엘바'에서 다시 만나는데, 그 우엘바는 사실 현재의 우엘바가 아니라 "지금도 수많은 콜럼버스들이 신대륙을 찾아 비행기로 출항하고 있는 세계의 수많은 공항"으로 증식되어 있는 것이다.

20세기 영국의 역사가 E. H. 카는 '역사'를 "과거와 현재의 대화"라고 요약했다. 그러나 카는 '현재 그 자체'가 "역사의 생환"[9] 또는 **과거와 미래, 이곳과 그곳이 같이 얽힌 시간과 공간의 보편사**普遍史, universal history **자체**라는 통찰에까지 이르지 못했다. 여행객 신영복 선생은 역사적 사건을 안고 있는 어떤 현장을 방문하는 것이 단순한 관광이 아니라는 것, 오히려 그 현장에 섬으로써 이미 지나간 과거와 아직 오지 않은 미래까지 나의 현재에 신내리 듯이 내려올 수 있다는 것을 여실히 보여준다. 선생 자신은 이 점에 관해 필자에게 직접 다음과 같이 해명했다.

우리가 과거와 현재의 주제를 연결시킬 때 저는 과거의 사건을 당대 사회에만 유폐 또는 감금시키는 것은 온당하지 않다고 생각해요. 설령 유폐되거나 감금 되어 화석화된 과거라 하더라도 그걸 그 유폐에서 이끌어내어 현재로 생환시 키는 것은 많은 역사학이 추구하는 목표이기도 하고, 바로 이것이 과거와 현재 를 연결시켜내는 기본적인 태도라고 생각합니다.[10]

내가 처음 봤던 선생의 세계기행의 본래 제목은 「콜럼버스를 만나다」였는 데,[11] 사실 우엘바에서 선생은 우엘바 관광이 아니라 그곳을 자기 활동의 근 거지로 살았던 인간을 직접 찾듯이, 그가 과거의 인간이든 현재의 인간이든 아니면 아직 태어나지 않은 미래의 인간이든, 그가 그 자리에 있었으면 당연 히 했을 법한 그런 얘기를 직접 취재하듯이 우리에게 전해 주었다. 나에게 이 기행문은 우엘바 '관광 기행문' 이 아니라 우엘바 '역사 취재문' 으로 비쳐졌 다. 그리고 그것은 단지 신문 연재문 또는 유려한 기행수필일 뿐만 아니라, '현지와 관련된 현재 인간의 삶의 조건을 과거와 미래에 걸쳐, 그리고 이곳 과 저곳을 가로지르며 탐사하고 구상하는 본격적 역사서술의 새로운 지평', 또는 좀더 성급하게 개념화하자면 '실존 탐사문'의 형식을 연 것처럼 보였다.

이상: 인간의 삶과 자유, 또는 자기가 자신으로(自) 있어야 할 이유(由)를 자각하는 삶
1998년 1월 신영복 선생과의 대담을 준비하면서 당시에는 아직 책으로 묶 이지 않은 기행문들을 연재지에서 일괄적으로 다운로드해서 읽게 되었다. 한

편 한 편씩 따로 읽던 때와는 달리 그 글들을 하나로 모은 파일을 클릭해 가면서 나는 감동의 또 다른 원천을 포착하려고 애썼다. 즉 선생의 글 전체를 일관하는 통일적인 주제의식이 무엇인가를 알아내려고 했던 것이다. 사실 이런 접근법은 부질없는 일이었지만, 어쨌든 정해진 시간 안에 완결된 대화를 해야 하는 대담이란 담화행위를 이끌 실마리가 필요했다는 것이 당시 그 글들을 특정 키워드 아래서 조급하게 해독하도록 강박했던 것 같다. 지금 다시 읽으면 좀 얼굴이 붉어지는 '아주 초보 수준의 관념주의적 접근법'을 발동시켜 나는 **"자연과 삶에 대한, 즉 어느 면에서는 생명에 대한 외경畏敬**이 역사 전체를 조망하는 근거로 작용하는 것 같다"는 아주 서툰 현학적 통찰을 내놓았다. 나는 당시 신영복 선생을 직접 대면하면서, 선생이 "이 생명에 대한 외경을 근거로 역사들이 흘러간 흔적들, 봉건주의 사회면 봉건사회, 자본주의 사회면 자본사회, 그리고 적지 않게는 사회주의의 물화된 측면에 대한 엄격한 진단을 하고 계신다는 느낌을 받았다"고, 지금 보면 참으로 얼치기에 지나지 않는 피상적 독후감을 내놓을 만큼 단순 무모했다.

이 말을 정면으로 부인하지는 않았지만 당시 신영복 선생은 당신의 기행문, 아니 더 정확하게 말하자면, 기행을 촉매로 한 역사총괄historical colligation의 관점을[12] 당신 스스로 다음과 같이 요약했다.

이 현재라는 것에 대한 우리의 인식도 참으로 복잡합니다. 과거보다는. 왜냐하면 이해 당사자가 엄연히 주변에 서 있는 조건이기 때문에 그 수많은 시각들, 이 시각들을 다 고려한다는 것은 오히려 현재를 잃어버릴 위험성이 있습니다. 그래서 이 현재의 복잡한 관점을 정리해내는, 그래서 현재가 미래로 이어주고, 과거와 연결될 수 있는 부분에 있어서의 현재, 이것이 저는 현재의 의미 중에서 가장 중요하게 우리가 주목해야 할 부분이 아닌가 생각해요. 방금 제가 말씀드린 건 과거와 역사와 미래, 이것들을 왜 관계시켜야 하는가에 대해 말씀드린 것인데, 그러면 **그런 것들을 연관시키는 관점, 기본적인 자기의 시각**이 어디에 있는가 하는 것이 문제일 수 있습니다. 전공이 경제학이고 또 오랫동안 사회인식이나 역사인식의 토대를 사회경제사에 두는 그런 시각을 제가 익혀왔기 때문에 이런 시각에서 역사의 연결점을 찾을 수도 있겠습니다. 그런데 제가 감옥체험이라든가 그 이후 1990년대 이후의 변화된 여러 정신영역의 변화에서 느껴지는 것은 좀 다릅니다. 물론 사회경제사적인 물적 토대의 관점이 중요하긴 하지만 이 자체가 결정적인 것은 아니라는 생각을 갖게 되요. 마르크스가 상부구조라고 했던 이 정신문화 영역의 역할이 상대적으로 훨씬 비중이 커졌다고 보이는데, 특히 서구 쪽에선 이 방향의 관심들이 두드러집니다. 경제학을 전공한 사람으로서 사회경제사적인 토대에 대한 제 이해는 충분하다고 보지만, 그것과 서로 상호작용 관계에 있으면서 오히려 **어떤 국면에서는 이 토대를 주도하기까지 하는 이 문화 내지 정신 분야에 있어서 어떤 일관된 관점**을 가질 필요성을 많이 느낍니다. 그래서 좀 막연하기도 하고 아직 그걸 개념규정하기에 좀 이른 단계이기도 하지만, 가끔 글에도 썼지만, **자유라는 개념, 이 자유의 개념으로 역사에 대한 사고에 접근**하지 않았던가 하는 생각이 돌이켜 나네요. 나름대로 답변이 되는지는 모르겠습니다만. 그래서 자유라는 것을 그냥 흔히 얘기하는 근대 시민사회에서의 정치적 자유라는 관점이 아니라, 글자 그대로 (손바닥에 직접 쓰면서) **자自, 그리고 유由, 자기의 이유, 자기의 이유를 갖는 삶. 이런 생활, 이런 실천**, 이것이 정말 우리가 지향해야 할 목표가 되지 않는가 하는 아주 넓은 뜻의 목표, 그러한 개념을 갖는 자유가 참으로 중요하다고 생각됩니다.(강조는 필자)[13]

단순히 목숨을 부지하거나 연명하는 것이 아니라, 자기 삶에 대해 스스로〔自〕 그렇게 살 이유〔由〕가 있고 그에 따라 사는 사람들과 그들의 구체적 삶을 바로 그 이유에서 존중한다는 것은 말은, 쉬워도 실제로 해보면 보통 어려운 일이 아니다. 왜냐하면 내가 가장 증오하거나 싫어하는 사람, 또는 나를 증오하거나 싫어하는 사람들 모두 자기가 살 이유를 갖고 있기 때문이다. '나'는 그런 사람들을 무시하거나 없는 것처럼 살고 싶어도 그들은 나에게 긴장된 분위기를 연출하면서 '나'의 환경environment 또는 주변세계Umwelt로 엄존한다.

삶의 사회경제적 조건을 읽어내던 바로 그 독해안讀解眼으로 정신문화 영역 또는 자기 삶의 이유를 자각하여 실제로 그렇게 살게 하는 근거를 탐색하면 인간과 그 삶에 대한 얘기가 훨씬 더 풍성하고 절실해질 것은 분명하다. 그리고 자신이 꼭 편들고 싶어하는 이들뿐만 아니라 그 건너편에서 이들에게 총부리를 겨누거나 심지어 학살을 자행했던 역사적 반동들의 목소리까지 재생시켜주는 것은 어떤 경우에도 괴로운 일임이 분명하다. 하지만 선생은 스페인 카이도스 계곡에 서 있던 전사자 십자가 앞에서 그 반동들에게도 공정하게 발언의 기회를 부여한다. 스페인 내전 당시 파시스트 반란군의 거점이었던 톨레도 육군보병학교에서 파시스트 영웅으로 추앙받는 인물을 보는 선생의 시선은 몹시 착잡하다.

이곳 톨레도 군사박물관에 보존되어 있는 사적은 프랑코 반란군에 가담하여 55일간 이곳을 사수했던 모스카르도 대령의 영웅적 전투를 조명하는 데 초점이 맞추어져 있습니다. 전시장은 치열한 공방전으로 말미암아 심하게 파괴된 건물의 모형과 사진들로 채워져 있으며 지휘 본부에는 모스카르도의 천연색 대형 초상화가 걸려 있습니다. 주의회州議會에 인질로 잡혀 있던 그의 아들과 나눈 최후의 통화 내용도 재생해 놓고 있습니다. …… 게르니카의 처참했던 피폭 현장이 완벽하게 청소되고 지금은 단지 소피아 미술관에 피카소의 그림만으로 남아 있는 것과는 현격한 대조를 보여주고 있었습니다. 반란을 승리로 이끌고 36년간의 독재를 이끈 프랑코가 죽음에 앞서 남긴 이야기는 유명합니다. "적을 용서하겠는가"라는 질문을 받고 그는 "내겐 적이 없다. 모두 사살되었다"는 답변을 남기고 떠났습니다.(1권, 26쪽)

그러나 각기 나름대로 자기 이유를 갖고 산다는 것을 인정하더라도 그 이유들 모두가 각자의 삶을 정당화시켜주지는 못한다. 가장 바람직한 것은 서로가 서로의 삶의 이유를 용허容許하는 가운데 상생하는 것이리라. 하지만 일찍이 그러지 못했기 때문에 차별과 경멸도 모자라 억압과 착취와 학살을 자행해온 것이 이 지구 인간들의 역사이고, 20세기는 그 정점에 서 있다. 나중 『더불어 숲』으로 나올 선생의 세계기행문들을 처음 한꺼번에 모아 읽어보면서 나는 아마 현실 비판의 당위적 기준을 찾는 데만 열중했던 것 같다. 다시 말해 비판받아야 할 현실을 넘어서는 곳까지 보고자 했던 선생의 시선까지 좇아갈 여유를 갖지 못했던 것이다.

상상: 인간주의적 신뢰

분명히 선생은 지금 당장의 경험권 안에 있는 현실에서는 체험할 수 없는 것을 현실담론 안에 참여시키고 있다. 소비에트 연방이 해체되고 사회주의 국가 운영이 전면 포기된 후에야 모스크바를 방문할 수 있었던 선생은, 시장경제 개혁의 실상에 절망했을 것이 틀림없음에도 불구하고 절망감은 전혀 표출하지 않은 채 사태를 전달한다. "사회주의 이념이라는 최고 강령을 위하여 자신을 희생해 온 85%의 인민이 이제 시장 메커니즘이라는 낯선 장치 속"에서(2권, 64쪽) "직장을 잃고 사회보장이 줄고 어쩔 수 없이 거리로 나서" "과거에 노력동원의 풀pool이었던 것과 마찬가지로 이제는 저임금 노동력의 풀이 되어 5%의 투자환경을 만들면서" "급속한 변화에도 불구하고 단 한 가지" "85%의 계속되는 희생"은 변함이 없다.(2권, 65~66쪽) 그런데 결코 "자유로운 공간이 아닌" "시장의 본질" 또는 "시장과 자유, 경쟁과 평등이 결코 동의

어가 될 수 없으며 민주적이지도 않다는 사실"을 전혀 알지 못한 채 새로운 자본주의의 강압에 속수무책으로 노출된 모스크바에서 선생은 전혀 뜻밖에 지하철에서 새로워져야 할 러시아의 미래를 읽어낸다.

사회주의 러시아는 지하에 남아 있습니다. 지하 150m를 달리고 있는 지하철에만 남아 있었습니다. 젊음과 정열을 바쳐서 자신을 희생해 온 노인들의 자존심이 그 중의 하나라 할 수 있습니다. 당신은 모스크바의 지하철에서 서슴없이 젊은이들을 일어서게 하고 당당하게 좌석을 차지하는 노인들의 모습을 볼 수 있을 것입니다. 노인들의 당당함은 바로 이 지하철을 건설하고, 러시아의 수많은 건설 현장에서 젊음과 이상을 불태워왔던 그들에게 이제 유일하게 남아 있는 자존심이라 할 수 있습니다. 그리고 또 하나의 모습은 꽃을 들고 있는 승객들의 모습과 묵묵히 책을 읽고 있는 승객들의 모습입니다. 남녀노소를 가리지 않고 승객의 절반 정도가 손에 **꽃이 아니면 책을 들고 있는 지하철의 풍경**은 매우 인상적이었습니다. 그것은 한편으로는 급속한 변화의 물결에서 소외된 무력함으로 느껴지기도 하였지만 또 한편으로는 **엄청난 역사의 격동을 겪어온 민중**의 우직함으로 비치기도 하였습니다. 나는 급속하게 진행되고 있는 러시아의 개혁과 개방이 이 무력하고 우직한 150m의 지하에 주목하지 않는 한 좀체로 바꾸거나〔改〕 열어〔開〕 나가기 어려우리라고 생각되었습니다. (2권, 66~67쪽)(강조는 필자)

선동되어 열광하는 대중이 아니라 꽃과 책을 손에 든 민중은 "함께 손잡고 (hold hand) 노래할 청중이 사라"진(2권, 82쪽) 영국의 리버풀보다는 모스크바에 더 큰 희망을 걸게 만든다. 같은 이유에서 선생은 "민주, 자치, 협동의 원칙"을 내걸고 3만여 명의 노동자 공동체를 결성하여 스페인 10대 기업의 반열까지 오른 몬드라곤 생산협동체가 실은 "인간주의에 대한 신뢰를 구심점"

으로(2권, 95쪽) 하기보다는 "교육과 기술 투자를 바탕으로 한 경쟁력에 더 많은 무게를 두고" 있다는 것을 확인하고 "착잡한 심정"을 금치 못한다.(2권, 94쪽)

회사보다는 협동조합을, 생산성 높은 로봇보다는 인간을 더 중시하고, 경쟁력은 바로 인간들의 신뢰가 공고해진 뒤 거기에서 사후에 우러나와야 한다는 인간에 대한 신념, 또는 인간주의적 신뢰에 대한 기대는 사실 선생의 꿈, 또는 몽상夢想이다. 그것은 경제적 성공을 성취하거나 추구하는 인간들에게 아무것도 가져다주지 않는다. 하지만 그것이 몽상이 아닌 분명한 이유를 선생은 가지고 있다. 그것은 현대의 인간주의가 쌓아온 반인간주의적 귀결이 이제 더 이상 방치할 수 없는 수준에 도달했다고 보기 때문이다.

나는 파르테논 신전을 천천히 돌아보면서 그리스인들이 도달한 인간주의의 절정絶頂에 경탄하지 않을 수 없습니다. 그러나 한편으로 그러한 자기완성, 자기충족의 인간주의가 달려갔던 '인간주의 이후以後'에 생각이 미치지 않을 수 없었습니다. 르네상스를 거쳐 근대 사회가 무한한 정염으로 몰두해 온 역사를 생각하지 않을 수 없습니다. 더 많은 생산과 더 많은 소비를 향하여 달려간 인간주의의 오만과 독선의 역사를 생각하지 않을 수 없습니다. 그것은 밖으로는 자연을 정복의 대상으로 삼음으로써 스스로 인간의 터전을 황폐화하고, 안으로는 수많은 타인을 양산하여 서로 맞세움으로써 인간 관계를 비정한 것으로 만들어 왔다고 하지 않을 수 없습니다. 우리가 인간이기 때문에 맹목盲目이 되고 있는 인간주의의 음지가 아닐 수 없습니다.(2권, 119쪽)

"자기의 소산인 문화와 물질 속으로 함몰해 가는 오늘의 인간주의"가 만들어낸 반인간주의적 현실에서 그 인간을 누가 구원해낼 것인가? 모든 종교가 합창하던 메시아 신화에서 깨어나는 것이 근대 인간주의의 핵심이었다면, 바로 그렇게 해서 신이 죽어버린 이 세계에서 인간이 혼자 남아 마음껏 망쳐버린 이 세계를 누가 구할 것인가? 인간더러 자신이 망친 이 세계를 스스로 구하라고 하는 것은 마치 가해자에게 피해자를 구하라고 하는 몽상처럼 보인다. 하지만 인간 말고 또 누가 있단 말인가?

여기에서 '반성'은 인간주의를 전혀 다른 방향으로 투시하게 만든다. 수니온 만의 포세이돈 신전 폐허에서 석양에 물든 지중해를 보며 여행객은 우리 현대의 현실을 이렇게 만들어온 주원인을 압축적으로 부각시킨다.

> 우리는 현대라는 또 하나의 어두운 바다를 건너 바야흐로 **새로운 인간주의**를 모색해야 한다는 생각이 들었습니다. 새로운 인간주의는 자연으로부터 독립하는 것도 아니며, 궁핍으로부터 독립하는 것도 아니며, 오히려 **인간이 만들어 쌓아놓은 자본으로부터 그리고 무한한 허영의 욕망으로부터 독립**하는 것인지도 모릅니다. 돌이켜보면 우리는 그리스에서부터 오늘에 이르기까지 참으로 먼 길을 달려온 셈입니다. 그 먼 길을 등 뒤에 지고 다시 더욱 먼 길을 향하여 출발하여야 합니다. 그리스는 오늘도 폐허가 된 아크로폴리스를 머리에 이고 있습니다. 그리고 그것은 오늘 우리들이 저마다 머리에 이고 있는 폐허이기도 합니다.(2권, 119~121쪽)(강조는 필자)

'주의' 主義라는 접미사가 연상시키는 살벌함에도 불구하고, '자본'이라는 개념어의 생경함에도 불구하고, 그것이 우리가 매일매일 충족시키고자 하는 "무한한 허영의 욕망"과 바로 연결됨으로써 이 현대에 '주의'와 '자본' 때문에 벌어진 사태로부터 누구도 면책받을 수 없게 되었다. 사실 전 세계를 날아다니며 신영복 선생이 확인해준 것은, 우리와 전혀 무관한 듯이 보이던 곳에서 일어난 일들치고 우리 대한민국 사람들 자신이 지금 사는 자리에서 그대로, 아니 그보다 더 확대된 판본으로 겪지 않은 일이 없다는 것이다. 스페인

내전의 확대판이 한국전쟁이었다. 모스크바의 지하철에서 꽃과 책을 든 민중은 서울의 지하철에서 휴대전화를 들거나 이제는 DMB폰을 검색하고 있다. 인간중심의 자기완성을 추구했던 아테네 민주주의의 자만은 세계에서 가장 빠른 속도로 경제성장을 완성한 대한민국의 국민적 허영으로 재연되고 있다. 페르시아를 이긴 아테네는 동족들과의 불화와 전쟁으로 서서히 망해갔다. 식민지 수탈과 외압을 이기고 부를 창출한 대한민국 역시 좀더 확대된 규모의 내부 불화와 불신으로 급기야 저출산, 고령화라는 자기해체의 첫 관문을 통과하는 중이다.

지상의 인연: "우리는 누군가의 생生을 잇고 있으며 또 누군가의 생으로 이어집니다"

인간주의를 새롭게 하기 위해 신영복 선생이 권하는 '반성'은 글마다 바로, 우리 자신도 매일매일 미친 듯이 참여하고 있는 이 욕망의 무한 인연을 확인하고 반문하는 관조와 이어진다. 생환된 역사는, 그 동안 잊었지만 엄연히 우리의 현재를 옭매고 있는 인연因緣의 상기想起이다. 나는 글마다 나타난 인연들을 백팔 염주 짚으며 염불하듯이 한번 헤아려 보았다. 그러면서 그 일들이, 마치 우리만의 사건인 것처럼 일어났지만 사실은 우리도 나누어 가진 사건들의 조건이 되어가는 과정을, 비록 얘기를 아주 무미건조하게 만들기는 하겠지만, 연대기적으로 관조해보았다. 여정을 따라 『더불어 숲』1, 2권에 엇갈려 배치되어 있던 역사들은 워드프로세서의 성능에 힘입어 다음처럼 연도 순서대로 정리될 수 있었다.

고대로의 역주행: 문명의 원초적 리듬 확인
• "피라미드는 돌아오지 않는 영혼을 기다리는 우리들의 자화상입니다."

(1권, 140쪽): "이집트의 신전과 무덤 속의 벽화를 보면서 아직도 우리는 이집트의 조형을 뛰어넘지 못하고 있다는 생각을 금할 수 없었습니다. 지극히 간소화된 구도 그리고 문자와 회화가 이루어내고 있는 전달의 완벽함 …… 그리고 영혼불멸에 대한 이집트인의 믿음도 우리들이 그대로 계승하고 있다는 생각을 금치 못합니다."(1권, 144~145쪽) "우리가 경영하고 있는 세상의 모습을 보고 있노라면 우리 시대에도 '불멸' 不滅에 대한 믿음은 조금도 달라진 것이 없다는 생각이 듭니다. 특히 집요하게 매달리고 있는 권權과 부富 그리고 그것의 불멸에 대한 집착은 말할 나위도 없습니다."(1권, 145쪽)

- 만리장성은 공격이 아니라 방어를 위한 것이다. 그러나 "방어보다 화평이 낫고 장성보다 사람이 낫다."(1권, 92쪽) 그러나 나아가 "도도한 욕망의 거품으로부터 진솔한 인간적 가치를 지켜주는 보루堡壘를 쌓을 수는 없는가."(1권, 93쪽)

- 마라톤 회전과 살라미스 해전에서 아테네 승리, '유럽'의 탄생
- 데모스, 즉 민중의 권력의 최초 등장
- 민중의 자기표현으로서 그리스 비극
- 인간주의의 정점, 그리스

- "로마인의 힘만으로 건설되지 않은 로마."(1권, 134쪽): "로마가 로마인의 노력으로 지탱할 수 있는 크기를 넘어섰을 때 그때부터 로마는 무너지기 시작했던 것이라고 해야 합니다."(1권, 138쪽) "우리에게는 우리를 잠재우는 거대한 콜로세움은 없는가."(1권, 139쪽)

· 고전고대, 비잔티움, 이슬람의 혼융과 상호 관용의 지속체로서 이스탄불
- 터키, 실크로드, 그리고 인간중심의 경제건설: 문과 물의 양방향 교류로로서 실크로드(2권, 127쪽)

현대의 비극적 탄생과 해방의 약속

- 베네치아 플로리안 카페에서 세계 최초의 '신문' 출간, 귀족적 혈연과 궁전의 통제를 받지 않는 자유언론의 순회 시작
- 우엘바 항에서 콜럼버스 신대륙으로 항해 시작, '현대'로의 진척, 그에 따른 중세적인 것의 종말
- 비非서양에서의 식민지 종속성과 비유럽적 '타인'의 형성
- 아스텍 문명과 잉카 문명에서의 식인 풍습의 의미: "인간의 구원은 인간의 희생으로써만 가능합니다."
- 서양에서의 '현대' 해방
- 바스티유에서 콩코드까지, 근대사 그 자체로서의 프랑스 혁명: "소수의 그룹이나 개인에게 전유된 것이 아니라 동시대의 모든 민중들에 의해서 그 이상이 공유되었던 혁명은 비록 실패로 끝난 것이라 하더라도 본질에 있어서 승리입니다. 수많은 사람들의 실패는 그대로 역사가 되고, 역사의 반성이 되어 이윽고 역사의 다음 장에서 새로운 모습을 드러내기 때문입니다. 그러므로 혁명의 성패는 얼마나 많은 사람들이 그 정신의 세례를 받았는가에 의해서 판가름되는 것이라고 믿습니다."(1권, 130쪽) "우리의 근현대사에 점철되어 있는 좌절을 기억하는 방법도 이와 다르지 않아야 한다고 믿습니다."(1권, 130쪽)
- 끊임없는 해방과 예술, 파리: "자유의 반대는 구속이 아니라 타성惰性입니다."(2권, 87쪽)
- 애정을 가질 수 있는 도시, 페테르부르크의 '예술과 혁명', 그 모독에 대한 단호한 저항(1권, 97쪽)
- 계급 모순의 국내적, 국제적 발전으로서의 20세기 냉전
  - 병든 대중과 파시즘의 흥기, 인종 학살
  - 아우슈비츠, "'번영의 피라미드'에 바쳐진 잔혹한 희생의 흔적"(1권,

103쪽)
- 자기 근대성에 대한 일말의 반성도 없는 일본의 지성 (1권, 85쪽)
- 일본 자본의 비정한 작위作爲 (1권, 85쪽)
- 일본, 전쟁 범죄자들과는 다른 "키 작은 풀들 (아사쿠사, 淺草)의 나라" (1권, 80쪽)
• 킬리만자로의 표범, 그러나 동물은 정신병에 걸리지 않는다: "우리의 문화와 도시는 사슴이나 얼룩말 같은 초식동물로 살아온 것이 아니라 이러한 초식동물을 먹이로 삼는 육식동물로 살아온 것이 사실입니다. 표범으로 살아온 역사라 할 수 있습니다. …… 도시는 한마디로 반자연反自然의 공간입니다." (1권, 151쪽) "아프리카에 절실한 것은 '물'이었습니다. 물은 간절한 소망이면서 생명이었습니다. 내가 만난 원숭이나, 마사이족 마을의 어린이나, 한 포기 푸나무 그리고 비록 선 채로 비 맞으며 잘 수밖에 없는 얼룩말에게도 물은 생명이고 소망이었습니다." (1권, 154쪽)
- 남아프리카 희망봉, 그리고 만델라가 17년 동안 갇혀 있던 절망의 섬 로벤: "만델라 대통령의 유연한 화합의 정치 그리고 투투 주교가 이끌어온 '진실과 화해'의 노력이 실로 아무나 흉내낼 수 있는 것이 아님은 물론입니다. 그러나 너무나 오랫동안 쌓여온 억압과 저항의 골 깊은 상처는 쉽게 그 앞날을 낙관할 수 없게 하고 있는 것이 사실입니다. 800만의 백인들 가운데 400만의 백인들이 흑인 대통령을 거부하면서 이미 남아공을 떠나갔고 남아 있는 백인들도 여전히 새로운 거주 구역을 만들어 요새화하고 있습니다." (1권, 159쪽)
• 라틴아메리카의 각성, 그러나 임금을 상승시킨다는 이유로 거부된 교육

세계화의 추악한 현전
• 모스크바, 자본주의 시장경제의 지하

- "손에 흙을 묻히지 않는" 자본주의: "영국의 경제는 이를테면 머리만 있고 몸이 없는 구조로 바뀌어 있습니다. 몸에 해당되는 산업이 없는 구조입니다. 산업이 없는 경제에 일자리가 없는 것은 당연합니다. 정책 당국이 이것을 모를 리 없습니다. 문제는 바로 이 산업을 담당할 자본이 없다는 데에 있습니다."(1권, 117쪽)
- 비틀즈, 그리고 노래가 떠난 도시 리버풀
- 세계화: "선진 자본이 머리가 되고 중진 자본이 몸이 되고 그보다 못한 나라의 자본이 발이 되는 구조가 현재 진행되고 있는 세계 체제와 불평등 분업의 상호 침투라는 이중 구조입니다."(1권, 120쪽)
- 스페인 몬드라곤: 경쟁력 논리에 밀린 협동조합
- 꿈이기만 한 아메리칸 드림
- 복지국가 스웨덴: 사회적으로 공고한 국가 신뢰, 그러나 정신적 피곤함의 문제

분명한 것은 신영복 선생이 세계기행에서 사용한 역사적 사실에 관한 정보 가운데 우리에게 알려지지 않은 것이나 현지에 가야 알 수 있는 얘기는 거의 없다는 것이다. 아주 두드러진 예외를 하나 꼽자면 스필버그 감독의 영화 〈쉰들러 리스트〉의 주인공인 독일인 사업가 오스카 쉰들러의 유대인 구명 사업은, 자기 돈을 써가면서 유대인들을 구해준 것이 아니라 "고용을 대가로 뒷돈을 받은 그의 '장사'였다"는 얘기 정도이다. 그것은 "아우슈비츠에서는 널리 알려진 사실"인데 실제 현장을 찾아가지 않으면 제대로 듣지 못할 정보다.(1권, 104쪽) 그리고 잉카 유적지의 관광객이 관람을 끝내고 버스로 고원을 내려갈 때 굽이마다 그 버스를 앞질러 달리면서 굿바이를 외쳐 결국 돈을 받아내는 굿바이 소년으로 남은 잉카의 파발꾼 차스키 얘기도 선생의 글로 새로 전달된 모습이다.(2권, 49~50쪽) 그러나 이 정도만 제외하고는 우리가 거

의 다 알고 있는 역사적 사실들이나 사회적 정보들인데, 그것들이 신영복 선생의 필치에만 녹아들면 우리에게 피할 수 없는 감능感能, affection을 발휘하는 이유나 원인은 무엇인가? 그것은 우리가 우리 자신과는 전혀 무관한 것으로 생각했던 그런 것들이 우리의 삶과 인과적으로 바로 연관되거나, 아니면 유형적으로 거의 같은 체험을 담지하는 것으로 묘출描出되어 다가오기 때문이다.

우리가 흔히 까마득한 옛날이라고 표현하는 오천 년 전의 이집트에서부터 바로 지금 이 순간 지구 반대편에서 일어나고 있는 세계화의 추악한 현장에 이르기까지 그 누군가의 삶은 현재의 나의 삶이 있는 조건으로 이어져 있으며, 바로 그런 나의 삶은 어떤 경로를 통해서든 그 누군가의 삶으로 이어진다. 가슴 아픈 것은 그렇게 남으로부터 넘겨받고 남에게 넘겨주는 삶의 내용이 반드시 기쁨과 고마움으로만 충만해 있지는 않다는 점이다. 악한 인연은 그 인연을 닮아 비극적 삶을 새기면서 악한 삶을 낳는다.

선생은 세계 도처를 다니면서 고대에서부터 현재에 이르는 인류의 삶의 과정에서 이런 수많은 악연들이 수많은 비극적 삶으로 이어지는 것을 괴롭게 상기시켜준다. 그리고 그런 연결관계 안에는 그들과 전혀 무관한 듯한 '나' 자신도 들어가 있을 수 있다. 아주 우연치 않게 선생은 싯다르타가 깨달음을 얻은 부다가야의 보리수 옆에서 마치 자신의 여정 전체를 마무리하거나 하듯이, 자신이 생환시킨 역사 전체와 그 속에서의 인간 삶을 '관계 속에서의 존재'와 바로 '그 관계의 윤회'라는 화두에 집약시킨다.

이 보리수는 물론 석가 당시의 나무가 아닙니다. 씨를 받아 이어오기 어느덧 4대째가 되는 112세의 젊은 보리수입니다. …… 오늘 이 젊은 보리수 밑에서는 나도 다른 사람들처럼 나의 생각을 다시 한 번 들여다보게 됩니다. 인간은 어디서 와서 어디로 가는 것인가. 나는 이승과 저승의 윤회에 대한 믿음을 갖고 있는가. …… 내게는 윤회에 대한 믿음은 없지만 이 젊은 보리수가 이곳에서

대를 이어오듯이 이승에서의 윤회는 수긍하고 있다는 생각이 들었습니다.

우리는 어린 손자의 모습에서 문득 그 할아버지의 모습을 발견하고 놀라기도 합니다. 그리고 그 어린 손자를 통하여 할아버지가 계승되고 있음을 느낍니다. 비단 혈연을 통한 계승뿐만이 아니라 사제師弟, 붕우朋友 등 우리가 맺고 있는 인간 관계를 통하여 우리의 존재가 윤회하고 있다는 생각을 합니다. 나의 존재는 누군가의 생을 잇고 있으며 또 누군가의 생으로 이어지고 있음에 틀림없습니다. …… 그리고 한 사람 한 사람이 개별적인 존재로 윤회할 뿐 아니라 사회라는 집합체도 윤회한다는 생각이 듭니다. 수많은 사람들이 만다라처럼 얽히고설킨 인연으로 사회를 만들고 그 사회는 다시 다음 사회로 이어지는 사회적 윤회를 하고 있다는 생각이 듭니다. 이를테면 '존재' 存在의 윤회가 아니라 '관계' 關係의 윤회입니다. 자녀에게, 벗에게 그리고 후인들에게 좀더 나은 자기가 계승되기를 원하고 있으며 그러한 모든 사람들로 이루어진 사회가 좀더 나은 세상으로 윤회되기를 원하고 있음에 틀림없습니다. 그러한 의미의 윤회를 불가佛家에서 윤회라 부르지 않을 것이 분명하지만 적어도 나의 생각을 윤회라는 그릇에 담아보면 그런 것이 되리라 생각됩니다.(2권, 151~152쪽)

'관계'라는 측면에서 보면 '나'는 결코 '어떤 관계로부터도 일체 자유로운 totally relation-free' 그런 존재가 아니다. 선생은 자신의 글을 읽는 사람, 자기 글의 독자가 어떤 '관계' 속에 있는지를 묻고 있다. 왜냐하면 선생에게 '존재한다'는 것은 '그 어떤 관계 속에 존재한다'는 것에 다름 아니기 때문이다. 어쩌다 선생의 글을 접한 사람은 평소 너무나 당연하게 여기며 지나가던 바로 이 물음 앞에서 새삼 소스라친다. '나는 어떤 관계 속에서 살고 있는가?'

선생이 전해주는 역사적 사실에 아무 관심이 없어도 좋은 것이다. 선생의 글을 읽고 나서 그 글의 내용은 잊어버려도 좋은 것이다. 그러나 그 내용과 일체 무관하게 이 물음만은 또렷이 남을 것이다. '나는 어떤 관계 속에서 살고 있는가?' 이런 물음은 선생이 이 지구문명의 주류에 관해 전달하고자 하는 문명비판적 메시지에 전혀 무관심하더라도, 이런 물음과는 전혀 무관하게 굴러가는 일상의 맥락 속에 뚫고 들어와 우리 가슴을 치고도 남을 것이다. 누가 자신 있게 응답할 수 있을 것인가? 내가 맺은 관계들에는 아무 문제가 없다고.

지속가능한 생존과 인간의 연대: 인간과 인간의 연대와 자연과의 상생, 또는 "우리 '더불어 숲'이 되어 지키자"

분명히 선생은 아무런 의도 없이 이 글 전체를 쓴 것이 아니다. 선생의 반성은 현재의 수준으로 도달한 지구문명 전체를 대상으로 삼고 있다. 그리고 비록 중세는 건너뛰었지만 고대에서 현대 그리고 후기 현대에 이르는 인간 역사의 경로가 전반적으로는 이제 이 지구가 더 이상 감당할 수 없는 욕망발전의 포화국면 또는 욕망충족의 과잉발전에 도달했다고 판단하는 듯하다. 선생은 욕망을 충족시키는 데 광분하는 우리에게 아주 언짢은 일만 상기시킨다. 그 요지는 사실 간단하다. 즉, 그렇게 욕망해서는 우리의 삶 자체가 절단날 수도 있다는 것이다.

하지만 기분을 언짢게 만드는 이런 괴로운 상기에도 불구하고 우리가 선생의 여행기, 아니 좀더 정확하게 말하면 '인간 역사에 대한 근본적 반성문'에 절망하거나 실망하지 않고 끝까지 마음 편하게 읽어낼 수 있는 것은, 그 반성이 단지 자기비판에 그치지 않고 지금이라도 우리는 지금까지와 다른 방식으로 살 수 있다는 희망까지 꺼내어 보여주기 때문이다. 『더불어 숲』 1, 2권을 엇갈아 지르면서 살펴보면, 선생의 문체는 바로 이런 문명의 발전에서 낙후되고 정체되고, 어느 면에서는 이런 발전을 전혀 맛보지 못한 거의 자연적인 상태의 삶에 접할수록 안도하는 빛이 역력하다.

- 라인 강의 기적을 정신적으로 의미 있게 만드는 아우슈비츠의 청산, 단죄와 책임감수: "청산한다는 것은 책임지는 것입니다. 단죄 없는 용서와 책임 없는 사죄는 '은폐隱蔽의 합의合議'입니다."(1권, 102~103쪽)
- 민족적인 좌우 통합과 국가의 진정한 독립으로서의 독일 통일: "독일의 통일 그것은 분명 우리가 모델로 삼을 수 없는 것입니다. 그러나 꾸준한 교류와 협력을 통하여 먼저 민족적 신뢰를 이루어내야 한다는 사실만은 배울 수밖에 없는 모델임에 틀림없습니다."(1권, 114쪽)
- 인도의 가난, 아름다움을 묻어버리는 어둠 또는 아름다움을 드러내는 빛(2권, 137쪽)
- 오래된 미래, 갠지스 강을 새로운 세기의 한복판에 만드는 일(1권, 56쪽)
- 삶의 단순화로서의 진보, 간디의 물레, 무소유(1권, 64쪽)
- 전후 베트남, 백학이 되어 돌아오는 전사자들, 그리고 평화
- 베트남의 개혁정책(도이모이): 작은 중국을 넘어서
- 카트만두, 삶의 원시성, 문화의 원초성: "진정한 문화란 사람들의 바깥에 쌓는 것이 아니라 사람들의 심성 속에 씨를 뿌리고 사람들의 관계 속에서 성숙해 가는 것이리라 믿습니다."(1권, 71쪽)
- 터키 카파도키아의 사마춤: "척박한 삶은 온몸을 울리는 맥박처럼 우리를 깨닫게 하는 경종입니다. …… 단순한 동작을 반복하여 몰아의 경지에 이르고 이러한 몰아의 체험을 통하여 알라에게 자신을 일치시켜 갑니다."(2권, 128~129쪽)
- 녹색의 희망 아마존: "인간적인 사람보다 자연적인 사람이 칭찬입니다." (2권, 52쪽)
- 밤하늘의 별과 가까워지는 삶: 킬리만자로 또는 히말라야
- 일본 가나자와: "삶을 지키는 경제"(2권, 171쪽)
- 태산의 일출: "어두운 밤을 지키는 사람들이 새로운 태양을 띄워 올립니

다."(2권, 186쪽)

인간 삶에 대한 선생의 탐사는 점차 그 어떤 전형으로 수렴하는 것 같다. 그것은 아마존 유역에서 한때 고무채취 산업으로 융성하여 그 부유함이 유럽에까지 부러움을 샀던 마나우스를 둘러보면서 떠오른 다음과 같은 물음과 연관되어 있다.

마나우스는 비록 그 규모가 150km²에 달하는 큰 도시이지만 700만km²의 광활한 아마존 유역과 비교해 보면 그것은 실로 홍로점설紅爐點雪에 불과한 것이 아닐 수 없습니다. 아마존과 싸우고 있는 마나우스와 아마존과 더불어 살고 있는 원주민들의 삶은 너무나 선명한 대조를 이루고 있습니다. 이 선명한 대조는 우리의 삶을 돌이켜보게 합니다. 그리고 **몇천 년의 세월이 지난 후 어느 것이 더 오래 남아 있을까**, 하는 생각에 잠기게 합니다.(2권, 56쪽)(강조는 필자)

현재의 '나'가 '몇천 년 후의 그 누구'를 걱정할 이유나 능력이 있을까? 그러나 아직 오지 않은 미래와 아직 태어나지 않은 후손에 대한 사고와 책임을 부정하는 '인간'은, 이미 와 있는 현재와 지금 나와 더불어 가장 친밀한 관계의 직계 존비속尊卑屬에 대한 사고와 책임까지 방기해도 되는 것을 용인할 수밖에 없을 것이다. 오지 않은 시간과 현전하지 않은 인간에 대한 사고와 책임이야말로, 인간이 아직 현전하지 않은 것을 '목적'으로 정립하고, 지나가지 않은 미래시간을 '현재'로 만들 것을 계획하면서 세계문명을 일구어낼 수 있었던 기본적인 자질이 아니었던가? 그런데 자기욕망을 최대한 충족시키기 위해 자연과 인간 동료로부터 독립하여 목적 합리성 또는 도구적 합리성을 극대화시키는 식의 사고 패러다임이 오히려, 욕망충족의 토대가 되는 자연과 인간 동료, 나아가 욕망을 극대화시키고자 하는 인간 자신에게 파멸적인 결과를 초래할 수 있다는 위험 감수성은 이제 새삼스럽게 자각된 것이 아니다. 문제의 중대성에 비추어볼 때 중요한 것은 지속가능한 발전이 아니라 지속가능한 생존이다. 아마존에서 선생이 목격한 것은 와야 할 미래의 인간이 아니라 이미 와 있는 미래인, 노르베리-호지의 말처럼, '오래된 미래'에서[14] 이미 살고 있는 인간이다.

'인간적인 사람'이라는 말이 이제는 더 이상 칭찬이 못 되며 차라리 '자연적인 사람'이 칭찬이 된다던 당신의 말이 떠오릅니다.(2권, 56쪽)

당연히 이런 자연적인 사람은 혼자 그렇게 되거나 될 수 있는 사람, 그 옛날 가능했던 자연 속 은둔자는 아닐 것이다. 세속으로부터 가장 초연했던 그런 탈속적 은자隱者는 어느 면에서는 문명의 폐해를 가장 이기적으로 피해나가는 실존방식이라고 할 수도 있겠다. 더욱 중요한 것은 우리 생활 전반을 전폭적으로 지배하고 우리로부터 자발적인 종속을 매시간 창출하면서 그것이 요구하는 대로의 인간됨을 새겨주고 있는 자본과 욕망으로부터의 전면적인 독립이다. 자본과 그것이 제공하는 욕망충족의 방식대로 사는 인간은 자연으로부터, 나아가 동료 인간으로부터의 고립을 결코 고립으로 여기지 않으면서 자본과 욕망이 요구하는 대로 되어가는 자신의 모습에 자기도취된 인간, 아니 자본 속에서 욕망 자폐증에 걸린 인간일 것이다. 그러나 자본을 통한 욕망충족은 결코 자본의 생래적 목적이 아니다. 자본의 목적은 이윤이다. 따라서 욕망충족의 대가로 이윤을 내주지 못하는 인간은 어느 날 갑자기 자신이 생각지도 않은 순간에 진한 화장이 벗겨지거나 더 이상 그런 화장이나 성형을 할 수 없는 자신의 몰골을 보게 된다. 자본주의 초기처럼 인간은 공장에서 쫓겨나 생존수단을 잃음으로써만 빈곤-프롤레타리아가 되는 것이 아니다. 후기자본주의 시대에 인간은 자본의 순환에서 방출되어 욕구충족의 수단을 박탈당함으로써 순식간에 무의미-프롤레타리아로 전락한다.

이제 인간이 현대 초기의 개인해방 차원에서 자기관계를 구상할 국면은 지나가는 것 같다. 분명히 한국 사회는 그 '압축 현대화' 과정에서 제대로 된 개인해방 국면을 거치지 못하긴 했지만, 21세기를 살아갈 책임 있는 개인은 어떤 경우에도 개인 중심적인 삶의 구상만으로는 자기실현을 할 수 없을 것 같다. 더구나 그 개인 중심적인 삶이 자본과 욕망의 무한추구에 매몰되어 있다고 했을 때는 그 개인에게 거의 자해적인 결과를 가져온다. 그 개인이 엄청난 부富 속에 자신을 가릴 수 있다고 해서 그런 자해적인 결과가 영원히 면제되는 것은 아니다.

따라서 중요한 것은 개인이 개인에게 서로 독립된 인격으로서 충분히 자율성을 누리면서도 책임을 공유할 수 있는 '고도신뢰집단'을 형성하는 능력을 발휘하는 것이다. 사회적 약자인 노동자 십만이 결성한 생산자 협동조합으로 출발한 '몬드라곤 집단협동체' MCC(Mondragon Collective Cooperation)가 '민주, 자치, 협동'의 원칙보다 투자효율성을 중시하는 경쟁력에 집착하여 경제적 성공을 거두어가는 모습은 그래서 선생을 슬프게 한다.(2권, 94쪽) 왜냐하면 "인간이 대상화되고 인간의 삶이 파편화된 냉혹한 시장 현실"에(2권, 95쪽) 직면하여, 장기적으로 진정 필요한 것은 그것에 대한 순응이나 적응을 통한 성공이 아니라 근본적인 대안이기 때문이다. 바로 여기에서 선생이 '더불어 숲'을 표제로 한 발상의 근본 윤곽이 드러나는 것 같다. 그것은 숲을 만들려면 현재 서 있는 나무로부터 출발할 수밖에 없는 우리의 현실과 관련되어 있다.

중요한 것은 '나아가면서 길을 만드는 일'입니다. 그리고 더욱 중요한 것은 현재 우리가 서 있는 곳으로부터 길을 만들기 시작할 수밖에 없다는 사실입니다. 그나마도 동시대의 평범한 사람들과 더불어 만들어 갈 수밖에 없다는 사

실을 승인하는 것이라 믿습니다. (2권, 98쪽)

새로운 인간주의, 그리고 그것을 위한 세기경영의 몸가짐: 깨달음의 누증

바로 이 때문에 선생의 기행문 또는 역사 반성문은 새로운 삶의 양식과 보다 높은 삶의 질을 모색하는 실존 탐사문이 되는 것이다. 그것은 비극과 파탄으로 치달을 수 있는 현재의 '나'의 삶을 누가 부축해줄 수 있을 것인가 하는 물음에 대한 근본적인 대답이기를 의도한다. 필자가 『더불어 숲』을 다시 읽었을 때 분명히 드러나는 것은 '인간의 자기완성'이라는 고전고대적 인간주의와 '인간다운 인간의 자기실현'이라는 근대적 인간주의를 넘어 '인간과 인간의 연대에 기초한 자연적 인간의 지향'이라는 '새로운 인간주의'였다. 이 새로운 인간주의를 위한 실천적 토양이 이미 풍요롭게 조성되어 있다고 오해할 만큼 선생은 몽상가가 아니다. 오히려 선생은 그 모든 진리가 한 사람의 단초적 깨달음에서 여러 사람의 심오한 계몽으로 이어지는 방식을 깨달음의 누증累增으로 파악하고 있다.

'하는 일' 없이 '보는 일'만으로 얻을 수 있는 것이란 별로 많지 않은 법입니다. 바깥으로 향하는 모든 시선을 거두어 오로지 안으로만 동공瞳孔을 열어두는 것이 사색이라면 그러한 사색이 포괄할 수 있는 영역은 그리 넓은 것이 될 수 없습니다. 우리의 깨달음은 결국은 각자의 삶과 각자의 일 속에서 길어올려야 할 것입니다. 그나마도 단 한 번의 깨달음으로 얻을 수 있다는 결연함도 버려야 할 것입니다. 모든 깨달음은 오늘의 깨달음 위에 다시 내일의 깨달음을 쌓아감으로써 깨달음 그 자체를 부단히 높여나가는 과정의 총체일 뿐이리라 믿습니다. (2권, 154쪽)

선생에게 이러한 깨달음은 단순히 관념적인 계몽의 확장은 아닐 것이다. 그것이 "지극히 낮은 곳을 살아가는 사람들의 각성"일 경우 그것은 그 자체가 그들에게 몽매함을 강요하는 현실과 자신의 우매함을 꿰뚫어보는 것[透視]으로서 이미 그 자체로서 '달성'이기 때문이다.(1권, 168~169쪽)

분명한 것은 이제 거의 하나의 생활권이 되다시피 한 이 지구 전체가 지구 문명 그 자체로 인해 돌이킬 수 없는 자기파멸의 과정으로 서서히 진입하고 있다는 것이다. 지구적 산업화, 지구적 시장화의 동력은 자본운동과 욕망충족의 기본코드로 이미 우리 생활문화에 거의 '제2자연'으로 내장되어 있다. 이것을 씻어내고 지속가능한 생존을 확보하는 일은 단지 세계적 차원의 거시적 전망을 '공시적으로' 확보하는 것만으로는 부족하다. 지금까지의 어떤 현대화 기획보다 어려운 전全 문명적 프로젝트는 21세기 전체를 시야에 두면서 지구적 차원의 고도신뢰집단을 창출하는 문제, 그것도 생활의 편차가 심한 지구상의 각종 인간집단 사이의 신뢰를 창출하는 문제가 걸려 있다. 종種으로서의 인간의 능력과 인간 삶의 역사적 성과로서의 문명의 성패가 이렇게 총체적으로 시험대에 올랐던 것은 전례 없는 일이다. 여행객으로서 신영복 선생이 단순한 관광기행문이 아니라 현지 인간의 삶과 역사를 두고 다양한 사고실험을 통해 제시한 실존 탐사문은 우리에게 세기경영의 비전을 요구한다.

■ ■ ■ ■ ■

1 신영복, 『감옥으로부터의 사색: 통혁당 사건 무기수 신영복 편지』(서울: 햇빛출판사, 1988. 9.).

2 신영복, 『나무야 나무야』(서울: 돌베개, 1996. 9., 초판 2쇄/1996. 9., 초판 1쇄).

3 두 권으로 나온 『더불어 숲』의 글들은 1997년 『중앙일보』에 연재된 '새로운 세기를 찾아서—신영복의 해외엽서'로 발표되었다. "가석방이란 불편한 상황 속에서 96년 말부터 1년여 동안 8차례에 걸쳐 지구촌 23개국 47개 유적지 및 역사현장을 둘러보고 세기말 전환기에 처한 인류 문명의 돌파구를 찾고 있다." 박정호 기자, 「편지글에 묻어나는 문명·지혜」, 『중앙일보』(1998. 6. 26., 11면).

4 신영복 선생이 신문에 연재 중이었던 글들을 한꺼번에 다운로드해서 읽게 된 것은 당시 소설가 조세희 선생을 편집인으로 하여 막 창간되었던 계간지 『당대비평』의 대담을 위해서였다. 신영복·홍윤기(대담), 「수많은 현재, 미완의 역사—희망의 맥박을 짚으며」, 『당대비평』(통권 3호), 1998. 봄, 148~181쪽.

5 신영복, 『더불어 숲 1. 새로운 세기의 길목에서 띄우는 신영복의 해외엽서』(서울: 중앙M&B, 초판 19쇄, 2001. 4./1998. 6., 초판 1쇄); 같은 저자, 『더불어 숲 2』(서울: 중앙M&B, 초판 12쇄, 2000. 4./1998. 8., 초판 1쇄).

6 KBS1 TV에서 2001년 9월 6일 방영된 'TV, 책을 말하다'(제16회)에서 이 책을 논의하는 패널로 참여한 게 단행본으로 정독하게 된 첫번째 계기이다. 이때 같은 패널로는 아나운서 이금희 선생이 동석했고, 당연히 저자인 신영복 선생이 임석(臨席)하였다. 두번째 계기는 이 글을 쓰기 위해서이다.

7 위의 TV 프로 소개화면 http://www.kbs.co.kr/1tv/sisa/book/vod/1260024_16507.html에 소개된 발언들.(검색: 2006. 5. 31.)

8 신영복, 「콜럼버스는 왜 서쪽으로 갔는가」, 『더불어 숲 1』, 14~22쪽.

9 신영복·홍윤기, 앞의 대담, 151쪽.

10 위의 대담, 같은 쪽.

11 앞의 글의 원제목과 출처는 신영복, 「콜럼버스를 만나다. 새로운 세기를 찾아서 1」, 『중앙일보』(1997. 1. 1.), 41면.

12 '역사총괄'이란 역사에서 한 사건의 진행경과나 성격을 해명할 때 그 사건과 다른 사건의 '본질적 관계'를 추적하여 그 사건이 위치하고 있는 '역사적 맥락'을 복원하고 나서, 바로 그 맥락 속에서 그 사건의 위치를 규명하고 그 경과를 재구성하여 설명하는 방법이다〔W. H. 월쉬, 김정선 옮김, 『역사철학』(서울: 서광사, 1989. 6., 수정 1쇄/1979. 8., 1판 1쇄), 78쪽〕.

13 앞의 대담, 151~153쪽.

14 헬레나 노르베리-호지, 김종철 옮김, 『오래된 미래: 라다크로부터 배운다』(대구: 녹색평론사, 2001. 4.).

옷깃 여미며 읽는 동양고전 ✤ 다시 읽는 「강의」

배병삼 | 영산대 정치학과 교수

절망의 강을 건너

워낙 글을 귀히 여긴 나라다 보니 이 땅에 '글'을 쓴 사람은 많았다. 다만 글을 넘어 '책'을 쓴 사람은 드물었다. 저술가로서의 자의식을 가지고 글쓰기에 임한 사람으로는 다산 정약용을 꼽을 수 있을 터이다. 그가 남긴 방대한 『여유당전서』에는 본인이 손수 수정하고 첨삭한 흔적들이 곳곳에 남아 있다.

다산이 저자라는 자의식을 갖고 책을 썼던 것은 유배라는 혹독한 시련을 견디고 살아남기 위한 방편이었다. 과거 성현들과의 만남을 미래 독자들에게 '강의' 하는 방식으로 써내려간 것이 그의 글이다. "200년 후 독자들은 내 뜻을 이해할 수 있으리라"며 글을 맺는 대목에서 저술에 임한 그의 마음가짐을 헤아려볼 수 있다.

신영복 교수의 저서 『강의』는 제목에서 잘 나타나듯 학생들에게 동양고전들을 강의하는 형식으로 짜여 있다. 저자는 젊은 시절을 몽땅 감옥에서 보낸 사람이다. 그러니 이 책 속에는, 마치 다산의 글들이 그러하듯 고독과 괴로움을 버텨내던 체험이 곳곳에 묻어 있다. 다산이 후세를 향해 과거의 지혜를 논했듯, 저자 역시 '과거 속에 깃든 미래'를 젊은이들에게 강의한다는 점에서도 닮았다.

절망의 강을 건너본 사람들의 글은 깊고 온유하다. 외골수의 쇳소리가 아니라 겹겹으로 쌓인 삶의 진실을 꿰뚫는 그윽한 눈길이 깃들여 있다. 저 멀리로는 사마천의 『사기』가 그러했고 또 다산의 글이 그러한데, 『강의』 역시 그러하다. 부드럽되 강직하며, 옛것을 논하되 미래로 난 길을 가리키는 팽팽한 긴장이 책 전체를 감싸고 있다.

사실 동양고전을 강의하기는 쉽지 않다. 수천 년 묵은 동양사상의 진실을 오늘의 독자들에게 제대로 전달하기 위해선 몇 겹의 고갯길을 넘어야 한다. 우선 한자로 이루어진 원문을 한글로 풀어야 한다. 또 옛날의 동양이 농경을 바탕으로 한 공동체 사회였던 반면 오늘 우리는 개인적 자본주의 사회를 살고 있으니 번역은 또 한 번의 해석과정을 통과하지 않으면 안 된다. 한글로 풀어놓긴 하였는데 무슨 말인지 통 알아먹지 못하는 일이 이 과정에서 발생한다.

더구나 저자의 지적처럼 "오늘날 당면 과제에 대한 문제의식이 고전 독법의 전 과정에 관철되기" 위해선 지금 우리네 삶이 봉착한 문제들에 대한 통찰력도 겸비되어야 한다. 더 나아가 그의 손가락은 자본주의 체제를 넘어 그 대안을 모색하는 길을 가리키고 있기도 하다. 즉 "일과 놀이와 학습이 함께 하는 세계"를 지향하고 있는 것이다. 이토록 세 겹 네 겹의 고개를 넘어 동양고전을 오늘날 젊은이들에게 제대로 전달하기란 정녕코 쉬운 일이 아니다. 놀라운 점은 동양고전의 면면들을 깊숙하면서도 요령 있게 해설하고 또 전달하는 데 이 책이 성공하고 있다는 사실이다.

대표적인 유교 고전인 『시경』, 『서경』, 『주역』으로부터 시작하여 『논어』와 『맹자』를 거치고, 도가사상의 텍스트인 『노자』와 『장자』를 통과한다. 나아가 그간 우리에게 잘 알려지지 않았던 『묵자』와 『순자』, 그리고 법가사상들을 아우른다. 대략 고대 중국사상은 다 섭렵되었다 하였더니 이어서 불교의 화엄학을 지나 송대 성리학의 『대학』, 『중용』에까지 도달한다. 한 사람이 이 정도로 널찍하게 동양사상 전반을 아우른 경우는 우리나라엔 없었다.

가족의 관계론적 의의

한데 더욱 놀라운 것은 이렇게 다채로운 동양사상을 꿰는 꼬챙이를 저자가 갖고 있다는 점이다. 요컨대 서양사상의 키워드가 존재론이라면 동양사상의 핵심은 '관계론'이라는 것이다. 동양고전들의 핵심을 '사람 사이에 관계를 맺고 또 잘 소통하는 것'으로 보는 그의 생각은 『장자』의 "고기를 잡았거든 망태기는 버리라"〔得魚忘筌〕는 구절을 도리어 "고기를 버리고 그물을 만들어라"〔忘魚得網〕는 말로 고쳐 쓰는 데서 정점에 달한다. 동양사상에선 "모든 사물과 사태가 생성·변화·발전하는 거대한 관계망을 잊지 않는 일이 무엇보다 중요한 것"이라는 게 그 이유다.

이런 관계론적 특징이 잘 드러나는 것이 유교 고전이다. 특히 『논어』는 저자의 지적처럼 '인간 관계론의 보고'라고 이를 만하다. 이 가운데서도 그는 벗〔朋〕과 신뢰〔信〕를 키워드로 삼는다. "먼 곳에서 벗이 찾아오니 어찌 즐겁지 아니하랴"(『논어』 1편 1장)는 대목을 공자의 사회사상적 특징이 잘 표출된 것으로 보는 데에서 그 뜻이 명료하다. 한데 그간 유교사상의 핵심으로 여겨온 예禮나 효孝와 같은 덕목이 아니라, 신뢰와 동료관계를 키워드로 삼은 것은 새로운 세계 건설을 위한 횡적인 유대관계의 형성을 중시하는 그의 입장과 연결되고, 또 이론(앎)을 지양하여 실천적 맥락 위에서 고전을 읽는 그의 눈과 밀접하게 관련된다. 이를테면 깊은 신뢰로 구축된 벗(동지)들이 함께 이뤄내는, '학습과 놀이와 노동이 통일된' 세계의 비전을 그 속에서 읽어내는 것이다.

그런데 동양의 관계론이 형성되고 연마되는 마당이 가족(家)이라는 점을 부각하였더라면 더욱 좋을 뻔했다. 저자가 강조하는 횡적 유대, 즉 '사회적 관계론'은 동양고전 속에선 '가족적 관계론' 위에 수립된 것, 또는 가족의 외연이 확대된 것이기 때문이다. 요컨대 동양의 제반 사회관계는 가家의 기초 위에 수립된다. 물론 오늘날 '가족'이라고 하면 봉건적이고 남성 중심적이며 억압적인 등등 제반 악惡의 거처로 여겨지는 듯하지만, 당시엔 가족이 혁신적인 사회구성체였다.

춘추전국시대는 전대미문의 사태였다. 농사 지을 장정들이 군인으로 차출된 마을 논도랑엔 굶어 죽은 시체들로 그득했다. 늙은이와 어린이는 굶주려 죽고, 나머지 가족들은 유리걸식하느라 이산가족이 되고 말았다. 와중에 작은 나라는 큰 나라가 되기 위해, 큰 나라는 천하를 차지하기 위해 끝없는 부국강병의 경쟁 속에 빠져들었다. 즉 당시 정치사회적 문제의 핵심은 가족의 해체였다. 공자와 맹자는 가족해체 현상이 지속된다면 문명사회는커녕 짐승들보다 못한 야만상태로 추락할 것이라고 우려하였다.

여기서 공자는 남의 처지를 내 것으로 당겨서 보는 '접어 생각하는 마음' (恕)을, 또 맹자는 '차마 하지 못하는 마음'(不忍人之心)을 발견하고, 이를 연마하며 실천하는 마당으로서 가족에 주목한다. 공자 특히 맹자는 가족간의 사랑을 인간문명을 재건할 핵심요소로 보고 이를 '어떻게 배양할 것인가'라는 전략적 사유를 전개한다.

그가 제시한 문명사회의 '다섯 가지 그물망'(五倫), 즉 부모-자식관계(부자), 형-아우관계(장유), 사회적 관계(붕우), 그리고 정치적 관계(군신)는 가족관계 위에 수립된 것들이다. 그러니 가족을 만들어내는 근원으로서의 '부부관계는 참으로 특별난 것(부부유별)'이지 않을 수 없다. 역시나 공자가 편집했다는 『시경』의 첫 장, 「관저」關雎편의 주제가 남녀간 사랑과 가족 만들기라는 점도 이와 관련된다. 즉 『시경』의 대표곡인 「관저」는 '물수리 새'가 암컷과 수컷이 한번 짝을 맺으면 죽을 때까지 해로하고, 또 암컷은 새끼를 기르고 수컷은 먹이를 나르는 등 '가족적 유대'를 가진 짐승이라는 관찰 위에서 만들어진 노래다. 이는 곧 중국 고대의 관계론이 가족을 기초로 하고 있음을 뜻한다.

그들은 가족의 재건을 새로운 사회 건설의 비전으로 제시했던 것이다. 이것이 공자가 효도를 중시하고, 맹자가 '부자유친'의 덕목에 주목하고 또 순임금을 '위대한 효자'〔大孝〕로 재해석했던 까닭이다. 따라서 가족이 갖는 관계론적 의의에 대한 설명이 없으면 유교, 나아가 동양사상 전반이 수긍하는 효와 공손, 덕의 가치가 깃들일 곳이 없다.

이에 『강의』를 관통하고 있는 '관계론'이라는 꼬챙이가 사회적 차원의 관계론만이 아니라, 그 기초로서의 '가족적 관계'가 갖는 당대적 혁신성에 좀더 주목했더라면 좋았을 것이라는 아쉬움이 생긴다. 그랬다면 관계론은 서구식 '존재론'과의 대칭으로서뿐만 아니라, 동양적 관계론이 가진 고유한 특징을 더욱 선명하게 드러냈을 것이다.

화和: 동양고전의 가치

그러면 동양고전에서 배워야 할 미래의 가치는 무엇일까. 신영복 교수는 이를 화和의 논리라고 추천한다. 이 대목에서 저자는 오늘날 극좌와 극우는 다른 것 같지만 실은 동전의 양면이라는 통찰을 보여준다. 둘 다 제 주장을 상대에게 강요하는 동同의 논리라는 점에서 동질적이라는 것이다. 그러니 새로운 문명은 '동의 논리'를 넘어서 자기와 다른 가치를 존중하는 '화의 논리'를 지향해야 한다. 즉 '화이부동'할 때에야 차이와 다양성이 존중되면서 공존과 평화가 가능하며, 나아가 진정한 문화의 질적 발전이 가능할 것이라고 저자는 전망한다. 저자의 목소리를 직접 청해보자.

화和의 논리는 자기와 다른 가치를 존중합니다. 타자를 흡수하고 지배함으로써 자기를 강화하려는 존재론적 의지를 갖지 않습니다. 타자란 없으며 모든 타자와 대상은 사실 관념적으로 구성된 것일 뿐입니다. 문명과 문명, 국가와 국가 간의 모든 차이를 존중해야 합니다. 이러한 차이와 다양성이 존중됨으로써 비로소 공존과 평화가 가능하며 나아가 진정한 문화의 질적 발전이 가능한 것입니다. 가장 민족적인 것이 가장 세계적이라는 명제가 바로 이러한 논리라고 생각하지요.(165쪽)

한편 이 책에서 미진한 점을 들자면, 동양의 근대사상이라고 할 성리학에 대한 부분이 소략하게 다뤄진 것이다. 저자가 주희와 성리학에 대해 괄목할 만한 관점을 제시하고 있다는 점에서 더욱 그러하다.

보통 우리는 성리학을 봉건적, 전근대적, 수구적인 것으로 취급하고, 그럼으로써 또 무시하는 데 익숙해 있다. (그 마주 보는 자리에 서양적인 것, 근대적인 것, 과학적인 것, 실학적인 것 등등이 들어앉는다. 앞자리는 '악'이요, 뒷자리는 '선'이다.) 한데 저자는 "주자의 학문적 동기가 사회질서를 다시 세우려는 건축 의지에 있었다"라고 짚는다. 이런 지적은 실로 탁견이라고 하지 않을 수 없다. 통일을 앞둔 오늘 우리로서는 새로운 공동체를 만들어내려는 '건축 의지'야말로 시급하고도 절실한 태도이기 때문이다. 따라서 그는 송대 신유학을 "노불老佛의 영향으로 말미암아 해이해진 사회질서를 재건하기 위한 당대 지식인들의 지적 대응 과정의 산물"로 읽어낸다. 이런 지적들은 그간 성리학=전통=수구=타락의 연쇄된 항등호로서 타매시해온 우리의 무딘 감각을 깨우치기에 족하다.

더욱이 『대학』의 독법을 제시하면서 논한바, "송대 신유학이 어떠한 학문적 동기를 가지고 있는가, 그리고 그것이 오늘날 우리의 현실에 어떤 의미를 갖는가를 생각하는 것이 중요합니다. 나는 주자에게서 그 절정을 발견할 수

있는, 당시 지식인들의 고뇌를 충분히 이해할 수 있을 듯합니다"라는 지적
은, 단순히 주자나 성리학에 머물지 않고 동서양을 막론한 고전읽기 독법의
한 전범을 잘 천양闡揚한 것이라고 본다.

그러니 이 부분이 『대학』, 『중용』에 대한 간략한 해설과 독법의 소개로 그
치고 만 점은 아무래도 아쉽다. 차후 다양한 주자학 텍스트들과 조선의 성리
학자들의 문집까지 함께 갖춰, 보다 정치하고 섬세한 '새로운 강의'로 이어
지길 바란다. 성리학적 사유는 현재의 우리를 형성한 바탕이면서 또 극복해
야 할 것이자, 동시에 재해석을 통해 새로운 지향으로 삼아야 하는, 겹겹한
애증의 대상이기 때문이다.

『강의』의 힘: 희망 만들기

아마도 인간의 삶이란, 어느 시대든 평탄한 대지가 아니라 비껴진 비탈에
서 이뤄지는 것일 터이다. 또 그 비탈을 일궈 평지를 만들어나가는 것이 인간
의 역사일 터이다. 그러니 고전이란 그 비탈진 땅의 내력과 그 위에서의 삶을
깨달은 이들이 제출한 청사진에 다를 바 없으리라. 신영복 교수는 인간의 삶
과 역사의 의미, 그리고 고전의 의의를 넉넉히 헤아렸음직하다. 고전을 오늘
의 입장에서 단죄하거나 비판하는 '현재주의적' 관점을 취하지 않았던 데서
그러하다. 도리어 그 비탈진 자리로 나아가 당시를 이해하고 또 그들의 꿈을
함께 헤아렸다. 그리고 난 다음 그들의 꿈과 전략을 오늘로 초청하되, 대신
꼭꼭 씹어 젊은 독자들의 입에 넣어주었다. 이것이 이끼 가득 낀 동양고전을
오늘날 '한글세대'와 소통하는 데 성공한 이유로 여겨진다.

그러나 무엇보다 이 책의 설득력은 감옥 속에서 그가 실천해낸 '아름다운
관계 맺기'와, 최악의 상황에서도 피워냈던 '희망 만들기'의 체험에서 비롯
되는 것으로 보인다. 가령 『주역』 64괘 가운데 가장 힘든 상황을 나타내는 산

지박괘山地剝卦를 설명하는 대목에서 그런 틈새를 발견한다.

> 이 산지박괘는 …… 일반적으로는 어려운 때일수록 현명한 판단과 의지가 요
> 구된다는 윤리적 차원에서 읽힙니다. …… 그러나 박괘에서 우리가 읽어내야
> 하는 것이 있습니다. 바로 희망 만들기입니다. …… 희망은 고난의 언어이며
> 가능성에 관한 이야기입니다. 고난의 한복판에서 고난 이후의 가능성을 경작
> 하는 방법이 과연 어떤 것이어야 하는가에 대해 생각하지 않을 수 없습니
> 다.(123쪽)

가장 절망적 상황을 나타내는 괘를 두고 도리어 '우리가 읽어내야 하는 것
이 바로 희망 만들기'라고 해설하는 대목에선 문득 눈시울이 뜨겁다. 동양사
상 전반을 섭렵하여 일관되고 요령있게 꿰어낸 이 녹록지 않은 책이 실은 오
랜 산지박괘의 처지에서도 놓지 않은 희망에서 비롯된 것인 듯해서 그렇다.
이런 체험과 또 실천이 없었다면 『강의』는 자신의 넓은 지식을 보여주는 데
에서 그치고 말았을지도 모른다. 도덕주의, 관념주의, 개인주의로 주저앉기
십상인 동양사상을, 그리고 자칫 '구라'로 빠지기 쉬운 동양고전 강의를 옷깃
여미며 읽게 만드는 까닭도 여기서 비롯한다고 믿는다.

Ⅳ. 존재론에서 관계론으로

신 영 복 깊 이 읽 기

제국의 논리를 넘어,
새로운 문명을 향하여 ❖ 신영복의 문명론

김창진 | 성공회대 사회과학부 교수

신영복의 문명론

사람의 일생으로 치자면 한 아이가 태어나서 당당히 어른이 되는 스무 해 동안 시대의 담장 안에 갇혀 있어야 했던 신영복의 사유에서, 인간의 자유에 대한 갈구는 그만큼 절실할 수밖에 없을 것이다. 하지만 '자유'의 가치에 대한 그의 토로를 단지 개인적 차원이나 특정 집단의 희원希願 수준에서 생각한다면 그를 제대로 이해한다고 할 수 없다. 왜냐하면 신영복은 담장 안에서나 밖에서나 수많은 개인들을 아우르는 공동체의 문제, 사람들이 다양한 정치·경제·사회·문화 제도들을 만들면서 살아가는 인간문명의 진화 문제에 줄곧 천착해왔기 때문이다. 이는 『감옥으로부터의 사색』에서 『강의』에 이르기까지 다양한 편지와 기행, 그리고 그의 정치경제학과 사상론 속에서 계속 관찰되는 사유의 큰 주제라고 할 수 있다. 그는 지난 세월 독방 안에 앉아 단지 교양을 쌓거나 세상 밖으로 돌아다니며 그저 유람한 것이 아니라, 언제 어디서든 '현재에 대한 비판적 시각'을 기초로 한 '21세기의 새로운 문명과 사회 구성 원리'를 화두로 삼아 동양고전을 공부하고 세상을 여행해온 것이다. 이런 점을 염두에 두고 이 글에서는 신영복의 문명론을 요약해보고 그에 관한 필자의 단상을 피력해보기로 한다.

그것이 개인이건 집단이건 기업이건 국가건, 한갓 자신의 이익을 위하여 사람이 사람을 억누르고 빼앗고 죽이는 낡은 문명을 비판하고, 그에 대비되는 새로운 문명, 즉 세상의 다양한 인종과 민족·문화가 조화롭게 '더불어 숲'이 되는 평등한 세계를 신영복은 그리고 있다. 그러나 그러한 세상은 사람들이 바란다고 저절로 오는 것이 아니다. 그런 세계로 가는 길에서 염두에 두어야 할 것은 무엇보다도 먼저 모순과 갈등과 분쟁으로 얼룩진 현실의 사회에서 일상을 살아가는 사람들의 틀에 박힌 관점의 전환, 인식의 재검토가 전제되어야만 한다. 다시 말해 우리가 그 동안 태연하게 배워온 역사와, 당연시 여겨온 문명의 형태에 대한 깊은 성찰이 요구된다는 것이다. 그리고 그러한 성찰은 세상에 떠들썩하게 이름을 남긴 사람들의 입장에서보다는 말없이 역사의 수레바퀴를 밀고 갔던, 또는 그 바퀴 밑에 깔려 스러져갔던 수많은 사람들의 나지막한 외침과 세상의 밑바닥, 그 시대 소박한 민중들의 거친 숨소리를 경청하는 게 중요하다는 것이다. 예컨대 우리 역사의 한 시기를 보는 태도에 관해 감옥의 신영복은, '영남 지방의 유학적 사변보다는 호남의 민요에 담긴 생활 정서'를, '김유신의 공성功成보다는 계백의 비장함'을, '시조나 별곡체의 고아함보다는 남도의 판소리와 육자배기의 민중적 체취'를, 그리고 '백제 땅의 끈질긴 저항의 역사'를 높이 평가하고 있다.(『감옥으로부터의 사색』, 276쪽)

이처럼 역사를 지배자의 관점에서 '위로부터' 내려다보는 것이 아니라 '아래로부터' 보는 관점은, 시야를 넓혀 세계사를 관찰할 때도 기존 유럽 중심주의자들의 승리사관이 아니라 피침被侵과 저항, 순종과 굴욕을 감수해야만 했던 당대 원주민들의 처지를 먼저 생각하는 데서 다시 한번 또렷이 드러난다. 아메리카 대륙을 여행하면서 그는 유럽인들이 그 '신대륙을 발견'했다는 말은 가당치 않다고 일갈한다. 이미 오래전부터 소박하게 혹은 찬란하게 자신들의 문화를 가꾸며 살고 있던 원주민들을 총칼로 정복하고 '문명'이라는 이름으로 그들을 말살하고서는 '아메리칸 드림'을 노래한다는 것이다. 그러한 태도는 "원주민들의 비극을 '명백한 운명'으로 규정하는 신탁神託의 권능을 전제하지 않는 한" 어불성설이다. 자연친화적인 자족自足의 공동체에 어느 날 갑자기 밀어닥친 백인들에게 "땅과 가족을 송두리째 잃어버린 아메리카 원주민들의 처지를 완벽하게 사상하지 않"고서야 어떻게 '신대륙의 꿈'을 말할 수 있겠는가?(『더불어 숲』 2, 23쪽)

'지성과 반성을 동시에 외면한 신대륙의 역사'를 말할 때 신영복은 근대문명의 어처구니없는 파괴성을 신랄하게 지적하면서 냉정한 분노와 안타까움에 목청이 올라간다. 남미대륙에서 찬란한 문화를 꽃피웠으나 미처 황금만능주의에 젖어들 겨를이 없었던(?) 마야-아스텍 사람들은 근대적인 '계몽'과 '이성'과 '합리주의' 사상의 세례를 받은 유럽인들에게 '우매한 인종'으로 간주되어 결국 세상에서 사라지게 되었다. 오로지 황금과 엘도라도의 꿈을 좇아 이 대륙을 찾아온 사람들의 눈으로 볼 때 그들은 '황금의 가치'를 모르는 미개인에 불과하였을 것이다.

> 그러나 우매하기 그지없었던 그들의 삶이 유럽인들에게 숨길 수 없는 문화 충격이 되었던 것 또한 엄연한 역사적 사실이었습니다. 그들은 거짓말 하는 법이 없었으며, 사람을 속일 줄 몰랐으며, 용기를 최상의 미덕으로 여기고 가족과 이웃에게 헌신적인 애정을 기울이고 있었습니다. 무엇보다 그들은 건강하고 병이 없었습니다.(『더불어 숲』 2, 33쪽)

하지만 '신대륙을 발견'했다는 유럽인들은 자신들이 본받아야 할 원주민

문명의 훌륭한 성취와, 사람들 사이의 미덕에 대해 오히려 철저한 파괴와 말
살로써 응수했다. 높은 도덕성과 보건 수준을 간직한 순수하고 인간적인 원
주민 문화에 충격을 받은 '문명화된' 몇몇 지식인들이 '자연으로 돌아가자'
고 외치고 '유토피아'를 그려내기도 했다. 그러나 그들이 속한 사회의 종교
인들이 앞장서고 군인들이 돌진하고 군주가 뒷받침한 적나라한 정복과 침탈
정책을 바꾸는 데는 아무런 영향도 끼치지 못했다. 성경과 총탄과 전염병을
몸에 지니고 대서양을 건너온 유럽의 성직자와 상인과 군인과 귀족과 왕실
관리 들은 그들에게 '신이 허락한' 부의 축적과 '왕이 약속한' 보상을 기대
하며 원주민들에게 '야만과 무지몽매로부터 자유와 해방과 진보'를 선물하
려고 혈안이 되었다. 그 결과, 오늘 그 유럽의 후예들과 그들의 성공을 선망
하는 세계의 많은 사람들이, 사라진 문명의 잔해 위에서 탐욕으로 얼룩진 화
려한 문명 ─ 세계에 우뚝 선 제국 ─ 의 꿈을 합창하게 된 것이다. 그러나 부지
기수의 인간 생명과 자연환경과 인류의 문화유산을 산산이 부숴버리는 전쟁
을 일삼으면서 인권과 민주주의와 평화를 운위하는 자들이 지배하는 세상에
서 기실 문명이란 무엇을 의미할까? 지난 20세기를 '저마다의 문명이 다른
문명을 향해 자기를 배우라고 강요해온 세기'라고 보는 신영복은 이렇게 답
한다.

문명은 그것이 아무리 조야한 것이라 하더라도 부단히 계승되고 축적됨으로
써 비로소 인류의 지혜로 되어 왔다는 문명사의 교훈이 그것입니다. 그런 점
에서 어떤 문명을 다른 문명으로 대체하는 것은 본질에 있어서는 파괴라고 해
야 합니다. 대체는 단절이며, 단절은 파괴와 동일합니다. 더구나 문명은 대체
가 불가능한 거대한 숲입니다. 한 그루 나무도 옮겨 심기가 쉽지 않은 법입니
다. 하물며 거대한 숲이야 말할 나위도 없습니다. …… 인간복제에 대하여는
강한 반론을 제기하고 있으면서도 문명복제에 대하여는 너무나 무심한 세기

를 우리는 살고 있다는 사실을 반성하지 않을 수 없습니다.(『더불어 숲』 2, 41∼
42쪽)

　이처럼 '근대성을 반성하고 새로운 문명을 모색하는 문명사적 과제'를 사
유의 대상으로 삼은 신영복은 오늘날 전지구적 자본주의 시대 초국적 금융자
본의 신자유주의 전략과 패권 국가의 일방주의적 세계 전략의 질주 상황은
근원적으로 독특한 '서구적 가치'로부터 연원한 것으로 보고 있다. 그에 따르
면, 서구적 가치는 "개인의 존재성을 강화하고 개인의 사회적, 물질적 존재
조건을 확대하고 해방해 가는 방식을 취하는 것"으로서 "인성의 고양보다는
개인의 존재 조건을 고양하는 것이며 그 존재 조건들 간의 마찰과 충돌을 합
리적으로 규제하는 패러다임이라고 할 수 있다"(『강의』, 506쪽)는 것이다. 요
컨대 신영복은 20세기 서구문명이 가져온 막대한 물질 생산력과 개인들의 자
유 확대, 그리고 합리적인 사회제도들의 발전이라는 서구적 가치의 긍정적
현실화를 부정하지는 않는다. 그러나 그 긍정적 계기가 오히려 사람에 대한
사람의 지배, 약소국에 대한 제국주의자들의 정복, 자연에 대한 인간의 약탈
이라는 부정적 계기와 유기적으로 연결된 현상이라는 점에 주목하고 있는 것
이다.
　따라서 이처럼 그가 오늘의 현실에서 동서양을 막론하고 지배적인 문명
형태에 굴복하지 않는 대안을 구상하면서 서구문명의 구성원리에 대한 반성
과 동양적 구성원리에 주목하고 있는 것은 자연스럽다. 그리하여 다시 그가
역설하는 것은 자본주의 체제가 양산하는 물질의 낭비와 인간의 소외, 그리
고 인간관계의 황폐화를 보다 근본적인 시각으로 재조명할 수 있는 '성찰적
관점'이 필요하다는 것이다. 그것은 근대 이후 서구와 세계를 지배해온 경쟁
과 갈등과 패권의 추구를 주로 하는 세계관의 역사, 즉 "개인, 집단, 국가 등
모든 존재들이 자신의 존재를 강력한 것으로 만들기 위하여 진력해 왔던 강

철鋼鐵의 역사"를 근원적으로 재조명해볼 수 있는 관점이라고 할 수 있다. (『강의』, 507쪽)

제국의 논리를 넘어, 평화의 공동체를 향하여

신영복은 근대 서구사회의 구성원리, 즉 존재론의 현실태가 자본과 권력의 무한한 자기증식 운동으로 나타나고, 그것이 결국 정복전쟁과 약탈, 식민지배로 얼룩진 19~20세기 문명의 야만성을 초래했다고 본다. 그가 보기에 '존재(자본/권력)의 자기증식 운동의 불가피한 선택'으로서의 패권주의적 세계 전략은 결과적으로 위기를 심화할 뿐이다. 겉으로는 세계의 모든 다른 존재를 자신의 손안에 쥐고 있는 것처럼 보이지만, 정점에 선 자본과 권력의 위력은 '자기의 목표를 부단히 허물어버리는 모순 운동 그 자체'로서 스스로 자기 존재의 기반을 침식하고 있는 것이다.

그런데 이런 현상은 서양문명의 발전과정 자체에 내재된 모순구조로부터 연유한 불가피한 결과인지도 모른다. 즉 '헬레니즘과 헤브라이즘의 종합 명제'(흄과 칸트)라고 할 수 있는 서양 근대문명은 고대의 과학 정신과 기독교의 결합이라고 할 수 있는바, 여기에서 과학(:비종교적)과 종교(:비과학적)가 서로 모순되는 결정적 결함이 발견된다는 것이다. 익히 알려진 것처럼 중세에는 과학이 종교의 속박 아래 있었고(코페르니쿠스의 지동설), 근대 이후에는 거꾸로 과학의 압도적 우위로 진리와 선善이라는 서양문명의 가치 추구가 와해되는 문제가 발생한 것이다. (『강의』, 30~32쪽)

'자기 존재의 해방과 강화'를 극단으로 밀고 나감으로써 사람과 사람, 사물과 자연, 문명과 문명 사이를 관통하는 불가분의 연계성과 상존성相存性을 무시하는 현상이 역사에서 전형적으로 드러난 것이 바로 우리가 제국

Imperium, Empire이라고 부르는 것이다. 인류가 도시의 성벽을 쌓고, 국가라는 정치형태를 확립하면서 지배와 피지배 관계를 만들어온 이래, 수많은 제국들이 세상을 호령하며 자신의 권력과 부를 극단까지 추구하다가 스러져갔다. 대표적인 것들만 들어보더라도 서양에서는 고대 이집트와 그리스-로마, 중세 비잔틴, 그리고 근대 대영제국이, 동양에서는 수많은 주변 소국들을 진압하고 중원을 통일했던 진-한-수-당-원-명-청나라로 이어지는 중화제국과, 한때 세계 최대 영토를 정복했던 몽골제국이, 그리고 아랍의 모래바람 속에서는 7세기 무함마드로부터 20세기 초반 오스만투르크까지 이어지는 이슬람제국이 역사에 커다란 족적을 남긴 동서고금의 제국들이다. 오늘도 우리는 세계에 우뚝 선 미국이라는 이름의 세계 제국을 생생하게 보고 겪는 시대의 증언자들로 남아 있다.

시대적 조건에 따라 그 유형에 차이가 있지만, 제국은 대개 우세한 군사력을 앞세워-종종 우세한 기술력과 경제력, 그리고 상대적으로 더 많은 인구가 그것을 뒷받침하지만, 항상 그런 것은 아니다-주변 또는 해외 영토와 민족들을 침탈함으로써 시작된다. 제국은 우선 무자비한 영토 팽창과 그에 따른 중심부 권력의 지배권 확장을 수반하기 때문에 그 속에 다양한 인종과 풍토, 언어, 습속, 종교 따위를 끌어안게 마련이다. 전성기의 제국은 이질적인 문명의 요소들을 포용하고 '시민권'을 확대하는 조치를 취하기도 하지만, 제국의 존속 기간을 통틀어 그러한 관용을 베푸는 것은 결코 아니다. '제국'의 논리와 '관용'의 원리 사이에는 본질적으로 긴장과 모순이 상존해 있으며, 후자에는 항상 전자의 '권위를 침해하지 않는 한'이라는 단서가 붙게 된다. 요행히도 정복전쟁에서 살아남아 제국의 품속에 겨우 존속을 허락받은 민족과 문화 들은 끊임없이 '선진적인' 중심부 문화에 흡수·동화되기를 요구받는 한편, 항상 일탈과 반란의 음모를 꾸미는 것으로 의심받는다. 제국에서 구성원들이 다양성을 추구하는 것은 경계를 넘을 수 있는 위험한 것이며, 그 수도

首都로부터 발신되는 코드를 추종하는 통일성에 편승하는 것이야말로 생존과 자기 존재의 강화에 필수적이다.

　제국은 이민족에 대한 착취와 복종만을 요구하는 것이 아니라, 자신의 본래 영토 안에서도 지배와 피지배, 중심부와 주변부의 사회적 분할을 필요로 한다. 제국의 지배자들과 그들로부터 '시민권'을 하사받은 소수 시민들의 '문명화된' civilized 생활은 그 사회의 재생산에 긴요한 생산과 가치의 창조에 종사하는 다수 노예, 소작농, 하인, 노동자, 색다른 인종, 죄수 들의 피와 땀과 눈물의 소산이다. 예컨대 로마제국의 전성기였던 트라야누스 황제 시절 전체 로마 인구 120만 명 중 약 삼분의 일인 40만 명이 노예 신분이었다. 제국에서 '시민'의 경계 밖에 사는 자는 '영혼을 가진 존재'로 인정받지 못한다. 그것은 고대의 노예로부터 21세기 아메리카 제국의 유색인종 노동자에 이르기까지 근본적으로 변하지 않았다고 해야 할 것이다.

　제국은, 그러나 일부 군사지도자들과 탐욕스런 자본가들의 이기심으로부터만 비롯된 것이 아니었음을 염두에 두어야 한다. 역사상 제국들의 일반적인 통치형태는 '제정'帝政이었지만, 그와 대조적인 '공화정'共和政 시대에도 제국은 엄청난 팽창과 번성을 구가하였다. "왔노라, 보았노라, 이겼노라"를 남긴 카이사르는 바로 로마 공화정의 산물이었으며, 19세기 말~20세기 초 '해가 지지 않는 나라' 대영제국의 제국주의는 자유주의 이념이 넘치던 당대 영국 사회에서 '제국의 영광'을 외쳤던 대중들의 열광에 따라 추동되었다. 9·11 사태 이후 이슬람권과 의도적인 '문명의 충돌'을 감행한 '자유민주주의의 표상', '공화국의 이상' 아메리카제국의 집집마다에 펄럭인 성조기는 무엇을 말하는가? '문명'과 '야만'의 이분법을 기본 이데올로기로 하는 제국의 깃발과 그 사회의 호화로운 외관은 급기야 '시민'들의 영혼마저 마비시켜, 제국의 '경계' 밖에서 자신들의 제국을 대리하는 자들이 벌이는 전쟁과 약탈이 얼마나 부당하고 야만적인 것인지를 알지 못하게 만들었다.

성찰적 관점으로 새로운 사회와 문명의 구성원리를 생각할 때 신영복이 말하는 세계관의 전환이 바로 '존재론으로부터 관계론으로'이다. 유럽 근대사의 구성원리가 개별적 존재―인간의 사회생활에서 그 정치적 현실태가 '국민국가'이며, 그것의 극단적 확장 형태가 제국이다―를 세계의 기본 단위로 인식하고 그 개별적 존재에 실체성을 부여하는 '존재론'이라면, 동양의 사회 구성원리는 '관계론'이라는 것이 요지이다. 그렇다면 동양의 '관계론'은 무엇을 말함인가?

인식론으로서 신영복의 '관계론'은 사람과 사람, 사물과 자연, 문명과 문명의 관계를 고려할 때 개개 존재의 '차이'를 드러내 그 특성과 우열을 '비교'하는 방법, 그럼으로써 종국에는 그 존재들에 대한 사상적, 사회적 '차별'을 초래하는 관점을 비판한다. 엄밀한 의미에서 대등한 비교란 존재하지 않는다고 보는 그가 대신 신뢰하는 것은 "어떤 본질에 대하여 이해하려고 하는 경우에는 먼저 그것의 독자성과 정체성을 최대한으로 수용하는 방식"이다. 그리고 세상의 모든 것들은 수많은 관계, 수많은 시공時空으로 열려 있는 관계망 속에 자리 잡고 있기 때문에 '궁극적으로 차이보다는 관계에 주목하는 것이 바람직'하다는 것이다.(『강의』, 28~29쪽)

여기에서 우리는 신영복의 '관계론'이 불교에서 말하는 연기론緣起論과 맞닿아 있다는 연상을 하게 되면서, 그 유명한 제석천帝釋天의 인드라망Indra's Net을 떠올리게 된다. 제석천 궁전의 그물코마다 박혀 있는 무수한 보석들이 서로를 되비추고 있는, '중중무진重重無盡의 영상이 다중구조를 형성하고 있는' 그 놀라운 세계 말이다. 실제로 그는 '불교 사상은 관계론의 보고'라고 하면서 『강의』의 말미에서 연기론을 핵심으로 하는 『화엄경』의 내용에 관해 논하고 있다. 서구 존재론의 관점이 아니라 동양의 관계론으로 세상을 볼 때 삼라만상은 존재가 아니라 생성a Becoming이며, 따라서 칸트의 '물 자체'ding an sich 따위의 개념은 설 자리가 없게 된다는 것이다. 그에 따르면, 연기란

"세계의 구조를 변화의 과정으로 보는 것"으로서, "공간적이고 정태적인 개념이 아니라 시간적이고 동태적인 개념이다".

그래서 연기를 상생의 개념이라고 합니다. 연緣하여pratitya 일어나는 samutpada 것을 의미합니다. …… 나무 두 개를 마찰하면 연기가 일어납니다. 이 경우 연기는 나무에 의존합니다. 그렇기 때문에 나무가 사라지면 연기도 사라집니다. 연기는 나무와 상의상존相依相存하는 것이며 그런 의미에서 인연으로 생겨난 것입니다. 실체론적 존재가 아니며 관계론적 생성입니다.(『강의』, 477~478쪽)

세상을 이렇게 보면 큰 것과 작은 것, 위대한 것과 소소한 것, 선진과 후진, 유명과 무명, 강자와 약자 따위에 관한 우리의 생각이 너무나 도식적인 것이었음이 드러나고 만다. 삼라만상에 홀로 잘난 것은 없으며, 모두는 서로의 씨앗이며 열매이며 거름이며, 그래서 거울인 것이다. 아무리 작은 것이라도 무한 시간과 무변無邊 공간과 연결되어 있기 때문이다. 그리하여 "한 포기 작은 민들레도 그것이 땅과 물과 바람과 햇빛, 그리고 갈봄 여름과 연기되어 있다면 그것은 지극히 크고 넓은 것이 아닐 수 없는 것"이다.(『강의』, 474쪽)

오늘의 세계를 지배하는 약육강식의 논리에서 볼 때, 수많은 민족들이 엮어내는 개별 문화들의 다양성과 대등한 교류를 부정하고 하나의 '표준' global standard만을 강요하는 세상의 흐름으로 볼 때, '관계론'이니 '연기론'이니 하는 것은 나이브naive하기 그지없는 한낱 감상에 불과한 것으로 비칠지도 모른다. 제국의 논리는 길섶에 핀 '한 포기 작은 민들레'를 그 자체로서 결코 존중해주지 않을 뿐만 아니라, '물과 바람과 햇빛'을 낱낱이 쪼개서 더 많이 가진 자들의 이익에 봉사하도록 만들어버려야만 직성이 풀리기 때문이다.

그러나 우리는 기억해야 한다. 세상의 어떤 제국도 종말을 피하지 못했으며, 그 어떤 황제도 불로초를 찾지 못했음을. 제국은 광대한 영토를 장악하고 웅장한 건축물을 세워 올림으로써 그 위용을 과시하고, 세상의 온갖 부를 끌어모음으로써 생산자와 피압박자 들의 피와 땀으로 만들어진 사치와 향락을 독점한다. 그러나 제국은 타자의 존재를 '정복'함으로써 종국에는 그 피정복민들의 '반란'을 예비하고, '신민들'을 지배함으로써 '공존'을 거부하고, 노예들로부터 인간의 영혼을 빼앗음으로써 스스로의 영혼이 타락하며, 권력자들과 부자들의 '공모'를 통해 시민권 밖에 사는 하인들의 '음모'를 도와준다. 역사상 화려한 왕관을 쓰고 '세계평화'─팍스로마나 팍스브리태니카─를 장담했던 제국들은 그 왕관 밑에서 자신들의 무덤이 파이고 있다는 사실을 알지 못했다. 일사불란하고 영원할 것 같은 제국은 기실 모순의 집합체요, 균열의 봉합자일 뿐이다. 제국이 강요하는 '평화'는 결국 그 내부로부터 무너져갔다. 지배자들의 타락과 자신들의 궁핍이 전혀 다른 일이 아니라 밀접히 관련된 현상임을 눈치 챈 수많은 풀벌레와 민들레, 조약돌이 서로를 위협하지 않는 '자유의 최고치'로서 평등과 평화의 세상을 갈구했기 때문이다.

동양사상과 마르크스주의적
문명 비판 ❖ 『강의』를 중심으로

이규성 | 이화여대 철학과 교수

고전에 대한 문명사적 독해

고생을 겪은 사람은 대체로 두 가지 유형으로 나누어지는 것 같다. 하나는 고생을 인생의 실패로 판단하고 더욱 현실에 적응하게 되는 유형이고, 또 하나는 고생하기 이전의 청춘의 이상을 더욱 심화하고 그것의 적용 가능성을 넓히는 유형이다. 신영복 선생은 이념 사건에 얽혀 이른바 인생대학을 장기간 다니면서, 자신의 이상을 구체적 상황에서도 의미를 지닐 수 있는 것으로 체화하고 일상화하였다. 이런 의미에서 선생은 후자의 유형에 속할 것이다.

특히 선생은 동양고전을 읽고, 대부분의 강단 연구자들이 학술화하여 중성화시키는 고전적 관념들을 인생의 지혜로 전환시킨다. 사실 성리학자들도 자신들의 진실을 '체험'體驗(주희) 혹은 '체회'體會를 통해 생활 속에서 음미해야 할 '의미'意味로 간주하고 '문자'에 얽매이는 것을 경계하였다. 구체적 현실은 자신들이 체현하는 가치체계에 의해 인간적 진실이 구현되는 장소이다. 붓다도 몇 가지 고통의 사례를 경험하는 가운데 세계의 현상적 본질을 고

꿈로 직관하고, 자유의 진실을 알게 되면 구원될 수 있음을 확신하고 의미를 찾아 영화의 삶을 폐기하였다. 가톨릭의 사변적 체계 역시, 개별 과학적 분석의 지식scientia과 신과의 연관 속에서 체득되는 정신적 지혜sapientia를 구분해 왔다.

선생은 바로 이러한 고전적 지혜에 관한 실존적 숙고를 통해 상업적 산업과 합리적 관료체제가 지배하는 현실을 인간화하려 하고, 이러한 신념과 노력을 자신의 『강의』를 통해 보여주고 있다. 특히 사회를 보는 그의 관점에서 두드러지는 점은 시대를 넘어 의의를 갖는 정신적 가치를 시대의 구조에 접맥시키려는 태도이다. 이러한 입장은, 인간적 가치가 경제 구조에 매몰되어서도 안 되지만, 지나치게 추상화되어서도 안 된다는 것을 구체적 인생 경험으로 절실히 깨달은 데에서 나온 것으로 보인다. 이 맥락에서 선생은 동양고전을 독해하는 흥미로운 방법을 개발하였다. 그 방법은 인간 사회를 '관계론'의 관점에서 보고 인간성과 인간적 가치를 인간관계를 통해 실현되는 것으로 보는 것이다. 이 방법은 구체적 특수 상황과 보편적 이념을 종합하는 것이다.

그런데 인간관계는 '제도'를 통해 표현되고, 역사적 사회는 각기 고유한 제도적 사회관계의 형태를 갖는다는 것이다. 자본주의 사회는 자본주의적인 계급적 사회관계를 형성하고 있다. 나아가 선생은 계급관계를 경제 결정론적 관점에서 보는 것을 벗어나 여러 계급들의 중층적 관계로 보고, 정치적 차원이나 이데올로기적 차원이 경제적 차원과 갖는 '상호결정over-determination의 인간관계'에 주목하는, 보다 유연한 입장으로 나간다. 그뿐 아니라 관계에 대한 선생의 관점은 개별적 인간관계까지도 포괄하는 '최대한의 관계성'을 자각하는 데에서 진정한 인간성의 확장을 보고 있다. 선생이 불가의 연기론緣起論을 적극적으로 수용하는 것도 그와 같은 맥락이다.

이러한 입장에서 고전 독해의 방법은 거시적인 문명사적 관점으로 확장되고, 고전은 문명사의 문제점을 묻고 그 대안을 찾는 물음과 해답의 장소가 된다. 고전에 대한 문명사적 독해는 매우 심각한 것이다. 왜냐하면 문명사는 물질적 발전이 하나의 권력이 되어 차별과 빈곤, 환경의 파괴와 같은 재난을 낳기 때문이다. 특히 현대의 자본주의는 '소비가 미덕이듯이 전쟁이 미덕이 되고' 있기 때문에 자본주의 체제는 위급한 문제로 주어진다. 자본주의의 세계화는 그 군사적 세계화와 함께 정신문화의 획일화와 산업적 사회공학화를 촉진하고 있다. 선생의 문명사적 독해방법은 이러한 재앙에 대처하여 정신적 가치를 중심으로 물질적 가치를 그것에 종속시키는 가치서열의 인도주의적 정립에 의거한 것이다.

기존의 도식적 마르크스주의 입장에서는 경제적 생산관계의 구조에 정신적 가치를 종속시키는, 그래서 역사의 구조적 발전과정이 인생의 의미의 근거라고 해석하는 관점에 따라 고전을 해석하였다. 그러나 선생의 관점은 포괄적 관계론에 입각하여 정신적 가치를 인간관계 속에서 작용하도록 하는 구체적이고도 실천적인 실존양식을 모색하고 있다. 이러한 입장에서 과거 고전에서 제기되는 문제는 그 시대의 사회적 관점에서 이해되면서도, 진정한 삶의 양식이 무엇인가라는 가치관적 물음을 가지고 해석되게 된다. 진정한 지향점인 '미래는 과거로부터 온다.' 그러나 산업의 제국주의적 확장의 입장에서는 '변화와 미래가 외부로부터 온다는 의식'이 지배한다. 역설적이게도 이러한 의식이 '식민지 의식의 전형이다.' 현재 한국인의 의식을 지배하고 있고 위정자와 지식인이 선동하는 인생관은, 새로운 것은 외부로부터 오고 미래는 현재의 공업 발전이 확장되는 데 있다는 것이다. 과거의 비하가 인간의 상호비하와 총체적 동원체제를 민주주의의 실체로 오인하는 참담함을 낳고 있다.

이런 의미에서 선생의 고전 독해방법은 현대의 우리 상황에서 절실하고도 중대한 의의를 지니고 있다 하겠다. 동서양 고전조차도 산업과 상업이 요구하는 다이내믹이나 창의성의 도구로 이용하려는 대학 교육의 실태를 볼 때, 현재의 삶을 반성하고 과거의 삶에서 진실을 회상하여 그것을 미래의 삶에 투영하려는 사고방법은 인간성과 교육의 질적 향상을 위해 음미되지 않으면 안 될 것이다.

문명사적 독법의 실제

그러면 경제사의 발전이 인생의 의미의 근거라는 역사주의적 관점에 대항하여 제시된 관계론적, 문명비판적 방법이 구체적으로 어떻게 적용되고 있는지 『강의』를 중심으로 살펴보자.

『서경』書經의 「무일」無逸편과 굴원의 『초사』楚辭

「무일」편에는 주공周公의 시대 비판이 실려 있다. 그에 의하면, 당시의 젊은 세대는 농사의 어려움을 외면하고 기성세대를 무지하다고 조롱하며 새로운 유희문화를 즐기고 있다. 여기에서 선생은 과거의 가치를 폐기하면서 생산보다는 소비를 추앙하는 소비지향적 문화가 갖는 피상성을 읽어낸다. 주공의 발언은 진정한 진보가 물질적 소비에만 있고 과거의 어려운 시절의 정신적 가치를 폐기하는 데 있는 것인지를 반성하게 한다. 편리와 낭비, '도시 유목민'의 '정보화 사회'가 노인을 퇴출하는 한국의 상황은 진보가 외부로부터 온다는 식민지적 신념의 결과이자 원인일 것이다. 이것은 외부 권력에 대한 노예적 숭배이다.

이러한 현실에 반대하여 인간화의 이상이 제시될 수 있다. 굴원의 『초사』는 가혹한 현실과 시적이고 낭만적인 이상과의 대립갈등을 읽어낼 수 있는 고전이다. '남방적 낭만주의'는 '공고한 체제적 억압과 이데올로기적 포섭기제'를 드러내주는 이상적 기준이 된다. 사실 기존의 대부분의 반항적 사상과 혁명은 공고한 구조와 형식에 대항하는 낭만주의적 사고와 해방의 충동에 바탕하고 있다. 낭만주의가 행정적이고 구체적인 실천에는 무능하고 실패하지만, 억압이 있는 모든 곳에서 역으로 작동하는 생기와 활력을 고취하는 인간성의 한 측면에서 본다면 모든 반항과 방황을 가능하게 하는 추동력이 될 것이다. 선생의 고전 독해방법에는 그 자신도 당위로서 인정하듯이 분명 이러한 낭만성이 작동하고 있다.

『주역』周易과 유가儒家의 관계론

선생에 의하면, 『주역』 논제의 핵심은 "개체의 능력은 개체 그 속에 있지 않고 개체가 발 딛고 있는 처지와의 관계 속에서 생성된다고 하는 생각"이다. 이것은 '서구의 존재론과는 다른 동양학의 관계론'이다. 예를 들어 지천태괘地天泰卦와 천지비괘天地否卦는 '교' 爻와 '통' 通이라는 관계에서 사물이 처한 길흉의 형국을 판단한다. 전자는 낮은 것이 위에 있고 높은 것이 아래에 있어 화평을 이룬 형국이다. 이것은 '억압구조를 철폐'한 데서 귀결된 혁명 이후의 상태이다. 이에 비해 상하가 교류하지 않는 비괘否卦의 형국은 분열과 간난의 상태이다. 그러나 화평의 상태도 타성에 빠지면 다시 쇠락의 국면을 맞는다. 비괘도 소통의 형국으로 전환하는 노력을 통해 상승국면으로 발전할 수 있다.

그러므로 생명의 기운이 거의 다 소진된 산지박괘山地剝卦는 가장 어려운 헐벗은〔剝〕상황이지만 앞서의 궁즉통窮則通의 논리에 따라 '희망'을 만들어 낼 수 있다. 이러한 의미에서 『주역』의 관계론은 희망의 '방법'이며, "희망은 고난의 언어이며 가능성에 관한 이야기이다." 이것이 가능성을 향한 창조적 희망의 중요성을 상징하는 화수미제괘火水未濟卦로 『주역』이 끝나는 이유이기도 하다. 미제는 미완성을 의미하는데 선생은 여기서 우리 시대의 경제구조에서 '노동이 생산물로부터 소외되고 생산과정에서 소외되어 있는 현실'

에 주목한다. 이러한 인간성의 소외와 물신주의 풍조는 '목표와 과정이 하나로 통일'되어 있지 못하고, '생산과정 그 자체를 인간적으로 바꾸는 과제'를 생각하지 않는 데에서 온다. 이 점에서는 선생의 관점은 유럽에서 관심의 초점이기도 했던 인간주의적 마르크스주의의 입장에 접근하는 것이다. 생산현장에서의 노동이 희생의 노동이 아닌 유희의 노동에 접근하도록 하기 위해서는 자유를 비롯한 여러 정치윤리적 가치를 추구하는 노력이 사회화되지 않으면 안 될 것이다.

『논어』역시, 『자본론』이 관계구조를 논하는 것처럼 '사회관계를 중심에 놓고 있는' 고전이다. 경제적 관계도 인간관계의 부분이다. '제도의 핵심 개념이 인간관계'라면 '사회변혁의 본질'은 인간관계의 변혁에 있다. 선생은 여기서 새천년 담론가들이 미래를 새로운 것으로 선전하는 허구성을 지적하고 '과거 현재 미래는 하나의 통일체'라고 주장한다. '옛것을 익힘으로써〔溫故〕새로운 미래〔新〕를 지향〔知〕'하는 것이 '비판적 창조자'일 수 있다. 선생은 '신자유주의적 자본논리의 비인간적 성격'에 주목하여 "군자는 전문성을 추구하지 않는다"〔君子不器〕는 공자의 발언을 독해한다. 전문성은 '효율성의 논리이자 경쟁논리'이다. 그런데 역설적이게도 현대 자본주의의 제국주의화와 '문어발식 경영'은 자본가를 전문가들을 지배·통제하는 '노예주'로 등장시키고 있다. 전문성에 대한 공자의 비판은 전문성을 '노동생산성'과만 연관시키는 현대인에 대한 비판으로 독해될 수 있고, 또 한편 대자본가의 탈전문성은 그들이 새로운 노예주일 수 있음을 드러내는 것으로 독해될 수 있다.

또한 『논어』의 '화이부동' 和而不同(화합하지만 같아지지 않는다)을 선생은 '자기와 타자의 차이를 인정'하고, '지배, 흡수, 합병'하지 않는 다양의 긍정으로 해석한다. '인자仁者는 최대한의 관계성을 자각하고 있는 사람'이기에 타인을 자기에 동화시켜 획일적 지배대상으로 삼지 않는다. 이런 맥락에서 선생은 동양 전통사회에 대한 흥미로운 인식방식을 제안한다.

종래에는 사인士人계급을 지배계급의 중추로서 이해해온 것이 통념이었다. 그러나 선생에 의하면, '지배, 피지배의 이항대립적 구도를 사인계급이 개입하는 삼각 구도로 바꾸고자 한 것이 유가학파의 사상적 위상'이다. 여기에서 유가사상은 중도주의의 색채를 갖게 되는데, 이는 '기본적으로는 지배계급의 정치논리'이지만, 사인계급은 '제후나 대부에 고용된 무산계급'이었다. 물론 이 계급이 무산계급인지는 실증 연구가들의 논의거리일 수 있다. 그러나 이 제안은 사인계급이 상대적 독립성을 지닌 제3의 신분일 수도 있는 가능성을 제기한 것으로서 하나의 고려 대상이 될 수 있을 것이다. 사상사의 독자성을 긍정하는 선생의 입장에서는 사상의 생산자인 지식계급의 상대적 독자성을 이해하는 것이 보다 유리한 사회사적 입장에 서는 것이 될 터이다.

『맹자』 독해에서 선생은 맹자의 '여민동락'與民同樂(백성과 함께 즐거워한다)에 주목하고, '오늘날의 행복의 조건, 즉 낙樂의 조건은 기본적으로 독락獨樂'이라고 한다. 현대인은 비판적 정치경제학의 관점과는 달리 한계효용학파에서 규정하는 세련된 이기주의를 인간성으로 보는 습관이 있다. 우리는 '신자유주의적 이데올로기에 철저하게 포섭되어' 있다. '인간관계가 상품교환의 틀에 담겨져' 있다. 이 문맥에서 선생은 맹자의 인성론과 인정仁政에서 인간에 대한 신뢰와 상품의 형식에 노예화된 현대인의 상황을 극복할 수 있는 암시를 본다. 구체적 인간관계를 공동의 즐거움과 사랑의 관계로 보려는 맹자의 정치사상을 선생은 '사회주의와 민본주의'로 이해하고, 인간이 불러들인 재앙을 인간이 극복할 것을 제안하는 사상으로 독해하고 있다. 사실 공자, 맹자의 사상은 봉건지배를 공고히 하는 데도 활용되어왔지만, 그들의 '인인의사'仁人義士의 인간관은 억압에 대한 저항의 활력이 되어왔으며 근대에는 사회주의 유파와도 결합하여 아시아적 마르크스주의를 생산해내었다.

도가道家에 대한 독해

선생에 의하면, 노자의 도道는 '개념적 사유'로 규정 불가능한 것이며, 문화적 삶이 갖는 인위와 허위의 관념을 비판하는 기준이다. 선생은 노자를 통해 개념적 사유의 한계를 이해하는 것을 서양의 개념적 사유의 상위에 두고 있다. 이러한 관점은 노자의 무위無爲 무욕無欲이 이 시대에 절실한 윤리적 교훈이 될 수 있다는 가치관과 연관되어 있다. '소비가 미덕'이고 '확대재생산과 대량소비의 악순환이 자본운동의 본질'인 이 시대에 노자의 윤리는 바로 그러한 구조적 현실을 깨닫게 하는 기능을 한다. 무위의 가치관은 '은둔과 피세'가 아니라, '난세의 극복'을 가능하게 하고 혼란이 없는〔無〕 세상을 만들게 하는 것이다. 그것은 '실천의 방식'이며 '세계에 대한 적극 의지의 표명'이다. 노자의 부정적 어휘인 무無는 불균등 계급사회에 대한 비판적 역량을 갖고 있으며, 그것은 "아래에 거하는 것을 잘하는"〔以其善下之〕 인격을 요구하기에 아래로 내려가는 '하방연대'의 '진보적 역량'의 연대성을 가능하게 한다. 간디는 "진보란 단순화이다"Progress is simplification라고 했듯이, 노자의 철학은 반전 평화의 '규모가 작은 국가'를 원하고 패권국가를 배격한다. 이런 의미에서 '노자의 철학은 귀본歸本의 철학'이다.

『주역』이 관계성을 강조하고, 유가가 인仁과 덕을 강조한다면, 노자는 그 위에 영혼의 단순성을 가르친다. 영혼의 단순성은 무한자에 대한 사유와 직관에서 온다. 선생은 이러한 영혼 위에 덕과 사회적 관계를 결합시키는 세계관을 모색하고 있는 것으로 보인다.

장자에 대한 독해에서 선생은 인위성의 첨단인 자본주의적 자유주의에 도가적 자연성을 대비시킨다. 자본주의 체제를 역사의 완성이자 '인간 본성에 가장 자연스러운 체제'로 보는 프랜시스 후쿠야마 같은 인물들의 관점은 '반인간적인 모든 구축적construct 질서를 해체deconstruct하려는' 장자의 사상과 대립된다. 장자의 자유와 유희의 세계는 '기계로 말미암아 노동이 종속적 지위로 전락하고' '노동자에 대한 경멸적 문화가 자리 잡는' 현실을 더 근원적으로 보게 한다. '장자의 체계에 있어서 노동은 삶이며, 삶은 그 자체가 예술이 되어야 하고, 도가 되어야 하고, 도와 함께 소요하는 것이어야' 한다. 장자의 철학은 '기계보다는 사람을 소중하게 생각하고, 효율성보다는 깨달음을 소중하게 여기는 문화를 복원'하게 하는 교훈을 담고 있다.

선생에 의하면, 장자의 「제물론」齊物論에서의 만유는 차이성과 통일성(평등성)을 함께 구비하고 있는, 그래서 모든 사물은 '다르면서도 같은 이이일異而一의 관계', '상호 침투의 관계'에 있다. 장자는 이러한 '모순과 통일을 운동의 형태로 이해하는' '동태적 제물론'을 주장한다. 선생은 장자의 동적 관계성의 철학을 불교의 '연기설(정체성 해체)'과 '모든 존재를 꽃으로 보는 화엄華嚴의 세계'에 해당한다고 본다. 사실 장자는 인도의 불교가 동아시아에 수용되기 위한 사상적 바탕이 되었는데, 선생 역시 이러한 맥락에서 생각하는 것으로 판단된다. 장자와 불가에서는 선생의 말대로 만유의 '그물에 관한 생각이 철학'이었다. 만유가 차이성 가운데 원융한 평등성을 지니고 있음을 깨닫는 데에서 진정한 '현해' 懸解(속박에서 벗어남)의 자유와 해방에 도달한다. 장자에 대한 독해를 통해 선생은 다시 한번 보편적 관계론과 자유의 연관문제를 제기한다. 관계를 우주까지 확장해서 이해하는 데에서 자유와 평화의 심성과 그 실현 가능성이 생긴다.

묵자墨子와 법가法家에 대한 독해

묵자는 전국시대의 난세에 직면하여 민중의 고통을 누구보다도 예리하게 지적한 묵가학파의 대표이다. 묵가는 '하층민이나 공인工人들의 집단'으로 추정되는데, 투쟁과 전쟁을 반대하여 '인민의 협동적 연대 겸상애兼相愛와 경제적 상호이익[交相利]'을 통해 사회를 새롭게 조직하려 했다. 묵가는 집단적 조직을 갖추고서 약소국의 편에 서서 희생적으로 강대국에 맞서는 실천을 감행했던 반전운동의 선구이기도 하다.

이에 대해 선생은 '애정과 연대는 근대 사회의 개인주의적 인간 이해를 반성하는 귀중한 가치'라는 관점에서, '전쟁이 미덕'이 되고 '전시경제 덕분에' 공황을 벗어나는 자본주의 체제에 대한 대안적 가치를 생각한다. 그러나 현실의 인간은 자본주의적 생활습관을 쉽게 벗어나지는 못한다. 묵자 역시 "실이 물드는 것"[染絲]을 보고 탄식했다고 하는데, 사회 속의 인간과 국가는 기존의 고정관념에서 벗어나기 어렵다. 그러나 묵자는 운명이나 천명天命을 "폭군이 만들어낸 것"[命者暴王作之]으로 보고 시대조건을 변형하고자 하였다. 선생은 이 점에서 묵자가 '기층 민중의 이상을 처음으로 제시'하고 '투철한 신념과 지칠 줄 모르는 열정으로 대중 속에서 설교하고 검소한 모범을' 보인 인격으로 해석한다. 그는 '좌파운동'의 선구자이다.

이론적 마르크스주의는 구조에 의한 주체의 피제약성을 지나치게 강조하는 경향이 있다. 묵자의 독해에서 나타난 선생의 입장은 사회구조에 대한 변형에 인간화의 덕을 실천적으로 개입시키는 덕의 사회주의에 접근하고 있는 것으로 판단된다.

순자와 법가의 독해도 위와 같은 입장에서 이루어진다. 이른바 순자의 성악설은 인간에 대한 불신에서 나온 것이 아니라(신자유주의 인성론은 인간을 이기적 존재로 본다), '모든 가치 있는 문화적 소산은 인간 노력의 결정이라고 주장하는 인문철학자'의 생각에서 나온 것이다. 선생에 의하면, "도덕성의 근원을 인간의 본성에서 찾는 맹자가 주정주의主情主義적이라고 한다면, 그것을 사회제도에서 찾는 순자는 주지주의主知主義적이다". 사회와 문화와의 연관에서 인간성이 어떻게 습성화되고 변형될 수 있는지에 대한 순자의 견해는 '진보적이고 신선한 관점'이다.

순자에게서 '개혁주의'를 보는 선생의 관점은 기존 성리학과 한국철학 전공자들이 순자를 배제하고 맹자를 정통시하는 것과는 색다르다. 그러나 선생도 지적하듯이 순자의 사회적 인성론과 인본주의는 '감상주의를 벗어나' 있다. 이런 의미에서 기존의 심성론 중심의 유학 연구는 순자적 사고의 의의를 주목해야 할 것으로 판단된다.

한비자韓非子에 대한 독해에서 선생은 부국강병론이 비난의 표적이 되어 왔던 것과는 다른 흥미로운 점을 읽어낸다. 한비자가 "상인들이 부를 다른 나라에 쌓아놓고 백성들이 곤궁하게 되면 나라가 망한다"고 한 것은, 자본에 국적이 없으니 외국 자본도 우리의 부라는 현재의 세계화 논리의 몰경제적 입장을 비판하는 기준이 된다. 한국인들이 금융자본의 비실물성에 피상적으로 현혹되어 '실물적 관점'이 없이 외국 투자자본에 나라의 부를 내놓는 상황은 법가의 견지에서는 나라의 산업을 공동화空洞化하는 것이다. 또한 제도는 시대마다 다르고 시대가 다르면 변형해야 한다는 법가의 관점을 선생은 '개혁성과 법치주의'의 의의를 갖는 것으로 적극적 의미에서 이해한다.

법가가 갖는 권력유지 기술이 스스로의 입지를 파괴하기도 했지만, 인간을 사회제도와 경제사의 관점에서 보려 한 점은 유가의 감상주의적 측면을 극복한 것이다. 중국의 문화혁명기의 비공비림非孔非林 운동은 공자를 격하하고 법가를 추앙했는데, 이 시기에는 법가의 혁명성이 크게 부각되고 과장되기도 하였다. 그러나 선생의 관점이 인생의 의미를 제도와 그 혁신에만 두는 것은 아니다. 선생의 입장은 우주의 관계적 구조에 근간한 불가적이고도 도가적인 형이상학과 유가적인 인간주의적 덕목 그리고 사회제도를 전체적 관계 속에서 포괄하는 관계론적 상관주의의 전망 안에 있다.

성찰적 관점과 그 함의

이상에서 동양고전에 대한 선생의 독해와 그 방법에 대해 각 분야에 따라 비평적으로 논하였다. 그의 관점은 사회구조와 인간성의 문제를 서로 연관시키고 역동적인 변형 가능성의 지평에서 보는 것이다. 또한 주·객관을 포괄하는 이 지평은 관계의 범위를 확장하여 국제 경제질서 및 신자유주의 이데올로기와의 연관으로 나간다. 이 문맥에서 그의 고전 독해방법은 문명사적 비평의 관점에서 과거의 가치를 현재와 미래에서 되살려 음미해보는 회상과 희망의 좌표 안에 있다. 그러한 시간 좌표 위에서 선생은 고정된 권력 중심을 '해체'하는 방향으로 나간다. 그러나 그가 보기에 '해체주의'는 현대 신자유주의적 '자본주의에 대한 거대한 집합표상을 해체하는 통절함'을 갖지만, '개인을 탈사회화하고 단 하나의 감성적 코드에 매달리게 만드는 일탈과 도피의 장'을 제공하기도 한다. 여기에서 해체의 장점을 살리고 단점을 지양하는 '새로운 문명론'이 요구된다. 그것은 세 가지 차원이 결합된 우주적 비전의 성격을 갖는다.

(1) 그의 관계론적 세계는 불가의 관계론적 우주관인 연기설과, 모든 개체들이 절대적 존재가치를 갖는다는 화엄華嚴세계이다. 만유는 상호조건적 관계 속에서 일어나는 사건들의 총체적 연관체계이며, 그 안에서 잠시 동안 점유하고 있는 모든 개체는 생명의 꽃이다. '논리보다 관계'를 전제하는 선생의 우주적 비전 안에서는 모든 것이 평등하기에 어떤 권력 중심도 없다. 우주는 해체적 우주이다.

이러한 존재론적 근거 아래 (2) '인성의 고양'과 연관된 사랑(仁)과 자유, 평화 등의 정신적 덕목들이 위치한다. 이러한 윤리적 가치는 그 형이상학적 기초를 앞의 화엄세계에 두고 있다. 유연하고 트인 관계 속에서만이 그러한 개방적 가치들이 작동할 수 있을 것이다.

(3) 우주적 비전과 윤리적 가치가 구체적으로 실현되는 장소는 사회이며, 사회는 제도를 갖는다. 따라서 제도는 앞의 두 차원의 진실을 반영하는 것으로 변형되어야 하고, 인간은 이러한 변형의 가능성을 현실화하는 실천적 개입을 해야 한다. 그러나 실천은 어디까지나 사회적 인간관계 속에서, 그리고

우주와의 연관 안에서 이루어지는 것이다.

　이상의 세 가지가 종합된 관점이 '성찰적 관점'이다. 이 관점에서 선생은 마지막으로 송대 신유가의 구조적 성격을 언급한다. 신유가는 우주에 대한 불가의 관심에 촉발되고, 『주역』과 도가의 관계론적 개념들을 활용하여 유가적 가치관을 체계화한 세계관이다. 이 체계 역시 관계론적이고 유기체적인 성격을 갖고 있다. 여기에 불가에 있는 반사회성을 지양하여 '천하국가'라고 하는 사회적 영역과 덕의 문제를 적극적으로 끌어들인다. 따라서 신유가는 우주와 사회 및 덕을 종합하는 포괄적 관점을 가질 수 있게 되었다. 물론 신유가도 중화주의와 봉건적 도덕성을 탈피한 것은 아니다. 그러나 우주적 비전 위에서 사회적 관심과 덕의 실천을 추구한다는 정신은 탈정치화되어 개인으로 파편화되고 신자유주의 공세에 무방비로 노출된 현대 우리의 인생을 성찰하게 하고 대안을 강구하는 데 있어 하나의 귀감이 되기에 충분하다.

　신유가적 정신에 접근하는 선생의 이러한 관점은 인간과 사회 및 우주를 관계주의적 형이상학을 토대로 해서 이해하고, 그것을 고전 독해의 방식에 적용하여, 새로운 문명의 가능성을 성찰해보는 문명비판적 의의를 갖는다. 그의 포괄적인 회통의 관점에서 보이는 마르크스주의적 계기는 인간과 우주의 두 차원에 대한 심중한 고려 속의 한 차원으로 자리 잡는다. 이런 의미에서 선생의 세계관은 철학적 종교 혹은 구원久遠의 철학perennis philosophia의 성격을 가진 인도주의적 사회주의라고 할 수 있을 것이다.

　물론 현대의 문제의식을 전통 고전에 투영하는 방법은 고전에 대한 객관적 해석을 손상시킬 수 있다. 그러나 고전의 가치는 그 해석학적 지평을 넓힘으로써 과거의 관념이 현대까지 재해석되어 계승되는 데 있을 것이다. 이러한 계승을 통해 고전은 문화적 정체성과 보편성을 함께 형성하는 사상의 원천이 될 수 있을 것이다.

만리장성과
화이부동 ✿ 루쉰과 신영복

백원담 | 성공회대 중어중국학과 교수

어떤 해후

중국의 문호 루쉰魯迅 선생을 생각하면 나는 먼저 그의 손끝을 떠올린다. 바늘, 실 그리고 칼을 든 루쉰. 「아큐정전」의 작가 루쉰은 자신의 저서와 역서, 편저, 잡지에 이르기까지 모든 표지를 자신이 도안하고 책 장정까지 연장을 들고 직접 제작했다. 오늘날 가장 알려진 베이징 대학의 교표 또한 루쉰이 도안한 것이다. 루쉰 손에 들린 붓과 칼. 그의 문학작품과 정치평론 들은 그야말로 한 글자 한 글자 촌철살인의 미학. 그러나 송곳, 칼, 바늘과 실로 뚫고 자르고 꿰매는 그는 책을 만드는 장인, 노동자였던 것이다. 문학운동, 판화운동, 일생에 점철된 사회변혁 논쟁, 중국 현대사의 중요한 굴곡마다 어김없이 맺고 풀고 붙이고 자르고 이어간 루쉰 선생의 일감들.

신영복 선생을 생각하면 손매와 붓끝이 떠오른다. 중봉中鋒과 장봉藏鋒, 현완현비懸腕懸臂, 신운완운身運腕運의, 엄정하되 잠자리가 물 위에 앉을 듯 하늘을 차오르는 모양새로 자유롭게 써내려가라며 붓 쓰는 법을 가르쳐주시던 선생님. 부드러움의 강함, 강함의 부드러움. 그 붓의 궤적을 나는 칼끝으로도 보았다. 허튼소리와 몸짓을 단호하게 자르고 일어서는 단단한 선의 미학, 시중時中의 철학, 그 어머님의 민체民體처럼 천상 몸에 밴 노동의 미학이다. 선생이 붓으로 수행해온 일감은 많기도 하다. 그 많은 사회의 행로들의 방향과 목적을 획과 획의 관계성으로 맺고 푸는 붓의 노동, 놓일 곳에 놓이는 정위定位, 혹은 빈 곳과 모자란 곳에 슬며시 괴어놓는 부석浮石 같은 붓의 정체성.

루쉰과 신영복. 두 형상이 영상처럼 자연스레 포개짐은 붓심의 날선 예지로 역사와 현실을 가장 아름답게 절합節合해내는 노동과 사랑. 부지런한 성찰과 노동의 장력이 시공을 넘어 교융交融하는, 절묘한 '화'和의 해후가 아닐까. 1881년과 1941년. 꼭 한 갑자 차이의 두 사람.

만리장성과 화이부동

신해혁명의 현실적 실패 뒤에 루쉰은 그 허망함을 이기기보다 그 절망 속에 침잠하는 방법으로 처절히 역사로 잠행한다. 거기서 만난 중국, 수천 년 식인食人〔吃人〕의 역사. 루쉰은 군벌정부에 의해 그의 학생들이 죽임을 당하는 1925년 3·18사건이 발발한 뒤, 「장성」長城이라는 짧은 글을 쓴다. 「광인일기」에 토로된 수천 년 인의예지仁義禮智 윤리도덕이 자행한 식인의 역사, 그것은 수천 년 전 축조된 원형으로서 사람들의 삶을 규제해왔으며, 봉건 중국의 역사적 통치과정은 그것을 개축·보수하며 더욱 강고한 성벽이 되어 사람들의 일상적 삶을 완강하게 포위해왔던 것이다. 언제 다시 이 무도한 역사의 성벽을 재구축하는 벽돌이 더해지지 않으려나, 루쉰의 눈앞에 장성은 위대하고도 저주스러운 중국의 무도한 지배의 역사, 그 현재적 재현의 가장 뚜렷한 표징이 아닐 수 없었던 것이다. 세계사의 보편으로 군림해왔으면서도 자율로 이루지 못한 근대, 그 반봉건 반식민의 상태를 이끄는 또 다른 반동세력의 기생적 엄존과 그 강권에 의한 민중의 희생.

위대한 장성이여!
이 사업은 지도상에도 아직 그것의 작은 형상이 남아 있지만, 무릇 세계의 조금이라도 견식이 있는 사람은 대개 그 존재를 안다. 사실 종래 쓸데없이 많은 노동자들이 이 벽을 쌓다가 죽었을 따름이지, 이것으로 오랑캐들을 어찌 막을 수 있었겠는가. 지금은 고적에 불과할 뿐, 그러나 (역사상) 한때도 소멸되지 않았고, 혹은 그것을 여전히 보존해야 했다. 나는 줄곧 주위가 장성으로 둘러싸여 있다는 것을 느낀다. 이 장성의 구성 재료는 오래전부터 있었던 옛날 벽돌과 보수하며 끼워넣은 새 벽돌들이다. 이 두 가지 것이 한통속이 되어서 성벽을 이루어 사람들을 포위하고 있는 것이다. 어느 때나 비로소 장성에 새 벽돌을 끼워넣지 않으려나?
이 위대하고도 저주스러운 장성이여![1]

나는 이것을 루쉰의 '권'圈의 인식과 설치로 이해하였다. 여기서 '권'은 나무 울타리, 곧 우리이고, 그 안에 있는 죄인은 짐승을 의미한다. 바깥에 둘러쳐진 구口가 울타리라면, 그 안의 물체 '권'은 다름 아닌 갇힌 짐승의 형체인 것이다. '권'은 루쉰의 공간의식의 발현으로서 그것은 장구한 역사라는 시간성을 포착함으로써 가능했다. 봉건 중국, 식인의 역사가 "너럭바위처럼 조국의 하늘을 누르는"[2] 현실을 규정한다는 점에서 루쉰에게 중국 근대 초기의 공간은 '우'宇 곧 집이되, 그 하늘 지붕은 검은 너럭바위[磐]이고, 그것은 반역적 역사의 거대한 무게로 중국민의 삶의 지평을 압박하는 양상이다. 이러한 억압적 공간의식은 현실의 구체적 지점에서 '권'으로 바뀌는데, 그것은 「장성」에서 확인되듯이 역사에 대한 추상적 부정에서 반봉건 반식민이라는 현실의 긴박한 상황 전개에 따른 구체적 전선 설치를 통해 부단히 재편되어간 공간인식, 역사적 시간성을 이어가는 억압적 공간의 연이은 장벽과의 첨예한 대치 속에서 그 공간의 의미를 맞뚫어가는 관통의 방식으로 획득된 것이다. 이처럼 공간적 막힘이 시간의 변이에 따라 '길'(道)로 통변通變해간다는 것을 루쉰은 현실적 삶의 실천 속에서 체득해갔다. 그런 점에서 루쉰식 삶의 태도와 글쓰기 방식이란 엄폐된 공간에 구멍을 뚫고, 장벽을 부수는 비수요, 투창이고, 주체적으로 역사의 축軸을 돌려내는 방법론이다. 따라서 위대하고 저주스런 장성이란 루쉰의 역사인식이 현실의 문제적 집점集點(3·18사건)에서 죽음의 역사적 연계성을 확인하고, 그 축을 전화하기 위한 시적 긴장·몰입의 표현이라 하겠다. 그렇다면 그 포위된 역사의 실증, '장성'을 신영복은 어떻게 대면했을까.

…… 장성은 산맥을 타고 흘러오는 역사의 장강長江…… 유럽이 알프스 산맥의 서쪽 땅에서 한번도 통일제국을 이루어내지 못하고 시종 분립分立의 역사를 반복하여 왔음에 비하여, 광대한 중국 대륙을 하나의 제국으로 묶어낸 만리장성은 동양적 통합력과 동양적 원융성圓融性의 실체라고 주장되기도 합니다. 반대로 만리장성은 화이華夷를 구분하는 폐쇄의 성城이며, 중화사상中華思想이 내장하고 있는 독선獨善의 징표徵標라 일컬어지기도 합니다. …… 이러한 사념보다는 바로 손발이 닿아 있는 벽돌의 즉물성 …… 이 성벽의 축조에 희생된 사람은 물론이며 그 숱한 사람들의 아픔에 울적해하는 우리들을 위해서도 만리장성은 최소한의 의미를 지니고 있어야 했습니다. 그래서 문득 찾아낸 것이 만리장성은 방어防禦를 위한 성벽이라는 사실이었습니다. …… 만리장성과 자금성紫禁城뿐만 아니라 지금껏 만난 모든 성채와 신전 역시 방어의 축조물 …… 그 사실 하나만으로도 충분히 인류의 귀중한 유산이 되고 지혜의 소산이 될 수 있다고 믿습니다. …… 전쟁과 같은 공사였으며 전쟁과 같은 희생을 치렀던 …… 이러한 노역은 분명 전쟁 그 자체보다는 나은 것임에 틀림

없습니다. 더구나 오늘 우리가 쌓고 있는 전쟁 무기들과 비교한다면 더욱 그
렇습니다. ⋯⋯

일찍이 당태종唐太宗은 북방 흉노족들과 화친和親을 성공적으로 맺고 돌아온
이세적李世勣 장군에게 '인현장성'人賢長成이라는 네 글자를 써주었습니다.
'사람이 장성보다 낫다'는 뜻입니다. 장성으로서도 얻을 수 없었던 국경의 화
평을 필마단신匹馬單身으로 이루어냈기 때문입니다. 방어보다 화평이 낫고,
장성보다 사람이 나은 것이 분명합니다.

오늘날도 만리장성 당시와 마찬가지로 엄청난 공세가 거침없이 밀어닥치고
있습니다. 세계화의 논리를 앞세우고 더욱 거세게 쇄도하는 외풍과 외압이 이
겨울을 더욱 춥게 하고 있습니다. 남아 있는 울타리마저 스스로 헐어야 하는
난감한 현실입니다. 이처럼 난감한 현실은 만리장성의 장대한 모습을 무척이
나 부럽게 합니다. ⋯⋯ 우리는 이제부터라도 화평을 만들어내고 사람을 키워
내는 진정한 성城을 쌓을 수는 없는가. ⋯⋯ 인간적 가치를 지켜주는 보루堡壘
를 쌓을 수는 없는가. 그리고 이러한 보루들을 연결하여 20세기를 관류해 온
쟁투의 역사를 그 앞에 멈추어 서게 할 새로운 세기의 성벽을 만들어낼 수는
없을까. 만리장성은 이 모든 생각을 싣고 강물처럼 가슴속으로 흘러듭니
다.(『더불어 숲』1, 87~93쪽)

수천 년 시간의 장강, 그 도저한 흐름 속에서 여전히 건재한 장성을 위대
하고도 저주스럽다고 몸서리쳤던 루쉰, 그 산정 위에 늘비한 장성을 오늘에
다시 어떻게 표상해갈 것인가.

신영복은 루쉰의 인식 위에서 그 파란의 세월을 다시 날세우되 거기서 한
가지 의미를 찾아낸다. 그것이 전쟁을 예방하기 위한 방벽이었다는 것, 그 하
나의 위로. 전쟁에 의한 제국의 건립과 그 유지, 확산을 위한 침략, 토벌의 전
쟁과 그 방벽의 축조는 민중적 삶의 입지에서 보면 여지없는 참상으로서 여

전혀 가공스럽다. 그러나 봉건전제의 유지, 강화를 위한 참혹한 전쟁보다는 그 위용에 의한 전쟁의 방어기제로서의 성벽으로 유용했다는 고쳐 읽기. 그리고 한 걸음 더 나아가 사람이 장성보다 낫다. 인현장성, 신영복은 봉건제국의 유지 논리지만 그것이 가지는 평화적 의미를 놓치지 않으며 그것을 사람이 이루어간다는 것을 포착해낸 것이다.

그러나 중국, 동아시아를 읽는 문명의 코드로부터 한갓 문화상품으로 전락한 역사유산, 무엇보다도 그것은 제국의 재건이라는 21세기적 패권화의 음영으로부터 결코 자유롭지 못하다. 장성 중국. 그것의 오늘의 표상은 중국식 패권주의의 가능성으로 자주 오해되거니와 그런 점에서 오늘의 중국은 그 파란만장한 혁명적 전개의 전통을 힘으로 새롭게 자기 형상을 빚어가지 않으면 안 될 것이다. 인현장성의 혜지의 의미를 십분 안아내되, 국경을 넘는 자본, 신자유주의 세계화라는 이름하에 자행되고 있는 광활한 자본의 세상에서 자본의 물신성과 도저한 자기확장 운동에 대응할 수 있는 새로운 의미 파장을 확보해내야 하는 것이다. 그런 점에서 신영복은 비단 중국만이 변혁의 대상이 아니라 이 도저한 패권적 세계가 새로운 인간적 보루를 만들어내지 않으면 안 된다고 역설한다. 봉건 통치의 보루가 아니라 인간적 가치의 소재, 인간과 인간, 인간과 자연의 올바른 관계를 지켜내는 참세상의 보루를 인간의 진보지향 속에서 그 창조적 노둣돌부터 다시 쌓아가지 않으면 안 된다는 것이다.

루쉰과 신영복의 '장성'을 통한 역사적 조응, 그것은 이처럼 자기 역사 현실에 대한 직시와 그 모순의 발전 맥락 속에서 새로운 대안을 만드는 예지의 획득으로 현현되고 있다. 그것은 전쟁의 참화와 방벽의 축조를 위해 참혹한 노동으로 죽어간 이름 없는 영혼들의 넋을 위로하는 것이고, 또한 그 통한의 원망들을 오늘을 넘는 가장 굳건한 동력으로 삼아 빛나는 인간적 내일을 일으켜가고자 하는 '문'文의 기획의 점철이 아닌가 한다.

문門 혹은 문文, 화이부동和而不同

17세 나이에 도쿄에서 의학 공부를 중지하고 중국에 돌아온 루쉰. 그는 어린 나이에도 불구하고 서구 제국주의의 본질과 그것이 동아시아 근대, 특히 중국에 패권적으로 관철된 문제와 이에 근시안적으로 대응하는 중국 사회와 지식계를 보면서, 과학과 문화가 인류사를 이끌어온 과정에 대한 통찰을 통해 의학으로부터 문학으로 자신의 활동 영역을 바꾼 뒤 뚜렷한 행로를 기획하였다. 그런 루쉰에게 '원권' 圓圈 개념은 핵심 기제이다. 식인의 역사가 선각자에게 두른 굴레 원권, 그러나 루쉰은 그 굴레의 형질을 정확하게 분석하여 오히려 봉건 중국에 그 예리한 안광으로 원권을 둘러쳤다. '혁'革이다. 일본 제국주의와 서구 제국주의의 압박에 대해서도 정시正視하면서, 잡감문 등 글쓰기를 통해 끊임없이 크고 작은 원권들을 두르고 정확하게 혁파해나갔던 루쉰. 그런데 그 혁은 가죽에 칼을 갈아 자신을 벼리는 개념이다. 문화를 통한 변혁기획이 루쉰을 점철하고 있었던 것이다. 루쉰은 수평적 대립관계의 설정(몽매한 국민 대 선각자, 혹은 수구 대 진보)과 그것의 괴멸을 구도하고, 스스로 썩음[朽腐]과 죽음의 미학으로 나아가고, 그리하여 마침내 땅불[地火]을 보아내었다. 반항절망의 시간 속에서 자신의 죽음, 썩음을 상정함으로 인해 지층을 인식했던 루쉰, 지표면에서의 수평적 긴장이 지층운동의 아래로부터의 동력을 받으면서 지각변동을 일으키는 '땅불', 혁명문학 논쟁 당시 혁명문학 진영의 비난에 대해 자신은 이미 '땅불'을 보아내었으며,[3] '분수에서 나오는 것은 물이고 혈관에서 나오는 것은 피'이므로, 관념적 구호의 외침보다는 혁명적 실천의 중요성을 역설한 바 있던 그의 생존방식. 그 루쉰식 삶의 의미를 온전히 안는 것은 오늘의 신자유주의 세계화가 설치해놓은 이 빈곤과 양극화의 파국, 그 빈곤과 전쟁의 세계화라는 권의 축으로의 전화, 진정한 문명사의 전환을 주도할 동아시아에 흐르는 땅기운[地氣]과 지각운동의 동력을 확인하는 일에 다름 아니겠다.

패권을 위해서라면 한 민족과 생명을 이 지구상에서 사멸시키는 것쯤은 아무 문제가 아닌 이 무도한 자본의 폭압과 전횡에 인간과 인간, 인간과 자연의 진정한 상생의 길을 열어내는 한 방법론으로 월인越人[4] 루쉰, 그 복수의식을 오늘에 체현하기. 신영복은 루쉰이 자기 전화를 통해 주도한 중국 역사의 전진을 우리 현실에 제대로 가져오기 기획을 시도한 바 있다. 루쉰 서한(『청년들아, 나를 딛고 오르거라』[5])의 소개와 『루쉰전』魯迅傳[6] 번역 등이 그것이다. 이는 최근 우리나라에서 많은 루쉰 연구의 성과들이 대두되고 있지만, 루쉰이 그 온 모습으로 이 땅에 초기 정착하는 과정에 귀중한 의미를 갖는 중요한 작업이었다고 하지 않을 수 없다. 그리고 이 작업은 신영복의 다음 행보와 더불어 더욱 의미가 있는 바이다. 다름 아닌 앞서 제기한 동아시아 연대의 새로운 길 찾기, 문화적 동아시아의 관계론적 기획이 그것이다.

신영복은 우선 근대사의 전 기간 동안 그 지배권역을 세계화해온 패권 논리가 이데올로기의 차원을 넘어, 문화와 의식을 원천적으로 규정하는 제도 이상의 압도적 권력으로 군림하고 있는 현실에 주목한다. 그리고 20세기를 일관하여 동아시아가 추구해온 가치지향이 근대 기획이었다는 점에서 동아시아의 문명사적 의미 역시 역사적으로 다양한 층위를 보여왔으며, 따라서 동아시아의 문화와 가치에 대한 역사적 성찰은 현대 사회의 당면 과제를 비판적으로 지양하기 위한 실천적 노력을 기조로, 반패권적 관점에서 동아시아의 문화와 가치를 재구성하고 재조명하는 노력을 이론과 실천의 양면에서 가져가야 한다[7]고 역설한다. 그리하여 신영복은 공자의 화이부동和而不同론을 관계론적 시각에서 재조명하고 재구성해낸다.

화和와 동同의 논의는 개인이 맺는 교우의 의미에 국한되지 않고 나아가 모든 인간관계와 국가 간의 관계에도 적용될 수 있는 관계 일반의 원리라고 할 수 있다. …… 화의 기본적 의미는 차이를 존중하고 다양성을 승인하는 공존의 원리이다. 그리고 다양성의 공존으로부터 풍요로움이 자라고 만물이 생겨난다고 풀이하고 있다. 화는 공존과 평화의 원리이며 진정한 질적 발전을 이루어내는 원리이다. 이에 반하여 동은 차이와 다양성을 인정하지 않는 흡수와 합병의 논리이다. 그것은 이利를 숭상하여 아부〔有阿比之意〕하는 논리이다. …… 그것은 한 가지 소리만 내는 것을 의미하고 다양한 가치가 서로 조화하여 질적 발전을 이루어내는 창조성과는 반대의 것이 아닐 수 없다. 양적인 성장은 가능할 수 있지만 질적인 발전은 불가능한 지배와 흡수의 패권적 논리이다. 동의 논리는 자본의 운동원리이다. …… 동의 논리는 근대사의 구성원리일 뿐만 아니라 현대 자본주의의 패권논리이다. …… 20세기는 동의 논리가 관철된 세기였다. 새로운 가치지향성이 봉쇄되고 화폐가치가 아닌 모든 가치가 소멸되었으며 이러한 성장을 위하여 강제와 억압, 전쟁과 혁명으로 인한 집단적 살육과 대량의 파괴를 대가로 치르지 않을 수 없었다. 21세기의 문명사적 과제는 바로 이러한 동의 논리를 청산하는 것이라 할 수 있다. 동의 논리와 패권적 세계질서를 청산하지 않는 한 21세기는 20세기와 조금도 다름이 없을 것이다.[8]

그런데 이 동의 논리는 20세기에 서구가 아시아에 관철했을 뿐만 아니라 아시아에서도 그것이 구성원리가 된다. 근대화를 국가 목표로 근대 기획에 열중해온 아시아의 현대사 역시 동의 논리가 관철되어왔기 때문이다. 따라서 신영복은 근대 사회의 구성원리이면서 동의 논리를 넘어 화의 원리를 지향하는 대안 담론을 제기한다. 그런데 그 관계론적 구성원리의 해명은 현대 과학의 성과를 바탕으로 하고 있다. 루쉰이 「과학사교편」에서 세계물질운동의 과학적 해명을 통해 근대 사회의 발전을 인식해온 바와 같이 신영복 역시 현대 과학의 흐름을 직시하며, 그로부터 사회 발전의 연관성을 해명해내고 있는 것이다.

신영복의 '화'의 관계론에서 압권을 이루는 것은 다름 아닌 그의 『주역』의 재해석이다. 이는 동아시아의 문화와 가치가 현재적으로 재구성되는 과정의 한 진경을 보여준다. 『역경』易經이 보여주는 동양적 판단 형식의 기본구조 속에서 '화'의 관계론을 펼쳐 보이는 것이다.

『주역』의 가장 큰 특징은 …… 개별적 존재들이 맺고 있는 관계에 대한 관점이 바탕이 되고 있다는 사실이다. 모든 효爻에 대한 판단은 효 그 자체의 성격에서 내려지는 것이 아니라 그 효가 맺고 있는 여러 가지의 관계에 의하여 판단 …… 음효陰爻가 음효의 자리에 있는 경우를 득위得位라 하고 그렇지 못한 경우를 실위失位라 한다. 상하上下의 효가 이루는 관계를 비比라 한다. 그리고 상괘上卦의 효와 하괘下卦의 효가 이루어내는 음양상응陰陽相應 관계를 응應이라 한다. 그리고 대성괘大成卦의 성격도 대성괘를 이루는 상하 두 소성괘小成卦의 관계로서 판단한다. 『역경』의 판단구조는 철저할 정도로 개별적 존재가 기준이 되는 것이 아니라 그러한 개별적 존재들이 맺고 있는 여러 차원의 관계가 기준이 되고 있다.

경 사상에서 빼놓을 수 없는 것 …… 64괘의 제일 마지막 괘인 화수미제火水未濟괘가 미완성을 의미 …… 미완성의 괘가 마지막 괘라는 사실은 세계의 운동은 미완성의 연속임을 의미하는 것 …… 목표를 달성하는 것보다는 과정을 아름답게 하는 것이 중요하다. 생산성을 제고하는 것보다 생산과정을 인간적인 것으로 만드는 일이 더욱 중요하고 자본축적보다는 자본축적의 과정을 인간적 논리로 관리하는 것이 더욱 중요하게 된다. 이와 같은 과정의 논리가 바로 관계론의 정수精髓라고 할 수 있다. 따라서 개별적 존재성을 강화하는 대신에 그 관계성을 최대화하는 것이 관계론의 실천적 과제이다.[9]

관계론의 실천적 과제, 신영복은 이것을 연대의 문제로서 제기한다. 그런데 그것이 자본과 권력의 결탁과 같은 존재론의 아류가 아니라 화의 원리가 되고 실천적 관계론의 전형이 되기 위해서는, 차이를 존중하고 다양성을 승인함으로써 평화롭게 공존하는 구성원리를 본연으로 해야 한다. 그런데 이러한 연대의 원리를 확보한다 하더라도 그것을 아시아에서 관철해나가기란 결코 쉽지 않다. "아시아 국가에 의한 아시아 국가의 침탈과 지배가 아시아의 연대성에 지울 수 없는 상처를 남겨두고 있고", 그 "역사적 상처는 정체성이 없는 문화적 식민주의와 함께 동아시아의 공존과 연대의 틀을 만들어나가는 데" 장애로 작용하고 있기 때문이다. 따라서 신영복은 쿠바의 존립과 라틴아메리카에서의 문화적 정체성의 관계를 성찰하면서 동아시아에서 문화적 정체성의 확보가 정치경제적 자립 기반의 건설에 못지않은 중요한 과제임을 역설한다.

…… 한국이 앞으로의 통일과정에서 자본주의와 사회주의의 다양성을 포용하는 공존과 평화의 구조를 만들어낸다면 이는 진정한 화和의 원리이며 새로운 패러다임 …… 지역연합체와 경제공동체를 만들어 동同의 논리를 확장하는 방향과는 반대편을 겨냥하는 새로운 관계형식을 모색하여야 할 것이다. 각 국가의 정치적 자주성과 경제적 자립성, 그리고 문화적 정체성을 서로 도와서 이루게 하는 상생적 연대구조를 만들어내어야 할 것이다. 이는 동아시아의 역사적 전통에 면면히 흐르고 있는 관계론적 구조와 정서를 재조명하는 일이며 동아시아의 문명사적 의의를 재확인하는 일이 될 것이다. 그리고 이것은 궁극적으로 자연과 생명의 원리를 재조명하는 것이 될 것이다.[10]

오늘의 동아시아는 세계적인 냉전의 해체에도 불구하고 신냉전의 가장 첨예한 정치·경제·군사적 대치의 부지가 되고 있다. 최근 평택 미군기지 이전에서 확인되듯이 미국의 동아시아 전략은 전략적 유연성을 핵심으로 하는 한미 간의 밀착적 군사관계, 일본의 재무장 기획을 통해 중국을 겨냥한 신냉전 전략을 구도하며 아시아 전역에 새로운 긴장관계를 조성하고 있다. 그런데 이를 다시 생각하면 아직 동아시아에 냉전 이후 새로운 지역질서는 구축되지 않았고, 다양한 힘의 역학에 의해 구축되는 과정에 있다고 하겠다. 여기서 한반도 문제는 새로운 세계질서와 지역질서의 재편 와중에 얹혀 있는 형국이다. 주목할 것은 동아시아 신질서 구축을 주도하는 주요한 힘 중의 하나로 급속하게 추진되고 있는 동아시아의 지역화 과정이다. 한편에 아세안+3과 다른 한편에 홍콩 반WTO연대투쟁에서 확인된 아래로부터의 연대, 거기에 한류로 표상되는 동아시아에서의 활발한 문화교통의 함의들, 그 다양한 힘의 각축 외에 미국이라는 강력한 외부의 힘이 아시아, 태평양이라는 확장적 지역화를 통해 지배를 관철하고자 하고 있고(APEC), 유럽은 아시아유럽정상회의(ASEM)를 통해 대륙을 넘나드는 새로운 세계질서의 구축을 통해 재기를 노리고 있다.

지금의 세계 흐름은 미국이라는 일국적 주도에 의한 지배관계가 두드러지지만, 다른 한편으로 보면 어떤 지향과 어떤 수준이든 관계론의 역학이 자기모순에서든 발전적 극복 경로에서든 그 질서에 일정한 균열을 내고 있는 와중이라고도 할 수 있다. 여기서 과연 어떤 가치, 원리가 이 모든 관계의 역상逆像들을 새로운 관계망으로 이끌 길눈이 될 것인가.

루쉰 선생과 신영복 선생의 각기의 결이 겹쳐지며 만들어내는 실루엣, 그 역사적 해후를 가상해본 것은 오늘의 세계사적 현실과 동아시아의 정세 국면이 이제까지와는 다른 새로운 통찰과 상상력을 전적으로 요구하고 있기 때문이다. 루쉰이 중국과 세계를 향해 친 선분, 원권圓圈과 신영복이 동아시아에 연대의 선색線索을 이어내고자 하는 화和의 관계망, 나는 그것을 중국과 한국의 어떤 문화적 절합, 아직 제대로 접속이 되지는 않았지만, 동남아시아에서의 엄연한 역사 경험이 자아낸 어떤 징후들이 발신해온, 자기 역사의 무른 살 가죽에 스스로 칼을 대는 변역變易의 '혁'革에 의해서만 가능한 숱한 삶의 결들의 총화, 그 다양한 희망의 공존, 문文의 화化, 화和의 기획으로 읽었다.

■ ■ ■ ■ ⬝

1 이 글은 1925년 5월 15일 『莽原』(周刊 第四期)에 처음 발표되었다가, 루쉰의 잡감집 『華盖集』에 수록되었다.

2 루쉰의 시 「조그만 사진에 부쳐」(自題小像) 중 한 구절.

3 魯迅, 「路」, 『三閑集』, 1928. 4. 23.

4 중국에서는 옛 월나라 사람들을 복수의 화신으로 이해한다. 루쉰의 고향 샤오싱(浙江省 紹興) 지방은 다름 아닌 월왕(越王) 구천(句踐)이 와신상담(臥薪嘗膽)한 고장이다.

5 신영복 감수, 유세종 편, 『청년들아, 나를 딛고 오르거라』, 도서출판 창, 1991.

6 왕스징(王士靖), 신영복·유세종 옮김, 『루쉰전』(魯迅傳), 다섯수레, 1992.

7 신영복, 「21세기 동아시아의 새로운 관계지향을 위하여」, 『동아시아문화공동체포럼 제1차 국제회의 자료집』, 2002. 2.

8 신영복, 「동아시아의 가치와 연대」, 『2004 아시아전통문화예술페스티벌 학술제: 아시아문화의 같음과 다름』 자료집, 2004.

9 신영복, 「동아시아의 가치와 연대」, 앞의 책. 신영복, 「주역의 관계론」, 『강의』, 돌베개, 2004.

10 신영복, 「동아시아의 가치와 연대」, 앞의 책.

자본주의 문명 비판과
'관계론' ✤

신정완 | 성공회대 사회과학부 교수

감옥에서 바라본 자본주의

신영복 선생은 1960년대 초반 서울대학교 경제학과에서 한국 사회에 대해 비판적 시각을 공유하는 선후배, 동료들과 함께 공부할 때부터 지금까지 줄곧 반자본주의자로 살아왔다. 잘 알려진 바와 같이 선생은 육사 교관시절에 통혁당 사건으로 구속되어 20여 년 감옥생활을 겪어야 했는데, 통혁당은 지금까지도 남한 사회 반체제운동의 주류로 자리잡아온 NL(민족해방주의) 노선에 기초한 혁명조직이었다.

20세기 제3세계의 급진적 지식인이 민족주의적 색채가 강하게 가미된 사회주의 이념에 경도되는 것은 보편적 경로라 할 만큼 흔한 일이었다. 그런데 왜 어떤 사람들은 사회주의자가 되는가? 다른 사람들이 아니라 왜 어떤 특정한 사람들이 자본주의 사회에서 사회주의자로 살아가는 험난한 길을 선택하게 되는가?

신영복 선생은 성장배경의 측면에서는 사회주의자가 될 요인을 많이 갖지 않은 분이었다. 유학자인 조부와 초등학교 교장인 부친 슬하에서 자란 선생은 비교적 유복하고 매우 지적인 가정환경에서 엄격하고 절도 있는 가정교육을 받으며 성장했다. 게다가 어릴 적부터 공부를 잘하고 성품이 좋아 주변 사람들로부터 늘 칭찬과 애정을 받으며 자랐다. 선생이 사회주의자로 성장하게 된 데에는 물론 1960년대 한국 사회의 척박한 현실이 가장 중요한 요인으로 작용했겠으나, 선생의 타고난 성품과 기질도 그에 못지않게 작용하였을 것으로 짐작된다. 선생의 회고에 따르면, 초등학교 시절 늘 공부를 잘하던 선생께 어떤 가난한 집안의 친구가 "네가 공부를 잘하는 것은 교장선생님 아들이기 때문"이라고 이야기하는 것을 듣고는 충격을 받아 이후로는 일부러 개구쟁이짓을 많이 하여 벌을 자주 받곤 했다고 한다. 어린 시절부터 앞선 자로서의 지위를 향유하기보다는 이를 몹시 불편하게 느끼고, 오히려 뒤처진 자, 불우한 자와 자리를 함께할 때에야 편안함을 느꼈던 것이다.

신영복 선생이 대학생과 대학원생 시절에 학습했던 마르크스주의의 이론적 수준이 어느 정도였는지 정확히 알 수는 없다. 다만 당시에 접할 수 있었던 문헌의 제약성을 고려해볼 때 이론적으로 세련된 논의들에는 접하지 못하였을 것으로 짐작된다. 그러나 당시의 엄혹한 정치경제적 조건에서 마르크스주의를 학습했던 선생과 그 동료들이 매우 치열한 실천적 고민 속에서 마르크스주의를 내면화했으리라는 것은 충분히 짐작된다. 이후 마르크스주의는 선생의 세계관을 구성하는 핵심적 뼈대로 자리 잡았다.

20년이 넘는 영어囹圄 생활은 선생에게 마르크스 경제학뿐 아니라 근대 사회과학으로서의 경제학 전체와의 격절隔絶을 강요했다. 그 오랜 고립과 격절의 기간에 선생은 중국 고전과 더불어 감옥 동료들과의 공동생활 체험을 사유의 자양분 삼아 세계관과 인생관을 다듬어갔다. 마르크스주의적 세계관을 견지한 비판적 지식인이 감옥 체험을 통해 바라본 한국 사회의 모습, 더 나아가 자본주의 사회 일반의 모습이 긍정적으로 비쳐지지 않았을 것은 당연하다. 선생의 표현대로 감옥이란 우리 사회의 모순이 거꾸로 세운 피라미드의 꼭짓점처럼 날카롭게 집약되어 나타나는 곳이었을 테다. 온갖 흉측한 죄목을 갖고 감옥에 들어왔지만 오랜 기간 함께 부대끼며 살아보면 그 선량함이 물씬 묻어나는 많은 수인囚人들을 바라보면서, 선생은 이들을 자본주의의 모순과 잔인함을 가장 낮은 자리에서 겪어내다 결국 튕겨내진, 자본주의의 작은 편린들로 인식하였을 것이다.

선생이 『감옥으로부터의 사색』에서 언급하였듯이, 개인의 체험에 기초하여 형성된 당파성은 편향성을 갖기 마련이다. 감옥에서 바라본 한국 자본주의는 주로 수인들의 비참한 모습을 통해 그 고도성장의 이면을 증언하였을 것이다. 반면에 한국 사회의 정치적 억압 속에서도 나름대로 열심히 일하여 집 평수를 늘려가고 자신은 문턱에도 가보지 못한 대학에 자녀를 보낼 수 있었던 평범한 가장이 느꼈을 보람 같은 것은 가까이 느끼기 어려웠을 것이다. 그러나 확고한 체험에 기초한 당파성에 불가피하게 수반되는 편향성은 나름의 묵직한 울림을 갖는다. 성공한 자들 못지않게 실패한 자들도 자신의 삶을 통해 사회의 모습을 증언하며 어떤 면에서는 사회의 진면목을 더 절박하게 보여준다. 더구나 사회의 구조가 성공한 자의 행복이 실패한 자의 불행을 불가피하게 필요로 하도록 짜여 있는 측면이 있다면, 실패한 자의 자리에 서 있을 때에 사회 전체의 구조와 작동원리가 더 분명하게 보일 수도 있을 것이다.

자본주의 비판의 논리

선생이 출소 후에 쓰신 많은 글들에서도 자본주의는 결코 긍정적으로 그려지지 않는다. 그리고 자본주의를 비판하는 선생의 시각과 논리의 골격은 여전히 마르크스주의적이다. 우선 자본주의 경제의 기초를 이루는 상품-화폐경제라는 것이 부정적으로 평가된다. 선생도 상품-화폐경제의 발전이 시민적 자유의 공간을 일정하게 열어준다는 점을 부인하지는 않는다. 그러나 겉보기에 화려하고 현란하기 짝이 없는 상품들의 세계는 사람들 사이의 진정한 관계를 인식론적으로 왜곡시키는 '물신성'의 세계일 뿐 아니라 사람들 사이의 바람직한 관계를 파괴하는 세계이기도 하다. 그리고 상품경제의 발전에 필연적으로 동반하는 화폐경제는 부등가교환을 통한 수탈과 기만이 기승을 부리는 세계이다. 그리고 상품-화폐경제의 정점에 서 있는 자본주의는 노동자와 자연에 대한 무자비한 착취를 재생산하는 잔혹하고 무책임한 질서로 인식된다.

또한 자본주의의 역사는 그 시초에서부터 약자에 대한 강자의 정복과 수탈의 역사였다는 점을 강조한다. 세계 각국을 여행하고 난 후에 쓴 기행문인 『더불어 숲』은 콜럼버스가 황금의 땅 인도를 찾으러 출항했던 스페인 우엘바 항구에서 띄우는 엽서로 시작된다. 이는 근대 세계사가 비서구 지역에 대한 서구의 약탈 의지에서부터 시작된 것임을 강조하려 선택된 것이다. 그리고 이러한 정복-피정복, 지배-피지배, 수탈-피수탈의 구조는 지금도 의연히 세계 자본주의의 기본 구조로 남아 있다는 점을 끊임없이 상기시킨다. 현재 일종의 시대정신으로까지 격상된 '세계화' globalization라는 것도 이러한 자본주의의 오랜 세계 정복의 논리, 세계 획일화의 논리의 연장선상에 있을 뿐이다.

이런 시각에서 보면 한국 경제의 고도성장, 흔히 '한강의 기적'으로 칭송되어온 성과라는 것도 그리 탐탁지 않은 것으로 평가될 수밖에 없다. 한국 경제의 고도성장은 세계 자본주의라는 거대한 톱니바퀴의 틀 속에 편입되고자 기를 쓰고 머리를 들이밀어 성취된 것인데, 세계 자본주의 질서 자체가 불평등과 부정의를 필연적으로 야기할 뿐 아니라 이를 필요로 하는 것이라는 점에서 규범적으로 바람직한 것으로 평가될 수 없다. 그뿐 아니라 미국이나 유럽과 같은 세계 자본주의의 중심지들은 톱니바퀴 체계의 중심에 있는 큰 톱니바퀴이기 때문에 비교적 여유 있게 천천히 돌아가도 되지만, 한국 경제와 같은 주변부 경제는 큰 톱니바퀴에 물려 있는 작은 톱니바퀴이기 때문에 정신없이 빨리 돌아가야만 자기의 위치를 유지할 수 있다는 것이다. 따라서 자연과 인간을 그만큼 더 많이 파괴하게 되고 더 많은 패배자를 낳을 수밖에 없다. 이런 시각에 기초하여 선생은 한국 경제의 활로를 세계화론자들과는 정반대로 톱니바퀴의 회전운동을 가속화하는 데에서가 아니라 톱니바퀴 운동으로부터 자신을 빼내는 것gear-off에서 찾는다. 그리고 남북 간의 경제협력과 통일을 이러한 세계 자본주의의 정신없는 운동으로부터 한국 경제를 이탈시킬 수 있는 마지막 기회로 간주한다.

'관계론'의 철학

그런데 자본주의 문명에 대한 선생의 비판논리에는 마르크스주의적 시각만이 녹아 있는 것은 아니다. 오랜 영어기간에 그의 벗이 되어준 중국 고전에 대한 숙독과 반추, 그리고 감옥을 비롯하여 그가 삶의 여러 현장에서 만났던 사람들과의 관계 경험에 기초하여 그는 '관계론'이라는 인식론적, 세계관적 화두를 벼려냈다. '관계론'은 자본주의에 대한 정치경제학적 비판만을 포함하고 있는 것이 아니라 서양문명 전체에 대한 문명론적 비판을 내장하고 있다. 그는 서양문명을 '존재론적 문명'이라 규정한다. 여기에서 '존재론'이란 통상 철학의 한 분야로서의 '존재론'과는 다른 개념이다. 존재 일반의 본성과 구조에 대한 철학적 탐색을 추구하는 분야로서의 '존재론'을 의미하는 것이 아니라, 개체의 자기존재 확장논리를 '존재론'이라 부르는 것이다.

존재론적 세계관은 인식론적으로는 세계를 일단 자립적인 개체들의 집합으로 간주하고 나서 이러한 개체들 간의 관계를 사후적으로 탐색하는 구조를 갖고 있으며, 사회철학적으로는 개체들의 독립성과 자유를 우선적으로 강조하고 개체들 간의 갈등을 최소화할 수 있는 사회질서를 구성하는 데 주력한다. 그리고 다른 사회, 다른 세계와의 관계 속에서는 자신의 존재를 보존하고 확장하려는 논리, 또 필요하다면 타자를 정복하고 합병함으로써 자기를 강화하려는 논리가 된다. '동'同의 논리, 획일화의 논리로 귀결되는 것이다. 이러한 존재론적 세계관은 개인 차원에서는 개인주의, 가족 차원에서는 가족주의, 국가 차원에서는 부국강병주의, 문명 차원에서는 서양 중심주의로 표현된다.

이와 반대로 선생이 역설하는 '관계론적 세계관'은 세계 자체가 개체들의 집합으로 이루어져 있지 않다고 본다. 현대 물리학의 최근 성과가 보여주듯이, 우주를 구성하는 가장 작은 최종적 물질 단위를 발견하려는 시도는 번번이 실패하였는데, 가장 작은 물질 단위로 간주되어 오던 것도 더 연구를 해보면 그 안에 복잡한 관계를 내장하고 있는데다, 하나의 물질의 존립 자체가 다른 물질과의 관계 속에서만 성립된다는 점이 끊임없이 확인되었기 때문이다. 결국 궁극적 개체란 없다는 것이다. 오히려 개체로 보이는 것들은 우주라는 거대한 관계망이 그때그때 자신을 보여주는 특수하고 잠정적인 형태일 뿐이다. 이러한 관계론적 세계관을 인간과 자연의 관계에 적용하면 서양의 집요한 '인간 중심주의'는 쉽게 무너질 수밖에 없다. 오히려 자연을 최고의 질서로 간주해온 동양적 세계관이 올바른 견해를 가진 것이다. 자연의 미소한 부분일 뿐인 인간은 결코 세계의 중심일 수 없으며, 더 나아가 인간뿐 아니라 우주의 어떤 지점도 중심일 수 없다.

이러한 관계론적 세계관은 선생이 마르크스주의와 어느 정도 결별하는 지점이기도 하다. 마르크스주의에 관계론적 사유가 전혀 없다고 할 수는 없겠으나, 동양적 세계관을 강하게 내장하고 있는 선생의 관계론은 마르크스주의가 계몽주의로부터 계승하고 있는 서구적 인간 중심주의와 발전사관과는 분명히 결별하고 있다. 오히려 이 지점에서 선생의 사유는 생태주의, 자연주의에 더 맞닿아 있다. 신영복 선생은 서구 계몽주의와 마르크스주의가 공유하는 자유와 평등의 가치를 긍정적으로 수용하지만, 인간에 의한 자연의 지배의 확장, 생산력의 발전을 진보의 핵심 요소로 보는 시각과는 거리를 두고 있다.

『더불어 숲』에는 아마존 밀림지역을 방문하여 쓴 기행문이 나오는데, 원시 자연 속에서 자연과 공존하며 소박하게 살아가는 아마존 원주민들이 아마존이라는 원시 자연에 맞서 그 속에 인공적인 문명을 만들어내려는 사람들보다 더 오래 남아 있을 것이라 전망하며, "'인간적인 사람'이라는 말이 이제는 더 이상 칭찬이 못 되며 차라리 '자연적인 사람'이 칭찬이 된다"고 이야기한다. 또한 선생의 반자본주의 논리에서는 생산력 발전에 대한 미련을 발견할 수 없다. 이는 공산주의 사회가 도래하면 자본주의적 생산관계의 질곡에 의해 억압되었던 생산력이 더욱 발전하리라 전망한 마르크스의 근대주의적 사고와는 거리가 멀다. 선생도 물론 최소한의 인간적 품위를 유지할 수 있게 해주는 생산력의 발전은 기꺼이 승인하겠지만, 생산력의 발전과 평등한 분배를 진보의 핵심 가치로 보지는 않는다. 오히려 다소의 궁핍과 이로 인한 불편이 야말로 사람들로 하여금 타인과의 협력과 연대의 가치를 자각하게 하며 삶의 의미에 대해 각성하게 하는 조건이 되리라 생각하시는 듯하다. 물질의 풍요는 이웃을 잊게 만들기 쉽다는 것이다. 그리하여 그는 세계 최빈국의 하나인 네팔에서 만난 가난하고 소박한 사람들의 모습에서 우리가 현대 문명사회에 살면서 잊어버리고 잃어버린 소중한 인간적 가치를 발견하고, 소박하기 짝이 없는 네팔의 문화에서 '문화의 원형'을 발견하고 감탄한다. 아마도 선생은 삶의 가치와 내면적 풍요의 측면에서 한국인들이 네팔인들만 못한 삶을 살고 있다고 판단하고 있을지도 모른다.

대안의 모색

그렇다면 신영복 선생이 생각하는 이상적인 경제체제의 모습은 어떤 것인가? 이 문제와 관련해서 선생은 아직 경제학자들에게 익숙한 방식으로 대안적인 경제체제의 모습을 제시한 적이 없다. 예컨대 생산수단의 소유형태는 어떻게 되어야 하고, 자원배분의 메커니즘은 어떻게 되어야 하고, 생산물들의 교환비율을 결정하는 원리는 어떤 것이 되어야 한다는 식으로 이야기한 적이 없다. 이는 아마도 선생이 생각하시기에 이렇게 구체적인 대안체제의 모습을 제시하기에는 본인의 공부와 사색이 덜 영글었다고 판단한 데 기인하는 것일 수도 있지만, 이러한 설계주의적 구상에 수반되기 쉬운 지적 오만과 실천적 허망함을 엄격히 경계하는 데에서도 기인하는 것으로 짐작된다.

그러나 일반적인 원칙 차원에서도 대안체제의 모습이 전혀 제시되지 않은 것은 아니다. 앞으로 인류가 지향해야 할 대안적인 경제질서는 우선 생태친화적이어야 한다. 자족적이고 안정적인 최고의 질서인 자연을 크게 파괴하는 문명은 규범적으로도 바람직하지 못하고 오래 지속될 수도 없다. 빨리 성숙하는 것이 빨리 쇠퇴하는 법이라는 것이다. 이것만으로도 자본주의는 충분히 거부의 대상이 된다. 그리고 자본주의 사회 못지않게 부국강병을 강하게 추구했던 구소련, 동구 등 구舊국가사회주의 사회도 선생에게 긍정적으로 평가되기 어려울 것이다. 이 대목에서는 동양적 생태주의의 원형이라 할 수 있는 노장老莊 사상에 대한 선생의 강한 공감과 애착이 느껴진다.

둘째, 사람들 사이에 평등한 관계를 가능케 하는 것이어야 한다. "자유의 최고치는 평등"이라는 것이다. 이 대목에는 마르크스주의를 포함하여 전통적인 사회주의 이념의 울림이 강하게 남아 있다.

셋째, 선생은 너무 인위적으로 정교하고 치밀하게 짜인 질서보다는 단순하고 소박하며, 따라서 사람들 사이의 자연스런 인정人情이 잘 살아남을 수 있는 질서에 애착을 갖고 있는 것 같다. 복지국가의 대명사인 스웨덴을 방문한 후에 쓴 기행문에서 스웨덴 사회가 이룬 사회경제적 평등을 높이 평가하면서도 너무 정교하게 조직된 사회, 주로 치밀한 제도와 정책을 통해 평등이 가까스로 유지되는 사회에 만연한 피로감과 사람들 사이의 냉랭함을 발견하고는, 이러한 사회에 흔쾌히 동의하기 어려운 심정을 토로한다. 스웨덴 사회민주주의를 전공하고 스웨덴 사회민주주의의 성과를 한국 사회에 접목시켜 보기를 희망하는 필자의 입장에서는 다소 야박하게 느껴질 정도로, 선생은 사회민주주의가 이룬 성취보다는 그 한계에 한결 더 주목하는 것 같다. 사회민주주의는 자본축적의 논리와 근본적으로 결별한 이념이 아니라는 점뿐 아니라, 사회민주주의에 입각하여 건설된 복지국가의 인공적 성격, 지나치게 복잡한 질서에도 회의감을 갖고 있는 것 같다. 그리고 아마도 사회민주주의적 복지국가라는 것도 제3세계에 대한 수탈에 기초하여 발전한 서구 자본주의의 토대 위에서만 성립 가능한 것으로 생각하고 있는 것이 아닌가 싶다. 어쨌든 선생에게 사회민주주의적 복지국가도 장기적 대안은 아니다.

넷째, 세계경제의 질서와 관련해선 단일한 논리에 의해 세계경제가 강하게 통합되는 질서가 아니라 각 지역의 고유성과 자립성이 최대한 보존되는 질서를 강하게 선호하는 것 같다.『더불어 숲』의 후기에서 선생은 "어느 곳의 어떤 사람들이든 그들은 저마다 자신의 최선을 다하며 살아왔고 또 살아가고 있다"는 사실을 발견하고 "모든 것은 그 땅의 최선이었고, 그 세월의 최선"이었다는 점을 존중해야 한다고 역설한다. 그리고 근대화, 과학화, 세계화의 흐름이 그러한 '최선의 결정結晶들'을 여지없이 파괴하고 있다는 점을 개탄한다. 그런 점에서 선생은 세계의 각국, 각 지역들이 가급적 자족적인 생산과 소비의 질서를 갖추고 유무상통有無相通의 원리에 따라 서로 부족한 것들만 교환하는 정도로 느슨하게 결합된 세계경제질서를 바라는 것 같다. 선생이 즐겨 쓰시는 말인 '화이부동' 和而不同의 원리가 세계경제질서에도 관철되어야 한다고 생각하실 것이다.

그렇다면 세계 자본주의 질서 속에 꽉 끼인 채 정신없이 돌아가는 한국 사회에서 살아가는 사람들은 어떻게 그러한 대안적 사회를 준비할 수 있을 것인가? 이 대목에서도 선생은 구체적인 방도를 제시해주지 않고 있다. 1980년대 사회운동가들에게 익숙한 용어로 표현하자면 '약술', 즉 구체적인 전략과 전술을 제시해주지는 않고 있다. 다만 고민의 편린들은 발견할 수 있다. 예컨대 자본주의적 기업과 같이 가장 보편적이고 가까이 있는 조직을 민주화하는 일부터 시작할 필요가 있고, 친구 간의 우정과 같이 자본주의적 논리에 완전히 포섭되지 않는 인간관계 영역을 보존하고 강화, 확장시킬 필요가 있다는, 어찌 보면 너무 소박해 보이는 제안에서부터, 신자유주의적 세계화와 미국이 일으키는 전쟁에 저항하는 국제적 연대, 남북 간 경제협력을 통한 세계 자본주의로부터의 이탈 계기 마련 등 보다 거시적인 운동 대안, 정책 대안도 제안하고 있다.

'더불어 숲'으로

복잡하고 혼란스럽기 짝이 없는 이 시대에 신영복 선생의 지혜를 빌려 구체적인 대안을 빨리 얻고 싶어하는 사람들이 많을 것이다. 필자도 가끔은 선생께 "선생님이 생각하시는 대안은 어떤 것입니까?" 하고 여쭈어보고 싶은 충동이 들곤 한다. 아마 이들에게 선생은 자신은 사람들 앞에 서서 앞길을 밝혀주는 지도자이기보다는 험하고 먼 길을 끝까지 동행하는 길동무가 되고 싶다고 답하실 것 같다. 그리고 함께 애환을 나누며 다정하게 걸어가는 길 자체가 보람이며 어느 정도는 목표 자체이기도 하다고 답하실 것이다. 또한 더 나은 사회를 열망하는 사람들의 따뜻한 마음 자체가 대안이며, 그 어떤 훌륭한 대안도 이러한 마음밭에서만 자랄 수 있다고 말씀하실 것 같다.

신영복 선생이 꿈꾸시는 '더불어 숲'의 구체적 모습은 아직 알 수 없지만 필자도 선생의 깊고 맑은 영혼을 닮았을 그 숲에 가보고 싶다. 아마도 선생은, 그 숲은 '가는 곳'이 아니라 지금 여기에서 함께 씨를 뿌리고 길러내야 하는 것이라고 답하실 것이다. 그 숲은 선량한 사람들의 땀 냄새가 솔향기와 섞이고 서늘한 솔바람이 은은하게 부는 아름다운 곳일 것이다. 아, 그 숲에 가고 싶다.

그러나 선생은 다시금 그 숲은 찾아가야 할 목적지라기보다는 스스로 한 그루 나무가 되어 다른 나무들과 더불어 이루어가는 곳이라고 타이르실 것이다. 그리고 "우리 더불어 숲이 되어 지키자"고 권하실 것이다.

신영복과
분단·통일 문제 ✥

김동춘 | 성공회대 사회과학부 교수

들어가며

　신영복이 관계론, 자본주의 체제, 21세기 문명의 대안 등에 대해서는 여러 저서에서 자주 언급하고 있지만 한반도의 분단체제, 통일 문제에 대해서 쓴 글은 거의 없다. 감옥에서 쓴 편지에서야 당연히 이 문제를 전혀 언급할 수 없었을 테지만, 출옥 후 쓴 여러 편의 저서에서도 체계적으로 생각을 정리한 것을 찾아보기 어렵다. 가장 최근의 저서인 『강의』에서도 이 문제는 몇 줄 정도의 언급에 그치고 있다. 그래서 이 문제에 대한 그의 생각을 살펴보는 작업은 쉽지 않았다. 한편 그가 투옥되기 이전에 어떤 생각을 했으며, 출옥 후 1990년대 들어서 생각이 어떻게 바뀌었는지 추적할 수 있는 방법도 거의 없다. 아마 본인은 나름의 일관되고 확고한 생각을 갖고 있을 것으로 보이지만, 어쨌든 이 문제는 분단 모순의 한 결과라 할 수 있는 '통일혁명당' 건으로 20년 수형생활을 한 그로서는 자본주의 경제 문제보다 건드리기 어려운 주제일지도 모르겠다. 그는 출옥 후 정운영과의 대담에서 "우리 시대의 가장 첨예한 모순의 한복판을 몸으로 체험했다"고 실토했는데, 그것은 바로 분단 문제를 지칭하는 것이 아닐까 생각된다. 그래서 필자는 기존의 대담이나 몇 편의 논평을 기초로 해서 그의 생각을 추적해보기로 했다.

청년 시절의 생각

우선 1960년대 당시 20대였던 신영복이 한반도의 분단과 통일 문제에 대해 어떻게 생각했는지를 당시의 시대적 조건과 진보적 청년들의 일반 경향을 생각하면서 더듬어보고 싶다. 우선 그가 한 번 실토한 적이 있지만 밖으로 알려진 거창한 '통일' 혁명당의 핵심 간부로서보다는, 강한 지적 호기심과 학구열을 갖고 있었던 소장 경제학자, 정치지향성을 갖고 있었던 60년대 중반의 비밀청년학생운동 서클의 간부로서 그가 처했던 입장에서 접근하는 것이 현실에 더욱 가까울 것이다. 그는 정운영과의 대담에서 "마르크스-레닌주의 이론에서는 정치경제학을 비롯하여 철학적 논리, 역사적 관점, 인간의 소외 문제에 이르기까지 풍부한 지적 광맥을 만날 수 있었습니다"라고 실토하였듯이, 당시의 일반 청년이나 대학생 들과는 달리 마르크스-레닌주의, 그리고 마오쩌둥 사상 등을 학습했으며 그것이 당시 그의 생각에 심대한 영향을 주었을 것으로 추정된다. 그러나 북한 문헌과 북한 사회에 대해 신영복과 당시 운동권 젊은이들이 어떻게 보았는지는 알기 어렵다. 냉전체제가 고착화된 70년대 중반 이후와 달리 60년대 중반까지만 하더라도 북한에서 출간된 소설 등도 접근이 가능했다고 하는데, 과연 그가 어느 정도 북한의 공식 이데올로기를 이해하고 또 받아들였는지는 확인하기 어렵다.

한국전쟁 종전 이후 모든 이념지향적 학생, 청년 들에게 북한, 분단을 어떻게 보는가라는 질문은 그들의 정치적 입장을 드러내주는 리트머스 시험지와 같은 것이다. 대체로 북한 혹은 분단 문제를 둘러싸고 사회운동 진영 내에서 사상적 입장이 확연하게 갈라지는 것은 80년대 중반 이후이고, 아직 산업화 단계에 있었으며 남북한의 경제체제의 이질화가 확고하게 정착되지 않았던 70년대 말까지는 생각이 미분화된 상태에 있었다고 보아야 할 것이다. 일부 학자나 운동가 들은 80년의 시각으로 60,70년대 사람들을 조명하려는 경향이 있는데, 그것은 적절치 않아 보인다. 말하자면 60,70년대 조직사건 중에서 어떤 흐름은 북한에 대해 대단히 우호적이거나 심지어는 추종적이었고, 다른 흐름은 애초부터 대단히 비판적이었으며, 어떤 흐름은 한반도 전체의 변혁에 초점을 둔 데 비해 다른 흐름은 남한 사회의 변혁에 초점을 두었다는 논리들이 그것이다. 이미 일부 대담에서 신영복이 이러한 이분법적 접근이 잘못되었다는 것을 지적한 바 있고, 필자 역시 그 시대 인물들을 만나면서 그러한 80년대의 도식이 적절치 않다는 점을 확인한 바 있다.

그럼에도 불구하고 여전히 해결되지 않은 그 무엇이 남아 있다고 실토하지 않을 수 없다. 과연 경제적으로나 국제정치적으로 북한이 남한에 비해서 우월한 위치에 있었던 60년대 당시 남한의 진보적인 젊은이들이 북한을 어떻게 생각했으며, 어떠한 방식의 통일을 생각했을까 하는 의문이다. 단지 파시즘적 지배가 훨씬 강고화된 유신 이후의 청년 세대들에 비해서 자주성을 강하게 내세웠으며, 사회주의 공업화에 어느 정도 성공했던 당시의 북한에 대해서는 훨씬 더 긍정적인 생각을 갖지 않았을까 추정된다. 60년대 말에 세상을 깜짝 놀라게 했던 동베를린 사건도 따지고 보면 이러한 정황을 보여주는 한 예가 아니었나 생각되기도 한다. 대외적으로는 어마어마한 간첩사건으로 보도되었지만, 간첩으로 체포된 사람들이 남한의 빈곤과 독재에 대한 비판의식을 가졌다가 그것이 북한에 대한 호기심과 동경으로 연결되었을 소지는 분명히 있었을 것이다. 이 문제를 접근하는 데에서 우리는 당시의 시점이 해방정국의 이념갈등 그리고 한국전쟁이 종료된 지 불과 십 수 년밖에 되지 않았다는 사실을 망각해서는 안 된다. 또 당시 북한이 공업화를 어느 정도 진척시

켰지만 남북한의 체제 이질성은 그다지 심각하지 않았으며, 신영복도 지적하였듯이 이념의 시대였던 해방정국으로부터의 거리감도 그다지 크지 않았다는 것도 잊어서는 안 될 것이다.

요컨대 60년대는 여전히 반공의식이 사람들의 정신 속에까지 착근하지는 않았던 시기이며, 마찬가지로 반북적인 의식도 그러했을 것이기 때문이다. 이렇게 보면 60년대는 70년대 말 이후 80년대 중반까지의 '사회과학의 시대'와 비교해보면 어떤 점에서는 훨씬 더 자유주의적이었으며, 정치적 비판과 자유로운 이론적 모색의 공간이 열려 있었던 시기라 볼 수 있다. 다른 한편으로는 한국이 아시아에서도 제일 뒤떨어진 후진국이었고 아직 남한 사회의 계급분화가 본격화되기 어려운 산업화 이전의 농촌 사회였기 때문에, 민족 문제와 계급 문제의 긴장이 두드러지지 않았던 시기였다고 볼 수 있다. 이러한 상황에서 신영복이 자신의 사상의 형성기인 20대를 보냈다는 사실을 염두에 두어야 이후 그의 생각을 이해하는 데 도움이 될 것이다.

60년대 이념적, 정치적 학생, 청년 들은 대체로 한국을 식민지반봉건 사회, 혹은 반둥회의 이후 이집트, 인도 등 아시아, 아프리카의 신생 독립국에서 시도된 민족민주혁명의 노선이라는 틀로서 한국을 바라보았던 것 같다. 물론 자본주의적 발전이 상당히 이루어지고 계급분화가 진척된 80년대에도 이러한 생각을 견지한 사람들이 많았지만 아직 한국 사회가 후진적 농촌 사회였던 60년대는 더욱 이러한 생각이 지배적이었을 것이다. 당시에는 가장 진보적이고 문제의식이 투철한 경제학도들 거의 대부분은 농업경제학을 전공했으며, 젊은 사회학자들도 대체로 농촌사회론을 전공했던 것도 이러한 배경 때문이었다. 아직 제3세계 종속이론이 본격적으로 등장하기 이전이었던 당시에 가장 유행하던 사회과학 주제는 후진성, 반봉건, 매판, 빈곤의 악순환, 민족민주혁명 등이었다. 물론 이념적 스펙트럼에 따라 이러한 현상의 원인을 규명하는 데는 상이한 접근방법이 동원되었지만, 젊은이들 사이에 정서적으로는 후발국가의 처지에서 벗어나야 한다는 민족주의가 강하게 깔려 있었다는 것은 사실이다. 4·19 이후 5·16 직전에 학생들이 "가라 북으로, 오라 남으로" 구호를 외쳤고, 이러한 민족주의 정서가 이후 굴욕외교 반대를 외친 1964년의 6·3 학생운동에까지 연결되었다.

당시 좌파, 진보 성향의 청년, 학생 들은 이러한 한국 사회의 후진성을 미국발 근대화론, 로스토 식의 경제성장론의 패러다임에 기초해서 설명하기를 거부하고 제국주의의 식민지 지배라는 관점에서 접근했다. 그렇게 보자면 한반도 분단 문제, 통일 문제는 기본적으로 제국주의에 의한 식민지 지배 문제로 조명될 것이다. 어쨌든 반미/민족해방의 사고는 60년대 의식화된 청년, 학생 들에게는 일반적이었던 것 같고, 신영복도 그러한 생각을 갖고 있었다고 생각된다. 그는 "해방 이후 정권의 정통성도 없었고, 식민지 경제구조도 그대로 확대재생산되고 있는 형편이었습니다. 부정부패의 만연, 그리고 광범한 빈곤의 축적은 자본주의적 개발방식의 한계와 모순을 쉽게 느끼게 하였습니다"(정운영과의 대담)라고 당시 한국을 바라보던 자신의 사고를 요약해주고 있다. 자본주의 공업화가 본격화되지 않았던 시점이었기 때문에 빈곤을 어느 정도 자본주의 발전 모델의 실패로 볼 수 있는가는 별개로 하더라도 한국, 특히 이승만과 박정희 정권을 정통성 없는 정권으로 바라보고 있었으며 식민지의 연장으로 본 것은 매우 분명해 보인다. 그리고 이후에 언급하겠지만 그것은 출옥 후의 사고에도 흐르는 것 같다.

그러나 당시의 시점에서 남한을 어느 정도로 전형적 식민지 상황으로 보았는가, 즉 구식민지시대였던 일본 제국주의 지배시기와의 연속성, 동질성을 어느 정도 인정하고 있는가, 혹은 북한을 어느 정도로 식민지 지배로부터 '해방된 지역'으로서 긍정적으로 평가하고 있었는가의 문제는 정확하게 확인하기 어렵다. 전쟁 후에 남한 사회에서 성장했으며, 상당한 정도로 자유주의 정치 문화의 세례를 받았던 이들은 실천을 통해서 반제/민족해방의 사고를 확고하게 갖고 있었던 해방정국의 좌파, 빨치산 세대와는 분명히 차별성을 갖고 있었다고 보인다. 즉 해방정국에서 활동했던 좌파, 빨치산 세대들은 당시의 시점에서 기본적으로 북한을 혁명의 기지로 생각하고, 북한의 모든 정치경제 체제를 인정하는 경향이 있었다. 특히 스스로를 혁명가로 생각했던 당시 구좌파들에게 이것은 지적, 사상적으로 회의할 문제가 아니었을 것이다. 그리고 그 후에도 적어도 20년 이상을 더 수형생활 하고 80년대 말 이후부터 출옥한, 노인이 되어 세상에 나온 이들의 생각은 거의 변치 않고 있음을 우리는 확인할 수 있다.

신영복은 여러 인터뷰나 지면에서 감옥에서 이들 구혁명가들과 만나면서 한국 현대사에 대해 보다 실체적 인식을 갖게 되었다고 말한 바 있다. 즉 그들의 파란만장한 삶의 기억을 접하면서 "그야말로 피가 통하고 숨결이 배어 있는 역사 그 자체"를 접하게 되었으며, "우리 사회에서 가장 힘들게 살아온 사람들과 나눈 인간적 이해와 공감"을 갖게 되었다. 그는 이를 통해 책으로는 도저히 얻을 수 없는 지식, 즉 "우리 사회를 그 모순구조 속에서 인식할 수 있도록 해주는 가장 확실한 토대"를 얻게 되었다고 한다. 한문 스승이었던 이구영 등도 그의 역사인식에 영향을 미쳤을 것이다. 어쨌든 이들 구빨치, 신빨치 등 구좌파 혁명가들은 신영복과 같은 학생운동 세대들보다 더욱더 확고한 반미/민족해방 노선을 견지하고 있었으며, 남한 체제를 철저하게 부정했다. 그러나 이들의 영향을 받았다고 하나 전쟁 후 남한 사회에서 성장한 신영복 같은 4·19 세대가 이들과 같은 생각을 견지할 수는 없었을 테고, 그것은 평생 거리를 두고 진행되지 않았을까 생각된다. 이것은 통혁당 관련 사형수인 김질락이 비록 옥중에서이기는 하나 사상적 동요를 겪으면서 쓴, 자신의 과거를 비판하는 글에서 확인된다. 그리고 안병직 등 당시에 가장 진보적인 입장을 취했던 사람들이 이후에 사상적 변신을 겪은 사실을 통해서도 전쟁 체험, 혁명 세대와 이후 학생운동 세대와의 분명한 차별성을 확인할 수 있다.

출감 후의 생각: 외세와 통일 문제를 중심으로

신영복 역시 분단·통일 문제에 관한 생각이 수감 이전, 수감 이후, 출옥 이후 약간씩 변했을 것이다. 그러나 필자가 그것을 자세하기 확인하기는 어려우므로, 단지 급격한 단절은 없었다는 판단 위에서 그의 생각을 살펴보겠다.

우선 그가 흔히 한국에서 민족해방NL이라고 불리는 반제/식민지/민족해방/자주독립의 입장을 견지하고 있는 징후를 여기저기서 발견하게 된다. 그것은 일제 이후 해방이 되었지만 우리의 조건과 지배구조가 바뀌지 않았다는 그의 주장에서 드러난다.

> 우리나라의 정치, 경제적인 지형 자체가 아주 복잡합니다. 그리고 굉장히 완고합니다. 예를 들어서 우리나라의 근현대사를 돌이켜보더라도 그렇습니다. 일본의 지배를 받게 된 조선조 말기에서부터 일본의 식민지 지배구조를 그대로 승계한 소위 미군정 시기를 거쳐 삼십여 년의 군사정권 기간에 이르기까지 우리 사회를 지배하는 친일, 친미적인 지배구조가 한번도 바뀐 적이 없습니다. 굉장히 완고하고 보수적인 지배구조를 갖고 있지요. 이러한 지배구조는 하나의 체제로서 완성되어 있다고 해도 과언이 아니지요.(김명인과의 대담)

이러한 그의 표현들을 보면 한국의 지배구조는 외세에 의해 만들어진 것이며, 형식적으로는 한국인들이 지배하고 있는 것처럼 보여도 그들은 기본적으로 외세의 대리자들에 불과하다는 전형적인 민족해방NL적 사고가 드러나는 것을 엿볼 수 있다. 즉 이러한 세계 최강의 미국이 사실상 한반도의 운명을 좌우하는 한국의 지배구조는 종속적 엘리트를 만들어내고, 보수 기독교와 언론이 그것을 뒷받침해준다는 것이 그의 생각이다.

엘리트 충원구조라는 관점에서 볼 때 우리 사회의 본질이 여실하게 드러납니다. 해방 이후 상당 기간 계속된 풀브라이트 장학제도가 있습니다. 하나의 예에 불과합니다만 이 장학제도를 통해서 지금까지 약 삼십만 정도의 친미 엘리트가 양산된 것으로 알려져 있습니다. 소위 식민 모국의 의식으로 피식민지의 엘리트를 교육한 셈이지요. 지금은 수많은 유학생들이 자기 부담으로 그 엘리트 재생산의 구조 속으로 들어가고 있는 것이지요. 이렇게 양산된 엘리트가 우리나라의 각급 결정권을 행사하는 위치에 있지요. 친미 보수구조가 얼마나 완고하고 완벽한가를 여실히 보여주는 것이지요. 이런 구조 속에서 우리가 대북 문제, 또 민족 문제를 자주적으로 이끌어갈 수 있을까 하는 의구심이 들지 않을 수 없습니다. …… 우리나라의 보수구조는 합리적인 보수구조가 아니지요. 일종의 수구적 성격을 갖는 것이고 더욱 중요한 것은 배후에 미국이라는 외세와 결합되어 있다는 사실입니다. 세계 최강의 미국이 뒷받침하고 있는 보수구조이지요. 권력은 보수구조로부터 나오는 것이지요. 우리나라의 제도 언론권은 한국 사회의 권력이 어디에 있는가를 누구보다도 잘 읽고 있습니다. 제도 언론권은 가장 강한 권력의 소재를 정확하게 찾아내고 그 권력을 거스르는 일이 한번도 없었지요. 이러한 언론이 한국 사회의 담론 지형을 장악하고 있는 것이지요. 매우 어려운 상황에 놓여 있다는 사실을 우리가 알아야 하는 것이지요.(김명인과의 대담)

한반도 현실을 사실상의 식민지라고 보는 그의 사고는 미국에 대한 입장으로 그대로 연결된다. 그는 북한에 대해서는 상당히 동정적인 입장을 취하면서 비판의 말을 아끼고 있지만, 미국에 대해서는 확고하게 비판적 입장을 취하고 있다. 즉 미국에 대해 환상을 가져서는 안 되며, 오늘 한반도 문제의 원인 제공자는 북한이 아니라 미국이라는 것을 분명히 하고 있다. 분단은 미국이 가져온 것이며, 최근의 핵 위기 역시 북한이 만든 것이 아니라 한국전쟁 당시 맥아더의 핵 사용 고려, 이후 남한에 전술핵을 배치한 문제를 포함하여 언제나 미국이 먼저 핵 사용을 검토했다고 지적한다. 따라서 한반도의 분단과 전쟁 상태를 지속시키는 가장 일차적인 원인 제공자는 미국이라는 것이 그의 생각이다. 90년대 이후 북한 경제난 역시 체제의 문제가 아니라 미국의 군사적 위협과 경제봉쇄의 결과라고 본다. 마찬가지 맥락에서 북한 인권 문제 역시 기본적으로 북한의 내정 문제라고 보기 때문에, 반드시 미국과 남한 우익의 입장에 동조하는 것은 아니라고 하더라도 나름대로 민주주의, 자유, 인권 등의 보편적인 잣대로 북한 체제의 문제점을 지적하는 경향과도 선을 긋고 있다.

그는 "역사책에는 해방 이후부터 오늘에 이르는 기간이 '분단시대' 分斷時代로 기록될 것이다. 조선시대, 식민지시대에 이어서 분단시대로 기록될 것이다"(『진보평론』 제3호, 2000)라고 하면서 지금의 역사 시기를 분단시대로 규정한다. 이렇게만 보면 그의 역사관은 강만길의 분단시대론, 백낙청의 분단체제론과 별로 거리가 없는 듯이 보인다. 그러나 강만길의 분단시대론이 우파 민족주의 입장에 가까이 있고, 백낙청의 분단체제론이 미국의 책임성 문제보다는 세계 자본주의 하위체제로서 분단체제의 구조적 성격에 초점을 두고 있는 데 비해, 신영복의 분단론은 훨씬 더 민족해방NL의 식민지론 사고에 가까이 있다. 그러나 후술하겠지만 통일 문제를 바라보는 시각과 대안추구에서는 오히려 이들과 근접하는 측면 역시 갖고 있다.

분단 문제를 보는 시각에서 그는 분명히 우파 민족주의보다는 좌파 민족해방론과 대단히 유사한 입장을 취하고 있지만, 통일에 대한 그의 생각은 전형적인 민족해방론NL과는 약간의 차별성을 드러낸다. 이것은 북한 체제를 어떻게 볼 것인가, 평화 혹은 통일의 가치 중에서 어디에 강조점을 둘 것인가, 어떠한 통일을 구상 혹은 예상하고 있는가, 통일의 역사적 의미를 어떻게 부여하는가 등의 문제와 연관되어 있다.

우선 그는 북한에 대해서 약간의 비판적인 생각을 드러내기도 했다. 그는 북한 체제가 "자본주의 제국의 적대와 봉쇄, 그리고 중·소의 간섭에도 불구하고 민족자주, 자력갱생의 기초 위에서 사회정치적인 안정과 전후의 경제적 회생을 이룩한 점에서 긍정적으로 평가할 수 있다"고 보면서도, "중앙계획경제의 비효율성과 경직성, 그리고 그에 따른 관료주의 등 사회주의 경제체제가 노정한 일정한 모순을 극복하는 데에는 상당한 문제점을 안고 있다"고 지적한 바 있다. 남북한 비교를 하는 마당에서도 "북한의 경우에는 주체성을 강화하면서 오히려 고립과 정체를 면치 못했다면, 남한의 경우에는 개방을 통해서 문화적, 물질적으로 성장한 반면에 민족의 주체성을 잃고 종속화되어 있다", "남과 북은 종속적 자본주의와 전시공산주의라는 스펙트럼의 양극단에 놓여 있는 것이 사실입니다"라고, 남북한 양 체제가 자본주의와 사회주의의 왜곡된 형태를 지니고 있음을 지적한 적이 있다. 그리고 주로 남한의 통일론을 비판하기는 하지만 북한의 적화노력, 즉 '흡수통일' 노선 역시 지난 50년 동안 시도했던 실패한 정책이라고 보기 때문에 북한의 호전성에 대해서도 나름대로 비판하고 있다.

결국 그는 매우 조심스럽고 완곡한 형태로 북한 체제의 문제점을 지적하고 있다. 그러나 그는 그 원인이 미국에 의한 북한의 고립, 혹은 전시공산주의의 측면이 사회주의 체제 자체의 문제점에서 기인한 것이라기보다는 어느 정도는 강요된 선택이었다는 점을 여러 차례 강조하고 있다. 이것은 북한 인권, 빈곤 등의 문제를 보는 데서도 동일하게 적용된다.

통일을 바라보는 데서도 이러한 시각은 다시 반복된다. 그는 민족해방론과 마찬가지로 통일을 외세의 배격, 자주성 확보 등과 연관시키고 있다. 통일의 방법 혹은 경로를 남북 정상회담, 북미 회담, 북한의 개방, 남북한 당사자의 군축, 비핵지대화 혹은 중립지대 선포, 남북한 평화체제 구축과 상호공존, 통일로 설정하고 있다. 특히 남한 자본주의 체제의 연장으로서 통일이 되는 것을 거부하고, 단순한 정서적 민족주의에 기초한 통일을 반대하며, 남북 양 체제를 그대로 인정하자고 강조하는 점에서 큰 틀에서는 민족해방론NL의 입장에 서 있다. 우선 독일 방문의 경험을 통해 독일 통일이 서독 자본주의의 자본운동의 일환이라는 점을 주목하고 그것이 한반도에 적용되어서는 안 될 것이라고 지적(정범구와의 대담, 1998)하고, 북한이 "미국적 질서의 중하위권에 종속되는 이른바 한국과 같은 과정을 밟지 않아야 한다"(김명인과의 대담, 2003)고 지적한다. 특히 통일은 탈냉전 이후 개방화 시대라는 이름의 이른바 국제 독점자본의 사활적인 공세에 직면하여 그것을 막아내기 위한 중요한 방법이기도 하다고 주장한다. 어쨌든 그는 모든 통일은 선이라는 민족주의에 기초한 통일론을 거부하면서 북한이 그 동안 지켜온 자주적인 체제를 적극적으로 인정해야 하며 긍정적인 측면을 감안해야 한다는 입장에 서 있다.

결국 그의 통일론은 자립적이고 주체적인 민족공동체국가 건설을 이상으로 두고 있다는 점에서 과거의 반제/민족해방론의 기조를 강하게 유지하고 있지만 몇 가지 점에서 그것과 일정한 차별성을 보이고 있다. 그는 남북경협이 남한 자본의 진출 통로로 접근되는 우파의 입장에 대해서도 반대하지만, 낮은 단계의 흡수통일이라고 비판하는 완고한 민족해방론 역시 냉전시대의 사고라고 비판하고 있다. 즉, 한 체제가 다른 체제를 동화시키는 것으로 통일을 보는 시각 자체를 반대하고 있다. 북이 남을 침략하거나 남이 북을 흡수하려는 냉전시대의 논리를 동同의 논리로 간주하여 거부하면서 화和를 강조하고 있으며, '남북의 장점', '우리 민족의 소중한 경험'을 공유할 수 있는 통일을 구상하고 있다는 점에서 반제/민족해방의 통일론과는 약간의 거리를 두고 있다.

그리고 평화체제의 구축과 통일을 구분하고, 남북한 군비축소와 북한 경제 살리기, 한반도 비핵지대화, 그리고 "통일에 이르는 전 과제를 100이라고 가정한다면 이 평화구조의 정착이 전체의 90을 차지한다고 해도 과언이 아닙니다"라는 지적에서처럼 당장의 통일보다는 평화에 방점을 두는 인상을 주기도 한다. 물론 그가 말하는 비핵지대화 주장도 북한이 자위적인 차원에서 핵을 보유하려는 것을 적극적으로 비판하지 않기 때문에 상대적으로 북한의 입장이나 민족해방론의 입장에 더 많이 기울어 있다고 평가할 수도 있을 것이다. 그러나 조건이 마련된다면 어쨌든 북도 핵을 보유하지 말아야 한다는 생각을 갖고 있기 때문에 이는 민족해방론의 입장보다는 현재 한국 시민단체의 평화군축 입장에 좀더 접근해 있는 듯이 보이기도 한다.

전통적 민족해방론과의 이러한 차이는 통일국가, 통일사회의 대안을 구상하는 데서도 드러난다. 그는 남북 2국가 체제의 통일을 항구적인 것으로 두지 않고, 장기적으로는 "자주국가, 민주정치, 민중참여경제, 복지사회, 인간문화, 토지국유 등은 통일국가의 미래를 설계하는 데 튼튼한 기초가 되어야 한다"는 미래상을 제시하고 있다. 이는 구체적이지 않기 때문에 본격적으로 평가하기는 어렵지만 그의 생각의 일단이 나타나 있다. 즉 자본주의 경제체제를 부분적으로 인정하되 토지국유를 강조하고 민중참여경제를 강조하기 때문에, 시장자본주의를 인정하되 그것의 작동을 현저하게 제한하는 그러한 통일 후 경제사회체제를 구상하고 있는 셈이다.

그는 21세기 민족사의 전략을, 주체화와 개방이 가져온 극단적 결과를 경계하면서 그것을 어떻게 조화시킬 것인가의 문제라고 집약한다. 우리 민족이 20세기 혹은 그 이전의 긴 역사적 시기에 어느 한쪽 극단으로 나아가서 계속 비극을 겪었다는 역사인식에 기초해서, 그는 일방적인 주체화, 일방적인 개방, 어느 쪽도 우리가 택할 대안이 아니라고 생각한다. 그것은 "주체성을 축으로 하였을 경우에는 민족의 정체성은 지킬 수 있었지만 결과적으로 세계로부터 고립되고 정체될 수밖에 없었던 반면에, 개방화의 경우는 당나라의 지배하에 있었던 통일신라와 결국 식민지로 전락한 조선조 말의 개화의 예에서 나타났듯이 개방성이 문화의 발전과 성장으로 이어질 수 있었지만 역설적이게도 개방화는 식민지화, 종속화로 이어지는 위험성이 있었기 때문"이다. 그래서 두 축을 적절하게 조화시켜나가는 지혜가 우리 민족에게 주어진 역사적 과제라고 보고 있으며, 이 점에서 분단 극복은 단순히 이데올로기적인 대립의 극복을 넘어서서 21세기 한민족이 살아남기 위한 문명론적 전략의 차원에서 접근되어야 한다고 주장한다. 즉 통일은 한반도에서 전쟁 위협을 제거하는 민족사적 과제이면서 동시에 새로운 패러다임을 창조하는 문명사적 과제와 연결되며, 따라서 한반도발發 대안이 불가능하지 않다고 본다.

즉 통일을 민족공동체의 대안, 혹은 21세기 대안 추구의 문제라고 바라보면서 그는 한 걸음 더 나아간다. 즉 전쟁, 분단, 남북한의 대결을 일종의 근대 국민국가/약육강식의 자본주의 체제, 서구의 식민지 지배, 초국적 금융자본의 논리의 산물로 바라보고, 그것은 지배와 흡수, 동화를 낳을 수밖에 없었다고 비판한다. 즉 60년대식의 반제/탈식민지론이 이제는 탈근대론으로 발전해나간다. 즉 한반도를 비극으로 몰아넣었던 20세기의 역사가 기본적으로 존재론적 패러다임에 기초해 있었기 때문에 그것을 넘어서는 관계론적 패러다임의 수립이 중요하다고 주장하고 있으며, 결국 한반도의 미래 역시 그러한 문명론적 구상하에서 진척되어야 한다고 본다. 즉 강대국의 식민지 경영, 초국적 금융자본의 지배는 오히려 빈곤과 실업, 부패와 질병을 낳을 수밖에 없었으며, 인간관계의 황폐화를 가져왔기 때문에, 이기적이고 배타적인 생각이 암암리에 우리들에게 자리 잡았다고 비판한다. 이러한 논리에 입각해보면 통일은 이제 반식민주의의 문제가 아니라 근대 극복의 차원에서 구상해야 할 사안이 된다. 근대의 극복은 미국 패권주의, 존재론적 패러다임이 기초한 자본주의 문명의 극복이 된다. 그가 주장하는 화和의 논리는 통일을 민족적 과제로서 모색하는 데만 적용되는 것이 아니라 세계사적 과제로 자리 매김하는 논리가 된다.

결국 자본주의에 대한 신영복의 생각이 원론적 정치경제학에서 관계론으로 발전했듯이 분단·통일 문제에 대한 생각 역시 반제/민족해방론에서 근대/국가주의/자본주의 극복론, 혹은 관계론과 화和의 사상으로 변화, 발전해왔다. 이렇게 보면 분단 문제를 보는 신영복의 시각은 분명히 좌파 민족해방론에 기초해 있고, 통일론 역시 강만길, 백낙청 등의 진보적 민족주의의 입장보다는 분명히 왼쪽에 서 있지만, 신영복과 이들 간의 사이는 계속 좁혀져왔다는 평가도 가능하다. 이념적 스펙트럼의 차이에도 불구하고 이들 모두에게 흐르는 공통점은 여전히 민족 공동체에 대해서 강한 애정과 집착을 갖고 있다는 점이다. 언제나 그랬듯이 식민지 시기 이래 한국의 진보 지식인들에게 탈민족, 탈국가의 대안은 여전히 찾아보기 어렵다. 이것은 독도 문제, FTA 문제 등에 대한 우파들의 침묵과 대비된다. 한국의 민족 문제는 과거나 현재나 언제나 좌파 혹은 진보적 민족주의자들의 몫이었고 신영복도 그 흐름 속에 있다.

분단 극복의 대안 추구

신영복을 비롯하여 이들 모두에게 결여되어 있다고 느껴지는 것은 바로 분단 극복의 구체적 내용 혹은 '주체' 설정의 문제가 아닌가 생각된다. 백낙청과 강만길의 경우에는 분단 극복을 위한 남북한 대중의 역할을 강조하면서도 점점 더 그것을 남북한 국가 차원의 문제로 접근하는 경향이 있다. 분단극복이 단지 편협한 민족 문제의 차원에서 접근할 사안이 아니라는 이들 모두의 지적은 의미심장하지만, 현재 미일동맹 강화 이후의 동북아 문제, 북한 인권을 무기로 한 미국의 압박과 북한 내부의 빈곤 문제 등 첨예한 쟁점들, 그리고 분단에 대한 남한 내부의 극단적 무관심 현상 등에 대해서 답하지 않는다면 이러한 논의는 너무 고상한 것이 되고 말 것이다. 즉 남한에서는 분단이 한국 내부의 계급구조화, 개인화, 파편화에 의해 점점 더 추상적인 일로 간주되는 경향이 있으며, 실제로는 신자유주의의 광풍이 모든 남한 사람들의 삶을 피폐화시키고 있는 이 엄연한 현실을 생각해보면, 북한 변수, 분단 변수를 어떻게 당면의 경제정책, 사회정책 의제로 설명할 것인가의 문제가 남게 된다. 신영복 역시 자신이 감옥에 있었던 70년대 이후, 즉 자본주의 본격화 이후의 한국 사회의 현실과 대안에 대해서는 매우 비구체적인 지적들을 하고 있으며, 이것이 그의 분단론과 통일론의 한계로 남는 게 아닌가 생각된다.

시대와 조건에 따라 사람의 생각은 바뀌기 마련이다. 냉전의 한복판에서 남북한의 분단을 보는 것과 현존 사회주의 붕괴, 지구화 시대에 분단을 보는 시각이 동일할 수는 없을 것이다. 마찬가지로 북한이 경제적으로 남한보다 우위에 서 있었던 60년대의 시점에 분단 및 통일을 바라보던 관점과 그것이 완전히 역전된 시기에 갖게 된 관점이 같다면 오히려 이상한 일일 것이다. 그럼에도 불구하고 신영복 자신이 지적했듯이, 사람의 사고방식은 참으로 바뀌기 어렵다는 느낌도 동시에 가져본다. 분단·통일에 관한 신영복의 생각은 변화보다도 60년대와의 연속성이 훨씬 더 크다는 필자의 느낌 때문이다. 특히 사상의 형성기인 20대에 구축된 사고가 이후 약간의 변형을 거치면서 지금까지 그를 지배하는 것이 아닌가 하는 생각을 하게 된다.

우리는 자신이 성장해온 시대의 한계를 벗어날 수 없지만, 동시에 그 시대의 삶의 무게를 감당해온 정도만큼, 그리고 시대의 고민의 저 밑바닥까지 내려간 정도만큼 세상을 보는 큰 지혜를 얻게 되고, 또 그 시대의 과제를 일반적인 용어로 정리할 수 있는 능력만큼 역사의 변화 발전에 기여한다. 신영복의 삶과 사상이 우리 모두에게 주는 힘도 그런 것이다.

그는 분단이 가져다준 고난을 한 몸으로 안고 살았지만, 그 만큼 우리들에게 고난에서 얻은 지혜와 통찰을 선물해주었다.

2부

신영복을 말한다

제자로부터 받는
아픔과 기쁨 ❖

이현재 | 서울대 명예교수·대학 스승

세월의 흐름이란 거역할 수 없는 것이어서 어느덧 신영복 교수가 정년을 맞이하게 되었습니다. 건강한 가운데 주위의 존경을 받으며 정년을 맞았으니 신 교수로서는 생의 한 큰 고개를 행복하게 넘어서는 것이라 하겠습니다. 멀리 또는 가까이에서 신 교수를 경애하는 많은 사람들이 있습니다만, 나는 나름대로 남다른 아쉬움과 만족스러움이 함께 교착交錯되며 감회가 각별한 바 있습니다.

이제까지 신 교수의 반생을 돌이켜볼 때, 그를 아는 모든 사람들이 가장 안타깝게 생각하는 것은 청장년기 20년간의 시련과 공백이라 하겠습니다. 이 기간은 그 자신은 물론이려니와 그를 아끼는 사람들 모두가 회상조차 하고 싶지 않은 우울한 세월이었습니다. 청장년기란 지적인 자기계발이 가장 활발하고, 인격의 핵심을 형성하고 학문적으로 창조력과 상상력이 가장 왕성한 시기인 만큼, 재질이 특출한 신 교수의 이 시기는 모두에게 통절한 애석감을 안겨주었습니다.

그러나 다른 사람들이 공백의 기간으로 보았던 그 시기를 신 교수는 단순한 공백으로 방치하지 않고 자신을 완성하는 수련기로 삼았습니다. 두 사람이 같은 창살에서 밖을 보는데 한 사람은 땅 위의 진흙탕을 내다보고 다른 한 사람은 하늘의 별들을 본다는 말이 있는데, 그는 진흙탕은 진흙탕대로, 별은 별대로 보는 형안炯眼과 폭넓은 감각을 가졌다고 할 수 있겠습니다. 현명하게 말하는 것도 어렵지만, 현명하게 침묵하는 일은 더더욱 어렵다고 합니다. 하지만 신 교수는 능히 이를 해낸 인물이기도 합니다.

신 교수는 지나온 내력에 대한 자기변명을 하지 않고, 개선장군이 훈장을 다는 것과 같은 행동을 삼가는 자세도 견지하고 있습니다. 그런 까닭으로 현재 신 교수가 학자 그리고 지식인으로서 많은 존경을 받고 있는 것도 우연의 일이 아니라는 것을 알 수 있습니다.

만약 그동안 그가 파란 없는 평탄한 길을 걸었더라면 평범한 실용주의적 경제학자의 길을 걸었을 것으로 생각됩니다. 그러나 이제 그는 청년 시절의 경제학도나 사회과학도 그리고 문학청년적 소양에서 나아가, 철인적·구도자적 경지가 깃든 학자·문화인으로서의 폭넓은 지향 속에 자신만의 독특한 지적·정신적 세계를 개척하였습니다.

천부적으로 다재다능한 것이 신 교수의 장점이라 할 수도 있고 어찌 보면 흠결이라 할 수도 있겠으나, 그는 지니고 있는 재능 그대로 다방면에 걸쳐 큰 성취를 이룩하였습니다. 훌륭한 경제학자·사회과학자로서, 사회철학자로서, 한학자로서, 문인으로서, 서예가로서, 그리고 사회경륜가로서 다방면에 일가를 이루었고 분야에 따라서는 이미 대가의 위치에 굳건히 서 있기도 합니다.

흔히 재승박덕才勝薄德이라 하여, 재능이 있는 사람은 덕이 두텁지 못하다고도 합니다만, 신 교수는 재능이 탁월하면서도 항상 침착 신중하고 돈후敦厚한 덕을 갖추고 있습니다. 남에게 누를 끼치지 않는 것을 신조로 살며, 도움이 필요한 자, 도움을 원하는 자가 있으면 내색하지 않고 조용히 도움을 베푸는, 겸허하고 따뜻한 심덕心德을 지니고 있습니다.

한마디로, 논자에 따라서는 『논어』 최고의 명구라고 말하는, "자신이 원치 않는 바를 남에게 하지 말라"〔己所不欲 勿施於人〕는 철학을 철저하게 실천하고 있는 인물이라 하겠습니다.

최근에는 교육과 연구활동, 저술활동 그리고 다방면의 문화활동을 하는 분주한 생활 속에서도, 교수직을 갖고 있는 명문 성공회 대학교에서 대학원장직을 맡으며 명망 높은 보직자로서 학사 관리와 대학 발전에 크게 기여하고 있습니다

정년이라는 것을 굳이 의식하지 말고, 유유자적하며 잊을 것은 훌훌 털어 잊고 간직할 것은 끝내 소중히 간직하며 구속 없이 자신의 지향에 따라 무엇인가를 모색하는 활동을 지속해주기 바랍니다.

그 동안의 삶이 초고를 써 내려가는 과정이었다면 이제부터는 이를 다듬어 정서하는 과정이라 보아도 좋고, 또한 그 동안의 삶이 저서의 초판본이라면 이제부터는 그 증보판을 구상하는 과정에 비유해볼 수도 있지 않을까 합니다.

앞으로 더욱 원숙한 경지에서 그 동안 정진해온 학문과 일들을 계속 심화시켜나가며 사회에 더욱 중후한 지도가 이어지기 바랍니다.

현철賢哲한 반려자인 부인 유영순 여사와 아들 지용 군과 더불어 가정의 평안과 번창이 이어지기를 기원합니다.

옛 스승들의
회고(좌담) ✦

참석자 | 박문희(전 국립정신병원 원장·중학교 스승), 조홍범(초등학교 스승), 박창기(전 밀양시
　　　　장·신학상 선생님 초등학교 제자), 박창희(전 한국외국어대 교수·박문희 원장의 동생),
　　　　서상호(6·15남북공동선언실천연대 상임고문·신학상 선생님 고등학교 제자), 신영복
기록 | 신정숙(출판 편집인·더불어숲 회원), 한혜영(한살림 홍보정보팀·더불어숲 회원)

본문에서 '신 선생님'은 신학상 선생님(신영복 선생의 부친)을, '신 교수'는 신영복 선생을 말한다.

신영복　　　자리해주신 대부분의 선생님들이 저희 아버님과 인연이 있으
시고 또 오늘은 아버님에 대해 주로 얘기하신다고 해서 저도 그냥 편안한 마
음으로 아버님에 대해 듣는다 생각하고 나왔습니다.

박문희　　　그래요, 오늘은 마음속으로 존경하고 모시고 있던 신학상 선
생님을 추모하는 의미에서 이 자리를 마련했습니다. 나는 신 교수 집안하고
도 개인적으로 남다른 관계가 있는 게, 나의 고모님이 신 교수의 숙모님이시
고, 사는 동네도 서로 가까웠어요. 그리고 신 교수는 내가 잠시 가르치기도
해서 사제의 연을 맺기도 했습니다. 내가 의대 다니다가 잠시 외도를 해 밀양
중학교에서 1년 반쯤 교편을 잡았을 때, 1학년 어느 반에 들어가니까 앞줄에
눈이 동글동글하니 참 예쁘장하고 귀여운 학생이 하나 있어서 물어보니 신
선생님 둘째 아들이라는 거예요.

조홍범　　　저도 신 선생님하고 이전부터 안면이 있어, 제가 담임이던 6학년에 신 교수가 올라왔을 때 신영복이를 제 반에 달라고 했는데 원래 배정받은 담임 교사가 죽어도 양보를 안 하는 거예요. 그때 신 교수는 전 학년 1등이어서 1반에 배정됐고 저는 2반 담임이었거든요. 그래서 아쉽게도 직접 담임을 맡지는 못했습니다. 신 교수는 워낙 공부도 잘했지만, 응원단장을 맡을 정도로 활달했고 눈이 아주 초롱초롱했어요.

신영복　　　당시 밀양에 아버님 제자나 지인 분들이 교사로 많이 계셨기 때문에 제가 무슨 행동을 하면 며칠 후에 다 아버님 귀에 들어가, 뒤늦게 집에서도 야단맞곤 했습니다.(웃음)

조홍범　　　사실 선생은 제자를 찾아가는 법이 아니거든요. 그래도 우리 신 교수가 저쪽(남한산성 육군교도소)에 가 있을 때, 내가 면회를 간 일이 있어요. 그때는 교직을 그만두고 군납 일을 하고 있었는데, 면회 신청을 했더니 안 된다는 거예요. 초등학교 때 선생이라고 했더니, 담임이었냐고 물어요. 담임은 아니었다고 하니까 안 된다는 거예요. 담임을 맡지 못했던 게 그때 또 얼마나 속상하던지.

신영복　　　전 그 사실을 까맣게 모르고 있었는데, 최근에서야 조 선생님이 저한테 말씀해주시더군요. 면회를 안 시켜준 것은 꼭 담임이 아니었기 때문만은 아닐 겁니다. 당시에는 가족만 면회가 됐으니까요.

박창기　　　저는 부북초등학교 다닐 때 신 선생님을 만났습니다. 당시가 일제치하였기 때문에 한국 사람도 우리말을 쓰다 걸리면 매를 맞기도 하고 그랬는데, 신 선생님은 다른 선생님들과 달리 그저 때리는 시늉만 하셨어요. 당시 일본인 교장이 교실 밖으로 지나갈 때는 학생들이 웃지도 않고 몹시 아픈 척하면서 같이 연극 비슷한 걸 했던 기억이 납니다. 그러다 1945년에 갑자기 해방이 돼서 일본 선생들이 철수하고 학교에는 몇 안 되는 한국인 선생님들이 새롭게 학교 체계를 잡느라고 허둥지둥하셨는데, 그 어른은 완전히 준비된 선생이셨습니다. 기분이 좋으셔서 당장 "사천이백칠십여덟 해 전에 단군님이 세우신 우리나라다……." 이런 노래를 직접 작사, 작곡하셔서 여기저기 방방 뛰시며 열정적으로 가르쳐주시던 게 기억납니다. 그 노래를 다 기억하지는 못하는데, 전문全文을 정말 알고 싶어요.[1]

신영복　　　(아버님이) 해방 전에 이미 우리말 교재를 준비해놓으셨던 것으로 압니다. 경북 금릉공립보통학교에 근무하실 때 일본인 학교장이 조선학생을 차별하는 것에 항의하신 게 신문에 보도가 되고 또 한글연구모임을 했다는 이유로 1932년 파면되기도 하셨지요. 그래도 대구사범에서 1등으로 졸업한 사람인데 아깝다고 주변에서 구명운동을 해주신 덕분에, 1934년 1, 2학년만 있던 간이학교인 의령의 유곡공립보통학교에 촉탁嘱託으로 발령받으신 것으로 압니다. 그때 그 지역에서 한글을 연구하던 분들과도 계속 교유를 하면서 우리말 교재를 같이 준비하셨던 게 아닌가 생각합니다. 그 학교 사택에 살 때 제가 태어났고요. 그런데 아버님이 노래를 가르치셨다는 게 상상이 잘 안 됩니다. 한번은 밀양 지역 학생들 노래경연대회가 있어서 응원팀의 일원으로 갔는데 저희 아버님께서 심사위원석에 앉아 계셨어요. '참 이상하다, 노래를 심사하실 분이 아닌데' 하고 생각했던 기억이 납니다.(웃음) 여기 서상호 선생님은 고등학교 때 배우셨으니 더 잘 아시겠지만 아버님은 농담도 잘 못 하시는 분이라 사실 학생들한테는 어렵고 깐깐한 선생님이 아니었나 싶습니다만.

서상호　　　그렇긴 하지만 그냥 뵈어도 '아, 선비의 풍모가 저런 것인가 보다' 하는 생각이 들게 하는 분이었어요. 저는 밀양농잠고등학교 다닐 때 뵈었는데 사실 저는 신 선생님 눈 밖에 났던 제자여서 옛날 일을 생각하면 참 속상합니다. 그 학교는 농과, 잠과, 축산과 이렇게 나누어지는데 저는 농과에 진학했지만 제 친한 친구들은 다 잠과에 있었거든요. 자꾸 나보고 잠과로 오라고 해서 갔는데 제 친구들이 참 말썽꾸러기들이었어요. 잠과 실습장에서는 담배가 금지사항이었는데, 담배도 피우고 뽕잎도 제때 대주지 않아 누에가 다 죽어버렸어요. 그래서 저를 포함해서 여럿이 퇴학을 당했는데, 다행히 나중에 신 선생님이 상호는 죄질이 나쁜 애가 아니라고 구명해주신 덕택에 복학해서 간신히 졸업을 했습니다. 그런데 지금 돌이켜봐도 신 선생님은 향토 역사나 문화에 대한 식견이 대단히 높으셨어요. 수업 시간에 특히 대종교나 단군에 대해 많은 말씀을 해주신 기억이 납니다.

박창희   여기 형님이나 제가 살던 동네하고 저희 할아버지가 사시던 동네 사이에 신 선생님 댁이 있었는데, 집안 어른들은 할아버지 댁에 가는 중간에 꼭 그 댁에 들러서 인사를 드리라고 하셨어요. 그리고 어머님이 "신학상 선생님은 책을 읽다가 모르는 것이 있으면 밤중에 십 리 길을 가서라도 알아내곤 하신단다"며, 제가 그런 자세를 본받길 바라는 마음에서 그 얘기를 여러 번 해주셨던 기억이 납니다. 제가 역사를 전공해서인지 늘 어떤 인물에 대해 평가를 내리고자 하는 나쁜 습성이 있는데, 이후에 그 어른이 큰길을 찾고자 한 사명대사와 김종직 선생을 깊이 연구하신 것과 묘하게 연계가 되는 것이, 신 선생님 역시 길을 찾는 구도자가 아니었나 하는 생각을 해봅니다. 식민지시대 때 지식인들은 자신의 아이덴티티를 민족적인 것에서 찾을 수밖에 없었는데, 우리말이나 단군에 대해 연구하신 것도 바로 그 이유가 아니었나 싶습니다.

신영복   제가 41년생이니까 해방되던 해 다섯 살이었는데, 해방되던 날을 기억합니다. 그때 학교에 놀러갔는데, 일본 군마대가 학교 운동장에 몰려와, 교무실로 들어와서는 저한테 건빵 봉지를 하나 줬던 기억이 납니다. 그리고 학교에 와서 무장해제를 하는지 학교 우물에 총칼을 전부 집어넣더군요. 콩이나 어묵 같은 일본 통조림 음식을 먹기도 했고요.

박창기   저는 그때 초등학교 6학년이었으니까 비교적 또렷이 기억나는데, 신 선생님이 그때 일본 군인들이 넣어두었던 비상식량 통조림들을 학생들에게 나눠주라고 했습니다.

신영복　　당시 일본인들이 물러가는 상황이 되니까 마을 사람들이 학교나 저희 집에 많이 몰려와서 마을 일들을 같이 상의하셨어요. 그때 젊은 분들이 어린 저한테 농담처럼 교장 사택에 올라가 있으라고 해서 저 혼자 일본인 교장이 떠난 사택에서 하룻밤을 보냈던 기억이 있습니다.

조홍범　　아무튼 신 선생님은 굉장한 학자이셨고 또 대단한 교육자셨습니다. 직함으로야 고등학교 교장도 하시고 교육감도 하셨지만, 대학자로서 김종직 선생의 철학과 사명당의 삶에 관한 연구를 하셨고, 사명당에 대한 저서는 오늘날 사명당기념사업회의 효시가 되었지요.

박창기　　밀양 지역에서 사명대사 탄생지를 성역화하는 작업도 신 선생님의 저서 『사명당 실기』(1982), 『사명당의 생애와 사상』(1992)이 나오고 나서 시작됐지요.

신영복　　아버님은 1995년 88세로 돌아가셨는데, 말년에 의열단 관계 자료를 모으면서 연구를 계속하시기에, 제가 그 연구는 젊은 연구자들에게 맡기고 아버님이 들으신 40년, 사신 50여 년을 그냥 죽 쓰시는 게 어떠냐고 말씀드리기도 했습니다. 아무튼 노환 때문에 사오 년 정도 다달이 통원치료를 받으셨지만, 돌아가시기 이틀 전까지 벽에 등을 기대는 일 없이 늘 책을 읽으시거나 글 쓰시는 일에만 몰두하셨습니다. 그 모습을 보면서, 새 옷으로 갈아입고 앉아서 돌아가시기도 했던 옛날 분들의 이야기가 가능하겠다는 생각을 했던 게 기억납니다. 돌아가실 때 제 아들이 다섯 살이어서 그 아이에게 한글이랑 천자문을 카드에 적어 가르쳐주셨는데, 그게 해방 당시 준비하고 가르치셨던 한글 수업방식과 같은 것이었다는 이야기를 오늘 들으니 새삼 감회가 새롭습니다.

박창희　　민족을 생각하셨던 신 선생님의 뜻이 어떻게 신 교수님에게 옮겨가고 있는지 관심 있게 보고 있습니다. 제가 '국민학교'를 '초등학교'로 개명하는 문제나 독도 문제에 나름대로 애를 써서 일정한 성과를 거두고 변화를 가져오는 데 힘을 보태왔던 것처럼 저한테도 많은 부분 이어지고 있고요. 아버님이나 할아버님의 뜻을 이어 신 교수님이 하고 있고, 저도 저 나름대로 삐딱삐딱하게 걸어나가면서 아직도 뭔가 길을 찾아가고 있는데, 통일 문제에도 그런 분들의 마음과 뜻이 다 이어지고 있는 게 아닌가 싶습니다.

박문희　　　　저는 신 선생님의 제자는 아니지만 신 선생님의 제자 분들을 수소문하다 보니 오늘 이 자리에 모신 분들과도 그 동안 귀한 인연을 이어오게 됐습니다. 오늘 자리해주셔서 반갑고 감사했습니다.

■ ■ ■ ▪ ▫

1 신영복 선생의 누님이 기억하고 있는 가사 전문은 다음과 같다. "사천이백일흔여덟 해 전에 단군님이 만들으신 삼천리강산 배우고 익히며 길이 받들어 만세 만세 만만세/ 해외에 계신 우리 동포여 싸워서 지하운동하셨으니 돌아왔네 우리 조선 무궁화강산 만세 만세 만만세." 당시 네 살이었던 선생의 기억에도 첫 구절과 "……배우고 익히며 높이 받들어 만세 만세 만만세"라는 구절이 남아 있다고 한다.

밀양 뒷동산에
올라 ✤

정풍송 | 작곡가·초등 및 중학 동창

인생에서 운명은 과연 무엇일까? 운명론자들의 주장대로 인간의 운명은 태어날 때부터 이미 정해져 있는 것일까? 아니면 스스로의 노력으로 만들어가는 것일까?

초등학교 6년과 중학교 3년을 같은 학교, 같은 교실에서 함께 공부하고 뛰놀았던 친구 신영복의 지난 세월을 돌아보면, 운명이 과연 무엇인지 더더욱 알 수 없고 혼란스러워진다. 20여 년, 그 기나긴 세월 동안 상상조차 할 수 없는 고통과 시련을 거쳐 오늘의 대학자·대사상가가 되는 것이 태어날 때부터 주어진 운명의 수순이었을까? 아니면 이 나라 이 민족의 분단과 갈등의 소용돌이 속에 휘말려, 자칫 끝없는 나락으로 떨어질 뻔했으나 그만이 해낼 수 있는 초인적인 집념과 인내로 그 모든 어려움을 이겨내고 오늘의 신영복으로 다시 태어난 것일까? 그것도 아니면, 사회과학자가 될 운명으로 태어났으나 집안 사정 때문에 상고를 가고 상대를 나와 경제학자가 되니, 팔자에 없는 짓한다고 궤도를 수정시키느라 20년이란 그 오랜 세월 지독한 진통을 겪게 한 걸까?

1968년의 너무나 충격적인 소식.

신영복의 통혁당 사건 연루 소식은 도무지 믿기지 않았다. 신영복은 초등학교와 중학교 때 너무나 양순하고 명랑했던 친구였고, 학급에서 늘 1, 2등을 다투는 수재면서도 누구와도 잘 어울리는 다정다감한 친구였다. 그래서 초등학교 상급반 때부터 중학교 때까지 계속 응원 단장을 맡아, 재미있는 동작과 표정으로 응원전을 능수능란하게 펼치던 재주꾼이기도 했다. 글짓기 솜씨 또한 탁월했다. 신영복의 수려한 글 솜씨는 그때부터 타고난 것이 아닌가 생각된다.

초등학교 6학년 때 우리 아버지가 갑자기 돌아가시고 집안 형편이 어려워지면서 좀 작은 집으로 이사를 갔는데 바로 신영복과 같은 동네였다. 자연히 등하교 때 같이 다닐 기회가 많았고 자주 어울려 놀았다. 하교길에 신영복의 집에 들러 같이 놀면 신영복의 누나들과 형이 마당에 있는 감나무에서 감을 따주기도 하는 등 늘 친절하고 따뜻하게 대해주었다. 모두들 교육자 집안의 조용하고 품위 있는 분위기 그대로였다.

그때 신영복의 아버님은 밀양 교육감이셨고 국사와 국문학을 깊이 연구하셨던 학자시기도 했다. 그런데 그 당시 우리 어린아이들에게 아버님은 별로 인기가 없었다. 6·25전쟁 직후라 밀양 공설운동장에서 자주 궐기대회나 기념식을 열었는데, 교육감이셨던 신영복의 아버님께서 단상에 오르시면 말씀을 굉장히 오래 하셨다. 고사부터 시작해 애국애족, 자유민주주의 수호, 북한 공산집단의 불법남침 규탄에 이르기까지 끝이 없었다. 철없던 아이들에게는 뙤약볕 아래 운동장에 서서 듣는 긴 연설이 반가울 리 없었고 지루하기 짝이 없었다. 중학교 2학년 땐가 3학년 때 신영복의 아버님께서 국회의원 선거에 출마하셨다. 당시 자유당 정권에 맞서 야당으로 출마하셨지만, 권력과 검은 돈에 의한 부정선거와 부정 투개표로 낙선하시고 말았다. 당시 자유당 정권은 밤에 개표할 때면 고의로 정전을 시키고 투표 용지를 뭉치로 바꿔치기하거나 심지어 투표함까지 몽땅 바꾸어놓기도 했다. 정의감에 불타셨던 아버님 슬하에서 자란 신영복이 여러모로 영향을 받지 않을 수 없었을 것이다.

신영복의 깊은 학문과 폭넓은 사상은 바로 그런 아버님과 교육자 집안의 오랜 가풍에서 이어받은 것이라 믿는다. 보통 사람이라면 아예 자포자기하고 모든 것을 단념했을 그 오랜 세월, 만약 아버님을 비롯한 온 가족과 편지로나마 그렇게 대화를 나눌 수 없었고 신영복의 생각을 담아주는 그릇이 없었더라면, 그런 초인적인 인내와 공부가 가능할 수 있었을까. 신영복의 아버님을 비롯한 온 가족에게 다시 한번 고마운 생각이 든다.

세상 사람들이 자주 쓰는 격언에 "뱀은 이슬을 먹고 독을 만들지만, 꽃은 이슬을 먹고 꿀을 만든다"는 말이 있다. 내일을 기약할 수 없는 상황 속의 20년 수형생활 동안 정신적으로나 육체적으로 완전히 폐인이 될 수도 있었을 텐데, 신영복은 좌절하지 않고 많은 사람들의 정신세계를 살찌울 수 있는 학문을 끈질기고도 폭넓게 공부했다.

신영복이 나에게 했던 말이 생각난다. "20년 감옥살이가 나의 진정한 대학생활이었다"라는 말……. 그럴지도 모른다. 어쩌면 신영복이기에 해낼 수 있었던 훌륭한 대학생활이고 역전인지 모르겠다. 그러나 한편으로는 다른 생각이 들기도 한다. 만약 그 뛰어난 두뇌와 성실한 심성으로 자유롭게 넓은 세상에서 좀더 많이 보고 공부하고 연구했더라면……. 역사와 과거는 가정이 필요없다 했던가? 신영복의 통혁당 사건 관련 여부와 관계없이 한 가지 분명한 점은, 그가 겪은 일은 이 나라 이 민족의 분단이라는 불행이 없었더라면 겪지 않아도 될 고난이었다는 것이다.

그나마 다행인 것은 신영복의 양친께서 아들의 출옥을 보고 타계하셨다는 사실이다. 그리고 사회과학자로 대사상가로 우뚝 서 있는 아들 신영복을 보면서 하늘나라에서 흐뭇한 표정으로 박수 치고 계실 걸로 생각한다.

신 교수! 부디 건강하시어 오래오래 많은 사람들의 정신세계를 살찌우고 올바른 길로 인도해주길 바라오. 언제 기회가 닿으면 우리 어릴 때 뛰놀던 밀양 뒷동산 바위 위에 올라가 흘러가는 구름 바라보며 노래 한번 크게 불러봅시다. 곡목은 「자유민주평화통일의 노래」……. 그때 술 한잔 있으면 더 좋겠죠. 막걸리가 좋을까? 소주가 좋을까? 술은 신 교수가 택하오.

은린銀鱗처럼
빛나던 시절 ✢

배진 | 부산외국어대 스페인어과 초빙교수·고교 동창

신영복과 필자의 첫 만남은 지금부터 꼭 50년 전인 1956년 이른 봄이었다. 부산상업고등학교에 갓 입학한 우리는 보이지 않는 축복의 손에 의해서였는지 같은 반에 배정되었고, 게다가 키 작은 순서에 따라 그는 5번, 필자는 2번으로 학급의 맨 앞줄에 포진하게 된다.

같은 반, 같은 또래로 어울림이 잦을 수밖에 없었던 우리는 시간이 흐르면서 차츰 성정이나 취향 등에서도 일종의 일체감이랄까 동류의식을 느끼면서 남달리 도타운 우정을 싹틔웠고, 그 싹이 꽃으로 필 무렵 여섯 명이 모여 당시 유행하던 그룹을 결성하고 '은린'銀鱗이라 이름하였다.

고교 시절의 신영복을 회상하면 왠지 동자승의 이미지가 먼저 떠오른다. 이는 까까머리에 단아하고 동글동글한 느낌을 주는 외양 탓도 있겠지만, 그보다는 그의 티없이 맑고 밝은 분위기 때문이 아니었을까 싶다. 또 그가 교직원 사택에 유숙하고 있어 행동반경이 학교와 그 언저리로 매우 제한되었던 점과도 무관하지 않으리라 여겨진다.

동자승을 닮은 인상과 분위기에 걸맞게 순수하고 천진난만했던 그는, 가끔 당차고 활달한 면모를 보인 예외적인 경우도 없지는 않았으나, 전체적으로는 감수성이 풍부하고 섬세한 심성을 갖고 있었다고 기억된다. 말하자면 야성보다는 감성과 지성이 돋보였다고 할까.

　이렇게 감성적이고 여린 성품의 그가 훗날 혹독한 시련과 정면 대결하면서 보여준 치열한 투혼을 어디에 어떻게 내장하고 있었을까? 이 의문에 대한 해답을 대신하여, 그가 대학 2학년 때인 단기 4293년 여름방학 어느 날 필자에게 보내온 편지의 몇 구절을 인용하려 한다. 야심한 시각에 가정교사로 있던 집에서 쓴 편지에서 그는, "어쩌면 우리는 오늘의 現實 生理에 맞지 않는 異國人일지 모른다. 우리는 오만한 자들에 의해 우리의 領土를 틀림없이 짓밟히고 있다. …… 우리는 한낱 그늘진 곳에서만 울 수 있는 슬픈 人間群들인지도 모른다. …… 나는 이제부터는 새로운 나의 生命을 呼吸할 작정이다. …… 과감히 피의 정화를 기해야겠다"고 쓰고 있다.

　이 편지에서 우리는 고교 시절의 그에게서는 상상도 할 수 없었던 낯선 표정과 충혈된 눈빛을 만나게 된다. 아마도 이는 대학생활 초기부터 의식주 문제를 스스로 해결해야 했던 힘겨운 현실에 부대끼면서 잉태된 '새로운 그'의 모습이리라.

　신영복의 고교 시절을 생각할 때 동자승의 이미지와 함께 떠오르는 한마디가 있다면 '다재다능, 재기발랄'이라 하겠다. 그는 학업에서의 빼어난 성취와 함께 예능에서 운동까지 다방면에 걸쳐 특출한 재능을 보였는데, 흔히 말하는 팔방미인과는 차원을 달리하는 수준이었다. 그는 전교 詩 백일장에서 장원을 하는가 하면 글씨와 그림에서도 남다른 소질을 보였다. 특히 삽화와 만화는, 재치 있는 주제 설정이나 자유분방하면서도 섬세함을 잃지 않는 선의 움직임에서 그때 이미 기성 작가의 경지를 넘나들고 있었다. 그는 또한 시서화나 음률에 통한 사람들이 흔히 결하기 쉬운 운동에도 능하여, 축구에서 씨름까지 못하는 운동이 없어서 공부만 잘하는 백면서생들의 부러움을 사곤 하였다.

한편, 오늘날에도 시도 때도 없이 번득이는 그 특유의 재치와 유머는 고교 시절에 이미 빛을 발하고 있었으니, 특히 상황이나 분위기에 맞게 정곡을 찌르는 언어 선택의 감각과 순발력은 가히 일품이었다. 게다가 이러한 재담才談들이 그의 못 말리는 장난기와도 절묘하게 어우러져 늘 좌중에 즐거움을 더해주곤 하였다.

우리들의 고교 시절은 '은린'의 졸업기념 여행으로 막을 내린다. 우리 앞에 펼쳐질 내일에 대한 어떠한 예감도 없이, 더벅머리에 어설픈 사복 차림으로 여행길에 나선 우리는, 각자의 본가가 있는 울산, 방어진, 밀양을 순방하여 처음으로 어른들께 인사드리고 주변 명소도 둘러보았다.

필자는 요즈음 학교 강의 관계로 매주 한 번씩 부산을 왕래하면서 밀양을 지나칠 때마다 그를 생각하며 잔잔한 감회에 젖곤 한다. 차창 너머로 우리가 함께 걸었던 남천강변의 솔밭길을 바라보면서 우리의 우정 반세기를 되새겨보고 함께 갈 남은 길을 가늠해본다. '처음처럼'을 되뇌며.

가난한 날의
벗 💠 나의 50년 지기 신영복

김문식 | 전 재경 부산상고 동기회장·고교 동창

1957년 여름, 부산상고 2학년이던 나는 학교 근처로 하숙집을 옮겼는데 이웃에 신영복이 살고 있었다. 그는 나와 같은 학년이었고 그 학교의 경제 과목을 담당하는 선생님이 자형이어서 그는 자형 댁인 학교 사택에 기숙하고 있었다. 그는 공부를 잘하는 모범생이었고 운동에도 소질이 있었고 응원단장이기도 하였다.

그에게서 들었던 유년 시절의 이야기가 매우 인상적이어서 지금도 기억하고 있다. 초등학교 3학년 때 성적표를 받던 날의 이야기이다. 자기 반에서 집은 가난하지만 공부를 잘하는 아이가 신영복의 귀갓길에 나타나 "네가 성적이 1등이지만 사실은 내가 1등이다. 너의 아버지가 교장 선생님이어서 선생님들이 너를 잘 봐주어서 그렇지, 실력대로 하면 내가 1등이다"는 이야기를 했다고 한다. 그 후 그 친구가 며칠 내리 결석을 해 담임 선생님의 심부름으로 그 집을 방문하게 되었는데 무척 어렵게 살고 있었단다. 부모님은 보이지 않고 어린 동생들과 거의 끼니를 거르는 모습을 보았다고 한다. 그는 그때 가

x

정형편만 좋았더라면 그 친구가 1등을 했을지도 모른다는 생각을 하였고, 당시 어렵게 지내던 친구들에 대하여 여러 가지로 배려하는 마음을 갖게 되었다고 한다.

3학년 때 그는 나와 같은 반이 되었다. 학교 성적도 뛰어나, 한 달에 한 번씩 실시하는 대입 모의고사에서는 항상 전교 수석을 차지하곤 했다. 그해 한글날을 기념해 실시한 부산시 백일장에서는 '지도'地圖라는 시제로 장원 다음상인 차상을 차지하기도 하였다. 중학교 때 자신이 그린 『이상한 부채』라는 만화책을 보여주기도 했다.

그가 부산상고에 진학한 것은 아버님이 국회의원에 낙선하시고 가세가 기울어 대학에 진학하기 어려웠기 때문이다. 부모님은 그가 대학 진학 하는 것보다 상고 졸업 후 은행에 취직하기를 바라셨다. 그런데도 여러 선생님들의 권유로 결국 대학에 진학한다. 아마 대학 입학등록금 이외에는 가정교사를 해서, 그리고 장학금 등으로 학교를 마쳤으리라고 생각한다.

대학 2학년 때 그의 집이 서울로 이사하였다. 넉넉지 않은 살림이어서 종암동에 방 두 칸짜리 자그마한 집을 전세로 얻었다. 형 영대 씨는 고려대에 다녔고, 동생 영석이는 연세대에 진학했다. 어려운 서울 살림이었을 텐데도 이따금 들른 그의 집은 그리 어려운 티가 나지 않았다. 어머님의 표정이 항상 밝았기 때문이다. 당시 서울에 집이 있는 사람이 그 외에 없었기 때문에 서울에서 대학을 다니던 우리들은 곧잘 그의 집을 찾았고 어머님은 언제나 친구들을 아들처럼 잘 거두어주셨다.

아버님께서도 고등학교 교장과 교육감을 두 번씩 지내신 분인데도 동네의 어린 학생들을 불러다가 집에서 가르치실 정도로 평생을 교육자로서 일관하셨다. 신영복의 아버님은 타고난 학자이셨다. 그의 집에 놀러갈 때마다 항상 책상에 앉아서 무언가 집필하고 계셨다. 여든둘에 500여 쪽 되는 『사명당의 생애와 사상』이라는 책을 출간하셨고, 여든다섯에는 600여 쪽 되는 『김종직의 도학사상』이란 책을 내셨다.

이맘 때 그가 어떤 잡지에 「등산 가족」이란 글을 썼는데, "우리 집에는 등산을 좋아하는 사람은 아무도 없지만 전세 값이 오르면 어쩔 수 없이 방값이 싼 높은 곳으로 자꾸 올라가게 되니 좋게 말하면 등산 가족이다"라는 내용이었다.

그 당시, 내가 가정교사를 그만두게 되어 한동안 힘들어했는데 자리가 날 때까지 자기 집에 와 있으라고 했다. 그래서 한 달 동안 그 작은 집에서 신세를 졌는데 철이 든 지금 생각해보면 정말 무안할 뿐이다.

1960년대 초반은 모두가 어렵던 시절이어서, 대학생들은 군복을 물들여 입고 미군 군화를 검게 염색해 신는 것이 유행이었다. 특히 군화는 비싸서 아무나 신지 못했다. 그런데 어느 날 신영복이 나 신으라며 군화를 사 가지고 왔다. 웬 거냐고 물었더니 장학금을 탔다고 했다. 혼자 쓰기에도 턱없이 모자라는 것을 알고 있었기에 두고두고 고마움을 잊을 수 없었다.

한번은 내가 이사를 가야 했는데 돈이 없었다. 신영복에게 사정을 얘기했더니, 자기도 돈이 없으니 손수레를 빌려서 직접 끌고 가자고 했다. 고려대에 다니던 배진, 문상호와 우리 둘, 모두 넷이서 손수레를 끌고 갔다. 나 외에 셋은 대학교 교복을 입고 있어서 지나가던 행인들의 시선이 집중되었다. 동대문에서 노량진까지는 꽤 먼 거리였다. 일부러 명동 한복판에 손수레를 받쳐 놓고 냉차 한 잔씩을 나누어 먹기도 하고, 한강 인도교에서는 기념사진까지 찍었다. 지금도 그 사진을 보면 당시가 떠오른다. 생각해보면 참으로 가난했던 시절, 그와 함께했던 이러저러한 일들이 나에게 위로가 되고 용기를 주었던 것을 깨닫게 된다.

신영복은 그런 친구였다. 다만 그의 어머님은 걱정이 많으셨다. 자식 알기로는 부모만한 사람이 없다고 하였듯이, "너는 똑똑하긴 한데 자신의 재능을 숨길 줄을 모른다"고 걱정하시면서 자주 겸손과 겸양을 이야기하셨는데, 20

년의 수형생활을 겪고 난 후의 그를 만났을 때는 무게와 겸양이 온몸에 배어 있었다. 어머님의 바람이 비로소 이루어진 것이다.

신영복과 친한 친구로 덕수궁 옆에서 세실극장을 운영하였던 '이영윤'이 있었다. 그는 괴짜가 사라져가는 세월 속에 가히 기인이라 할 만한 인물이었다. 서울사대에 다녔지만 학번은 같았다. 그는 신영복의 어머님, 아버님께서 돌아가실 날과 시까지도 맞출 정도였다. 그가 술자리에서 곧잘, "영복이는 수형생활 할 때는 '여영 복'이 없는 줄 알았는데 앞으로는 복 많이 받을 것이다. 많은 사람들이 그를 사랑하고 도울 것이다. 앞으로 큰일을 할 것이다"고 했던 말이 지금도 기억난다.

신영복의 50년 친구로 그를 돌아보면, 20년의 수형생활이 그에게 가장 큰 영향을 끼쳤다고 생각한다. 가히 그 20년은 그의 숙성기간이었다고 할 수 있다. 유년 시절부터 가졌던 생각과 정서가 바탕이 되었겠지만, 그러한 것들을 잘 조화된 인격으로 승화시킨 20년이 아닐 수 없다. 특히 나는 그 자신도 어려웠을 텐데, 나를 비롯한 여러 사람을 도와준 점을 잊을 수 없다. 그것은 누구도 흉내내기 어려운 인간적 바탕이 있어야 가능한 일이다. 20년의 수형생활을 거친 그는, 어머님이 더 이상 걱정하시지 않아도 될 정도로 아주 겸손하고 편안한 사람이 되었다. 신영복은 말없이 한두 시간 차 마시며 서로 쳐다만 보아도 뜻이 통하는 친구이다. 그의 20년 수형생활을 '정다산'의 유배생활과 비교한다면 저술과 학업에서는 다산만 못하더라도, 그의 깊은 사색과 인간적 성숙은 다산에 비하여 조금도 손색이 없다고 할 수 있지 않을까.

대하드라마의
제4막을 기다리며 ✦ 상대 시절의 신영복

홍재영 | 한국산업경제연구소 대표·대학 동창

어느 한 사람의 지나온 세월을 어떻게 규정하고 특징지을 것인지는 보는 관점이나 시각에 따라 다를 것이다. 자기 나름의 가치관이나 신념을 지닌 사람은 그것의 달성이나 실현 과정으로 인생을 판단할 것이고, 금전이나 재력을 중시하는 사람은 자산 축적과 관련된 성과를 지나온 시기의 보람이나 귀한 유산으로 여길 것이다. 그러나 변화 많고 격동치는 세월을 방관자로 살아온 한 장삼이사張三李四의 입장에서 나의 지난 시기를 결산해보면, 역시 가장 값지고 보람 있고 시간이 지나도 빛이 바래지 않는 위대한 유산은, 오고 가는 세월의 길목에서 마주친 사람들과의 크고 작은 인연, 그들과 관련된 소중한 기억과 그리움, 끊이지 않고 이어져온 관계, 그리고 그들이 나에게 하나의 모델로서 제시해준 교훈이나 경륜, 지혜 등이 아닐까 생각한다. 이러한 점에서 볼 때 신영복은 나의 아주 귀중한 재산목록 중 하나라는 생각을 항상 한다.

그는 어려서부터 함께 자란 소꿉동무는 아니지만 나에게 많은 교훈과 지혜, 그리고 인생에서 가장 행하기 어려운 자기 자신과의 투쟁을 훌륭하고 지혜롭게 치러낸 인간상을 생생하게 보여주었다. 1988년 여름, 20년 20일의 옥고를 치르고 세상에 나오는 신영복을 기다리며 우리는 상당히 복잡한 생각을 했다. 세실극장 지하의 카페에 나타난 그를 본 순간 내가 느낀 충격은 엄청났다. 솔직히 나는 원한과 복수의 일념으로 불타는 매서운 눈매와 혁명의 대장정에 한시바삐 동참하려는 투사의 자세를 지닌 신영복, 잃어버린 20년의 세월에 절망하고 회한에 차 있는 신영복, 바깥세상에서의 새로운 인생에 대하여 고뇌하고 방황하는 신영복의 모습을 잠시나마 연상했다. 그런데 20년이란 세월의 깊은 강이 우리 사이에 놓여 있었음에도 불구하고 우리 앞에 나타난 신영복은, 젊은 날 홍릉 시절의 유머러스한 장난꾼, 만능 탤런트, 주변 사람들을 즐겁게 해주던 엔터테이너, 그리고 그 시절의 성실하고 순수했던 지성을 향한 항심, 친화력과 공동체의식을 그대로 지니고 있는, 우리가 알던 그대로의 신영복이었다. 오랜 기간 감옥에서 고통과 번뇌, 고독과 절망의 세월을 보낸 사람의 얼굴이 아니라, 마을 뒷산에서 길을 잃고 헤매다가 돌아온 립 밴 윙클처럼 옛날 그대로의 얼굴을 하고 우리 앞에 다시 서 있었던 것이다. 그때 퍼뜩 든 생각은, 역시 이 친구는 20년이란 감옥생활을 무언가를 구하고 이루면서 보냈구나, 완전히 다른 또 하나의 신세계를 꾸리면서 살아왔구나, 그런 경지에 이르기 위해 부단한 자기초월을 위한 노력과 연단鍊鍛의 과정이 있었겠구나 하는 것이었다.

그가 출옥 후 20년 가까운 세월 동안 이 시대를 대표하는 사상가로 지성인으로 학자로서의 삶을 이어오면서, 또한 소아병자 같은 근본주의자들이나 이데올로그들의 대열에 동참하지 않으면서, 진보나 보수 어느 쪽에도 편향되지 않게 지혜와 가르침을 베풀 수 있었던 것은, 그의 기본적인 생각이나 주장, 행동 하나하나가 문제의 근원에 접근하려는 성실한 자세와 일관된 자아극복과 초월의 정신과 의지에 기인했기 때문이라고 볼 수 있다. 오늘날 우리 주변에는 통합이니 용서니 화해를 입에 달고 사는 인간들이 넘치고, 간디나 만델라를 툭하면 끌어다 자신과 견주는 파렴치한들도 한둘이 아니다. 하지만 신영복이야말로 만델라의 교훈을 자신의 삶의 궤적을 통하여 분명하게 보여준 인물이라고 감히 말할 수 있다.

　내가 이렇게 말해서 신영복에 대하여 오해를 하는 사람이 많을 듯하여 이제는 학창 시절, 젊은 시절의 신영복에 대하여 몇 줄 기록하고자 한다. 신영복은 완전히 다른 세 번의 자기완결적인 인생을 살았는데, 그 세 번의 인생을 모두 하나같이 최선을 다하여 성실하고 치열하게 살았다. 학생 시절을 중심으로 한 젊은 시절의 신영복, 감옥에서의 신영복, 출옥 후 교수·석학으로서의 신영복으로 이루어진 3막의 옴니버스 인생 드라마의 어느 한 막을 들여다보더라도, 우리는 다른 두 막과의 연계 없이도 완벽한 작품성과 감동을 지닌 독립된 한 편의 드라마를 보는 감흥과 긴장과 재미를 맛볼 수 있다. 그러나 한 편의 대하드라마 같은 신영복의 인생 드라마를 제대로 이해하려면 일종의 도제 시절에 해당하는 상대 시절의 전후기를 잠시 들여다보는 것이 좋겠다. 요즘 정치판에서 유행하는 초년 고생, 고학 생활, 서민 출신임을 강조하거나, 남달랐던 천재성, 탁월한 판단력, 투쟁 경력을 운운하면서 그의 젊은 시절을 미화할 생각은 전혀 없다. 오히려 그 시절의 신영복과 관련된 몇 가지 에피소드를 들어, 인간 신영복의 다양하고 폭넓은 면모를 들여다보고 나면 그에게 보다 친근감을 느낄 수 있을 것이다.

　신영복과 나는 1959년 3월 종암동에 자리 잡은 홍릉 솔밭의 상과대학 경제학과에 입학하여 4년간 동문수학하고, 경제학 서클인 경우회 회원으로 지내면서 당시 적빈赤貧에 허덕이던 후진국 한국의 미래에 대해 함께 고뇌하였고, 그가 불의의 사건에 휘말려 우리와 격리된 세계로 긴 여정에 들 때까지 동고동락했던 친구이다. 이미 50년 가까운 세월이 흘러 그 당시의 일들을 소상하게 기억하고 재생하기는 힘들지만 생각나는 대로 정리해볼까 한다.

오랜 세월이 흐른 지금, 신영복과 관련하여 우선 떠오르는 기억은 그의 유머 감각, 명랑하고 쾌활했던 성품, 장난기 등이다. 그가 학구적이고 나이에 어울리지 않게 다방면으로 박학다식했던 건 사실이지만, 그는 주변의 친구들을 항상 재미있게, 지루하지 않게, 즐겁게 해준 엔터테이너이기도 했다. 그 당시 상대에는 홍릉제란 연례 축제가 있었는데 무대를 주름잡은 주인공은 언제나 신영복과 유장희였다. 신영복은 행사 사회부터 즉석 재담, 시나 가사의 낭송, 가장행렬에 이르기까지 끼지 않은 데가 없을 정도로 팔방미인이었다. 한번은 그가 홍릉제 행사 중 여장을 하고 무대에서 연기를 한 적이 있는데, 여장이 얼마나 완벽했던지 구경 왔던 고려대 친구가 홀딱 반하여 신영복과 데이트 한번 하려고 집요하게 따라다닌 기억도 난다.

대학 졸업 후의 일이지만 그가 숙명여대의 명강사로 효창동 일대 여대생들의 인기를 몰고 다닌다는 소문이 자자하자, 친구들이 그와 소주나 배갈 잔을 기울이면서 좋은 여학생 좀 소개해달라고 부탁하곤 했다. 그는 그때마다 "그런 건 조금도 염려 마라. 괜찮은 여학생을 뽑아놓았다. 내가 시험지 채점 보고서에 날인할 때마다 수준 있는 애들은 도장을 반듯하게 똑바로 찍어놓았고, 그렇지 않은 애들은 기울이거나 눕혀서 날인해놓았으니 금방 후보자들을 찾을 수 있어"라고 말해 주위를 웃긴 적이 있었다.

그는 또 교수들의 휴강을 유도하는 데도 일가견이 있어 이 또한 우리들을 즐겁게 해주었다. 상대 시절 이러저러한 인연으로 가친(홍이섭 교수)도 상대에 출강하여 짜디짠 학점과 엄격한 수업시간 준수로 자유분방한 상대생들에게 큰 스트레스를 주고 계셨는데, 유일하게 신영복 군의 절묘한 작전에 말려들어 휴강의 오점을 남기신 적도 있었다. 게다가 신영복은 너무나 훌륭한 시험답안을 제출하여, 점수 안 주기로 악명 높은 가친에게서 후한 점수를 따냄으로써 그가 잘 놀면서도 점수를 잘 받는 수재임을 천명하였다. 한번은 시내버스에 올라가 연필 파는 고학생으로 둔갑하여 일장의 드라마틱한 연설로 승객들의 심금을 울리기도 했다. 또 술, 담배 실력도 만만치 않았을뿐더러 가끔은 좌중을 돌며 온갖 향기로운 담배 개비를 추렴하여 필수품을 미처 챙겨오지 못한 그날의 불우한 끽연자들을 위무해주는 일도 마다하지 않았다.

신영복의 젊은 시절 또 하나의 특징적인 면모는 그가 문자 그대로의 팔방미인이요, 못 하는 것이 없는 멀티텔런트였다는 사실이다. 두보의 시였는지 소월의 시였는지 지금은 기억도 가물거리지만, 모여서 담소할 때면 곧잘 한시나 우리 시, 가사 구절을 청아한 목소리로 낭송해주었다. 상대 신문의 명기자로 문재를 드날렸음은 물론, 삽화와 만화를 게재하였고 각종 시화전이나 문학 서클이 주관하는 문학의 밤이나 시 낭송 행사에도 빠지지 않고 핵심 인물로 활동하였다. 또 축구나 농구 등 못 하는 운동이 없을 정도로 재능을 발휘하였다. 지금도 홍릉의 잔디밭을 빨빨거리며 뛰어다니던 작은 체구의 그가 눈에 선하다.

그러면서도 그는 경제학도로서 경제학 연구, 보다 근본적인 사회경제의 발전이나 변화의 본질·법칙, 공동체정신이나 인간 상호 간의 상호부조의 필요성, 인간의 존재와 사회, 보다 거시적인 역사 발전에서의 다양한 관계, 변화나 진보의 본질적인 추동력으로서의 인간의 본질, 한국적인 특수상황에 대한 고찰 내지 천착을 게을리 하지 않아, 이 방면에서도 이미 학창 시절에 나름의 기본 관점을 세웠던 것이 아닌가 한다.

경우회에서 선후배들과 가진 토론이나 공동학습 과정도 이러한 그의 문제의식을 갈고 다듬는 데 일정한 역할을 하였을 것이다. 그 시절 신영복의 학문은 이미 상당한 경지에 올라 있어 우리들의 찬탄을 자아낼 때가 종종 있었다. 그러나 그것은 그가 단순히 박학다식했다거나 독서량이 많아서가 아니라, 어떤 담론이나 주제를 이야기할 때면 언제나 본질적·근원적인 데 접근하여 핵심을 파악하고 재현해주는 능력이 뛰어났기 때문이다. 이 때문에 그가 이야기하는 분야의 초보적인 지식만 있으면 쉽게 알아들을 수 있었다. 언젠가 최서면 선생이 "자네는 명교수와 석학의 다른 점을 알고 있는가? 명교수는 정식으로 공부를 한 제자들만 제대로 알아듣게 하는 사람인 반면, 석학은 같은 내용을 설명하여도 초등학교 나온 사람도 알아듣게 이야기할 수 있는 법이야" 하는 말씀을 하신 적이 있는데, 신영복은 이미 그 시절에 석학이 될 자질을 충분히 가지고 있었다는 생각이 든다.

그러나 20년이란 세월은 우리들에게서 세계적인 경제학자가 될 수도 있었던 한 사람의 유능한 경제학도를 데려간 대신, 보다 많은 사람들에게 덕과 신뢰감과 진정한 휴머니즘, 더불어 삶과 용서와 화해, 공동체와 상호부조의 정신과 실천의 참뜻을 일깨워주는 스승과 멘토의 역할을 하는 시대의 석학을 보내주었으니, 남아 있던 우리 모두는 너무나 크나큰 무상無償의 혜택을 본 것이 아닌가?

누구보다도 파란만장한 삶의 궤적을 밟아왔기에 의당 어떤 식으로든지 모난 성정이나 대결의식, 또는 고난을 헤쳐온 사람이 갖고 있는 흔적이나 개성이 신영복에게서 표출되리라 생각할지도 모른다. 그러나 놀라운 점은, 그가 많은 사람들의 고정관념을 여지없이 깨고, 산문山門에서 고행과 참선을 통해 득도를 향한 용맹정진의 길을 걸어온 고승보다도 온화하고, 인간에 대한 믿음과 신뢰를 견지하고 용서와 화해를 자기 자신 가운데 내면화하고 있다는 사실이다. 그의 학창 시절 또한 상당히 힘들었고 시련도 많았지만 극소수의 친구들을 제외한 다른 사람들은, 오랜 세월이 흐른 뒤까지도 다만 유머러스하고 주변 친구들과 잘 어울리고 쾌활하고 낙천적이며 온갖 학교 일에 적극적으로 참여하면서도 자기 나름의 학문세계를 구축하는 데 매진한 멀티탤런트로 그를 기억하고 있다.

그가 20년 세월의 강을 건너 우리 앞에 다시 나타났던 1988년 여름 어느 날 오후, 정동 세실레스토랑에서의 해후 순간 내가 느꼈던 충격은 지금 생각해도 감회가 새롭다. 다시 한번 되풀이해 얘기하지만, 20년 만에 신영복의 미소 띤 동안童顔을 보며 지나온 감회를 이야기하는 동안, 아무런 위로의 말도 준비하지 못한 우리에게 그가 오히려 값진 선물을 준비하고 있을지도 모른다는 생각이 퍼뜩 떠올랐던 것이다. 그가 출옥 후 거의 20년 가까운 세월을 명교수로서, 시대를 풍미하는 석학, 사상가, 일가를 이룬 서예가로서, 많은 후학과 지인 들의 멘토로서 성공적인 제3막의 인생을 보내게 된 것도, 잘 생각해보면 감옥에서의 20년을 가장 신영복답게 가꾸고 꾸며왔던 데 이유가 있지 않을까. 학창 시절의 어느 날 그는 몇몇 친구들과 당시 명망 있던 역술인 백운학을 찾아간 적이 있었는데, 그때 백 선생은 신영복에게 "당신은 사십에 총리 할 상을 타고났소"라고 이야기하였다고 한다. 그 당시 신영복이 어떤 반응을 보였는지 들은 바 없지만 그는 역대 어느 총리보다 많은 사람들에게 마음의 위로와 화해와 용서의 가치, 지적인 즐거움과 가르침을 베풀어주었다고 생각한다.

나는 그와 함께 학창 시절을 보내고, 홍릉의 추운 연구실에서 슘페터, 마르크스, 케인즈 등의 저작을 읽어가며 후진국 경제의 발전 논리를 토론하면서 같은 경우회원으로서의 유대감을 확인하였고, 졸업 후에도 함께 배갈을 마시며 근황을 주고받았다. 그의 주선으로 대한중석에서 타낸 연구비로 우리나라의 종합제철공장 건설에 대한 연구보고서를 작성하기 위해 안국동과 재동의 여관방에서 며칠 밤을 지샌 적도 있었다. 1968년 여름에는 그와 교류가 깊었던 인연으로 남산과 서대문의 큰댁을 얼마 동안씩 방문하여 숙식을 해결한 적도 있었다. 그 후로 20년간 우리는 만날 수 없었고 이따금씩 공안 계통에서 일하는 친구들을 통하여 그의 근황을 전해 들을 수 있었을 뿐이다.

그가 석방되어 사회로 복귀하였을 때 내가 바랐던 것은, 그가 그저 한 사람의 평범한 시민으로 큰 탈 없이 살아갈 수 있었으면 하는 것이었다. 그러나 그는 20년의 세월을 너무나 값지게 가꾸어왔기에 석방 후 새 인생을 일구어내는 하나의 전범을 우리에게 보여주었다. 그의 인생 3막이 이렇게 빛났던 데에는, 일찍이 동양방송 시절 주옥같은 클래식의 세계를 소개하면서 사람들의 거칠어진 감성을 순화시키는 데 큰 역할을 했던 유영순 아나운서를 배필로 맞이할 수 있었던 신영복의 느지막한 행운도 한몫하였으리라.

이제 신영복은 성공회대 교수직을 퇴임하고 새로운 제4막의 인생을 만들어나가는 출발점에 서게 된다. 그의 동료, 후학들과 제자들, 지인들은 그의 정년퇴임이 무척이나 아쉽고 섭섭한 모양이지만, 나로서는 신영복의 퇴임을 누구보다도 열렬히 환영하고 싶은 마음이다. 그것은 그의 성공회대 교수로서의 활동이나 그 시기의 저술이나 존경받는, 한 시대를 대표하는 지성인으로서의 역할이 미흡해서가 아니라 오히려 너무나 성공적이었기에 더욱 그러하다. 신영복이란 인물을 좀더 장기적이고 넓은 시각으로 바라볼 때, 대학을 떠나 새로이 전개될 인생 4막이 보다 독창적이고 창조적이며 오래도록 후대의 값진 유산으로 남을 것이라는 확신이 있기 때문에, 나는 그의 정년퇴임이 하나도 섭섭하다는 생각이 들지 않는다.

신영복은 이제야말로 그의 떠남을 아쉬워하고 서운해하는 후학, 지인, 학교, 각종 인연들로부터 벗어나, 하나의 완전한 자유인으로서 그의 생각, 사상, 철학을 세우고 정리해나가는 작업에 천착해야 할 때가 된 것 같다.

신영복, 그에게서는 우리가 주변에서 흔히 보는 먹물들의 속물근성, 근본주의 성향, 소아병적인 집착을 찾아볼 수 없어 항상 신선한 느낌이 들며, 진정한 휴머니스트요 용서와 화해를 제대로 알고 실천하는 사람의 면모가 보인다. 이제 그 주변의 지인들은 그를 더 이상 어느 범주에 속하는, 속해야 할 사람이라는 편협한 시각으로 보지 말고, 그가 이 시대를 대표하는 석학, 사상가로서 인생의 제4막을 써 내려갈 수 있도록 자유롭게 해주어야 할 것이다. 다시 한번 옛 벗으로서 그의 새 출발을 진심으로 축하한다.

『대학신문』을 빛낸
글 솜씨 ❖

윤흥렬 | 전 세계치과의사협회 회장·대학 동창

나는 1961년 6월 서울대에서 발간되는 『대학신문』에 기자 시험을 봐서 학생
기자가 되었다. (『동아일보』 김학준 사장, 『조선일보』 출신 신용석도 같은 기자였
다.) 당시 이대에는 『이대학보』가 있었다. (『한국일보』 대기자 장명수, 『동아일
보』 출신 홍휘자도 당시 학생기자였다.)

　신영복 교수와의 첫 만남은 내가 『대학신문』의 문화면 편집을 맡고 있을
때였다. 당시 문리과대학에는 김지하(시인), 하길종(영화감독) 등 글 잘 쓰는
학생이 많았다. 그런데 상과대학 경제과의 신영복이 보낸 글은 정말 군계일
학이라는 표현이 어울릴 정도로 놀랄 만큼 아름다웠다. 당시 시화란에 실린
「낚시터」는 미술대학 이행순 기자의 삽화와 함께 실렸다. 그 후 신영복은 많
은 훌륭한 글로 지면을 빛내주었다. 신문 편집자로 신 교수의 글을 먼저 만났
고 서로 얼굴을 본 것은 대학신문사가 있던 함춘원에서였다.

　사실 이 글을 써야 할 친구는 내가 아니라 사범대학에 다니던 이영윤이다.
누구보다도 오랫동안 신 교수를 아끼고 사랑했던 꿈 많은 이영윤은 1995년

가을 뇌출혈로 쓰러져 세실극장을 뒤로하고 미국에서 운신이 불편한 상태로 지낸다. 고등학교, 대학 시절부터 가깝게 지내던 이영윤은 어느 날 신 교수가 대전교도소에서 전주교도소로 이감되었다는 말을 해주었다. 나는 전북대 치대에 있는 가까운 후배 김형섭 교수에게 연락하여 신 교수를 찾아뵙도록 부탁하였다. 김형섭 교수는 신 교수를 전주교도소 치과진료실에서 만날 수 있었다. 윤홍렬 선배의 부탁으로 이렇게 뵙는 것이라 하면서 뭐 도와드릴 일 없겠냐고 했더니, 영화평론도 쓰던 윤홍렬을 잘 안다고 하면서, 자기보다도 더 어려운 사람이 많은데 자기만 특별대우를 받을 수 없으니 후견인 없는 사람을 더 친절히 진료해달라는 말을 했더란다. 그때가 1986년이니 벌써 20년 전 일인데도 지금도 김 교수는 그 당시 신 교수의 크고 따뜻한 마음을 기억하고 있다.

신 교수가 감옥에서 보낸 엽서 원본을 묶은 책 『엽서』에는 지금 말 못 하고 쓰러져 있는 작은 거인 이영윤이 1993년 초에 쓴 서문이 실려 있다. 이 글을 여기에 옮기면서 이영윤의 체취를 남기고 싶다.

20년의 옥고를 치르고 우리들 앞에 나타난 그를 처음 만났을 때 우리는 그의 변함없는 모습에 놀라지 않을 수 없었다. 그리고 그가 가족에게 보낸 편지를 모아서 출판한 『감옥으로부터의 사색』을 읽었을 때 그의 조용하면서도 견고한 정신의 영역에 대하여 다시 한번 놀라지 않을 수 없었다. 그리고 우리는 생각했다. 그 긴 암묵의 세월을 견디게 하고 지탱해준 것은 과연 무엇이었을까. 그의 20년과 비교한 우리들 20년은 어떠한 것이었던가를 스스로 돌이켜보지 않을 수 없었다.

그리고 더욱 놀라웠던 것은 그 엽서들의 초고를 보았을 때의 충격이었다. 작은 엽서 속에 한 자 한 자 또박또박 박아 쓴 글씨는 그가 인고해온 힘든 하루하루인 듯 그 글을 결코 범상한 마음으로 대하지 못하게 하였다. 그가 엽서에 담으려고 했던 것이 단지 그의 아픔뿐만이 아니라 우리 시대의 고뇌와 양심이었다는 사실에는 많은 사람들이 공감하고 있음이 사실이다. ……

문득문득 생각나기는 했지만 친구를 감옥 속에 보내고, 아니 어두운 망각 속에 묻고 나서 우리는 20년이란 세월 동안 그가 어떤 잠을 잤는지 무슨 밥을 먹었는지 어떤 고통을 부둥켜안고 씨름했는지 까맣게 잊고 있었다. 20년이 지난 어느 날, 그 어둠 속의 유일한 공간이던 엽서와 그리고 그 작은 엽서를 천 근의 무게로 만드는 깨알 같은 글씨들을 마주했을 때의 감회는 실로 형언키 어려운 것이었다.

그 작은 엽서는 바쁘고 경황없이 살아온 우리들의 정수리를 찌르는 뼈아픈 일침이면서 우리들의 삶을 돌이켜보게 하는 자기성찰의 맑은 거울이었다. 그것은 작은 엽서이기에 앞서 한 인간의 반듯한 초상이었으며 동시에 한 시대의 초상이었다. 어쩌면 우리는 이 한 권의 책에서 우리가 추구해야 할 삶의 모습을 읽으려 하고 있는지도 모른다. ……

1993년 정월 보름
여러 친구들을 대신하여 이영윤

1988년 8월 중순 이후 신 교수, 이영윤, 나는 자주 만나서 20년 20일의 지워진 시간을 되살리고자 했다. 신 교수의 건강, 구강위생은 내 몫이었다. 무더운 여름 저녁 신 교수의 보신을 위해 응암동의 유명한 보신탕집 안방에 셋이 찾아가, 신 교수의 서예전, 결혼 문제 등 밀린 이야기를 하며 술 못 마시는 신 교수를 대신해 술을 주거니 받거니 하다가 우리 둘은 대취하였다. 그날 보신탕집에서 특별히 큰 물건을 신 교수에게 억지로 먹여 1989년 1월 결혼 후 아들 지용이를 낳을 수 있는 기초를 쌓기도 했다. 우리는 신 교수가 관운이 있는 사람이라 20년 이상 정부에서 먹여주고 재워주고 했다며 위로도 하고, 또 머리 좋은 사람은 흰머리가 안 생긴다고 놀리기도 했다.

신 교수의 비상한 기억력에 관한 일화가 있다. 미국에 살고 있는 친구 최병구가 서울에 와서 북한산에 가자고 해 신 교수와 셋이서 평창매표소 앞에서 만나 인사를 나누고 15분쯤 올라가 바위 위에 잠시 앉았다. 이때 신 교수가 한국전쟁 때 피난와서 초등학교 때 같이 공부한 최병구 씨 아니냐고 약 40년 전 기억을 떠올렸다.

신 교수와 대전의 정향 조병호 선생님(신 교수의 서예 선생님) 댁, 봉화의 전우익 선생님 댁으로 같이 여행도 다니며 즐거운 시간을 보내기도 했다. 시간이 갈수록 학교일 등 사회활동으로 바쁜 신 교수와는 이영윤 대신 친구 강구한과 셋이서 말금회(매월 마지막 금요일마다 모이는 모임)에서 '처음처럼' 지내고 있다. 나는 하루를 여는 시간에 화장실에 앉아 언제 읽어도 새로운 『감옥으로부터의 사색』을 그날에 맞춰 매일 읽는다. 예를 들면 6월 초에 읽은 것은 "뽑은 이빨을 호주머니에 넣고 다니다가 어느 날 운동시간에 15척 담 밖으로 던졌습니다. 일부분의 출소입니다"(「죄수의 이빨」, 1987년 5월 28일)였다. 오래 전에 나는 신 교수에게 앞으로는 이빨이라고 쓰지 말고 '치아'라고 써달라고 이야기했는데 그때 기억도 난다.

나의 서예 스승인 신 교수의 정년은 나에게 새로운 서예 공부의 시작이 될 것이다. 20년 20일 만에 다시 만난 1988년 8월부터 20년 20일 후인 2008년 9월 초 있을 신 교수의 전시회를 기다려본다.

물을 닮은
사람 ✛

신남휴 | 개인산방開仁山房 주인住人 ·대학 후배

신영복 선배와 나는 서울대학교 상대 3년 선후배 사이이고 같은 씨족 출생이
어서 평소 나는 그를 형이라고 부른다. 그러나 마음속으로는 나의 학창 시절
우상이었고 향도嚮導였던 그를 정신적 스승이라고 생각하고 있다. 4·19혁명
의 희망과 기대가 허망하게 좌절되고 대신 폭압이 지배하던 살벌한 공포의
시기인 1960년대에 나는 대학 시절을 보냈다. 면학 이외에는 모든 책임에서
자유로웠던 꿈 많은 학창 시절이었으나 나에게는 아름다운 젊은 날의 추억이
따로 생각나지 않는다. 그 시절의 청년학생들은 청춘과 낭만을 구가하기에
앞서 '군사독재 타도'라는 시대의 화두와 만나게 되었고 그로부터 자유로울
수가 없었다. 무기력한 대학은 젊은 학생들의 열정과 목마름을 채워주기에는
역부족이어서, 의식 있는 학생들은 은밀한 연구모임을 만들어 당시 정규과정
에서는 배제된 사회사상과 이론을 학습하는 데 열심이었다.

　그즈음 나는 신영복 선배를 만나, 그 후 대학을 졸업하고 군에 입대하기
전까지 학문적으로나 삶의 실천에서 많은 지도와 영향을 받았다. 그가 숙명

여대에 출강하던 시절, 바쁜 시간을 쪼개어 당시에는 구하기 힘들었던 책들을 나의 직장까지 방문해 전해 주었던 적이 있다. 그 책들을 보물단지처럼 숨겨놓고 읽었던 기억은 지금도 나에게 그 시절의 추억이 되고 있다.

1968년 8월 중순, 나는 해군 소위로 진해에 근무하던 중 중앙정보부로부터 출두명령을 받았다. 별로 꺼릴 것이 없어 당당하게 출두하였으나 막상 계급장이 뜯기고 물에 적신 야전침대목으로 한바탕 얻어맞고 나니 정신이 번쩍 들었다. 무슨 사연인지 종잡을 수는 없었으나 수사관의 언행으로 보아 신영복 선배가 깊이 관여되어 있는 것만은 확실해보였다. 시간이 지나면서 차츰 사건의 윤곽을 이해하게 되었는데 '통혁당(통일혁명당) 사건'이라고 했다. 지하당 사건이라고도 하고 간첩단 사건이라고도 했다. '이 양반이 그 사이 큰일을 벌이셨나?' 그러나 그 당시 나에게는 당명黨名도 생소하였고 더욱이 입당원서를 내거나 입당청원을 한 사실이 없었으므로 비교적 느긋한 마음으로 계급장 찾고 허리띠 찾아 원대복귀할 날을 기다리기로 하였다. 그런데 그들의 각본은 이미 결정되어 있었고 나의 예상은 빗나가 구속되었다. 그로부터 두 번의 군사재판을 받게 되는 1년여의 기간 동안 나는 신영복 선배와 옥중동거를 하게 되었다.

5·16군사반란 당시 별이 쉰일곱 개나 떨어졌다는 수도경비사령부의 악명 높은 지하감옥에서 군 입대 후 1년 반 만에 다시 그를 보게 되었다. 반가움과 걱정이 교차하였지만, 이때는 격리 수감되어 있어서 재판을 받으러 오가면서나 재판정에서 그의 건재함을 확인하고 안도하였을 뿐, 당시 그의 고뇌나 심중은 알 길이 없었다. 애국청년들의 진지하고 논리정연한 법정 진술과 증언은 설득력 없는 공염불이 되고, 강요된 진술이 증거능력을 인정받는 허수아비 형식 절차에 불과했던 재판에서 각기 사형과 7년형의 기결수가 되어 남한산성 육군교도소로 이감되었다. 이곳에서의 7개월여 기간 동안 나는 그와 한

방 혹은 옆방에서 매일 얼굴을 보며 지낼 수 있게 되어 기뻤다. 그러나 이 시절 그는 별로 말이 없었다. 예전에 즐겨하던 예지叡智 넘치는 유머나 해학도 없었고, 사건과 관련된 언급도 별로 없었다고 기억된다. 그는 이미 삶의 문제가 아닌 죽음의 문제와 대면하고 있는 듯 보였고 언어 너머 침묵에 드는 시간이 길어졌다. 이러한 상황에서도 같은 방에 수감된 병사들의 한 많은 사연이나 억울한 하소연을 들어주는 데는 후했고, 억울하게 중형을 받고도 변호사 구할 형편이 못 되는 병사들을 위하여 '항소 이유서'를 써주는 데는 시간을 아끼지 않았다.

나는 후일 통일혁명당 관련 자료를 보면서, 그들의 역사인식이나 문제의식이 그 이후 70~80년대를 피로 물들인 민주화 투쟁의 그것과 다르지 않음을 발견하고, 그들이 좀더 주도면밀하였더라면 그 야만과 폭압의 암흑시대를 단축하고, 수많은 민주인사들의 희생과 민간인의 살상을 줄일 수도 있지 않았을까 하는 부질없는 아쉬움을 가진 적이 있다.

1969년 8월, 절망의 터널 앞에 서 있는 그를 뒤로하고 나는 세상으로 돌아왔다. 그리고 19년, 침묵과 망각의 세계에서 오랜 고행을 끝내고 20대 젊은 마르크스주의자는 초로初老의 붓다가 되어 우리 곁으로 돌아왔다. 좌절과 분노와 고독을 침묵의 용광로에 녹여 사랑과 연민으로 연금鍊金하고, 젊은 날 가슴에 심었던 인간에 대한 희망과 사랑은 그의 고통을 먹고 더 큰 나무로 자라났다. 마침내 그는 존재의 허상을 타파하고 '관계'의 아름다움과 자유로움으로 해탈하여 저잣거리로 다시 돌아온 것이다.

내가 시골에 내려와서 산 지도 벌써 십여 년이 되어간다. 내린천內麟川을 따라 아래위로 십여 리씩을 나가야 마을을 만나는 외진 곳이다 보니 사람들의 왕래가 드물다. 눈에서 멀어지면 마음에서도 멀어지는지, 젊은 시절 치열하게 살았던 서울 생활의 기억도 차츰 색깔이 희미해져 배경으로 물러나고 무덤덤하게 남의 일처럼 되어가던 때였다. 5년 전 어느 날 그가 처음으로 이곳을 방문하였다. 지금은 개울 건너에 길도 뚫리고 개울에 다리도 놓였지만 그때는 동네에서부터 십여 리 산판 길을 걸어서 도르래에 매달려 내린천을 건너야만 우리 집에 올 수 있던 시절이었다. 그 후로도 시간이 나거나 방학이 되면 붓 한 자루, 책 몇 권 배낭에 넣고 찾아와 같이 지내곤 하였는데, 천성인지 긴 징역살이의 습관인지는 모르겠으나 그는 일하는 것을 무척 좋아했다. 천에다 바느질하여 커튼을 만들어 걸어주기도 하였고, 페인트 통을 들고 사다리에 올라 퇴색한 집의 외벽도 새로 단장하여주고 집의 현판도 써주었다. 내 나이도 어느덧 이순耳順이 되어 그 동안 많은 사람을 만나고 헤어졌지만 그처럼 말과 글과 삶이 온전히 일치하는 사람은 기억나지 않는다.

그가 안식년을 맞아 이곳에서 오래 머문 적이 있었다. 좋은 것은 무엇이건 남과 나누고 싶어하는 그의 성격 탓인지, 산속에 홀로 살고 있는 후배가 철학적 자폐증에라도 빠질까 하는 걱정에서였는지, 이곳에 조그마한 담론談論의 공간을 만들어보자는 이야기가 나오고 의견의 일치를 보게 되었다. 그 후 인터넷 신문 '프레시안'을 운영하는 이근성 선생 등 뜻 맞는 사람들 몇이 모여 '더불어숲학교'라는 모임을 만들어, 우리 시대를 고뇌하며 아픔을 함께했던 각 분야의 원로 지성들을 모셔다 성찰과 모색의 시간을 갖고 있다. 별이 쏟아지는 밤이면 모닥불 피워놓고 물소리 들어가며 삶의 진솔한 이야기들을 나누기도 한다. 울창한 숲도 한 알의 씨앗에서 시작된다는 소박한 믿음을 가지고서.

인간 신영복, 한 시대의 고통을 온몸으로 겪고 살아남아 가슴 저린 감동으로 나의 삶을 되돌아보게 하는 사람. 그는 내 마음속에 40여 년을 살아 있지만 나는 그를 모른다. 아니, 그를 말할 수 없다. 군이 하라면 집 앞을 돌아 흐르는 저 내린천의 물을 닮은 사람이라고 할까. 낮은 곳으로 낮은 곳으로 쉼 없이 찾아 흐르는, 그러다 강을 만나면 강이 되고 바다를 만나면 바다가 되는, 그런 사람.

시와 그림을 사랑한
문우회 선배 ✛

이해익 | 리즈경영컨설팅 대표컨설턴트·대학 후배

40여 년의 세월이 쏜살같이 흘렀다. 신영복 형과 필자의 첫 만남은 설레었던 봄 같은 20대 청년들의 만남이었다.

1964년 대학 입학 후 대학원생 신영복 형과의 만남은 아무래도 기연奇緣이 었다. 그냥 단순한 대학생과 대학원생의 만남이 아니었다. 둘은 모두 문학청 년이었다. 물론 공부를 열심히 했던 학생들 중 상당수는 필력이 있다. 독서가 많고 탐색과 상상력이 풍부하기 때문이다. 그런 중에서도 둘은 각별했다. 둘 은 또 그림 그리기를 사랑했다. 생각이 많은 학생들이 글 쓰는 경우는 왕왕 있지만 그림까지 즐겨 그리는 경우는 그때나 지금이나 희귀했다. 그런데 둘 은 그림 그리기를 너무나 좋아했다. 타고난 복이었다.

사실 필자는 서울중·고등학교 시절 400~500명 되는 한 학년을 통틀어 한 두 명만 뽑히는 골수 미술반원 출신이었다. 으레 골수 미술반원은 미대美大 를 가는 게 상례였다. 하지만 필자는 미대를 가지 않았다. '직업적으로' 그림 을 그려 먹고산다는 것에 일생을 걸고 싶지 않았기 때문이다.

미술반원들은 여러 가지 특별 지원을 받았다. 그 옛날에 지금도 귀한 비싼 외제 그림재료를 제공받았다. 현재 화단에서 맹활약 중인 삽화가 이우범 화백은 1년 선배이며, '매듭'의 서양화가 서울대 미대 한운성 교수는 1년 후배이다. 필자도 언젠가는 개인전을 열고 싶다. 불세출의 인상파 화가 폴 세잔도 노년에 붓을 들기 시작해서 대성했다. 그것을 위안삼고 있다.

이렇게 그림을 사랑했던 필자가 엉뚱하게 상과대학에서 그림 그리는 선배를 만난 것은 대단히 반가운 사건이었다. 둘은 시화전이나 학생회 행사 때 아치에 페인트 작업이건 포스터건 데모 때 플래카드건 맘껏 그림에 대한 기량을 발휘하며 우정을 나눴다. 시화작품을 만들 때는 콜라주 형식의 색종이 붙이기나, 크레파스를 칠한 뒤 긁어서 영롱하게 그림을 탄생시키는 스크래치나, 물감을 찍어서 만드는 마술 같은 데칼코마니, 그리고 담백한 수채화로 현대적 문인화를 그려내는 기쁨을 나누며 톡톡 튀는 대화를 즐겼다.

20대 나이에서 5년 차는 매우 큰 것이었지만 글과 그림을 통해 둘은 누구보다 가까워졌다. 호칭도 선배님이나 형님이 아니었다. '영복이 형'이 제일 가깝고 입에 붙는 호칭이었다. 어머니보다 엄마인 것처럼.

또 둘은 붓글씨(서예) 쓰기를 너무 좋아했다. 신영복 형은 한문학자이셨던 선친의 묵향을 토대로 붓글씨를 써왔다. 필자 역시 마찬가지였다. 당대의 서예 대가인 일중一中 김충현金忠顯 선생님께 오랫동안 가르침을 받았던 터라 필자 역시 붓글씨 쓰기에 각별한 애정이 있었다. 신영복 형은 감옥생활 20년 동안 붓글씨를 갈고 닦아서 준봉峻峰에 도달했다. 그의 한글서체는 그야말로 '옥중서체'다.

유홍준 문화재청장이 말하는 '연대체'가 완성된 것이다. 국민이 사랑하는 소주 '처음처럼'이나 '우리밀' 같은 글씨는 많은 이들이 가까이하고 사랑하는 민중의 서체라고 할 수 있다. 힘차면서도 아름답고 법을 지키면서도 운동이 스며 있다. 또 그림 같은 조형미가 느껴진다.

이러한 시서화詩書畵를 통한 교류는 대학 동아리 문우회文友會에서 이루어졌다. '시화전'과 '문학의 밤'을 함께 꾸미면서 우정은 익어갔다. 사실 상과대학은 현실적으로 계산이 빠른 수재들의 집합체라 할 수 있다. 40여 년 전 그때는 지금은 상상조차 어려운 가난과 어려움을 한국인 모두가 겪고 있었다. 그래서 상과대학이 단연 인기였다. 취직 잘 되는 상과대학에 들어가는 게 효도였고 자신도 사는 길이었다. 그런 상과대학에서 문우회는 이상을 좇는 괴짜들의 동아리였다.

문우회 멤버는 한 학년에 한두 명 또는 두세 명이 고작이었다. 심지어 한 명도 없는 해도 있었다. 이 모임은 허유 형(56학번, 전 하나경제연구소 부회장)에 의해 발족됐다. 그 후 신영복 형이 등장하면서 활동이 왕성해졌다. 신영복 형 동기인 59학번 중 문우회와 『대학신문』 그리고 상과대학 학보인 『상평』商評지를 중심으로 재재사사才才士士가 모였다. 유장희 이화여대 부총장, 진념 전 경제부총리, 최청림 전 『조선일보』 편집국장 등이 활동했다. 61학번에 박의상 형(전 대봉 사장)과 62학번에 정종순 형(전 KCC 부회장), 63학번에 한신혁 형(동부그룹 고문)과 복거일 형(소설가)이 있었다. 64학번으로는 2005년 세상을 떠난 이 시대의 논객 정운영 교수와 김동녕 회장(Yes24 대표이사)과 필자가 활동했다. 65학번으로는 제갈정웅(대림학원 이사장)이 멤버였다.

1988년 신영복 형이 광복절 특사로 20년 20일 옥살이를 끝내고 가석방되었다. 신영복 형을 한걸음에 만났다. 사실 신영복 형이 감옥에서 나온 뒤로도 만나기가 그렇게 수월하지 않았다. 상당 기간 그는 전화도청을 당해야만 했다. 지금 생각하면 웃을 일이지만, 군사정권과 중앙정보부의 공포로부터 말끔히 벗어난다는 게 보통 사람인 우리들에게는 쉬운 일이 아니었다.

감옥살이를 한 신영복 형에 대해서는 마음 한구석에 미안한 마음이 있다. 하지만 나이가 먹은 만큼 부족한 스스로를 용납할 줄도 아는 성숙도 함께 가졌기에 우리는 반갑게 만날 수 있었다.

신영복 형과 필자는 자주 만났다. 여러 가지 못다 한 삶에 대해 뭔가 채우고 싶었다. 둘이 주동이 되어 문우회 출신 동문 선후배가 모여 시화전을 열기로 했다. 수익금은 어려운 사회에 기부하기로 했다. 시가 스물다섯 편 이상 모이면 둘이 그림을 붙여서 작품을 만들기로 했다. 인사동 화랑도 예약을 했다. 상과대학 출신 문우회 멤버들의 시화전이라면 세상의 이목을 끌 것이라며 모두 찬동했다. 그러나 아쉽게도 시가 모이지 않았다. 문우회 멤버 상당수는 세파에 너무 시달려서 시를 쓸 수가 없었던 것이다. 시를 모으기 위해 이삼 년 열성을 다해 뛰었지만 열여덟 편 이상은 모이지가 않아 아쉽게도 1997년 IMF 외환위기 때 잠시 접기로 한 채 중단됐다.

1964년 신영복 형이 『대학신문』에 발표했던 시 「민족자본」은 필자가 아직도 보관하고 있다. 시화전 때문에 수집해놓은 작품이었다.

朝興銀行에 불이 났는데
消防員 온통, 구경꾼 온통이 법석이라
봄비가 내려 안 날 법도 하지만
여하튼 나기는 났다
……

풍채도 별 보잘것이 못되게
그래도 근 예순 해나 아랑곳없었는데
가슴 안쪽에 피가 맺혀 질퍽였는지
지금은 피를 말리나?
몸을 태우나?
……

네온이 곱고
찻집 음악이 흐르는 거리,

미도파 위쪽
新新百貨店
반도호텔이 보이는 짬에
朝興銀行은
애드벌룬도 없이
殘骸가 섧다

    백년의 민족자본 조흥은행이 2006년 신한은행으로 흡수되었다. 그것이 세계화의 한 모습이 아닌가. 40여 년 전 신영복 형이 쓴 시가 새롭기만 하다.
    이제 신영복 형은 학교 강의가 그리 큰 짐이 되지 않을 터이다. 또 그간 현역에서 은퇴한 문우회 멤버들이 많아서 전보다 짬이 상당히 날 것이다. 그리고 노인으로 접어들면서 욕심이 훨씬 걷혔을 터이다. 다시 문우회 동문 시화전을 탄생시켜보는 게 어떨지 획책하는 마음을 품어본다. 인생의 겨울이 가기 전에.

40년이 지난 지금도
부르는 옛 노래 ✦

장명국 | 「내일신문」 사장·대학 후배

맨발로 어깨동무 돌마당에 살더라도
흙빛에 묻어나는 찬 이성 더운 가슴
빛바랜 가슴마다 끓는 횃불 아쉬워라
찢긴 혼이 아무는 날 동터오는 새벽에
경우야 이 강산에 빛을 비추자

1966년 서울대학교 경제학과에 입학했다. 당시 과 정원은 쉰 명이었는데 경우회라는 전통 깊은 학회가 있어 누구나 거기 들어가려 했다. 그런 터라 까다로운 심사를 거쳐 무려 4대 1의 관문을 뚫고 가입했다.

가입하자마자 선배들은 세미나 대신 이 노래를 가르쳤다. 그리고 처음 얼마간은 자리만 하면 불문곡직하고 술을 퍼먹였다. 우리는 11기였다. 신입생 환영회를 하는데, 우리 기를 환영하기 위해 기라성 같은 선배들이 많이도 오셨다. 막걸리에 오줌을 섞은 이른바 요주를 먹으면서 우리는 하나임을 증명

했고, 당연하게도 이 노래를 목청껏 불렀다.

누구는 객기라 부를지 모르지만 당시 우리는 모두 순수함을 사랑했다. 한 결같이 찬 이성, 더운 가슴으로 나라의 미래를 생각하며 학창 시절을 보냈다. 언젠가 이 노래를 대체 누가 지었느냐고 물었던 기억이 난다. 당시 서울대학교에는 삼대 천재가 있다고 알려졌는데, 그 중 한 분이 지었다는 대답이 돌아왔다. 공부는 물론, 예술·문학 등 모든 면에서 뛰어난 분이라는 것이다.

40년이 지난 지금도 당시 경우회 멤버끼리 만나 한잔 걸쳐 불콰해지면 어김없이 이 노래를 부른다. 그토록 부르고 또 불러도 새록새록 맛이 다른 노랫말의 함축이나, 가슴을 파고드는 곡조의 울림이 신기할 따름이다. 이 노래를 신영복 형이 약관 스물여덟에 지어 불렀던 것이다.

군자불기君子不器라 했던가, 형은 재능이 출중해 그림도 잘 그렸고, 노래도 잘 불렀고, 시도 잘 지었다. 그러니 세간의 시샘도 받을 만했고, 어쩌면 하나님이 형을 시샘할지 모른다는 이야기도 나올 법했다.

정열이 가슴을 채우고도 모자라서였을까, 분단의 아픔을 견딜 수 없어서였을까. 형은 1968년 구속되어 무기징역형을 받았다. 당시 형은 육사 교관이었다. 군인이었기에 분단의 고통이 민간의 우리가 상상하는 이상이었을 테고, 그로 인해 가슴을 태우는 통일의 열정은 누구도 막지 못할 터였다. 때문에 영어의 신세를 피하기 어려웠을 테고, 애초 그것이 형의 운명인지 모른다. 하지만 형은 홀로 남겨지자 오히려 인생과 세계에 대해 더 깊은 통찰과 깨달음을 키워, 한층 성숙한 모습으로 지인들 곁에 돌아왔다. 이후 형이 세상에 내놓은 글과 말에 담긴 고뇌의 깊이와 지혜의 높이가 이를 새삼 확인케 한다.

형의 순수한 이상과 헌신적 열정에 형벌이라는 굴레가 채워진 지도 어언 40년이 가까워온다. 그러나 형이 그토록 염원하던 통일은 이루어지지 않고 있다. 기억하건대 신영복 형은 찬 이성, 더운 가슴을 강조했다. 특히 더운 가슴이 없는 학문은 죽은 학문이라며 기존 지식인들을 비판하던 모습이 인상적이었다. 형은 늘 정열적으로 실천하는 모범을 보였고 후배들도 자신처럼 살아주기를 내심 원했다. 그래서인지 많은 후배들이 형이 걸어간 길을 서슴없이 밟았다.

'빛바랜 가슴마다 끓는 횃불 있지만 찢긴 혼도 언젠가 동터오는 새벽에 새날을 맞으리라.' 신영복 형이 지은 노랫말처럼 우리는 새날을 확신하며 40년을 살아왔다. 찬 이성, 더운 가슴으로 살아오다 분단의 멍에 속에 찢겨나간 생명마저 있었지만, 형이 그리던 사회가 한 발 한 발 다가오고 있다는 것을 부인할 사람은 아무도 없다. 우리 땅 이 강산에 누구도 막을 수 없는 새 물결이 밀려오는 중이다. 새 빛이 비쳐들고 있다.

형은 1968년 봄 서울대 상대 캠퍼스 소나무 아래 벤치에서 나지막하게 말한 적이 있다.

"사람이 한번 뜻을 세우면 끝까지 밀고 나가야 한다. 분단을 극복하는 것이 우리 경제학도가 해야 할 가장 중요한 일이다."

아직 그 뜻은 이루어지지 않았지만, 분명 1960년대와는 다른 세상이 우리 앞에 펼쳐지고 있다. 그때 하신 말처럼 앞으로도 우리 앞에 서서 더 큰 빛을 비추며 성큼성큼 나아가시기를 간절히 바랄 뿐이다.

청구회의 추억을
되살리며 ✛

김승광 | 전 군인공제회 이사장·육사 25기 제자

육군사관학교는 이 땅의 젊은이들이 지·덕·체를 겸비한 미래의 군사 지도자가 되겠다는 꿈을 안고, 투철한 애국심을 바탕으로 자유민주 정신과 고결한 품성을 함양하며, 건전한 가치관의 정립을 위해 정신과 체력을 연마하는 곳이다.

나의 육사 생도 시절, 당신의 삶으로 그 시대 사회 저변을 체험하고 이를 해결하려고 노력하셨던 분, 경제학과 신영복 교수님과의 만남이 있었다.

교수님의 진지했던 강의, 매 수업 시간을 할애하여 들려주셨던 5분 드라마 같은 아름답고도 슬픈, 사회 저변의 이야기들은 당시 감성적이고 혈기왕성하였던 젊은 우리의 가슴을 울리기에 충분하였다.

"교수님의 깊고 넓은 지혜와 열정이면 우리 모두가 관심을 가져야 할 달동네 사람들—교수님은 이들을 달과 가장 가까운 동네에 사는 사람들이라고 표현하시곤 했다—과 서울역 지게꾼들의 힘든 삶, 가난 때문에 학업을 포기할 수밖에 없었던 어린아이들의 문제들을 해결할 수 있을 것"이라는 확신을 가지게 되었던 것이다. 그 중에서도 특히 '청구회'로 이름 붙여진 장충단 공원의 여섯 아이 이야기는 안타깝고도 가슴 뭉클한 것이었는데, 지금 생각해보면 교수님의 이러한 진솔한 삶의 이야기들이 어쩌면 그 어떤 경제학 이론보다 더 많은 것을 우리에게 안겨주었는지도 모른다.

육사에서는 여름휴가철이 되면 기초 군사지식 습득과 지휘통솔력 배양을 위하여 병과순회훈련을 받는다. 1968년 8월 24일, 그날도 나와 내 동기들은 여느 때와 마찬가지로 더위와 싸우며 하계군사훈련을 받고 있었다.

그러나 그 누가 짐작했으랴. 이후로 신 교수님과 우리가 오랜 시간 만나지 못하게 되리라는 것을……. 바로 온 나라를 떠들썩하게 했던 통일혁명당 사건이 발생한 것이었다. 당시 이 사건은 그 규모나 성격에서 한국전쟁 이후 최대의 조직사건이어서 연일 각종 언론매체 1면에 대서특필되었다. 하지만 무엇보다 나를 충격에 휩싸이게 했던 것은 그 사건의 중심에 내가 진정한 스승으로 생각하던 신영복 교수님이 연루되었다는 것이다. 그 보도를 접하는 순간, 나는 무언지 모를 당황스러움과 혼돈을 넘어 그간 확신에 찼던 소망이 와르르 무너지는 심정을 느꼈다. 후에 알게 된 일이지만 신 교수님께서는 '청구회'와 관련하여 모진 심문을 받으셨다고 한다. 오랜 시간이 지났지만 지금도 그때를 생각하면 온몸이 저려오곤 한다.

많은 세월이 흘렀다. 십 년이면 강산도 변한다고 했던가, 강산이 세 번 바뀌고도 남을 시간이 지난 2004년 여름 어느 날, 신 교수님을 존경하는 한 친구로부터 교수님께서 모 대학에서 강의를 하시며 한국의 지성인 중 지성인으로 새 삶을 살고 계신다는 이야기를 우연히 들었다. 더구나 육사 재직 시절, 우리에게 들려주셨던 장충단 공원 아이들 이야기가 「청구회 추억」이라는 제목으로 교수님의 옥중서간집 『감옥으로부터의 사색』의 한 편을 장식하고 있다는 친구의 말에 나는 깜짝 놀라지 않을 수 없었다.

1966년 어느 봄날, 서오릉에서 우연히 만난 여섯 꼬마, 그리고 그들과 함께 나누었던 순수하고도 소박했던 꿈들. 그 옛날 아름다운 이야기들이 책으로 세상에 널리 알려지고 읽히고 있다니. 그 시절 교수님께서 들려주셨던 이 이야기들을 내가 모두 기억하고 있음에 친구 또한 놀랐다. 나는 신 교수님을 한번 찾아뵙기로 마음먹고 그 친구에게 기회를 만들어달라고 부탁했다. 수십 년 전의 일들이 파노라마처럼 스쳐 지나갔다. 꿈과 희망 그리고 정의를 이야기하던 20대 젊은 교수와 육사 3학년 생도들, 이제는 모두가 희끗한 머리, 나이 지긋한 모습으로 해후하게 되다니 만감이 교차했다. 후에 신 교수님을 함께 만난 내 동기의 표현을 빌리자면, 아마도 시대의 아픔을 애써 외면하고 살아온 제자로서 고초를 겪은 스승에게 죄송한 마음이 앞섰기 때문이리라.

통혁당 사건으로 20년이란 긴 세월을 감옥에서 보내시고 국가와 국민에 봉사하는 조건으로 사형수에서 무기수로 감형되신 신영복 교수님. 아! 그렇다면 생도 시절 스승께 품었던 기대를 다시 한번 해보아도 되는 것인가? 그러나 아무리 생각해보아도 이미 돌이킬 수 없는 20년의 세월을 감당하기엔 역시 무리일 듯했다.

드디어 친구에게서, 2005년 2월 16일 저녁 여의도 한 식당에서 식사를 하기로 했다는 연락이 왔다. 옛 스승과 38년 만의 만남에 어린아이처럼 설레는 마음을 겨우 진정시키며 들어서는 순간, 20년의 수감생활을 하신 분이라고는 믿기지 않을 정도로 건강하고 맑은 모습의 신 교수님을 뵙고 나는 반가운 마음을 금할 수 없었다. 어느새 우리는 38년 전 생도로 돌아가 그 시절 추억이 담긴 에피소드를 하나씩 풀어놓기 시작했다. 이야기는 꼬리에 꼬리를 물고 이어졌고 특히 「청구회 추억」 속의 꼬마들 이야기로 우리들은 시간 가는 줄 몰랐다.

이날 저녁식사를 하며 이런저런 살아가는 이야기를 나누다 보니 육사 25기 우리 동기생 중에는 아직도 신 교수님을 잊지 못하는 생도들이 많은 것 같왔다. 좋은 추억 되살리기도 될 것 같고 「청구회 추억」에 등장하는 여섯 생도가 신 교수님과 다시 만나는 계기가 되길 바라는 간절한 마음으로 교수님의 허락을 구한 후 동기생 홈페이지('여명')에 '생도 시절 추억 되살리기'라는 제언으로 이 이야기를 게재하고 모임을 제안하여 모두 12명이 이에 응했다.

2005년 7월 7일 저녁, 도곡동 군인공제회관에서 신 교수님과 그때의 생도들(예비역 장군 3명, 공무원 출신 5명, 육사 교수 출신 1명이며 모두가 현직에서 물러났음)의 가슴 찡한 만남이 이루어졌다. 우리는 옛 생도 시절 추억과 교수님의 20년 장기 대학생활(옥중생활) 이야기 등으로 의미 있는 시간을 가졌고, 교수님께서는 평소 사회를 향해 외치고 싶었던 말씀을 함축시킨 문구 〈처음처럼〉, 〈여럿이 함께〉, 〈더불어 한길〉 등을 직접 쓰셔서 참석한 제자들에게 하나씩 선물로 주셨다. 그때 받은 〈처음처럼〉은 액자에 넣어 내 집무실 책상 위에 걸어놓았다.

아마도 젊은 시절 나는, 나 자신도 모르는 새 너무 많은 것들을 교수님께 바라고 있었나 보다. 마치 그 옛날 유대인들이 그들의 메시아에게 걸었던 희망, 자신들을 로마의 압제로부터 해방시키고 가난으로부터 벗어나게 해줄 거라는 그런 유의 기대감 말이다. 그래서 어쩌면 통혁당 사건 당시 신 교수님께서 수감되셨을 때 누구보다 그 허탈감이 더했는지도 모른다.

그러나 이제 다시 교수님을 뵈었을 때 젊은 날 내가 깨닫지 못했던 새로운 소망과 기대감이 꿈틀거리고 있음을 느낀다.

자신을 기다리는 죽음 앞에서의 고독과 절망, 감옥이라는 단절된 공간, 20년의 긴 세월을 그 속에서 보내야 했지만 지금 교수님께서 우리에게 보여주시는 것들은 그 시간이 결코 헛되지 않은 인고의 나날이었음을 말해주고 있다. 고고한 상아탑 속의 담론이 아니라 몸으로 체득한 교수님의 철학은 우리나라 지성 중 으뜸으로 자리 잡아 지적, 정신적으로 우리들을 일깨우고 풍요롭게 해주고 있음을. 신 교수님께서 그날 우리에게 써주신 소중한 글귀를 떠올리며 나는 그분을 이 시대의 진정한 학자라고 감히 말하고 싶다.

"배운다는 것은 자기를 낮추는 것이다. 가르치는 것은 다만 희망에 대하여
이야기하는 것이다"라고……

미네르바의 올빼미는
석양에 난다 ✤

김학곤 | (주)농협무역 대표이사·육사 26기 제자

신영복 선생님을 처음 만난 것은 육군사관학교 2학년 생도 시절인 1967년 봄 신학기가 시작되면서였다. 선생께서는 1학기 동안 경제학 개론을 강의하셨다. 당시의 육사는 전교생이 이학사理學士로 졸업하게 되어 있어 교과목이 주로 이공학 과목으로 편성되어 있었고, 인문사회과학 분야는 교양과목 수준이어서 선생님의 경제학 개론 강의는 마음 편하게 듣는, 다소 부담 없는 시간이었다.

육사의 교수들은 대다수가 육사를 졸업하고 2년 정도 야전부대에서 근무한 후 국내외 대학에서 학위를 받고 모교의 교단에 서는 선배 장교들로 구성되어 있었기 때문에 강의시간에도 규율이 매우 엄격했다. 예를 들면 수업시간에 졸면 벌점, 의자에는 엉덩이를 삼분의 일만 걸쳐야 하고 등받이에 등을 대면 벌점, 책상 위에 교과서는 어디, 노트는 어디, 잉크와 철필은 어디에 두어야 한다는 등이었고, 선배 교수님들은 훈육관의 역할도 한 셈이었으니 교실 분위기는 항상 긴장감이 흐르지 않을 수 없었다.

하지만 선생님은 육사 출신 선배가 아닌 특별한 케이스의 교수라는 점에서 호기심도 컸고, 선생님의 강의시간은 매우 자유스런 분위기여서 좋았다. 물론 선생님께서도 육군 중위 계급장이 달린 정복을 입고 강의를 하셨지만 우리는 선생님을 군의 상급자나 교관이라기보다는 몇 살 위의 형님 같은 분으로 생각했다. 그래서 선생님 강의시간은 우선 마음부터 편안했고, 선생님의 모습이 너무나 맑고 순수하고 열정적이어서 선배 교수님들과는 다른 신선함이 우리를 사로잡았다.

경제학을 세상살이와 연관지어 쉽게 설명해주셨기 때문에 일반 사회와 격리된 생활을 하는 생도들로서는 참으로 흥미로운 시간이었으며, 특히 칸트의 순수이성비판, 헤겔의 변증법 등 철학을 경제학과 연관시켜 많은 이야기를 들려주셔서 경제학 시간인지 철학 시간인지 분간을 못 하기도 했던 기억이 새롭다.

강의 중에 "미네르바의 올빼미는 석양에 난다"는 내용을 설명하신 적이 있는데 40여 년이 지난 지금까지도 나의 머릿속에는 선생님의 말씀이 뚜렷이 각인되어 있다. 당시나 지금이나 그 말의 철학적 의미나 깊은 뜻을 잘 알지는 못하지만 '참 멋진 말이다'는 생각에서 잊지 않고 있었는데, 생각해보니 바로 선생님 자신의 현재 모습을 말씀하셨던 것이 아닌가 싶다.

3학년이었던 1968년 여름 광주 상무대에서 하계군사훈련을 받던 중이었다. 중앙정보부의 소위 '통혁당 간첩단 사건' 수사 전모가 발표되면서 온 나라가 발칵 뒤집혔고, "육사 교수인 신영복이 핵심 조직책으로 암약했다"는 보도에 우리는 실로 경악을 금치 못했다. 반공을 제1의 국시로 삼은 제3공화국 시절이었으니, 구국간성救國干城임을 자부하고 북한에 대한 적개심으로 무장된 사관생도들의 사고방식으로는 청천벽력과도 같은 일이 아닐 수 없었다.

대다수 생도들은 "신영복은 사관생도들을 포섭하여 군의 핵심 간부들을 적화시켜 장차 대한민국을 전복할 목적으로 육사에 잠입한 간첩"이라는 정보부의 발표를 액면 그대로 받아들이는 분위기이면서도, 한편으로는 '그처럼 순수하고 여린 심성의 선생님이 설마……' 하는 의구심으로 혼란스러워했다. 선생님에 대한 사형선고, 무기징역으로 감형 등의 뉴스를 접하면서 서로의 생각을 귓속말로 속삭이는 정도였으며, 이내 선생님에 대한 생각을 애써 잊고자 했던 것이 당시의 우리 모습이었던 것 같다. 지금도 그때의 나를 돌아보면 참으로 부끄럽고 죄송해, 어떻게 사죄를 드려야 할지 모르겠다.

1980년, 나는 십 년간의 의무 복무기간을 마치고 육군 소령으로 예편하고 나서부터 지금까지 농협에서 일하고 있는데, 1988년 선생님께서 20년 20일의 옥고를 치르고 석방되셨다는 보도를 접한 이후에야 비로소 육사 생도 시절 선생님과의 인연을 상기하기 시작했고, 『감옥으로부터의 사색』을 읽으면서 마치 전기에 감전된 것 같은 충격을 받았다.

우리가 선생님을 잊고 있는 동안 인고의 세월을 보내면서 쓰신 옥중서신은 선생님으로부터 수학했던 제자의 한 사람으로서는 차마 눈물 없이 읽을 수 없는 주옥珠玉이었으며, 책을 읽는 동안 선생님을 잊고 있었던 자신이 너무도 왜소하고 부끄러워 몸을 가누지 못했다.

특히 군 생활의 대부분을 국군보안사령부에서 근무하면서 국가보위國家保衛라는 대명제와 사명감만으로 일해왔던 시절의 나를 돌아보면서, '혹시 나 때문에 억울한 일을 당했던 사람은 없었을까' 하는 생각으로 불면의 날을 보내기도 했다. 국가 권력에 의한 의도된 폭력이 한 개인에게 주는 너무나도 가혹한 시련에 대하여 전율하면서 우리 시대의 어두웠던 지난 일들을 반성하는 계기가 되었다.

그 후 신문에 연재되는 선생님의 세계여행 기행문과 칼럼 들, 새로 출간되는 저서들을 빠짐없이 찾아 읽으면서 상상조차 할 수 없는 기나긴 옥고를 치르면서도 모든 것을 사랑으로 승화시키시고, 넓고 깊은 학문의 세계를 이룩하신 선생님의 모습을 그리고 흠모하면서도 감히 찾아뵈옵고 용서를 구할 용기까지는 내지 못했다.

그렇게 세월이 한참 흐른 후 선생님과의 인연의 고리가 다시 이어졌으니 이 기쁨을 어디에 비하랴!

농협 인천 지역 본부장으로 근무하던 2001년 초에 관내 지부장, 지점장 등 간부들을 대상으로 새해의 사업추진을 다짐하는 워크숍을 계획하면서 용기를 내서 선생님께 특강을 부탁드린 것이 감격스런 재회의 기회를 마련했다.

선생님께서는 당신이 겪으신 옥중생활을 중심으로 하여 주로 수형생활 중에 만난 사람들과의 아름다운 인연에 대하여 말씀해주셨다. 평소 사업실적 거양擧揚에만 여념이 없었고, 매사를 자기 중심으로 살아왔던 우리는 선생님의 강의에 큰 감명을 받았으며, 새로운 시각에서 서로 이해하고 협력하며 업무에 임할 수 있는 계기를 마련할 수 있었다.

그해 말 우리 인천 농협은 전국의 시도 중에서 종합업적 1위를 차지하는 최대의 경사를 맞아, 이를 기념하는 기념탑을 건립하기로 하고 선생님께 부탁드렸더니 협동조합의 기본이념을 담고, 모두가 함께 노력해서 이룬 업적이라는 점과 앞으로도 함께 이루어나가자는 의미로 '우리함께' 라는 휘호를 써주셨다.

농협중앙회 인천 지역 본부청사 정원에 건립된 기념탑은 지금도 2,000여 인천 농협 임직원들의 긍지와 자부심의 상징이 되어 많은 사랑을 받고 있으며, 내가 인천에 근무하는 동안 2년 연속 종합업적 1위를 차지하였으니 선생님의 은혜가 가없다.

나는 인천을 들를 때마다 기념탑을 찾아 그때를 회상하곤 하는데 후배 직원들의 말에 의하면 근래에는 이곳이 신혼부부들의 결혼 기념사진을 찍는 코스가 되었다 하니, 선생님은 인천의 신혼부부들에게도 큰 선물을 주신 셈이다.

필치가 매우 힘차고 그 뜻이 '농협의 협동정신 자체'라면서 전남 광양 농협 조합장은 허락도 없이 선생님의 글씨를 복사해서 '우리함께' 탑을 그곳 청사에도 세워놓았는데, 선생님께서 양해해주시리라 믿는다.

내가 현재 근무 중인 (주)농협무역은 우리나라 농민들이 생산한 농산물을 해외에 수출하고, 농업 생산에 필요한 영농자재를 수입하여 농가에 공급해주는 농산물 종합무역회사다. 우리 임직원들은 비교우위에 있는 우리 농산물을 찾아내고 단지를 조성해서 해외에 내다 파는 매우 힘든 일을 하고 있다. 대다수의 우리 농산물이 가격 경쟁력에서 밀리는 상황이다 보니 수출을 늘리는 일이 이만저만 어려운 일이 아니고, 그러다 보니 하루도 긴장을 풀 수 없는 환경에서 치열한 전쟁을 치르는 형국이다.

나는 이런 사정을 감안하여 지난해에 임직원들이 자긍심을 갖고 업무에 임하고, 어려운 농민의 소득증대를 위한 봉사정신으로 무장하자는 의미로 "눈은 세계로 마음은 농촌으로"라는 사훈을 제정하고 선생님께 휘호를 부탁드렸다. 선생님께서는 귀한 시간을 내서 여러 형태로 사훈을 써주셨는가 하면, "꽃이 되어 이 땅을 지키고 바람이 되어 새날을 연다"〔花明故土 風開新天〕라는, 사훈을 한 단계 승화시킨 문장의 대작大作을 주셨다. 선생님은 '고전으로 보는 오늘'이라는 주제로 관계와 만남의 소중함에 대하여 임직원들에게 강의를 해주시기도 하였고, 둘째 아들의 결혼 기념으로 '함께 여는 새날'이라는 휘필揮筆도 주셨다. 선생님께서는 40여 년 전 나와의 짧은 사제 간의 인연마저도 이처럼 소중히 여기시고 늘 성가신 부탁만 하는 제자에게 많은 것을 주기만 하시니 다만 송구스러울 뿐이다.

선생님을 생각할 때면 "미네르바의 올빼미는 석양에 난다"는 선생님의 말씀이 늘 떠오른다. 긴 옥고를 치르고 출감하신 후 가진 『감옥으로부터의 사색』 출판기념회에서 "선생님의 감옥행으로 우리는 한국의 유수한 경제학자 한 분을 잃었는지 모르지만 그 대신 진정으로 세계적인 휴머니스트를 맞이하게 되었다"는 은사이신 변형윤 교수님의 치사가 떠오르기도 하고, 관계론을 통하여 인간과 인간, 인간과 자연, 인간과 우주 등의 관계를 바르게 설정하고, 삶에서 오는 각오와 각성을 바탕으로 자연스럽게 실천궁행實踐躬行하시는 선생님이야말로 '이 시대의 진정한 현자賢者' 가 아닌가 하는 생각을 해본다.

정년퇴임 후에도 선생님은 오히려 지금보다 더 크게 날개를 펴시고, 더 높이 나실 것이다. 그리고 우리에게 더 많은 것을 주시고 더 가까이 와 계실 것이다.

서재에 걸어놓은 선생님의 글 〈처음처럼〉을 보면서 지금부터라도 매사를 처음처럼 생각하고 행동하며 살아갈 것을 다짐해본다.

마침 '처음처럼' 이라는 브랜드의 소주가 출시되었다. 선생님의 글씨다. 무척 반가웠다. 이제부터 소주는 무조건 '처음처럼' 만 마시겠다. 사무실에서나 집에서나 아들네 집에서나, 그리고 술집에서도 선생님을 가까이 하면서 살겠다는 나의 각오는 전혀 과장됨이 없다.

청맥회의
추억 ❖

최영희 | 약사·청맥회 제자

신영복 선생님과의 인연을 돌아보며 추억 속 한쪽에 밀쳐두었던, 수북이 쌓인 먼지를 탈탈 털어 꺼내봅니다. 덧없이 지나가버린 세월 40년!

대학에 입학하면서 친한 친구들 몇몇이 대학생활을 좀더 보람 있게 보내고 교양을 넓히고자 모였습니다. 회원들은 이과 학생(약대, 의대) 중심이었는데 지금의 용어로는 '동아리' 활동. 그 당시 의대에 다니던 친구가 제안한 서클 이름, 추운 겨울을 이겨내고 이른 봄부터 푸르러지는 푸른 보리, 청맥靑麥! 이름을 지어놓고도 손뼉 치며 좋아했습니다.

1966년 여름, 청맥회 회원들 십여 명은 백령도보다도 더 북쪽, 군사분계선 바로 밑에 위치한 노란 팻말이 보이는 강화군 서도면 말도리, 육지와의 왕래가 어려워 많은 어려움을 겪는다는 말도에 어렵게 어렵게 조그만 배를 한 척 마련해서 갔습니다. 얼마 안 되는 주민(숫자는 잊었지만)들과 주둔 군부대 장병들의 환영을 받으며 가슴 뿌듯했지요.

우리들에게 그곳의 어려운 형편을 소개한 분은 고등학교 때부터 농촌 봉사활동을 해온 덕분에 우리 농촌, 어촌 구석구석을 잘 알고 계셨는데, 그 당시 육군 중위 이영윤 선생님이십니다. (지금은 건강이 안 좋으셔서 미국으로 건너가시고는 소식조차 모르지만……)

하늘과 땅이 모두 깨끗하고 바닷물도 유난히 푸르고 맑았으며, 말도 주민들이 좋아하며 환영해주던 모습이 바로 어제 일처럼 머릿속에 선명합니다.

그 후로 우리는 여러 분야에 관심을 가졌는데 이영윤 선생님께서 여러 선생님들을 소개해주셨습니다. 역사에 관한 부분은 신영복 선생님께서 맡아주셨습니다. 우리들은 모두 열심이었고 재미있어 했습니다.

그러던 1968년 어느 날! 통일혁명당 사건에 연루된 선생님과 관련, 검찰에 출두, 북한과 관련된 단체의 기관지 『청맥』靑脈과는 어떤 관계인가? 말도에 가서 사격연습을 했다는데 적화통일을 위한 총격연습은 아니었나……. 어처구니없게도 이루 다 말로 표현할 수 없는 비인간적이고 혹독한 강제조사 끝에 감옥에 넣어지고, 한 달여 만에 기소중지 처분으로 석방되었지만 최종 판결까지 5년여에 걸쳐 잊을 만하면 소환되고 또 소환되고.

대학은 1년 휴학 후 복학되어 다녔으나 가정은 물론 사회와 대학에서 받은 눈총과 죄인시하는 눈초리를 견디며 직장에도 다녀야 했고, 결혼 문제 또한 코앞에 다가왔습니다.

그 사건 전까지 어머니에게 저는 눈에 넣어도 안 아프고 어딜 가나 자랑스러운 딸이었는데……. 특히나 어머니의 감시는 견디기 어려웠습니다. 밖에 나가서 누굴 만났나? 무얼 했나? 어머니는 하늘처럼 엄격하셨고, 먹고살기에는 불편함이 없을 듯한 혼처를 수도 없이 갖다대시곤 했으나, 밥 먹여준다고 함부로 선택할 수는 없었습니다. 이영윤, 신영복 선생님과의 인연은 저로 하여금 이 세상에서 살아갈 잣대를 마련하게 해주셨습니다.

그러다가 관객 천만 돌파로 화제가 된 영화 〈왕의 남자〉에 나오는, '밥 먹여준다고 아무 짓이나 다 하나' 하며 공길이를 끌고 한양으로 오고, 임금 앞에서 벌이는 한 판의 광대놀이 끝에 시뻘건 인두로 두 눈이 멀게 되는, 무엇에도 굴하지 않는 자유로운 혼을 지닌 장생이 같은 남편(이 서방이라고 호칭하겠습니다)을 만났습니다.

1974년 이 서방은 유신헌법 반대, 긴급조치 4호 위반, 소위 민청학련 사건에 연루되어 사형을 언도받고 무기로 감형되어 감옥에서 살다가, 1978년 석방 때까지 통일혁명당 사건과는 또 다른 수많은 일을 겪고 오늘에 이르렀습니다.

건장하고 반듯하게 자라주어 항상 고마운 아들이 결혼할 나이 서른셋이 되었습니다. 비록 눈은 멀었지만 장생과 공길이가 공중에서 줄타기를 흥겹게 하는 마지막 장면처럼 남은 인생도 거침없는 줄타기로 살고 싶습니다.

신영복 선생님께서 20년간 감옥 사시는 동안 사식 한 그릇 못 넣어드리고 면회 한 번 못 가 뵈었는데, 죄송하다는 말씀 언젠가는 드리려 했습니다. 죄송합니다.

그리고 선생님께서 출감하시면서 제게 주신 선물, 붓으로 쓰신 〈어머니 약손〉 고이 간직하고 있습니다. 개국 약사 30년, 언제나 〈어머니 약손〉에 담긴 따뜻한 마음씨와 청맥에서 배운 '냉철한 머리'로 살았습니다.

선생님, 감사합니다.

살벌한 대전교도소,
그 시절이 그리운 이유 ✤

이승우 | HNC협동건설 대표·감옥 동료

내가 선생님을 처음 뵌 것은 1973년 여름 같다. 선생님은 30대 초반이었고 나
는 20대 초반이었으니 벌써 30년이 넘었다. 선생님의 깊은 학식과 고매한 인
품, 민중에 대한 지극한 사랑을 나로선 헤아릴 길 없지만 내 눈높이에서 본
선생님의 모습을 적어볼까 한다.

　나는 대구교도소에서 대전교도소로 이감와서 선생님을 뵙게 되었는데,
1974년 봄에는 선생님이 일하고 계셨던 양화공장으로 옮겨, 밤에는 방을 함
께 썼고 낮에는 같은 작업장, 같은 부서에서 생활했다. 선생님은 당시 구두를
만드는 곳의 책임자이면서 가죽을 재단해서 위판을 만드는 갑피부서에서 일
하고 계셨다. 나는 조수로서 선생님을 돕고 있었다. 대전교도소는 분위기가
살벌해서 모스크바로 불리는 곳이었다. 당시 정부시책이었는지 대전교도소
분위기였는지는 모르지만 이이제이以夷制夷 정책으로 일반 잡범들을 통해 사
상범을 다스렸다. 사상범을 많이 괴롭히면 모범수가 되어 가석방 혜택도 주
었으니 금석지감今昔之感이 든다.

교도관들이 아무리 박해를 해도 그분들의 고매한 인격에 감화된 일반수들은 사상범을 선생님으로 부르며 따랐다. 그러나 선생님께서는 선생님이라 불리기보단 형으로 불리기를 좋아하셔서 지금도 당시 함께 생활했던 사람들끼리 만나면 영복이 형 또는 복이 형이라고 부른다. "죄는 밉지만 사람은 미워하지 말라"는 말처럼, 선생님께서는 사회구조적 문제로 감옥에 올 수밖에 없었던 그들의 삶을 이해하고 그들에게 늘 새 삶에 대한 희망을 불어넣어 주셨다.

수제화에서 공장생산 구두로 바뀌는 사회적 변화 속에 양화공 식구들이 뿔뿔이 흩어질 때 선생님께서는 함께한 식구들이 좋은 작업장으로 배치될 수 있도록 건의했으나 그것이 받아들여지지 않자, 당신의 기득권을 포기하고 다른 사람의 이익을 위해 싸우다 다른 공장으로 배치되셨다. 워낙 열악한 조건의 감옥인지라 대부분의 사상범들도 자신을 위한 보다 좋은 환경을 위해 투쟁하고, 어떤 분은 길고 긴 징역살이도 인생인데 보다 나은 조건에서 살아가는 것이 현명하지 않느냐고 하던 당시의 환경에서, 대중에 대한 선생님의 사랑은 무한한 것이었다.

집에서 들여온 자기 소지품을 보관하는 자루를 사물 보따리라 부르는데 선생님께 부모형제들이 넣어준 옷 등을, 당신보다 열악한 사람들에게 나누어주셔서 선생님의 사물 보따리는 늘 가장 작았다. 방에 있는 이십 리터들이 물통의 물이 꽝꽝 얼어붙는 추위 속에 살아가는 감옥에서, 당신은 추위에 떠시면서 다른 사람을 배려해 나누어주시는 선생님의 따뜻한 마음은 추운 감방을 훈훈하게 달구는 난로 이상이었다.

사회에서 사람을 만날 때는 화장도 하고 옷매무새도 단정하게 하고 만난다. 그러나 감옥이란 대중목욕탕처럼 아무것도 걸치지 않은 채 맨몸으로 만나는 곳이다. 학식도 권위도 돈도 명예도 인정되지 않는 곳, 그야말로 계급장다 떼고 발가벗고 만나는 곳이다. 오직 인격과 인격으로 만나는 곳이다. 그런 곳에서도 선생님은 감추어두어도 빛나는 고매한 인품 속에서 피어나는 향기 때문에 늘 사람들이 존경하고 사랑하는 분이셨다.

당시 대전교도소는 가장 규율이 엄하고 교도관들이 재소자를 가장 못살게 구는 곳이었지만, 선생님께 감화 받은 재소자의 수가 많아지면서 경우가 통하고 사람 사는 냄새가 나는 곳이 되었다. 선생님과 함께하는 동안 내가 비록 평생 감옥에 있을지라도 다른 사람들이 사회에 나가 올바르고 부끄럽지 않게 살아간다면 그 사람들의 인생을 통해 내 삶도 함께할 수 있다는 깨달음을 얻게 되었다.

나를 낳아주신 부모님께서 나에게 생명을 한 번 주셨고 선생님께서 나에게 또 한 번 생명을 주셨다. 사상범으로 들어오신 분들이 행여나 일반 잡범들에게 그 사상의 감화를 줄까봐 일거수일투족을 감시하기 위해 프락치를 심어 매일 보고하게 했던 그 시절에도, 늘 꾸준하게 자리를 지키며 바르게 살아가도록 지도해주시고 삶을 통해 보여주시던 선생님의 모습은 거목 그 자체셨다. 살기 위해 치열하게 경쟁하며 서로가 서로를 짓밟으며 자신이 좀더 나아지기 위해 비열하게 되는 이 바깥세상보다 선생님의 감화로 서로를 부둥켜안고 살았던 그 시절이 더 행복했다는, 그 시절을 함께했던 사람들의 말이 새삼스러운 것은 선생님의 향기가 모두 그리운 탓이리라.

세상의 가장 낮은 곳에서 맺은
사제의 연 ✤ 이구영 선생님과의 인연

배기표 | 광명 명문고 교사·더불어숲 회원

우리는 어차피 누군가의 제자이면서 동시에 스승이기도 합니다.
이 배우고 가르치는 이른바 사제의 연쇄를 더듬어 확인하는 일이
곧 자신을 정확하게 통찰하는 길이라 생각합니다.

이 글은 신영복 선생님의 저서 『나무야 나무야』에 나오는 글로 허준과 그
의 스승 유지태를 들어 '사제의 연쇄'를 말씀하신 구절입니다.

지금 제가 쓰는 글은 신영복 선생님의 '사제의 연쇄'를 확인하는 글입니
다. 저는 신 선생님이 맺고 있는 수많은 사제의 연쇄 중에서 노촌 선생님과의
인연에 대해 말씀드리려 합니다.

노촌 이구영 선생님은 조선 중기 4대 문장가 중 한 분인 월사 이정귀 선생
의 후손으로 한말 의병항쟁에 참여한 부친과 벽초 홍명희 선생님으로부터 가
르침을 받았습니다. 노촌 선생님은 청년 시절 항일운동에 투신한 이후로 민
족해방운동과 통일운동에 전 생애를 바친 분입니다. 이러한 노촌 선생님의

생애는 『역사는 남북을 묻지 않는다』라는 책과 KBS에서 방영된 〈인물현대사〉에 잘 나와 있습니다.

신영복 선생님은 1975년 대전교도소에서 노촌 선생님을 처음 만나게 됩니다. 그리고 그곳에서 가전家傳되어오던 의병 문헌을 번역하시던 노촌 선생님을 도와드리면서 많은 가르침을 받았습니다. 두 분이 옥중에서 지낸 이야기는 신 선생님의 최근 저서 『강의』와 서예작품집 『더불어 손잡고』 서문 등 여러 글에서 살펴볼 수 있습니다.

노촌 선생님이 22년, 신영복 선생님이 20년의 세월을 감옥에서 보냈는데 그 중 4년이 넘는 시간을 두 분이 한 방에서 지냈습니다. 감옥 안에서 함께 지낸 4년은 하루 24시간을 좁은 감방에서 무릎 맞대고 지낸 시간이기에, 밖에서와는 비교할 수 없이 농밀한 시간이었습니다.

두 분의 만남은 실로 역사적인 의미를 갖는다고 할 수 있습니다. 우리 근현대사에서 해방 전후 격동기를 온몸으로 겪었던 노촌 선생님 세대와 한국전쟁 이후 이승만 정권의 암흑기를 헤치고 4·19를 거치며 다시 역사의 전면에 등장했던 신영복 선생님 세대의 만남과 전승이라는 점에서 그러합니다. 또한 신 선생님은 한학漢學의 대가였던 노촌 선생님과의 만남을 통해 동양고전의 의미를 재발견하고 우리의 전통과 정서에 대하여 보다 깊이 배울 수 있었으니, 두 분의 만남이 갖는 역사적 의의를 헤아리기 어렵지 않을 것입니다.

제가 처음 맡은 임무는 노촌 선생님께 신 선생님과 옥중에서 함께 지낼 때의 이야기를 듣고, 그 말씀을 정리하는 것이었습니다. 하지만 근래 노촌 선생님의 병환이 위중하여 당시 일을 듣는 것이 어려운 상황이었습니다. 그래서 원래의 기획을 수정하여 제가 평소 노촌 선생님께 들었던 이야기와 또 두 분을 옆에서 모시며 지켜보았던 일들을 적게 되었습니다.

저는 2001년 '더불어숲' 모임에 참여하면서 신영복 선생님을 처음 뵈었고,

또 그 인연으로 노촌 선생님이 한문 고전을 강의하시던 '이문학회'에 가입하게 되었습니다. 그리고 지금까지 꾸준히 '더불어숲'과 '이문학회'에 참여하면서 두 분 선생님의 가르침을 받고 있습니다.

여러 해 동안 두 분을 모시며 가르침을 받을 수 있었던, 쉽게 얻을 수 없는 행운을 누릴 수 있었기에 이렇게 외람되이 글을 쓰게 되었습니다.

두 분이 감옥에서 맺은 사제의 연은 출소 후에도 계속 이어집니다. 두 분 모두 왕성하게 활동하시는 관계로 자주 만나지는 못 하셨지만, 신영복 선생님은 노촌 선생님께 크고 작은 일들이 있을 때마다 언제나 가까이서 제자의 도리를 다하셨고, 노촌 선생님도 중요한 일을 결정해야 하실 때면 늘 신영복 선생님을 먼저 찾곤 하셨습니다.

하지만 노촌 선생님은, 신 선생님이 당신께 많은 가르침을 받았다고 말씀하시는 것에 대해 우리들에게, "내가 나보다 훌륭한 신영복 교수에게 무엇을 가르칠 수 있었겠어요. 오히려 내가 도움을 많이 받았지. 다만 감옥에서의 인연과, 또 내가 조금 더 나이를 먹었기에 나를 생각해주는 것이지요. 나를 스승으로 생각해주는 신 교수에게 항상 고마울 따름이지요"라고 말씀하시곤 했습니다. 우리는 이 말씀을 통해 평소 노촌 선생님의 겸손한 성품을 다시 한 번 느낄 수 있었고, 무엇보다 노촌 선생님이 신 선생님을 얼마나 높이 평가하고 있는지 알 수 있었습니다.

하루 종일 비가 내리던 작년 봄날의 일로 기억됩니다. 그날 오전 이문학회에 들렀는데 마침 노촌 선생님이 홀로 책을 읽고 계셨습니다. 선생님이 읽고 있던 책은 그 얼마 전 제자들이 선생님의 한시와 산문을 모아 출판한 『찬 겨울 매화 향기에 마음을 씻고』였습니다. 선생님은 반갑게 저를 맞아주시고, 그 책에 실린 여러 글들의 사연을 옛날이야기 하듯 하나하나 들려주셨습니다. 그러다 「회우」懷友라는 시에 이르러 "나의 삶이 이 한 편의 시에 들어 있어요" 하고 말씀하시며, 그 시에 얽힌 사연을 자세히 얘기해주셨습니다. 이야기를 마무리하시며, "다른 사람들은 내 삶의 의미를 온전히 이해할 수 없을지 몰라도 신영복 교수만은 알 거예요, 암 알고말고……"라고 말씀을 맺고, 마당에 비를 맞으며 서 있는 계수나무를 한동안 바라보셨습니다. 지금도 노촌 선생님이 들려준 그 이야기와 신 선생님을 떠올리며 계수나무를 바라보시던 선생님의 맑고 깊은 눈빛이 선명하게 떠오릅니다.

최근 노촌 선생님께서는 병원에 입원해 계실 때가 많았고, 또 그렇지 않을 때에는 댁에서 요양을 하셔야 했기에 이문학회에 나오시기가 몹시 힘든 상황이었습니다. 하지만 그렇게 편찮으신 중에도 조금만 기력을 회복하시면 공부하는 제자들의 모습을 보기 위해 불편한 몸을 이끌고 이문학회에 나오셨습니다.

이문학회에 나오신 노촌 선생님은 우리가 공부하는 모습을 지켜보셨고, 기력이 없는 날에는 누워서라도 제자들이 공부하는 목소리를 듣곤 하셨습니다. 그러던 하루는 노촌 선생님께서 우리들에게 꼭 해야 할 말이 있다고 부축을 받으며 마루로 나오셨습니다. 그리고 단정히 앉아 다음과 같은 말씀을 하셨습니다.

"나는 이제 조금 있으면 떠날 사람이에요. 남은 사람에게는 남은 사람이 해야 할 일이 있듯이, 떠날 사람에게는 떠날 사람이 마무리해야 할 일이 있어요."

평소 온화한 음성과는 달리 조금은 엄숙한 선생님의 음성에 우리들은 "선생님, 곧 건강해지실 거예요"라며 말씀을 돌리려 해도 선생님은 계속 이야기를 이어가셨습니다. "그 동안 고마웠어요. 그리고 남은 일은 남은 사람들이 알아서 모두 잘 하리라 믿어요"라고 말씀하시고, 세 분 제자를 거명하시며 이문학회 일을 비롯한 뒷일을 미리 부탁해두었다고 말씀하셨습니다. 그 세 분 중 신영복 선생님을 제일 앞에 말씀하셨음은 물론입니다.

저는 노촌 선생님의 말씀을 들으며 한 세대에서 그 다음 세대로 이어지는

'사제의 연쇄'가 무엇인지 어렴풋이 느낄 수 있었습니다. 험난했던 시대에 세상의 가장 낮은 곳 감옥에서 맺어진 사제의 인연이었습니다. 가장 낮은 곳에서 만났기에 오히려 가장 깊이 맺어질 수 있었던 사제의 연쇄였습니다.

비록 노촌 선생님과 신 선생님이 감옥에서 함께 지낸 이야기를 다 기록하지는 못하였지만, 두 분이 감옥 안에서나 밖에서나 깊은 신뢰로 함께했음을 기록할 수 있어 다행이라고 생각합니다. 그리고 제 능력으로는 두 분이 주고받은 가르침과 배움의 깊이와 의의를 다 헤아릴 순 없었지만, 신영복 선생님의 수많은 사제의 연쇄 중 노촌 선생님과의 인연을 이렇게 옆에서 지켜보며 전할 수 있어 다행이라고 생각합니다.

끝으로 노촌 선생님께서 다시 건강을 회복하시어 그토록 염원하던 민족의 통일을 보실 수 있기를 소망합니다.

시대의 어둠 속에서
빛을 만나다 ❖

문행주 | 전남 화순군의회 의원·전 대전교도소 경비교도대원

1980년 5·18의 상흔이 채 가시기도 전에 대학에 입학한 우리 앞에 놓인 것은 꿈과 낭만이 아니었다. 인문대 앞 등나무 벤치에서는 우리의 일거수일투족을 숨막힐 듯 지켜보는 사복형사들이 감시의 눈초리를 번득이고 있었고, 캠퍼스 잔디 위에는 유행가 대신 '사랑도 명예도 이름도 남김없이'가 비장한 선율로 흘렀다.

박관현 열사의 죽음과 5·18의 진상이 서서히 드러나고 신군부의 철권통치가 지속되는 동안 우리의 선배와 벗 들은 군대에 가거나 감옥에 끌려가거나 양자택일 외에는 선택의 여지가 없었다.

그럭저럭 2학년을 마치게 되었을 때 내게 남은 것은 제적통지서와 입영통지서 둘뿐. 살얼음판을 걷는 듯한 나의 학교생활에 불안을 느낀 아버지는 입대를 종용하셨고, 가난한 집안 형편과 아버지의 간절한 설득에 결국 나는 무너졌다. 절망과 열패감에 휩싸여 군대로 떠나던 날 대지는 꽁꽁 얼어붙어 있었다.

2부 신영복을 말한다 ■ 321

후방에서 6주 훈련을 마치고 마침내 보직을 받는 날이 다가왔다. 철책선을 앞에 두고 동포의 가슴에 총을 겨누게 될 것인가? 혹 전경으로 차출되어 치열한 데모 현장에 투입되는 운명은 아닐까? 상상조차도 괴로웠다.

그러나 뜻밖에도 내가 가게 된 곳은 교도소의 경비 업무를 돕는 경비교도대였다. 빠삐용의 요새를 연상케 하는 청송교도소에서 살을 에는 추위 속에 다시 4주간의 훈련을 마친 뒤 배치받은 곳은 대전교도소였다. 서대문구치소, 광주교도소 등과 더불어 사상범의 모스크바라 불리던 곳, 일제시대부터 박헌영을 비롯한 혁명가와 독립운동가 들을 잡아들여 온갖 고문과 전향공작으로 악명을 날리던 곳이었다. 친구들이 불의한 현실과 싸우다가 감옥에 끌려갈 때 나는 그들을 감시하고 재갈 물리는 권력의 개 노릇을 해야 한다고 생각하니 온몸에 경련이 일어나는 것 같았다.

때는 춘삼월이지만 5미터 회벽에 둘러싸인 교도소 건물은 싸늘하기만 했다. 벽 하나를 사이에 두고 인간의 존엄성과 자유가 파괴되는 현실 속에서 절망적인 기분과 자학에 가까운 심정으로 나의 경비교도대 생활은 시작되었다. 나는 삼청교육대의 후신인 순화교육반의 행정병으로 어두컴컴한 지하실에서 일하게 되었다. 교관들은 날마다 훈련 중에 말을 안 듣거나 반항하는 재소자들을 포승줄로 꽁꽁 묶어 벌을 세우거나 곤봉으로 갈겨댔다. 폭력으로 유지되는 5공 정권의 압축판을 보는 듯했다.

하지만 해가 바뀔수록 신군부에 대한 저항과 투쟁은 점점 조직적이고 거대해져갔다. 이에 따라 대전교도소에도 시국 관련 사범들이 줄을 이었다. 이들은 교도소의 부당한 처우에 대항하여 준법투쟁을 벌였고, 우리는 그들을 진압하는 데 이용되거나 장기수들의 전향공작에 차출되어 단식하는 장기수의 입 속에 호스로 죽을 집어넣는 강제 급식 등의 비인간적인 행위에 동원되기도 했다. 철창에 목을 매어 자살함으로써 불의한 권력과 고문에 저항한 장기수들을 보면서 내 존재에 대한 회의는 날로 더해만 갔다.

그러나 나는 이내 교도소의 동정에 귀를 기울이며 시국 사범들을 파악하기 시작했고 그들에게 도움을 줄 수 있는 방법을 찾기 위해 노력했다. 마침 나와 뜻이 맞는 동료도 하나 있어서 서로 상의해가며 일을 진행했다. 당시 대전교도소에는 평균 징역이 이삼십 년이 넘는 장기수 어른들이 여러 분 계셨고, 통혁당, 남민전, 전민학련 등의 조직사건 연루자들도 많았다. 나는 근무시간이나 야간순찰, 사방舍房근무 시간을 활용하여 그들에게 접근해 그들이 무엇을 원하는지 어떻게 도움을 줄 수 있을지 궁리하였다. 바깥소식을 들려주는 일부터 면회가 불허된 시국 사범을 위해 가족들에게 대신 연락을 취해주기도 했는데, 이런 활동 중 압권은 나의 지위(?)를 이용하여 순화교육을 면제해주는 일이었다. 순화교육은 포복, 봉체조, 기합 등을 받는 것이어서 고문으로 쇠약해진 일부 양심수에게는 견디기 힘든 육체적 고통이었다. 이들을 고의로 명부에서 누락시켜 순화교육에서 빼버리는 대담한 짓은 위태로웠지만 참으로 스릴 있고 뿌듯했다.

그럭저럭 그 생활에도 이골이 날 즈음 서화반에 근무를 갔다가 뜻밖의 인물들을 만나게 되었다. 그 중에서도 내게 깊은 인상을 남긴 분이 바로 신영복 선생님이었다.

입대 전 『통혁당』이라는 책을 통해 이미 선생님에 대해 알고는 있었지만, 직접 뵙고 느낀 첫인상은 무슨 비밀 지하당을 조직했던 분이라기보다는 그저 단아하고 맑은 선비 같았다고나 할까. 절제된 감정과 단호함을 지닌 선생님의 품성은, 사람의 마음을 움직이는 진정한 힘은 요란한 외침보다는 오히려 고요함 속에 있다는 것을 느끼게 했다. 게다가 훗날 유홍준이 '연대체'라 일컬었던 선생님의 힘차고 담백한 글씨는 나를 단박에 매료시키고 말았다.

나는 때때로 근무지를 바꿔 선생님이 살고 있는 사방이나 서화반 근무를 자청하여 선생님과 많은 시간을 보냈다. 서화반의 그윽한 먹물 냄새와 문자향도 좋았지만, 갇혀 있는 선비들의 정제된 울분과 지사적 풍모를 엿보면서 식민지와 군사독재가 만들어놓은 우울한 풍경 속에 빠져들기도 했다. 늦은 밤 선생님이 계시던 12사방에 근무를 서는 나를 위해 주무시지 않고 당신의 대학시절 이야기며 청구회 이야기, 육사 생도들을 진정한 민족의 동량으로 만들고자 했던 이야기 들을 잔잔하게 들려주셨다. 특히 젊은 교수 시절 달동네 아이들과 청구회라는 모임을 만들어 한 달에 한 번씩 놀러가거나 독서토론을 하며 지내다가 통혁당 사건으로 그들과의 약속을 저버리게 된 것을 못내 가슴 아파하시던 모습은 내 가슴에 커다란 울림을 주었다. 부러울 것 없어 보이는 전도유망한 대학교수였던 선생님이 불우한 아이들과 인연을 맺고 사랑을 주었던 것은, 진정한 지식인이라면 차가운 이성 못지않은 따뜻한 가슴을 지녀야 한다는 것을 몸소 실천하신 것이 아닐까.

선생님과 함께하는 동안 나는 끊임없는 질문으로 선생님의 세계를 들여다보는 재미를 만끽했고, 선생님의 철학과 사상의 엿보기를 통해 학교에서 충족하지 못했던 배움의 허기를 채워나갔다.

가끔 바깥 세계의 이런저런 소식을 물어다주는 제비 노릇도 했지만 선생님이 내게 주신 가르침에 비하면 새 발의 피였다. 제대 후의 진로에 대해 불안해하던 나에게 언제 어디서나 사람에 대한 애정을 잃지 않는다면 무엇이든 할 수 있다는 믿음을 갖게 해준 분도 선생님이었다. 이러한 가르침이 지금까지 내가 좌절하지 않고 농촌에 뿌리내려 농민운동에 작은 힘이나마 쏟을 수 있었던 밑거름이 되었다.

나는 고참들의 구타와 비민주적인 처사에 항의하여 동기들을 끌고 탈영한 죄로 제대를 50여 일 앞두고 경주교도소 경비교도대로 전출되고 말았다. 이것으로 대전교도소에서 선생님과의 인연은 끝을 맺게 되었다.

제대 후 고향에서 농사를 짓고 있던 나는, 수감된 지 20년 20일 만에 출옥한 선생님을 만날 수 있었고, 마침내 선생님이 내 결혼식의 증인이 되어주심으로써 영원한 스승으로 모실 수 있게 되었다. 이러한 인연이 아니었다면 어찌 오늘의 내가 있겠는가!

　세상을 살며 문득 선생님의 말씀과 글이 떠오를 때, 그 속에 담긴 선생님의 삶에 대한 깊은 성찰이 다시금 사무쳐올 때, 가끔은 역설적이게도 선생님을 가까이서 뵐 수 있었던 그 암울했던 시절이 그리워지곤 한다.

이랑 많이 일굴수록
쟁기날은 빛나고 ✢

황인욱 | 콘텐츠 코디네이터·감옥 동료

남다른 악수

그의 왼손이 나의 오른손을 잡았다.

그때 나는 손이 말보다 더 많은 것을 전할 수 있다는 걸 알았다.

어두운 터널을 닮았던 전주교도소 4사하숨下 독방 안으로 건네진 그 손.

나는 말보다 다정했던 그 손을 기억한다.

통일! 혁명!

나의 젊음을 사로잡았던 두 개의 슬로건.

바로 그 모두를 가지고 있었던 조직의 빛나는 스토리를 기대했던 내게

그는 아무 말도 하지 않았다.

"당무유용"當無有用

그릇은 스스로를 비워야 비로소 쓸모를 만든다.
그는 나를 위해 빈 그릇을 내보였다.
빛나는 이야기가 필요하다면 그건 내가 채워야 할 것이었다.

내가 연못가의 나르시스처럼 조그만 거울에 얼굴을 처박고 있을 때,
그는 망치질을 하고 있었다.
어렵고 거창한 언어들을 가지고 내가 아직 관념의 놀이를 계속하고 있을
때,
그는 미싱을 타고 있었다.
그는 특별할 것도 없는 '사람'에 대해서 이야기하고 있었다.

그가 잡은 손의 의미를 제대로 알기까지는 십 년이 더 흘러야 했다.
나는 대구교도소 양재공장에서 미싱을 타고 있었다.
바늘이 손가락을 아프게 찔렀고, 나는 십 년 전의 그 특별한 악수를 떠올
렸다.
'그때 그는 아마도 지혜를 구하는 눈이 아니라, 호기심에 애타는 눈을 보
지 않았을까?'

　세상을 바꾸고 싶은가?
　어린 나이에 정말 대견한 생각을 했네.
　그렇다면 우선 삶의 터전에 든든히 뿌리를 내리게.
　지금 자네 삶의 터전은 바로 이 담장 안일세.
　어서 이 감옥에 뿌리를 내리게.

가장 올바른 의미는 부여되는 것이 아니라 채워지는 것이다.

그리고 나는 그것을 내 맘대로 채웠다.

그것은 내가 반드시 겪어야만 할 좌절을 안타까워하는 손이었다.
그러나 그것은 방관의 손이 아니라 연대의 손이었다. 살림의 손이었다.

그는 내 삶의 어두운 터널에서 그렇게 따뜻하게 내 손을 잡아주었던 사람
이다.
그의 어떤 주옥같은 글보다, 그의 어떤 재미있는 이야기보다
나에겐 그의 따뜻한 손이 가장 오래도록 기억에 남아 있다.

그의 오른손은 나의 왼손을 잡았다.
그것은 내 삶의 갈피갈피에서 언제나 생생하게 언제나 절절하게
'사람'을 생각하게 만드는 아주 특별한 의식이었다.

수인은 공을 가두지 않는다

2192번과 2004번이 축구를 했다.
메마른 땅 위에서 골대도 없이.
우리의 번호는
등이 아니라 가슴에 새긴 수인번호다.

그가 감옥생활을 시작할 때 나는 막 걸음마를 시작했을 것이다.
스물한 해를 기다려서 우리는
전주교도소의 하얀 담벼락 아래에서 만나

그렇게 공을 찼다.

골대는 없다.
하수구 뚜껑 위로 공이 지나가면 골이다.
제법 낭만적인 우리들의 공차기 규칙은
그냥 사방이 열린 시멘트 뚜껑 위로 공을 통과시키면
그대로 골이 되는 것이다.
수인囚人은 공을 가두지 않는다.

사방이 열린 사각의 공간 위로 우리는 연방 동그란 공을 통과시켰다.
그는 나보다 훨씬 축구를 잘한다.
걸음마를 늦게 배운 내가 지는 것은 당연하다,
라고 나는 스스로 위로했다.
뛰어넘어야 할 상대가 있다는 건 기쁜 일이다.

가끔씩 우리는 공을 담 밖으로 차냈다.
우리의 공은 그렇게 담을 넘나들었다.

그때 몇 대 몇으로 내가 졌는지는 모르겠다.
하지만 나는 또렷이 기억한다.
담 밖으로 공이 넘어갈 때의 탄성과
교도소의 높다란 회벽에 부서지던 하얀 햇살만큼
그때 우리는 모두 눈부셨다고.

녹두씨올

우리집 안방 벽에는 언제나 나를 향해 외치는 소리가 있다.

〈녹두씨올〉

굵고 짧은 외침이다.

문득 왜 저 글이 나에게까지 흘러왔을까 생각해본다.

나는 그에게 글을 달라고 부탁한 일이 없다.

'한울'이라는 두인頭印이 찍힌 것을 보면 그가 대정동大井洞 시절에 쓴 글씨인가 보다.

결코 무심하게 쓰지 않았을 저 글귀.

"저 글이 어떻게 여기에 있지?"

아내는 자기가 알고 지내던 박 아무개 형이 주고 떠난 거라고 했다.

나는 또 버릇처럼 어떤 필연적 운명을 생각한다.

"글씨란 누구의 벽에 무슨 까닭으로 걸리느냐에 따라 그 뜻이 사뭇 달라진다"는 그의 말이 떠오른다.

나는 〈녹두씨올〉이라는 글씨에서 정말로 씨앗 한 톨을 '본다'.

그 씨앗 아래엔 작은 속삭임이 있다.

"녹두꽃 떨어지면 녹두씨올 열매 맺지."

이것은 함께 살아갈 만한 세상을 고대하는 그의 조용한 읊조림이었을 것이다.

그러나 나의 안방에서 그 속삭임은 무딘 귀청을 두드리는 날카로운 외침이 된다.

버림으로써 얻고,
패배함으로써 승리를 얻을 것이다.
한 시대가 가고 또 다른 시대가 올 것이다.
한 세대가 가고 또 다른 세대가 올 것이다.
우리의 삶은 그렇게 역사가 될 것이다.

〈녹두씨올〉이라는 글씨를 올려다보며
부부는 잠시 씨올의 의미를 생각한다.
'맞아. 우리는 진달래처럼 잎보다 먼저 핀 꽃들이었어.'

　　뭐가 그리 바쁠까
　　잎보다 먼저 피어나는 꽃들

　　환장하게 좋은 봄날엔
　　그리워 못 견디게 되는 걸까

　　남몰래 에덴으로 갔지
　　진달래 개나리 핀 거기
　　누가 먼저랄 것도 없이
　　우린 서둘렀어
　　그래서 우린 서둘렀지

　　우린 잎보다 먼저 핀 꽃들이었어

　　수줍은 이브의 발간 웃음

어지러운 꽃 내음

또 봄인가 봐
먼 동산에 내리는 저 빨간 햇살 좀 봐

어매 아까운 봄
어매 피 같은 꽃들

부부는 어깨를 겯고 서로를 보며 빙긋 웃는다.
세 아이는 영문 모른 채
맑고 푸르게 〈녹두씨올〉을 쳐다본다.

전쪼회
시절 ✤

이근성 | 프레시안 고문

1980년대 말, 덕수궁 옆에 세실극장과 세실레스토랑이 있었다. 세실극장은 이영윤 선배가, 세실레스토랑은 이 선배와 그의 친구들이 운영하고 있었다. 이 선배는 말리기 힘든 광대의 기운과 시류를 읽는 깊은 내공으로 당시 태평로 문화판을 주름잡고 있었다.

이영윤 선배가 깔아놓은 멍석에 사람들이 모여들었다. 여러 모임 중에 '전쪼회'라는 것도 있었다. 전쪼회는 '전국쪼다협회'의 준말로, 십여 명의 '쪼다'들이 모인 아주 유별난 모임이었다. 명예(?)가 걸린 문제라 명단은 덮겠으나 이야기 흐름상 일부만 밝히면, 이영윤 선배는 물론 당시 성공회대 총장이던 이재정 신부도 끼어 있었고 나도 말석에 있었다.

1988년 여름 출옥한 신영복 선배가 이곳에 나타났다. 얼마 후 신 선배도 전쪼회의 일원이 되었다. 이영윤 선배를 비롯한 친구분들은 신 선배가 더 이상 힘든 일을 겪지 않고 사회에 안착하기를 거의 '조급증' 수준으로 갈망하였다.

이런 염원이 있어 신 선배는 다음 해 신학기부터 성공회대에서 '강사' 신분으로 강의를 하기 시작하였다. 전쬬회 회원들이 성원하고 이재정 총장은 당시 살얼음이던 사회와 학교 분위기를 잘 풀어주었다. 신 교수는 지금도 가끔 "이십 년 징역을 살고 쉴 틈도 없이 강의를 맡게 됐다"고 회고한다.

얼마 후 신영복 교수가 놀랍고도 반가운 소식을 들려주었다. 「청구회 추억」을 찾았다는 것이다. 「청구회 추억」은 신 교수가 남한산성 육군교도소에서 사형집행을 예감하면서, 짧은 생애지만 남겨야 할 젊은 시절의 추억을 교도소용 휴지(일명 '똥종이')에 담담하게 정리한 인생기록이다. 어느 날 갑자기 이감 통보를 받고 급히 짐을 싸던 중 압수당할 것을 우려하여 평소 면식이 있는 헌병에게 이것을 집에 부쳐달라고 부탁한 일이 있었다. 그 후 오랜 세월이 흘렀고 출옥 후 생각나 찾아봤으나 안 나타나 유실된 줄로만 알았는데 집에서 찾아냈다는 것이다.

나는 똥종이에 새까맣게 쓴 짧지 않은 이 글을 아주 조심스럽게, 그리고 단번에 읽어 내려갔다. 순간, 한 편의 글에서 얻기 힘든 깊은 감동을 체험하였다. 곧 전문을 『월간중앙』에 소개했으며 그것은 사회적으로 큰 반향을 불러일으켰다. 일부에선 신 교수를 싫어하던 일부 공안검사들까지 이 글을 읽고 적대감을 풀었다는 애기가 돌기도 하였다.

한 편의 아름다운 영화를 보는 듯한 「청구회 추억」을 나는 이 시대 최고의 산문이라 생각하며, 지금도 내 나름으로 편집해놓고 보고 싶다는 분들에게 이메일로 보내주고 있다.

신영복 교수가 성공회대에서 강의를 하고는 있었지만 전쬬회를 비롯한 주위 분들은 그가 좀더 안정적인 신분으로 일하기를 바랐다. 신 교수는 아직도 사면복권이 안 된 상태여서 대학에서도 '강사' 직 이상을 보장받을 수가 없었다.

사면복권이 우선 해결해야 할 과제여서 이 일은 본인의 의사와 관계없이 이영윤 선배 등이 주도적으로 추진하게 되었다. 이들은 그 방법의 하나로 중요 신문을 하나 선정해 신 교수의 글을 연재해보기로 하였다. 많은 사람들에게 신 교수의 진면목을 알리는 게 우선 중요하다고 생각하였기 때문이다. 몇개의 신문을 놓고 논의를 벌였다. 어디에 연재해야 사면복권에 더 도움이 될까. 그때 의견이 모아진 게 『중앙일보』였다.

그때까지도 글 쓰기를 사양하는 신 교수를 설득하고 신문사 교섭은 『중앙일보』 기자였던 내가 맡기로 하였다. 나는 조심스럽게 『중앙일보』에 기획안을 냈지만 그때만 해도 신 교수를 잘 모르거나 안 좋게 생각하는 간부들이 적지 않았다. 분위기가 이상하다 싶으면 얼른 회수하고 다시 내기를 거듭한 끝에 기획안이 채택되었다. 신 교수가 1년간 주 1회 국내를 여행하면서, 들려줄 이야기가 잡히는 곳에서 엽서를 띄우는 형식의 기획이었다. 반응은 폭발적이었다. 『중앙일보』도 사장을 비롯해 만족하는 분위기였으며 신 교수의 사면복권이 잘 되도록 도와주자는 이야기도 나왔다. 이 글들을 모은 것이 『나무야 나무야』란 책이다.

국내기행의 성과를 바탕으로 다음 해 신 교수의 세계기행을 준비하게 됐다. 세계기행은 생각보다 쉽지 않았다. 신 교수가 20년을 격리당한 후 처음으로 해외여행을 하는데다, 이역만리 낯선 땅에 단지 며칠을 머물고 일주일에 한 번씩 글을 써낸다는 것이 보통 일인가. 그것 못지않게 어려운 일은 여권을 내는 일이었다. 외교부가 신 교수의 신분상 한 달 기간의 단수여권밖에 내줄 수 없다는 바람에 취재를 마치고 돌아올 때마다 여권을 다시 내기에 바빴다.

지금도 나는 그 고생을 하면서도 1년간 묵묵히 연재를 맞춰준 신 교수에게 죄송한 마음과 감사한 마음을 함께 갖고 있다. 이 글들을 모은 것이 『더불어숲』이란 책이다. 그 후 신 교수가 사면복권을 받고 정식 교수로 임용될 때 전 쪼회 쪼다들은 모두 자기 일같이 좋아했다.

나는 항상 새로운 언론을 꿈꾸어왔다. 2001년 『중앙일보』를 그만두고 각 언론사의 마음에 맞는 후배들과 인터넷 신문 프레시안을 창간했다. 주위 분들은 무모한 일이라고 말리느라 고생했으나 우리는 고집을 피웠다. 이제 초기의 어려움을 딛고 집의 형세를 갖춘데다 겨우 문패를 단 상태다. 주위에선 성공적이라고 추어주는 분들도 있지만, 처음 구상한 그림의 30퍼센트 정도 이뤘다고 생각하며 내용을 채우는 데 심혈을 기울이고 있다.

프레시안을 시작할 때 나는 신영복 교수께 상의를 드렸고 신 교수는 마치 자신의 일처럼 걱정하며 도움을 주려고 애썼다. 그래서 시작된 것이 신 교수의 동양고전강독 연재였다. 이 강독은 원래 성공회대가 자랑하는 명강의로 이름이 나 있었고, 우리는 수강생 한 명을 골라 내용을 녹취하고 신 교수께 감수를 부탁하는 방식으로 연재를 추진하였다.

그러나 신 교수는 처음부터 원고를 직접 써서 1년간 원고료를 사양한 채 보내주었다. 신 교수의 이 연재는, 어려웠던 프레시안 초기에 독자의 사랑을 가장 많이 받는 읽을거리로 자리 잡아 프레시안의 골격을 형성하는 역할을 하였다. 이 글은 그 후 『강의』란 책으로 나와 지금도 많은 분들에게 읽히고 있다.

2002년 신영복 교수가 모처럼 안식년을 맞았다. 보통 안식년을 맞으면 외국에 나가는 일이 많은데 신 교수는 강원도 산골로 들어가 책도 읽고 글도 쓴다고 하였다. 그리고 이렇게 이야기했다. "정말 대단한 곳이 있다네."

나도 신 교수를 따라 그곳에 가보고 싶었다. 하지만 안식년 동안은 가지 못하였다. 다음 해인 2003년 어느 주말에 신 교수가 전화를 하셨다. 강원도에 가려는데 같이 안 가겠느냐고. 나는 무조건 따라 나섰다. 그리고 오대산 자락의 내린천 상류에 자리한 미산계곡 개인산방開仁山房까지 갔다. 정말 대단한 곳이었다. 개인산방을 둘러싼 대자연이 주는 감동이 나를 새롭게 태어나게 하는 느낌마저 갖게 하였다.

여기에 터를 닦고 사시는 신남휴 선배는 아주 맑고 깊고 편안한 분이셨다. 가끔 찾아오는 손님들을 위해 살던 공간을 내놓고 옆에 조그만 새 집을 마련해나갔다. 전에 살던 공간에는 한 30명 정도가 숙식을 할 수 있는 시설이 마련돼 있었다.

두 선배가 이야기를 나누었다.

"여기를 좀더 의미있게 사용할 방도가 없을까."

이야기는 이렇게 시작되었다.

우선 조그만 문화학교를 세운다. 교장은 신영복 교수가 맡고 신남휴 선배와 나는 운영을 맡는다. 학교 이름은? 그래, '더불어숲학교'로 하지.

학교 문을 연 지 벌써 2년이 지났다. 그곳까지 가려면 참 많은 시간이 걸리지만 찾아가는 길이 정말 환상적인 학교, 그리고 세상에서 가장 아름다운 자연 속에 자리 잡은 학교다.

더불어숲학교는 한 달에 한 번씩 주말에 일박 이일로 열리는데, 참가자들의 입소문을 타고 많이 알려졌다. 보통 전국에서 30여 명이 참가 신청을 하고 모여 약 스물네 시간을 함께 보내며 강의도 듣고 자연탐사도 하는데, 순간순간 서로 놀라는 일이 벌어진다. 그들은 처음 만난 사이인데도 어디선가 본 듯한 아주 친근하고 편안한 느낌을 갖는다는 것이다. 어떻게 일어나는 현상일까. 서로 비슷한 생각을 하고 비슷한 삶을 살며 비슷한 꿈을 꾸면서 만났을 때 일어나는 현상이 아닐까.

80년대 말 신 교수를 뵌 이래, 더불어숲학교 교장으로 모시고 2년여 강의도 듣고 생활하는 동안 나는 언제나 이런 '시대의 스승'을 보내주신 신께 깊이 감사하였다. 또 이런 좋은 선배를 모시고 같은 시대를 호흡하며 사는 내가 무한히 행복하다는 생각을 하였다.

20년의 세월을 딛고
다시 시작된 강의 ✤

이재정 | 민주평화통일자문회의 수석부의장·전 성공회대 총장

쇠귀 신영복, 신 선생님이 20년이라는 기나긴 옥중생활을 마치고 가석방된 것은 하나의 태풍과도 같았다. 이미 잊힌 통혁당 사건이 과연 무엇이었느냐라는 '의문의 역사'에 대한 진실규명 같은 것보다는 신 선생님이 인류와 역사와 세계에 관해 던지신 그 엄청난 담론 때문이었다. 그의 '사색'은 역사 현실에 대한 준엄한 논고와 같았다. 그래서 세상도 지식인도 논객도 모두 부끄럽게 만들었다. 그는 감옥을 나서면서 새로운 역사의 길잡이로 세상 앞에 담담하게 서 있었다. 그의 소리 없는 글은 큰 외침이 되어, 이제껏 들어 보지 못했던 함성으로 세상 곳곳의 지성을 일깨우기 시작하였다.

신영복 선생님과의 첫 만남은 1988년 8월 유난히 무덥던 여름, 정동에 있는 세실레스토랑에서 이영윤 당시 세실극장 고문님의 주선으로 이루어졌다. 신 선생님의 이야기를 하려면 반드시 이 고문님에 대한 설명이 필요하다. 이 고문님은 학교 3년 선배이지만 때로는 형님이고 때로는 동지이고 때로는 친구였다. 이 선배님은 일찍이 공군장교 시절 신영복 선생님과의 관련으로 옥

고를 치르기도 했던 신 선생님의 진실한 동반자였다. 신 선생님의 석방이 이루어진 직후부터는 그의 생활을 후원하는 일종의 매니저 역할을 했다. 이 선배님은 〈처음처럼〉, 〈여럿이 함께〉를 비롯한 신 선생님의 작품들을 모아서 서예전을 여는 한편, 신 선생님이 살 집을 마련하는 등 분주한 일을 도맡아 했다.

나는 그때 이 선배님의 주선으로 세실레스토랑의 한구석에 앉아서 '역사의 지성' 앞에서 그저 감동하고 감격할 따름이었다. 그의 얼굴, 목소리, 그리고 그의 입을 통하여 나오는 말 하나하나가 새로운 흥분으로 나를 감쌌다. 신 선생님에게는 하나하나의 서로 다른 존재를 꿰뚫어서 하나로 만들어가는 놀라운 힘이 있었다. 나는 거의 매일 세실에서 신 선생님과 이영윤 선배님과 자리를 같이하면서 차츰 새로운 이해를 하기 시작하였다. 이 나라 이 민족 아니 이 역사는 과연 이분에게 무엇으로 보상할 수 있을 것인가. 아니 그 20년에서 역사는 무엇을 얻어낼 것인가.

나는 신영복 선생님에게 이 역사가 해야 할 일이 있다면 20년을 되돌려 '원상회복' 시키는 것이라고 생각하였다. 그것은 사실 불가능한 일일 뿐만 아니라 불필요한 일임에 틀림없다. 왜냐하면 신 선생님의 '원상'은 외형이 아니라 그의 깊고 깊은 내면세계를 형성해온 이념과 사상과 지향과 가치 등이기 때문이다. 그래도 내가 할 수 있는 일이 있다면 신 선생님이 감옥에 가시기 전 그 '자리'를 만들어드리는 것이 최선이 아닐까 생각하였다. 그래서 나는 신 선생님께 성공회 신학교가 비록 4년제 대학에 준하는 각종학교各種學校로 아주 작고 초라한 대학이지만, 이곳을 20년 전 가르치던 '그곳'으로 삼아 '가르침', 곧 역사의 희망을 만들어가는 일을 하시는 게 어떤가 하고 제의하였다. 나는 신 선생님이 다시 교수의 자리로 돌아가 그 '가르침'을 계속하실 수 있도록 하는 일이 내 몫이라고 믿고 있었다. 신 선생님의 '동양철학', 아니 역사를 살아가는 지혜에 대한 강의는 이렇게 하여 시작되었다. 1989년 3월 6

일 아침 10시, 지금은 사라진 건물이지만 성공회 대학교(당시 성공회 신학교)의 신관 2층 강의실은 신영복 선생님이 20년의 세월을 딛고 교수로 새로 태어나는 순간이었다. 나는 숨을 죽였다. 왜냐하면 그의 강의는 바로 새로운 역사의 지혜 그 자체였기 때문이다. 그것은 우리가 알고 있던 고전이 아니었다. 그것은 변하지 않는 역사의 진리이며 생명이었다. 이렇게 시작한 그의 고전 강의가 마침내 『강의』라는 책으로 엮여 나온 것을 보면서 나는 새삼스러운 감격을 맛보았다.

신영복 선생님이 복권되고 절차에 따라 이사회의 결의를 거쳐 정식 교수로 임명을 받기까지는 상당한 시간이 흘렀다. 나는 신 교수님께 연구실을 마련해 드리는 한편, 학교의 모든 일에 자문을 구하고 싶다고 부탁드렸다. 신 선생님과의 만남 이후 불과 5~6년 사이에 성공회 신학교에서 성공회 신학대학으로, 그리고 다시 성공회 대학교로 성장 발전하면서, 신 교수님은 언제나 그 한가운데에서 정신적 지주 역할을 하였다.

성공회대는 신영복 교수님과 함께 그저 하나의 대학의 길을 걸어온 것이 아니었다. 우리는 이 시대와 이 역사에 대안을 제시하면서 새로운 미래를 창조하기 위해 노력해왔다. 그것은 다른 길, 다른 대학, 다른 교육, 다른 이해를 추구한 것이었다. 사람들은 이것을 단순히 진보주의나 좌파나 대안이라고 말하지만, 우리가 추구한 것은 역사의 정의와 진리를 위한 우리 자신의 '올인'이었다. 신영복 교수님의 지혜가 살아 있는 한 성공회대는 영원히 새로운 다름을 추구해갈 것이다. 이것이 신영복 교수에 대한 이 역사의 보답 중 한 부분이 될 것이라고 믿는다.

옥중 편지를 만났을 때의
그 울림으로 ✤

김정남 │ 전 대통령 교문사회 수석비서관·『평화신문』에 엽서 최초 공개

신영복 선생의 선성先聲은 일찍이 대학 다닐 때부터 들어오던 터였다. 1960년대 말에 신 선생이 연루된 그 사건이 터졌을 때 많은 사람들이 움찔했고, 그것은 나도 마찬가지였다. 그 사건 관련자들 가운데는 나와 가까이 지내던 사람도 있었다. 그래서였는지 신 선생 등이 구속되어 있는 동안 내내 나는 밖에 남아 있다는 것이 마치 큰 잘못이라도 되는 양 꽤히 마음이 편치 않았다. 더구나 갇혀 있는 사람들에게 한 줌 도움이나 보탬이 되지 못한다는 것이 늘 그 미안함을 더하게 했다.

이러저러한 이유로 자주 들락거렸던 강신옥 변호사 사무실에 가면 충무공의 한시를 신 선생이 감옥에서 쓴 붓글씨가 걸려 있었다. 그 글씨를 보거나 신 선생의 가족들을 만나면 신 선생의 수감생활이 새삼 떠오르곤 했다. 신 선생의 아버님을 뵐 때면 죄지은 것처럼 많이 송구스러웠다. 그때 아버님이 구명운동을 위해 지니고 다니셨던 호소문을 나는 지금도 가지고 있다. "햇수로는 17년이 되고, 만으로는 15년 10개월이 되는" 1984년 4월 10일 날짜로 된

것이었다. 신 선생의 아버님은 점필재 김종직 선생과 사명대사에 관해 연구한 것을 책으로 펴내실 만큼 학덕이 높으신 선비이자 유학자셨다. 그런 연유에서였겠지만 당시 신 선생의 구명을 위해 유림儒林이 나선 것도, 일찌기 보지 못한 일이었다.

또한 한 달에 한 번 있는 신 선생 접견을 거르지 않고 챙기면서, 신 선생의 구명을 위해서라면 어떠한 수모도 마다하지 않고 땅 끝까지라도 달려가셨던 신 선생의 형님, 신영대 선생의 모습을 지금도 잊을 수가 없다. 나는 그때 이 세상에서 가장 아름다운 형제의 모습을 이 두 분에게서 보았다. 그때 신 선생 가족들의 우애와 화목은 곤궁과 간난 속에서 더욱 빛났다.

신영복 선생이 20년 넘게 감옥생활을 하면서 그 가족들에게 보낸, 봉함엽서로 된 편지 뭉텅이를 보게 된 것은 1988년 여름이었다. 나는 그해 5월에 막 창간된 『평화신문』의 편집책임을 맡고 있었다. 아버님, 어머님, 형수님, 계수씨, 그리고 더러는 우용이, 주용이 등 조카들에게 보낸 것이었다. 그 편지를 받아 보았던 가족들을 제외하고서라면, 아마도 그 편지의 최초 독자가 내가 아니었나 싶다. 검열을 의식한 탓도 있었겠지만, 편지는 정갈했고 편지의 글씨는 아주 정성스럽게 쓰여 있었다. 편지글에 담겨 있는 내용 또한 잘 정제되어 있었다.

그 편지들은 내게 굉장한 울림으로 다가왔다. 500여 년 전에 율곡 선생이 "글이란 모름지기 좋은 울림〔善鳴〕"이어야 한다고 한 것은 바로 신 선생의 글을 두고 한 말씀이 아닐까 싶었다. 편지를 통해 나타난 신 선생은 '하얀 옥' 같은 사람이었다. 20년 동안 감옥에서 자신을 갈고 또 닦아 스스로 은은히 빛을 발하는 그런 사람으로 보였다. 청정淸淨한 영혼, 수기修己로 다듬어진 가지런한 몸가짐, 조용한 달관, 절제된 감정 들이 그의 편지글에서 담담하게 펼쳐져 있었던 것이다. 그것은 감동이었고, 그래서 그의 감옥살이가 차라리 부럽기까지 했다.

그토록 '좋은 울림'을 덮어두기엔 너무도 아까웠다. 그래서 『평화신문』에 싣기로 했던 것이다. 편지 하나하나 어느 것 하나 버리고 뺄 것이 없었지만 20년 동안 쓰인 그 많은 편지 중 정수라고 생각되는 것들을 고르고 골라, 또 편지의 앞은 생략하고 뒤는 꼬리를 잘라, 가능한 한 많은 분량으로 연재하기 시작했다. 처음에는 신문의 한 면 전체를 채워 두어 번 정도만 실을 예정이었지만, 편지가 나가자마자 독자들의 호응이 너무도 커서 횟수를 네 번으로 늘렸다. 그랬는데도 연재를 계속하기를 바라는 독자들의 요구가 이어졌고, 그들이 받은 울림과 감동은 널리 퍼져나갔다. 그것이 마침내 『감옥으로부터의 사색』이라는 제목의 책으로 나오게 되었다. 부끄러운 고백이지만 책의 제목도 내가 지었고, 서문도 내가 썼다.

읽어본 사람이라면 누구나 겪어 알겠지만, 신 선생의 글에는 가슴을 찡하게 하는 울림이 있다. 글이 굳이 누구를 깨우치거나 가르치려 하지 않지만, 조용히 내 마음에 와닿는 것이 있다. 누구에게 어떻게 하라고 요구하지도 않고 큰소리로 외치는 것도 아니며 내 말이 옳다고 주장하지도 않지만, 참으로 묘하게도 알아들을 수 있는 사람에게는 이심전심으로 알아듣게 한다. 그 조용한 목소리를 듣고 싶어하고, 또 알아들을 수 있는 사람들이 있어, 『감옥으로부터의 사색』은 아직도 여전히 우리 시대의 애독서·애장서가 되고 있다.

신 선생의 글씨 또한 그의 글처럼 정갈하고 단아하다. 글씨도 좋지만, 신 선생이 쓰는 글말도 좋다. 조금이라도 생각하며 살아가려는 사람이라면 모두들 그의 글씨 한 점쯤은 갖고 싶어한다. 감옥에 있을 때는 〈샘터찬물〉, 〈아침햇살〉 같은 글을 쓰더니, 최근에는 〈더불어 숲〉, 〈처음처럼〉과 같은 글귀를 많이 쓰는 것 같다. 그가 평소에 관계론이나 '더불어 함께'를 강조하는 것처럼 글씨에서도 어울림체라는 서법론을 들려주고 있다. 이제 웬만한 장소에 가면 그의 글씨가 눈에 띈다. 그는 한글서예를 통하여 우리 한글의 깊이를 새롭게 깨닫게 해주고 있다.

신 선생은 그의 글과 글씨를 통하여, 읽는 사람으로 하여금 '어떻게 살 것인가', '어떻게 사는 것이 진정 인간답게 사는 길인가'를 스스로에게 묻고 또 성찰하게 하고 있다. 사람들로 하여금 보다 완전하고 성숙한 삶, 인간적인 삶에 대해 한번쯤 생각해보게 만든다. 하늘을 우러러 부끄럽지 않게 잘 살아야겠다는 다짐을 스스로에게 하게 한다.

신 선생은 또한 오직 경쟁만 있고, 세계화라는 격류가 세차게 휘몰아치는 한가운데서 인문학을 지켜내는 힘겨운 일을 외롭게 해내고 있다. 그가 하고 있는 일련의 작업, 글쓰기와 글씨 쓰기가 모두 인문학 그 자체이다. 신 선생은 2006년 3월 2일에 있었던 서울대 입학식 축사를 통해 "대학은 그릇 자체를 키우기 위해 노력해야지, 당장 소용되는 것들로 그릇을 채우려고 해서는 안 된다"고, 지금은 그 존립조차 힘든 인문학적 가치를 일깨웠다.

신 선생의 글과 말, 그리고 글씨는 처음에는 나 자신을 향한 것으로부터 시작해서, 어떻게 살 것인가 하는 내면으로부터의 물음을 지나, 이제는 이 나라 이 공동체 더 나아가서는 세계와 인류를 향한 메시지를 담고 있다.

그리하여 그의 글은 어떤 사람에게는 커다란 위안이 되고, '아픈 다리 서로 기대며' 걸어가야 할 사람에게는 용기가 되고, 어디에 서 있으며, 어디로 가고 있는지를 묻는 사람에게는 그 이정표가 되고 있다. 신 선생은 없는 것처럼 보이나 우리 안에 울림으로 다가와 있고, 조용하지만 뜨거운 사랑으로 언제나 우리와 함께하고 있다. 그가 있어 세상은 조금 따뜻하고, 그래서 우리도 조금은 행복할 수 있는 것이다.

게으른
경배자의 변 ✛

허문영 | 부산국제영화제 프로그래머

초년병 기자 시절에 그를 처음 봤다. 그는 막 출소했고 얼마 안 있어 성공회 신학교에서 동양철학 강의를 시작했다. 나는 그의 첫 강의에 대한 현장보고 형식의 기사를 썼고, 얼마 뒤에 그가 감옥에서 '똥종이'에 써두었던 글 「청구회 추억」을 입수해 내가 일하던 『월간중앙』에 실었다. 그리고 결혼할 때 그에게 주례를 청했고 그는 흔쾌히 들어주었다.

나는 그의 삶을 알지 못한다. 실은 알기를 두려워한다. 다만 그의 글의 신도다. 경배하기를 게을리 하는 신도다. 『감옥으로부터의 사색』이 나왔을 때한국의 많은 문인들은 그의 글이 지닌 힘에 압도됐다. 한 중견 소설가는 "그 앞에 무릎을 꿇었다"는 표현을 썼다고 기억한다. 평생 글을 써온 사람들이 그랬으니 내가 경배자가 되지 않는 게 이상했을 것이다. 초짜 글쟁이였던 내게 그의 글들은 어떤 수사도 닿지 않는 아득한 우주였다. 혁명과 죽음, 해방과 감금, 열광과 공포가 교차하는, 그리고 그 사이엔 어떤 중간지대도 없었을 생의 한가운데서 그런 고요하고 맑은 내성의 언어들이 태어났다는 건 내 짧은 지식과 체험으로는 결코 이해할 수 없는 일이었다.

1989년 여름쯤에 좀 특별한 농부를 취재해 오라는 지시를 받고 경북 봉화군 상운면 구천리에 살던(단 한 번밖에 가보지 않은 이 마을 이름이 이상하게 17년이 지난 지금에도 기억난다) 전우익이라는 이상한 농부(그는 몇 년 뒤에 『혼자만 잘 살믄 무슨 재민겨』 같은 소중한 책 몇 권을 썼다)를 만나러 갔을 때, 내가 쓴 「신영복의 첫 강의」가 실린 잡지를 그가 가지고 있으며 내 이름까지 기억하고 있다는 사실에 화들짝 놀랐다. 그는 처음 본 내게 "그분은 잘 지내시느냐"고 물었다. 해방 직후 좌익 활동가였고 그 덕에 남한 사회에서 치러야 할 대가를 혹독하게 치렀으며 지금은 케테 콜비츠의 판화에 매혹된, 그러나 여전히 농부인 이 노인은 신영복이라는 인물 혹은 그의 말과 글에서 오래 숨죽여 기다리던 대화의 상대를 발견한 것 같았다. (2004년 12월 19일 그는 세상을 떠났고 나는 그때 그의 죽음을 알지 못했다.)

그 뒤로 또 세월이 흘렀다. 세상은 대중문화와 새 테크놀로지에 관한 이야기로 넘쳐났고, 나는 새로운 물결에 얼떨결에 편승해 지금은 영화에 관한 일을 하고 있고 영화에 관한 글을 종종 쓰고 있다. 신영복의 삶과 글을 잊어도 좋은 삶을 살아가고 있으며 스스로에게 깊이 물어보지 않고도 말하고 쓴다. 그의 이름으로 만들어질 이 책 한 귀퉁이에나마 내 이름으로 씌어진 글이 실린다는 게 부끄럽기 짝이 없다. 나는 이 책의 편집자의 청탁을 거절하지 못했다. 그 청탁이 영광스러웠기 때문이다. 그 알량한 욕심이 부끄럽고 후회스럽다.

나는 그와 그의 글을 말할 자격이 없다. 글 쓰는 일을 하고 있으므로 그의 글을 닮고 싶지만 그것도 불가능할 것이라는 것도 안다. 다만 그의 글이 지닌 솔직함에는 기어이 이르고 싶은 마음을 버리지 못하겠다. 나는 솔직함이 얼마나 혹독한 자기성찰이 필요한 것인지를, 그리고 깊은 지성과 솔직함이 거의 동의어라는 사실을 나이 마흔이 넘어서야 알게 됐다. 망치로 얻어맞는 느낌이 들었던 「청구회 추억」이라는 담담한 글이 마침내 자기를 투명하게 들여다본 사람만이 쓸 수 있는 글이라는 것도 이제는 알겠다. 그의 글은 다른 이의 글이 계몽에 실패하는 지점에서 시작된다. 그는 계몽하지 않는다. 다만 자기를 말하고 그것으로 대화를 시작한다.

나는 그가 사회주의자라고 생각한다. 어느 때보다 지금 더 그렇게 생각한다. 마침내 자신의 내부를 들여다봤을 때 그 마음이 타인에게 열려 있는 사람만이 진정 사회주의자라고 나는 생각한다. 내가 지금 믿을 수 있는 것은 체제로서 성립 가능한 사회주의가 아니라 진정한 대화가 가능한 상태로서의 사회주의다. 어줍잖게 사회주의를 윤리와 태도의 문제로 재규정하려는 것이 아니라, 단 한 사람과의 대화마저 끝없이 실패하거나 회피해온 자가 꿈꾸는 이상으로서의 사회주의를 말함이다. 그의 글을 보고 여전히 내 머리가 아니라 내 몸이 반응할 때, 그 이상은 내가 그것으로부터 끊임없이 멀어져왔지만 한번도 잊은 적 없는, 허약하지만 오래된 소망이자 허기 같은 것이다. 그의 글은 나 같은 무자격자조차 기꺼이 계몽이 아니라 대화의 상대로 청하는 글이다.

그를 말한다는 것은 나를 말하는 것이다. 그는 나를 들여다보지 않고는 한 단어도 말할 수 없게 만드는 사람이다. 자신을 바라보는 고요한 언어만으로 세상을 긴장시키는 사람이다. 그와 같은 시간대를 살고 있다는 사실에 깊이 감사한다.

놀 줄 아는 선비,
나는 그와 노는 것이 즐겁다 ✤

김창남 | 성공회대 신문방송학과 교수

일이 손에 잡히지 않고 공연히 가슴이 답답할 때 나는 신영복 선생의 책을 집
어 든다. 『감옥으로부터의 사색』이든 『나무야 나무야』나 『더불어 숲』, 아니면
『강의』든 무엇이든 상관없다. 아무 페이지나 펼쳐 들고 읽는다. 어디 하나 버
릴 것 없는 문장 속에 스며 있는 사색과 성찰의 깊이는 그것만으로도 감동적
이지만 그 속에서 나는 내가 서 있는 곳과 내가 해야 할 말과 써야 할 글에 대
한 하나의 실마리를 얻고는 한다. 그의 글은 길지도 않고 복잡하지도 않지만
수없이 파내도 마르지 않는 지혜를 담고 있는 정신의 보고이다.

그의 글이 기반하고 있는 것은 무슨 사회이론이나 거창한 관념의 세계가
아니다. 그는 늘 현실의 삶을 살아가는 사람들의 작은 삶을 이야기하며, 그
속에서 어떤 거대이론으로도 찾아낼 수 없는 세상과 삶의 진실을 건져낸다.
감옥이라는 가장 비인간적인 공간에서 증오와 모멸감 대신 따뜻한 사랑과 삶
에 대한 진한 성찰을 단련해낸 그의 정신사가 그의 모든 글의 바탕을 이루고
있기 때문이다.

그의 글 속에 담겨 있는 성찰과 사색의 정신은 한국 사회가 지금껏 지배하고 있는 가치관과 패러다임으로부터 벗어나 새로운 패러다임을 정립하는 데 매우 중요한 지표를 담고 있다. 그가 즐겨 붓으로 쓰는 '처음처럼'이라는 표현이나 "나무가 나무에게 말했습니다. 우리 더불어 숲이 되어 지키자" 같은 짧은 문장에서 드러나는 세계관은 한국 현대사 전체에 대한 근원적 반성과 새로운 지향을 담고 있다. 그의 글이 단지 개인적 성찰의 차원을 떠나 하나의 사상사적 전환이란 의미를 가지는 것은 그 때문이다.

그렇지만 내가 정작 그를 존경하고 좋아하는 것은 단지 그의 책에 담겨 있는 성찰과 사상의 깊이 때문만이 아니다. 그와 한솥밥을 먹으며 누구보다 가까이에서 오랜 시간을 보내면서 내가 발견한 신영복은 그의 책만을 읽은 사람들이 흔히 생각하는 것과 같은 도사나 도인이 아니라 가장 평범하고 성실한 생활인이다. 그는 점심 식사를 마치고 여럿이 함께 담소를 나눌 때 가장 재미있는 농담을 던지는 사람이고, 함께 자장면을 시켜 먹고 나서는 누구보다 먼저 자리를 치우고 청소를 하는 사람이다. 그의 그런 모습은 그의 글이 세속을 초월한 도사의 잠언이 아니라 실천하는 생활인의 진솔한 자기 표현이라는 사실을 분명하게 보여준다.

거기에 더해 내가 무엇보다도 그에게 감동하는 것은 그가 '잘 놀 줄 아는' 사람이라는 사실 때문이다. 그의 책에서 학처럼 고고하고 정갈한 선비의 이미지를 떠올린 많은 사람들은 그가 '잘 노는' 사람이라는 사실을 미처 상상하지 못한다. 잘 논다는 것은 무슨 의미인가. 다른 사람들과 함께 어울려 분위기를 맞추고 필요한 시간과 장소에서 적절한 말과 행동을 통해 다른 사람들에게 즐거움을 줄 줄 아는 것, 그래서 모두가 그와 함께 있는 시간이 즐겁고 행복하다고 느낀다면 그 사람은 진정 잘 노는 사람일 터이다. 바로 그런 의미에서 신영복은 진정 잘 노는, 제대로 놀 줄 아는 사람이다. 가령 성공회대의 교수 수련회 자리, 혹은 교수 축구회의 술 자리, 아니면 '더불어숲학교'

의 뒤풀이 자리에서 그는 늘 과하지도 모자라지도 않게 농담을 던지고 노래를 부르며 함께 어울린다. 그가 노는 자리의 분위기를 이끌어가는 것은 분명 아니지만 이상하게도 그가 빠지면 문득 허전해지면서 그 자리의 즐거움이 딱 그만큼 줄어듦을 느끼게 된다. 그와 함께 놀면 딱 그만큼 즐겁고 그가 빠지면 딱 그만큼 허전해지는 사람, 그래서 많은 사람들이 그가 함께 자리해주길 원하는 사람, 그가 잘 노는 사람이 아니겠는가.

그가 놀 줄 아는 사람이라는 것은 그가 가진 폭넓은 노래의 레퍼토리에서도 알 수 있다. 그는 노래를 빼어나게 잘 부르는 사람이다. 뿐만 아니라 20년 세월을 사회에서 격리되어 살았다고는 믿을 수 없을 정도로 많은 노래를 알고 있다. 최근에 쓴 글 「노래가 없는 세월의 노래들」(『노래를 찾는 사람들 지금 여기에서』, 호미, 2006)에서 그는 감옥이란 공간에서도 나름대로 노래를 통해 세상과 소통하고 사람들과 교감했던 기억을 이야기하고 있다. 그가 영화 〈부베의 연인〉의 주제곡을 읊조리며 한동안 감옥의 외로움을 견뎌냈던 일화는 가슴 뭉클한 감동을 자아낸다. 그리고 〈시냇물〉. 감옥에서 출소하는 사람들을 환송할 때마다 불렀다는 이 노래를 그는 요즘도 이런저런 자리에서 가끔 부르곤 한다. 그럴 때마다 노래를 듣는 사람들의 눈빛이 감옥에 갇힌 사람들과 다르지 않았다고 그는 말한다. 보다 '넓은 세상'을 원하는 사람들의 마음이 그 눈빛에서 읽혔다는 말이다. 하지만 그 눈빛에서 읽어낼 것은 한 가지가 더 있다고 나는 생각한다. 감옥의 신산을 삶의 깊은 철학으로 승화시켜낸 사람, 그 깊은 철학을 아주 단순한 노래 하나를 통해 담아낼 줄 아는 사람에 대한 경외, 〈시냇물〉을 듣는 그들의 눈빛에는 바로 그 경외가 또한 담겨 있는 것이다.

그가 자주 부르는 노래 중에는 다소 뜻밖에도 〈에레나가 된 순이〉가 있다. 6·25 전란 속에서 피난왔던 농촌 소녀 순이가 에레나라는 이름의 양공주가 되었다는 이야기를 담은 이 노래는 그의 젊은 시절 가수 안다성의 노래로 알려졌던 유행가이다. 이 노래는 70년대 대학가에서 구전으로 떠돌면서 한때는 운동가요를 모은 노래집에 등장하기도 했다. 순박한 농촌 소녀가 양공주가 되는 이야기는 전후의 황폐한 시대상과 함께 우리 민족의 운명에 대한 일종의 은유로 받아들여졌던 것이다. 구전되어 오는 과정에서 노랫말과 멜로디가 적잖이 바뀐 까닭에 70년대 대학가에서 이 노래를 배운 사람들은 원래의 곡과 상당히 다르게 알고 있는 경우가 많다. 신영복 선생은 내가 만난 사람 가운데 이 노래의 1, 2절 노랫말과 멜로디를 오리지널대로 정확하게 알고 있는 최초의 인물이다. 노는 자리의 흥이 어느 정도 오를 즈음 내가 이 노래를 청하면 그는 언제든 마다하지 않고 불러주곤 한다. 그가 특유의 맑은 목소리로 탱고 리듬을 정확하게 살려가며 구성지게 이 노래를 부르면 좌중의 흥은 고조되기 마련이다. 특히 그의 그런 모습을 처음 보는 사람들은 시대의 스승으로 불리는 선비가 보여주는 뜻밖의 파격에 놀라기 마련이다. 물론 그 놀라움은 곧 또 다른 즐거움이 아닐 수 없다. 파격破格은 곧 거리를 없애는 파격破隔이기도 한 까닭이다.

가끔 사람들이 가까이서 본 신영복 선생은 어떤 분이냐고 내게 묻곤 한다. 그럴 때마다 나는 이렇게 말해주곤 한다. 그는 '심지어 유치幼稚할 줄도 아는 분'이라고. 이것이 내가 그를 묘사하는 최고의 찬사다. 그는 가장 낮은 곳에서 가장 높은 생각을 다듬어온 사람이고 가장 높은 곳에서 가장 낮은 곳을 보듬어온 사람이다. 그는 시대의 스승이고 고고한 선비임이 분명하지만 또한 우리 곁에서 아주 유치한 모습으로 함께 놀 줄 아는 사람이다. 나는 그의 책을 읽으며 깊은 삶의 철학과 지혜를 얻는 것 못지않게 그와 함께 유치하게 놀면서 더욱 큰 즐거움을 얻는다. 나는 그와 노는 것이 즐겁다. 더할 나위 없이 즐겁다.

사제를 넘어선
사제 ✚

유낙준 | 성공회 서대전 성당 신부·성공회대 제자

좌충우돌하면서도 뭔가 길이 있을 것이라 생각하고 공장생활을 시작했지만, 결국 숙련공이 되지도 못한 채 그 생활을 도망치듯이 접고 신학교 생활을 하게 되었다. 이때 나의 마음 한편에는 공장활동을 했다는 거만함과 노동자의 삶을 접었다는 죄책감이 혼재되어 있었다. 아직 정리되지 못한 복합적인 마음으로 시작한 신학교 생활. 우선 신학교 건물들이 마음에 들었다. 세련되거나 호화롭지 않은 카트라이트관과 성무일과를 드리는 천군전은 수도원 분위기를 연상시켰는데, 이곳에서 나는 복잡한 심경을 편히 할 수 있었다. 수도원에 들어온 수사처럼 신과의 만남에서 자신을 정돈하고 싶었다. 이때 이재정 신부님의 안내로 신영복 선생님을 만나게 되었는데, 나 말고도 신영복 선생님의 학생으로는 천경배, 임종호, 박형규 등이 있었다. 1989년 3월의 일이었다.

80년대 학생운동과 노동운동의 경험으로 나라와 인류뿐만 아니라 내 삶의 방향을 찾고자 무던히 좌우를 두리번거리고 자신을 깊이 보고자 했던 시기였다. 나를 찾아가던 중에 신영복 선생님을 만나게 된 것이다. 우리들은 한나의 기도를 하느님께 바친 심정이 되었다. 아기를 가지지 못한 좌절과 어려움을 겪던 한나가 하느님께 간절히 기도한 끝에 사무엘을 낳게 되었는데, 그 기쁨으로 사무엘을 하느님께 한평생 바치기로 한 것이다. 이 한나의 기쁨에 찬 기도처럼 신영복 선생님을 뵌 우리들은 말로 표현하기 힘들 만큼 기뻤다. 어디서 희망의 길을 찾아야 할지를 모르고 암담한 하루하루를 보내고 있을 때 그분의 존재 자체는 우리에게 희망이었다.

너무나 기뻐서 우리는 그해를 어떻게 보냈는지 모르겠다. 신영복 선생님은 우리 시대의 고통 뒤에 따르는 하느님의 은총처럼 다가오셨다. 희망 없는 깊은 절망 속에서 '도시락을 싸가지고 다녀서라도 스승님을 찾아라' 하시던 아버지의 말씀이 떠올랐다. 신영복 선생님을 통하여 우리들은 새로운 세상을 열어가게 된 것이다. 하느님이 그분을 우리에게 보내주셨다.

연민이란 성찰 도구로 인간과 시대에 대한 절망을 사랑으로 승화시킨 선생님의 감옥 이야기를 들으면서 우리는 시간 가는 줄 몰랐다. 그러나 예수의 영광스러운 변화에만 빠진 베드로의 고백("선생님, 저희가 여기서 지내면 얼마나 좋겠습니까?"—「누가복음」 9장 33절)을 우리는 하지 않았다. 이미 선생님의 말씀으로 우리는 우리를 넘어선 우리를 지향하고 있었기 때문이다. 선생님과 함께 있는 시간을 즐기면서도 우리들은 각자가 풀어야 할 과제를 점검하고 있었다. 창백한 얼굴을 한 지식인들에게 구릿빛 노동의 얼굴로 사는 길을 알게 해주셨기 때문이다. 그래서 우리들은 그분과 함께 있을 때는 기쁨의 춤을 추었고, 혼자 있을 때는 달동네의 가파른 길을 오르락내리락하며 스스로를 굳건하게 다져갔다.

혼자 있을 때 자신을 점검하는 자성을 축으로 하는 수행자로서 선생님은, 그리스도를 따르는 사제들의 길을 경험하신 것과 다름없다. 사제 아닌 사제로, 수사 아닌 수사로, 그리스도인이 아닌 그리스도인으로 살아오신 선생님은 예수의 수난 속에 핀 작은 꽃과 같았다. 노동만이 삶의 도구가 되는 가난한 동네 사람들과 노동자들과 함께하고자 하는 이들이 갖춰야 할 원칙을 선생님께서는 몸소 일깨워주셨다. 또 지식인들의 두 발이 사회 밑바닥 사람들의 땅을 자주 밟아야 그들의 지혜를 나약하지 않게 세울 수 있다고도 하셨다.

처음 신영복 선생님은 학부생 강의를 맡으셨다. 그 강의실에는 학부생들, 신학원생들, 타 대학, 타 대학원 학생들이 함께 있었다. 사회주의 국가들인 동유럽과 소련이 무너졌기에 '어디서 길을 찾을 수 있을까'를 고민하던 수많은 학생들이 이 강의실에서 길을 찾고자 했다.

첫 학기 강의는 서양이 아닌 우리 전통사상에서 나아갈 길을 제시하고자 하셨다. 어린 학부생들과 타 대학 학생들을 차별하지 않으시고 공평하게 대하셨다. 제대로 된 길을 찾고자 선생님의 가르침을 들으러 온 타 대학생들이 고마웠다. 각자가 길을 제대로 찾으면 사회나 국가, 인류가 제대로 된 방향으로 나아갈 수 있다고 믿었기 때문이다. 선생님은 개인의 길과 집단의 길을 구분하지 않고 현장과 교실을 구분하지 않는 실사구시적인 동양사상에서 그 길을 제시하고자 하셨다. 이분법적 사고로 만신창이가 된 우리들에게 제대로 된 삶을 살 수 있다는 메시지는 절실한 희망으로 다가왔다.

수업이 끝나면 매번 카트라이트관(당시 신학원 기숙사)에 있는 내 방으로 선생님을 모셨다. 그럴 때는 창밖의 연푸른 나뭇잎을 보며 녹차를 마시면서 강의를 들었다. 한 시간 내지 두 시간 정도의 이 자연스러운 강의는 신학원생이나 학부생들의 제2부 수업에 해당하는 인생수업이었다. 이때는 주로 감옥생활을 하시면서 느낀 인간적인 고뇌를 성찰의 창을 통해 보여주셨다. 그래서 이 시간은 우리들의 회개의 시간이었고 기도의 시간이었다. 자신의 부끄러움과 자신의 상처를 드러내는 고백의 시간으로 고해성사와 같은 시간이었다. 이미 선생님은 사제를 넘어선 우리들의 사제이셨다. 그때 2부 수업을 받은 학생 대다수는 지금 사제가 되었다.

2부 수업을 받은 외부 학생으로는 구로 지역의 노동현장 활동가인 안태극과 이광구 등이 있었다. 선생님은 머리가 두 발을 따르지 못한다고 하시면서 생각이나 의견보다 실제적인 삶이 중요하다고 강조하셨다. 현장 활동가들에게 자신감을 주려는 말씀보다는 삶의 근본자세를 가르치셨는데, 직립보행하는 태도로 동료에 대한 연민을 갖고 활동할 때 굳건하게 갈 수 있다고 하셨다. 노동현장에서 어떻게 살아야 하는가를 알고자 한 이 친구들은, 행복한 세상을 위하여 지금도 자신들의 자리에서 아름답게 살아가고 있다.

2부 수업은 각 성당에서 활동하다가 가져온 감자, 고구마, 꿀, 차 등을 함께 먹고 마시면서 말씀을 듣는 시간이었다. 어느 날은 선생님도 경상도 농부가 가져온 것이라 하면서 먹을 것을 나누어주셨다. 가을이면 가난한 예비 신부들과 교정에서 주운 밤을 구워 먹기도 하고 축구를 하기도 했다. 선생님은 감옥에서 익힌 축구 실력이 대단하셔서 지금도 축구를 하신다. 2부 수업을 한 카트라이트관은 지금은 사라졌지만 예비 신부들의 기숙사였던 곳으로 많은 깨달음을 간직한 곳이다.

선생님은 내 안에서의 정돈된 가치와 균형잡힌 관계를 형성하기 위한 자아성찰을 중히 여기셨다. 집단만이 살 길이라고 주장하던 그 시기에 성찰을 중히 여기셨다. 단순한 개인 이기주의를 넘어선 개인과 집단이 만나는 지점에 제대로 설 수 있도록 선생님은 안내를 해주셨다. 집단의 획일성이 준 아픔과 상처를 가진 이들은 선생님께 눈물겹게 감사하지 않을 수 없었고, 강의는 뜨거울 수밖에 없었다. 깊이 갈라진 자신의 마음을 치유해주는 단비처럼 그 강의실은 학생들로 가득 찼다.

제대로 산다는 것이 얼마나 힘든지를 이미 감옥에서 경험하신 선생님의 말씀을, 감옥이 아닌 교실에서 우리들은 미안한 마음으로 들었다. "단단한 사람들 뒤편에 있는 사람들에게 우리가 할 수 있는 일이 있을 거야"라고 하시면서 교실 창밖의 나무들을 천천히 보시는 모습이 지금도 눈에 선하다. 모두가 단단한 사람은 아니다. 오히려 단단한 사람은 소수일 것이다. 단단하지 못한 대다수 사람들과 함께할 수 있는 길을 제시하시는 선생님의 강의는 나약하고 유약한 이들에게 가슴 절절히 다가왔다. 자신 속에 숨어 있는 나약함 때문에 괴로워한 나날을 치유받는 시간이 된 것이다. 이런 만남이 어디 있을 것인가? 이런 강의가 어디 있을 것인가? 내 속의 수많은 욕심을 제거하는 것은 전장에서 적과의 싸움에서 이기는 것보다도 힘든 싸움이었다. 이 힘든 싸움에 뜻을 주셨고 지혜를 주셔서 사제로 가는 길을 이끌어주신 선생님이셨다.

2부 수업의 연장으로 신학원생들(예비 사제들)이 선생님의 하얀 학교(감옥을 말함) 동창생들과 선생님을 모시고 합수리(농촌 야학시기에는 양수리를 남한강과 북한강이 합쳐지는 곳이라 해서 합수리라 불렀다)에서 합숙을 하였다. 사상범과 일반범과 예비 사제 들이 함께한 시간은 모두에게 일상에서의 탈출이라는 해방감을 만끽하게 했다.

종교는 인간의 속 깊은 곳을 넘나드는 것이다. 통혁당의 활동 속에서 인적이 없는 새벽길을 오간 그런 삶을 걸으시면서 내면의 여행을 깊이 하신 선생님은, 분명 종교인이라 할 수 있다. 이런 점으로 보아 예비 사제들인 신학원생들의 신부 수업에 가장 적합했던 곳이 바로 합수리 농촌야학의 연장인 선생님의 합수리 야외수업장이었다. 견해가 다른 이들을 있는 그대로 볼 수 있어야 했고, 몸에 상처를 입히면서까지 자신을 보호해야 했던 사람들의 속내를 깊이 헤아릴 줄 알아야 하는 예비 신부들의 수업은, 밤이 깊어가는 줄 몰랐다. 신영복 선생님의 합수리에서의 야외수업은 사제 양성 훈련으로도 최고였다. 이 날 신영복 선생님은 무신론자이면서 진실한 종교인임을 선포하셨고, 선생님이 참 그리스도인임을 깨달았다.

신 선생님이 대전교도소에서 감옥생활을 하신 곳이 중촌동인데 나 또한 신학교를 졸업한 뒤 곧바로 중촌동에서 일하게 되었다. 참으로 묘한 인연이다. 그 인연은 선생님의 가르침대로 살라는 계시였던 것 같다.

1991년 나는 장기수 최인정 할아버지를 간병한 일이 있다. 최인정 할아버지는 김책공과대학을 나온 장기수로 1991년 11월 종양으로 세상을 떠나셨다. 당시 대전여민회의 채계순 선생, 할아버지 후원사업을 꾸린 임일 선배, 황인식과 홍미숙 등 충남대 의대생들이 할아버지를 간병했다. 최인정 할아버지를 간병하면서 나는 대전 지역에 사시는 장기수 할아버지 열두 분과 전국의 장기수 할아버지들을 뵙게 되었다. 신 선생님은 두 차례에 걸쳐 당신의 글씨 50점을 최인정 할아버지 후원사업을 위해 주셨다. 선생님 덕분에 유성에 장기수들의 쉼터인 사랑의 집을 세울 수 있었고, 이후 나는 대전 성남동에 나눔의 집을 세워 빈민사목을 하게 되었다. 2000년 9월에는 그제껏 함께한 장기수 63분의 북 송환이 이루어졌다.

최인정 할아버지가 병상에 계실 때 하신 말씀이다. "신 선생님은 참으로 훌륭하신 분입니다. 참 좋으신 분이니 항상 가까이 하시고 그분의 생각을 철저히 따르기 바랍니다." 대다수 장기수 선생님처럼 최인정 할아버지도 신 선생님을 존경하셨다.

1989년 3월 신영복 선생님이 성공회대에 처음 오셨을 때는 우리들도 신학교에 처음 들어간 때였다. 천경배, 임종호, 박형규 그리고 나 이 4명의 학생들과 신영복 선생님의 만남은, 하느님이 계획하신 만남이었다. 지금은 봉화에서 공동체 운동을 하는 천경배 신부, 분당에서 교회사목을 하는 임종호 신부, 경북 산골에서 가정학교를 하는 박형규 선생, 나눔의 집을 열고 교회사목을 하는 나. 아직도 거쳐야 할 것이 많이 있겠지만 그래도 진실하고자 애쓰는 선생님의 제자들이고자 한다. 실수를 밥 먹듯이 하고 부끄러움투성이지만 진실했다는 하나만은 하느님 앞에 변명이 될 수 있을 것이다. 선생님이 우리들에게 주신 사랑을 기억하는 뜻에서 천경배 신부의 고백을 아래에 남긴다.

사제수업은 여간 어렵지 않습니다. 사제수업은 머리로만 하는 공부가 아니라 저열한 품성을 고급한 품성으로 만들어가는 훈련을 겸하는 것이기에 어려운 것입니다. 그래서 많은 이들이 사제수업을 받다가 포기하곤 합니다. 신학교를 그만두고 싶다는 고민이 들었을 때 신 선생님께서 이런 말씀을 해주셨습니다. "요즈음의 젊은이들을 보면서 안타까운 마음이 들 때가 있습니다. 너무나도 쉽게 자기가 살아온 자리를 정리하고 다른 곳으로, 다른 사람에게로 옮겨갑니다. 잘 풀리지 않을 때 충치를 뽑아내듯이 자기 삶을 뽑아버립니다. 이가 하나 빠지면 다른 이들이 자리를 잡는 데 3년이 걸린다고 합니다. 하물며 사람과 사람이 만나서 자리를 잡는 데는 시간이 얼마나 걸리겠습니까? 이런 행동은 스스로를 소외시키게 합니다."

이 말씀을 듣고 '1년 더 고민해보자' 한 것이 어느덧 15년이 지났습니다. 지금 자신이 하는 일을 포기하고 싶을 때 난 항상 이 말씀을 기억하곤 합니다.(천경배 신부)

가르친다는 것의 의미 ✚ 교사들의 스승 신영복

심은하 | 부천 부명고 교사·성공회대 교육대학원 제자

교단에 선다는 설렘에 비해 초임 교사인 우리들의 준비는 초라했다. 대학에서 배운 교육학 수업 몇 개, 임용고시 학원에서 들은 교육학 강의가 전부였다. 교사를 길러내는 교육이 부실한 이 땅의 교육 현실이리라. 그래도 자기 나름의 교육관을 세워보려고 오늘도 교사들은 학교 현장에서 '각개 전투'를 벌이고 있다. 다행스럽게도 이러한 교사들을 깨우쳐주는 훌륭한 스승들이 계시다. 그런 스승 중 한 분이 바로 신영복 선생님이시다. 이 글은 젊은 날 운 좋게도 신영복 선생님을 직접 만나 뵙고는, 그 이후 선생님을 마음속 스승으로 삼은 한 교사의 이야기이다. 그리고 신영복 선생님의 저서를 일 년 내내 곁에 두고 읽는 박 선생님, 신영복 선생님의 글귀를 급훈으로 내건 권 선생님, 혹은 신영복 선생님 강좌에서 가슴이 뜨겁게 데워지는 것을 느낀 여러 선생님들의 이야기이기도 하다.

1989년 그해는 신영복 선생님이 '인생의 대학'이라 말씀하셨던 감옥에서의 20년 수감생활을 끝내고 성공회대에서 교편을 잡기 시작한 해이다. 그리고 그해는 민족·민주·인간화 교육을 기치로 내건 전교조가 출범한 해이기도 하다. 그때 나는 고등학교 2학년이었다. 구르는 나뭇잎에도 까르르 웃는다는 열여덟 살, 하지만 우리들의 열여덟 살은 여름날 먹구름 같았다. 전교조를 탈퇴하지 않는 1,500여 명의 교사들이 무더기로 강제 해직되었을 때, 내가 다니던 고등학교에서도 여섯 분의 선생님이 해직되셨기 때문이다. 우리들은 미력하나마 항의 벽보도 붙이고 운동장 시위도 하면서 선생님들의 해직에 대한 안타까운 마음을 전했다. 그러나 2학기가 되자 출근하던 전교조 선생님들은 교문 밖에서 저지당했고, 그 빈자리에는 새로운 선생님들이 오셨다. 모순투성이의 교육 현실에 절망했음은 물론이다. 그러나 그것만이 전부는 아니었다. 선생님들이 해직되면서까지도 그토록 지키려고 했던 그것, 바로 '참교육' 그 한마디를 가슴에 품게 되었던 것이다. 학창시절은 그렇게 지나갔고, 나는 사범대학에 진학하였다.

91학번인 나는 '전교조 1세대'에 속한다. 91학번에게 대학은 교육에 대한 모순을 사회에 대한 모순으로 확대시키는 공간이었다. 당시 대학 신문을 만드는 학보사 기자였던 나에게는 더더욱 그랬다. 취재하러 간 집회에서 취재는 뒷전이고 시위자들과 함께 구호 외치기에 바빴던 기억이 난다. 91학번은 사회 참여에 열심이었다는 점에서 한편으로 80년대의 끈을 잡고 있었지만, 다른 한편으로 시대는 이미 달라져 있었다. 현존 사회주의가 붕괴되었고, 이에 따른 혼란과 갈등이 적지 않았다. 학보사도 예외가 아니었다. 나 또한 어느새 후배들을 독려해야 할 선배가 되었음에도 정리되지 못한 고민들로 속은 부글부글 끓고 있었다. 그럴 때였다. 신영복 선생님을 직접 만나 뵙게 된 것은.

1993년 3월, 신영복 선생님의 『엽서』가 발간되었다. 이를 계기로 학보사에서 신영복 선생님 인터뷰 기사를 싣기로 하였다. 신.영.복. 사실 나는 이 이름을 고 정운영 씨로부터 인상 깊게 들었다. 당시 『이론』지의 편집장을 맡고 있던 정운영 씨를 인터뷰하게 되었을 때였다. "질 줄 알면서도 싸웠던 사람이 있다"면서 정운영 씨는 신영복 선생님을 소개했다. 그런데 질 줄 알면서도 싸웠던 대가가 20년 수감생활이라니……. 나는 신영복 선생님 인터뷰를 맡은 친구를 따라 갔다. 꼭 하고 싶었던 질문이 있었기 때문이다. '다시는 돌아오지 못할 청춘을 감옥에서 보내신 게 억울하지도 않으시냐?'고. 신 선생님을 만난 곳은 마포 풍림빌딩의 한 사무실이었다. 휑한 사무실, 우리를 맞아주신 신 선생님은 의외로 편안한 모습이셨다. 그리고 긴 인터뷰 시간 내내 우리가 던진 우문들에 얼마나 정성껏 답해주셨는지 모른다.

그때 신 선생님은 말씀하셨다. 감옥은 또 하나의 '대학'이었다고. 억울함을 묻고자 했던 나의 질문은 그만 무색해져버렸다. 감옥이 대학일 수 있다면 그 어떤 곳이 배움의 장소로 부족하다 할 수 있을 것인가. 수감시절을 대학시절로 기억하시는 신 선생님의 말씀은 두고두고 나에게 '교육이란 무엇인가?'를 되묻게 만들었다. 또 하나 지금까지도 충격적으로 기억하고 있는 것은, 신 선생님이 수감생활 내내 '자기를 개조'하려고 애쓰셨다는 것이다. 자기 개조의 주된 대상은, 바로 배운 자들의 덫이라는 '관념성'이었다. 집을 그릴 때 지붕이 아니라 주춧돌부터 그리는 어느 목수 이야기를 들려주셨는데, 그 이야기는 우리 또한 '관념성'으로부터 자유롭지 않다는 걸 느끼게 하였다. 인터뷰를 마무리하면서 대학생인 우리들에게 한 말씀 해주시길 부탁드렸다. 신 선생님은 "그릇을 채우려 하기보다 그릇을 키우라"며 지성 대신 '품성'을 강조하셨고, "가장 양심적인 사람이 가장 강한 사람"이라며 과격함 대신 '양심'을 중시하셨다. 관념성으로부터 멀어지기, 그리고 품성과 양심을 되살리기. 신 선생님과의 만남 이후 이 두 가지가 내 가슴속에 화두로 남았다.

신 선생님을 다시 만나 뵌 것은 그해 말 학보 일천 호 기념 글씨 청탁 후 원고료를 전해 드릴 때였다. 이번에는 학보사 기자들 모두가 신 선생님을 뵈러 갔다. 신촌 어느 술집이었는데, 늦은 밤까지 신 선생님과 이야기를 나눴고, 드리려 했던 원고료는 술값으로 나갔던 기억이 있다. 술자리가 끝나고 복잡한 신촌 거리를 걸어나올 때도, 신 선생님은 우리들이 혹 차에 치이지 않을까 하여 손 잡아주셨던 기억도 난다. 학생운동의 '원조'이자 20년 수감생활로 상징되는 꼿꼿한 양심인 신영복 선생님과의 두 번의 만남. 그것은 강함보다는 부드러움, 치열함보다는 따뜻함을 느낄 수 있는 만남이었다. 신 선생님을 두 번이나 직접 만나 뵐 수 있었던 건 내 젊은 날의 행운이었다.

대학을 졸업하고 임용고사를 준비하면서 다시 꺼내 읽은 책이 『감옥으로부터의 사색』이었다. 『감옥으로부터의 사색』에 실려 있는 편지 하나씩을 날마다 읽었는데, 거기에는 하루 종일 생각하고도 남을 분량의 사색이 있었다. 어떤 부분은 나중에 꼭 아이들에게 이야기해주겠다며 적어놓기도 하고, 어떤 부분은 교육에 빗대어 다시 새겨보기도 했다. 그러면 마치 새 신을 신은 아이처럼 빨리 학교에 가고 싶어졌다. 그때 읽은 『감옥으로부터의 사색』이 나에게는 교육의 밑그림을 그리게 한 훌륭한 입문서였다. 그러면서 나는 감히 학교가 '감옥'과 다르지 않으리라 생각했다. 감옥이 신 선생님에게 밑바닥 인생들로부터 배우게 되는 '학교'였듯이, 가르치러 학교에 간 교사들도 오히려 그곳에서 배우게 되지 않을까 싶었다. 감옥처럼 학교도 이 시대의 모순이 집약된 곳이기에 그 배움은 더욱 깊어질 수 있지 않을까 싶었다.

고대하던 교단에 서자마자 나를 깨우친 것은 아이들이었다. 아이들과의 만남 속에서 비로소 신 선생님이 말씀하신 '관념성'이 무엇인지 절감했다. 수업시간마다 조는 아이가 있어 혼내고 보니, 그 아이에게는 밤새 간호해야 할 어머님이 계셨다. 컴퓨터 게임에 빠진 아이한테 밤에 게임하지 말고 차라리 일찍 자라고 잔소리하고 보니, 그 아이에게는 밤에 일 나가는 부모님이 계셨다. 뭐든 힘으로 하려는 아이에게 폭력은 절대 안 된다고 야단치고 보니, 그 아이에게는 폭력을 일삼는 아버지가 있었다. 말썽꾸러기의 가정방문을 갔다가 돌아오는 길에 오히려 그 아이가 안쓰러워 눈물 흘렸던 일은 나만 겪은 일이 아닐 것이다. 아이들은 똑같은 교복을 입고 똑같은 교실에 앉아 있지만, 그 배후에는 저마다 다른 환경이 있다. 아이들의 다른 경험에 가까이 가지도 못한 채 학교에서의 시간은 휙 지나가고 만다. 그럼에도 불구하고 뭔가 다 아는 듯 아이들을 혼내고 때론 아이들에게 실망하는 것은 교사의 '관념성' 때문임을 비로소 알 것 같았다.

초임 때에는 학급 운영의 원칙은 물론 청소 방법, 급훈까지도 담임인 내가 다 정하려고 했다. 학교에서도 우스갯소리로 초임 교사가 제일 무섭다고 한다. 아마도 초임 교사가 갖는, 아이들에 대한 두려움이 그만큼 커서 그랬나 보다. 한 해, 두 해 마음먹은 대로 되지 않는 학급 운영 속에서 역설적으로 깨닫게 된 것은 아이들의 자발성이었다. 땅의 힘을 키우는 유기농처럼 교육에서도 아이들의 자발성을 키우는 '유기농 교육'이 필요하다 싶었다. 특히 이러한 생각에 확신을 갖게 된 계기는 아이들과 신문 읽기를 하면서였다. 처음 신문 읽기를 할 때는 아이들에게 무엇을 전달해줄까 고심하면서 사회과학 책을 꺼내 다시 읽기도 하였다. 그런데 막상 신문 읽기를 해보니, 아이들 속에 생각이 다 있었다. 그 생각들이 서로 꺼내어지고 이야기되면서 조정되는 것이었다. 그러면서 알게 되었다. 신 선생님이 '교사 아카데미'에서 말씀하셨던 것을. "강가의 돌멩이가 자기들끼리 부딪치며 다듬어지듯이 교육도 아이들끼리 부대끼며 배우는 것"이라고. 교사는 "다만 파도처럼 잠시 들었다 놓아주면 되는 것"이라고.

한 해, 두 해 학교 짬밥이 늘어나면서 학교 돌아가는 것도 알겠고, 아이들 다루는 요령도 알 것 같았다. 학교와 연애에 빠졌다는 놀림을 받을 정도로 첫 발령을 받은 우리들은 열심이었다. 그럼에도 불 꺼진 학교를 뒤로하고 퇴근할 때면 뭔가 허전함이 남았다. 교사 모임을 하면서 나는 이러한 허전함이 나

뿐만 아니라 공교육 교사라면 누구나 갖는 공통된 정서라는 걸 알게 되었다. 왜 그럴까? 두발을 검사하고 시험이 있는 학교는, 학생들뿐 아니라 교사들도 꼼짝 못하게 하는 보수성이 있는 곳이었다. 학교 관료제의 비민주성도 그렇지만, 무엇보다도 학생-교사-학부모 모두를 가둬놓은 입시제도가 그랬다. 그런 점에서 학교는 옛날과 전혀 달라지지 않았다. 입신출세를 교육의 목표로 공공연히 말하는 나라, 소수의 엘리트를 위해 다수가 들러리가 되는 나라. 이 나라에서 '공부 열심히 해라', '성실해라'고 말하는 공교육 교사들이 어찌 허전하지 않겠는가, 어찌 부끄럽지 않겠는가.

이러한 답답함 속에서 찾아간 곳이 성공회대 교육대학원이었다. 가깝지 않은 성공회대를 택한 이유 중 하나는 신영복 선생님의 수업을 직접 들을 수 있다는 기대 때문이었다. 멀리 부산에서 다니는 선생님도 있어서 깜짝 놀랐다. 신 선생님의 수업은 워낙 인기 강좌라 수강생이 많을 뿐 아니라 외부 청강생들도 많다. 나도 동료 선생님에게 청강하기를 권해 같이 들었다. 신 선생님 수업이 있는 목요일은 사실 한 주의 피로가 묵직해지는 때였지만, 동료 선생님과 나에게는 새롭게 충전되는 목요일이었다. 그러면서 교사 재교육이 얼마나 필요한지 새삼 느꼈다. 가르치는 기술이 아니라 가르치는 철학을 논하는 재교육 말이다.

'교육사회학 특강'이라는 제목하의 신 선생님 수업은 크게 두 부분으로 이루어진다. 1부 '정치경제학의 사회론', 2부 '중국 고전의 사회론'. 수업 첫 시간. 무슨 말씀을 하실까 궁금해하는 교사들에게 신 선생님은, 엄연한 사실이지만 오랫동안 무시되었던 그것을 상기시킨다. 바로 우리는 우리가 선택하지 않은 가정, 사회, 시대에서 삶을 살아가고 있다는 것이다. 그리고 선택한 적 없이 주어진 의식을 마치 나의 인식인 양 여기고 있다는 것이다. 문득 교사들이야말로 편견으로 가득 찬 그런 의식으로 교단에 서 있다는 부끄러운 자각을 하지 않을 수 없었다.

그렇다면 참된 인식은 어떻게 형성되는가? 신 선생님은 말씀하신다. 참된 인식의 모태는 비판적 성찰이라고. 그리고 이러한 비판적 성찰을 머리로 하기보다 가슴으로 해야 한다고 강조하신다. 신 선생님의 수업은 나, 인간, 사회, 국가, 세계로 확장되면서 관련된 문제들을 가슴으로 되돌아보는 시간이다. 교사들에게 이러한 시간은 꼭 필요할 것 같다. 왜냐하면 교육이야말로 모든 영역에 걸쳐 있는 문제이기 때문이다. 교육은 인간에 대한 이해, 역사에 대한 이해, 사회 구조에 대한 이해 등등이 서로 잘 맞춰져야 비로소 전체 그림이 보이는 복잡한 퍼즐 같다. 아무리 그렇다고 해도 교사들에게 정치경제학까지 가르치는 교육학 수업이 또 있을까? 신 선생님은 정치경제학이 자본주의에 대한 여전히 유효한 독법이라고 본다. 그래서 교사들에게 잉여가치를 계산하게 하고, 자본축적을 이해하게 하고, 그리고 나아가 후기자본주의의 모순을 예상하게 한다. 그러면서 가장 근본적인 성찰에 도달한다. 바로 자본주의의 가장 치명적인 문제, 즉 자본주의는 관계를 파괴하면서 자기만을 키우는, 결국 자기 패권적이 될 수밖에 없는 구조라는 것이다. 순간 미국이 그렇다 싶고, 우리의 교육이 그렇다 싶다. 자본주의하의 교육, 이것이 우리 교육의 실체임을 알겠다.

인식의 끝에는 다시 실천의 문제가 기다리고 있었다. 신 선생님은 이러한 자본주의를 살아가는 데 두 가지 서로 다른 방법이 있다고 말씀하신다. 그 하나가 사회에 나를 맞춰나가는 '지혜로운' 방법이다. 이 방법이야말로 사실 교사들의 방법이다. 교사인 우리들이 하는 일이란 그런 것이 아니던가. 아이들에게 목이 쉬도록 애타게 이야기하는 것이 그런 것 아니던가. 그런데 신 선생님은 처음부터 분명히 밝히셨다. 이러한 '지혜로운' 방법으로는 어림없다고. 의아해하는 우리들에게 신 선생님은 자본주의를 살아가는 또 하나의 방법을 전한다. 그것은 우직한 사람들의 방법, 즉 나에게 사회를 맞추는 방법이다. 역사에는 나에게 사회를 맞추려 했던 우직한 사람들이 있다. 질 줄 알면서 싸웠던 신영복 선생님이 그런 사람들 중 한 분이겠지. 결국 사회를 변혁시키는 것, 그것이 '우직한' 방법의 핵심일 것이다.

자기 패권적이어서 관계뿐만 아니라 결국 자기까지도 파괴하는 '지혜로운' 방법의 파국을 피하기 위해서라도 '우직한' 방법이 필요하다. 그리고 그 시작은 관계의 회복에 있다고 신 선생님은 말씀하신다. 이러한 문제의식 아래 2부 '중국 고전의 사회론'으로 넘어간다. 동양 고전을 통해 신 선생님의 '관계론'을 살펴보는 2부에서는 생활 속의 생생한 이야기들을 많이 나눌 수 있었다. 더군다나 미공개된 신 선생님의 수감시절 이야기도 들을 수 있었고, 궁금하던 학창시절 이야기도 들을 수 있었다. 또한 신 선생님의 유명한 서예 실력도 엿볼 수 있었다.

우리 교사들은 사실 동양 고전에 이렇게 풍부한 교육이론들이 있는 줄 미처 몰랐다. 미국 존 듀이의 교육이론에는 익숙하지만, "배우고 때때로 익히니 즐겁지 아니한가"〔學而時習之不亦說乎〕라고 말하는 공자의 교육이론이 무엇인지, '무위'無爲를 말하는 노자의 교육이론이 무엇인지는 몰랐다. 과연 이러할진대 우리가 대한민국 '토종' 교사라고 할 수 있을까. 이렇게 동양 고전을 통해 우리의 뿌리를 살펴보다 보니, 관계를 중시하는 동양적 가치야말로 현대 사회에 더욱 유용하다 싶었다. 관계의 회복이야말로 현대 사회에 절실히 요구되는 것이기 때문이다. 교사들에게도 관계의 문제는 절실하다. 교사들이야말로 관계 때문에 울고 관계 때문에 웃는 사람들이지 않은가. 관계에 대한 실패와 성공의 경험이 풍부한 교사들이어서 그런지 신 선생님의 '관계론' 수업은 매시간 공감과 감동을 낳았다. 당장이라도 학교에 돌아가 동료 선생님들과 '고전 읽기'를 시작해야겠다 싶었다. 이 땅의 '토종' 교사로 거듭나기 위해서, 무엇보다 아이들과 새롭게 관계 맺기 위해서.

수업 첫 시간부터 마지막 시간까지 꽉 찬 신 선생님의 수업. 수업시간에 배운 관계론의 맥락에서 볼 때, 학교는 아직까지 희망적이다. 마음에 상처 입은 아이가 담임 품에서 흐느껴 울 수 있는 곳이 학교이지 않은가. 학창시절부터 모범생으로 착실히 공부해서 교사가 되고, 교사가 되어서 공부 안 하는 아이들을 이해할 수 없다던 김 선생이 바뀔 수 있는 곳이 학교이지 않은가. 그것은 바로 선생을 부끄럽게 만드는 아이들과의 만남이 있기 때문이고, 공교육에 대한 비판을 누그러뜨리지 않는 양심적 교사들과의 만남이 있기 때문이다. 공교육으로 하여금 관계의 회복으로 그 무게 중심을 옮기게 하고, 자기만을 키우는 '지혜로운' 삶이 아니라 관계를 살려내는 '우직한' 삶을 가르치도록 하는 것, 이것이 공교육에 희망을 거는 교사들의 물러설 수 없는 마지노선이 아닐까 싶다.

신 선생님을 존경하는 것이 인연이 되어 만나게 된 지금의 남편. 2년 전 우리는 결혼식 주례를 감히 신 선생님께 부탁드렸다. 서로에게 스승이 되어야 한다는 말로 시작한 신 선생님의 주례사를 너무나 열심히 듣던 하객들로 인해 결혼식장은 마치 강의실 같았다. 그때 신 선생님은 우리 부부에게 글씨 한 점을 선물로 주셨다. 〈함께 여는 새날〉. 그리고 그 밑에 이렇게 씌어 있었다. "배운다는 것은 자기를 낮추는 것이다. 가르친다는 것은 다만 희망을 이야기하는 것이다." 엄혹한 시대, 그 오랜 감금과 고문 속에서도 몸소 '희망'이 되셨던 신 선생님이 계시듯, 일제시대, 미군정시대, 독재시대를 거쳐 오면서 그야말로 척박하기 그지없는, 절망적인 이 교육 풍토에서 나 먼저 작은 '희망'이 되어야 하는 것이 이 땅 교사들의 사명 같다. 그리고 그 '희망'은, 신 선생님이 말씀하셨듯이, 현실을 직시하고 자기를 개조해가는 각오와 실천 속에서 가능하리라. 준비 없이 교사가 될 수밖에 없었던 교육 철학의 황무지에서, 아무도 알려주지 않았던 교사의 길을 더듬거리는 우리 교사들에게, 당신의 삶으로 검증한 '희망'의 교육학을 알려줄 수 있는 스승이 계시다는 것이 얼마나 든든한 힘이 되는지 모른다.

'돈 안 되는 공부'의 가르침 ✚

탁현민 │ 대중음악 공연연출가·성공회대 제자

그때는 온통 불만스러운 것들뿐이었다. 공부 잘하는 '학생'과 공부 못하는 '병신'으로 나누는 지긋지긋한 학교, 감옥 같은 학교에서 빨리 졸업하고 어느 날 혜성처럼 시인이 되어 '짠' 하고 나타나고 싶었다. 돌이켜보면 그냥 공부도 열심히 하고 나중에 시인도 되겠다는 생각은 왜 못했는지, 왜 하필 '시인'이 되어야만 멋있다고 생각했는지 모르겠지만 여하튼 그때는 그랬다.

신영복 선생님을 처음 만난(?) 건 고등학교 2학년 어느 날이었다.

아침 등교 길에 담배를 피워 물고 학교에 가다 바로 걸리고, 점심 시간에 화장실에서 담배를 피우다 또 걸리고, 야간 자율학습이 끝나고 집으로 가다가 다시 한번 걸려, 하루에 세 번 담배 피우다 걸린 재수 없는 날이었다. 다음 날 아침부터 아예 책상을 교무실 안에 옮겨놓고 오가는 선생님들에게 종일 야단을 맞고 있었다. 교무실에서 야단을 맞아본 사람들은 알겠지만, 적당히 고개 숙이고 시선을 처리할 곳이 참 마땅치 않은데, 눈 내리깔고 있다가 보게 된 것이 바로 『감옥으로부터의 사색』이었다. '그래 썩을, 학교가 감옥이지 뭐야.' '있다가 땡땡이 치고 읽어봐야지' 하며 그 긴 시간을 버텨냈다.

그러나 책을 읽은 나는 당혹스러웠다. 『감옥으로부터의 사색』은 갇혀 지내는 자의 괴로움과 '나'를 가둔 곳에 대한 분노의 이야기가 아니었기 때문이다. 오히려 책 속에는 세상에 대한, 사람에 대한 따뜻한 생각들이 담겨 있었다. 그렇게 선생님을 만나면서 학교는 더 이상 감옥이 아니었고 내가 바라보는 세상이 그리 지긋지긋한 것만은 아니라는 생각을 했다.

선생님을 다시 만난 것은, 학교를 졸업하고 군대를 갔다 온 후 아이들에게 글쓰기를 가르치며 용돈벌이를 하고 있던 시절이었다. 참 참혹하게 할 일이 없었고 막막했다. 어디로든 여행이라도 가면 나아지리라 생각했지만 그럴 만한 여유도 없었다. 어느 날 서점에서 여행 책들을 훑어보고 돌아와 밥을 먹다가 우연히 펴든 신문에 선생님의 여행 이야기가 실려 있는 것을 보았다. 다시 만난 그 이름도 반가웠지만, 여행 이야기라는 사실이 더욱 반가웠다. 그렇게 세상 곳곳에서 띄우신 엽서는, 내가 보지 못한 것을 보고 상상하고 또 생각할 수 있게 해주었다. 선생님의 엽서는 내게, 가보지 못한 새로운 세상을 알려주는 것으로 그치는 것이 아니라 이 막막한 시절에 어떻게 세상을 바라보아야 하는지, 어떻게 나와 세상과 관계를 맺어야 하는지를 가르쳐주었다.

성공회대에 입학한 것은 선생님이 계시다는 사실 때문이었지만 나는 선생님을 만날 수 없었다. (선생님은 아직 연재를 위한 여행 중이셨다) 하지만 성공회대는 학교만으로도, 또 다른 선생님들만으로도 충분히 다닐 만한 곳이었다.

마침내 선생님을 직접 만난 것은 4학년 때였다. 어떻게 아셨는지 수업이 끝난 후 선생님이 나를 부르셨다. 여행에서 돌아온 선생님은 학생들을 모아, 함께 좋은 글도 읽고 글쓰기도 하는 그런 모임을 생각하고 계셨다. '신영복과 함께하는 글쓰기 모임.' 곧 관심 있는 학생들이 모여들었고 우리들은 선생님의 연구실에 모여 각자가 쓴 글과 다른 사람의 글을 함께 읽었고 선생님의 말씀도 들으며 한 학기를 보낼 수 있었다.

그리고 1999년 가을, 선생님은 방송사의 프로그램을 위해 또다시 세계 곳곳을 여행하러 학교를 떠나셨다. 가시면서 연구실을 내게 맡기셨는데 그곳에서 졸업을 앞둔 마지막 학기를 보냈다.

나는 선생님의 책상에 앉아 토익과 취업 시험을 준비하는 대신 『엽서』, 『더불어 숲』, 『감옥으로부터의 사색』을 다시 읽었는데, 그것은 "학교 다닐 때는 돈이 되지 않는 공부를 하라"는 선생님의 말씀 때문이었다. 일생 동안 돈이 되지 않는 공부를 할 수 있는 시간은 이때뿐이며 결과적으로 그것이 나를 더 윤택하게 해주리라 믿었기 때문이다. 그러나 연구실 창밖으로 계절은 하루 저녁 일몰처럼 지나가버려 나는 『논어』를 채 못 다 읽고 졸업을 했다.

그렇게 내가 선생님과 직접 함께했던 시간은 정말 얼마 되지 않는다. 강의도 졸업할 때까지 단 한 과목만 수강했을 뿐이며 그나마 빠지지 않고 수업을 들었는지도 기억이 나지 않는다. 하지만 선생님은 참 오랫동안 나에게 가르침을 주셨다. 세상에 대한 적의를 품고 있던 고등학교 시절부터, 너무나 막막했던 20대 초반의 어느 날, 새로운 시작을 고민하던 대학에서의 마지막 학기까지……. 심지어는 내게 사색할 시간과 장소를 내어주기도 하셨고 결혼할 때는 직접 주례를 서주시며 축하해주셨으니 이 정도면 제자 입장에서는 과분한 사랑과 가르침을 받은 셈이다.

정년을 맞은 선생님이 학교를 떠나시는 줄로만 알았는데 아주 떠나시지는 않는다고 한다. 성공회대에 신영복 선생님이 계신 줄 알고 찾아오는 나 같은 학생들이 적지 않고, 이따금 찾아가는 학교에서 선생님을 뵙는 기쁨이 큰데 정말 잘된 일이다.

여전히 살면서 계속해서 고민하고 부딪칠 때가 많은 까닭은, 그때마다 여전히 갈등하는 이유는, 선생님께서 주신 그 넘치는 가르침을 다 받아내지 못한, 순전히 내 안이 좁고 아직 덜 되었기 때문이다. '돈 안 되는 공부'를 게을리 한 결과다.

그러나 고백건대 나는, 아직은 내가 좀 모자라도 괜찮겠지 싶다. 지금껏 그래왔듯 앞으로도 선생님께서 나를 잘 가르쳐주실 것이라 믿기 때문이다. 제자의 모자람을 탓하셔도 할 수 없다. 그렇게 믿으며 살고 싶은 걸 어쩌랴.

세상 인연의 숲,
가족의 길로 들어서다 ◈

박강리 | 한국외국어대 환경교육학 강사·생질녀

『감옥으로부터의 사색』을 읽다 보면 '부모님께 드리는 글'에서 수유리에 사시는 두 분 누님과 꼬마들의 이야기를 만난다. 별처럼 떠오른다고 하시던 꼬마들 중에 나도 끼여 있었다. 수유리 작은누님이 나의 어머니이시니 신영복 선생님은 내게 외삼촌이 된다. 어느새 환갑의 나이를 넘어서 계시지만 우리가 그랬듯이 외삼촌 역시 젊음으로 빛나던 시절이 있었다. 세상 인연으로 울창해진 숲길에는 젊은 외삼촌과 어린 조카로 만난 두 사람이 특별한 인연을 맺으면서 시작된 길이 있다. 이제 그 이야기를 하려고 한다.

나는 외삼촌이 대학원에 입학하던 그해에 태어났다. 언젠가 어머니의 빛바랜 사진첩에서 젊은 시절의 외삼촌을 본 적이 있다. 상체를 비스듬하게 약간 틀고 고개를 살짝 내린 흑백사진 속의 외삼촌은 젊고 멋있었다. 나에게 강리라는 이름을 지어주셨을 때 아마 이런 모습을 하고 계셨을 것이다. 강리江里를 한자로 풀이하면 그대로 강마을이 된다. 지금 생각해보면 아이의 이름을 지어주기엔 당시 외삼촌은 젊었다. 이름 짓는 일에 나이 구분이 있는 것은 아니지만 그래도 흔한 일은 아니었을 것이다. 누군가에게 이름을 지어주는 일, 그리고 평생 함께할 이름을 받는 인연이란 얼마나 아름다운가. 그 이름에 뜻이 담겨 있어 세상과 만나는 길이 된다면.

1968년 외삼촌의 존재는 세상으로부터 차단되었다. 그해 나는 아직 어렸고 그 후 오랫동안 외삼촌을 직접 뵌 적이 없었다. 내가 외삼촌을 다시 만난 것은 대학을 졸업하던 그해 여름이었다. 일주일의 짧은 귀휴 동안 우리집에 오신 적이 있었는데 사복이 아닌 수의를 입으신 외삼촌은 자그마한 키에 유난히 눈빛이 날카로운 분이었다. 그날의 만남은 내 삶에서 잊을 수 없는 사건이었다. 집에 다녀가시고 얼마 뒤에 『철학에세이』와 『꽃도 십자가도 없는 무덤』 두 권을 내게 선물로 주셨던 일을 기억하고 계실까. 짧은 만남이었지만 내가 받은 것은 책뿐만이 아니었다. 그 중의 하나는 '키 키우기'에 관한 말씀이었다.

"사람이 몸의 키는 어쩔 수 없지만 마음의 키는 한계가 없단다. 그래서 마음의 키는 하늘 높이 무럭무럭 자라게 할 수 있지."

외할아버지께서는 강감찬 장군이 중국 사신을 맞이하던 때의 이야기를 자주 들려주셨는데 외삼촌 역시 어릴 적에 아버지로부터 들었던 이야기였을 것이다. 외삼촌은 돌아가신 외할아버지를 많이 닮았다. 가족이란 우리가 딛고 서는 땅처럼 말로 설명하지 않아도 어떤 공통분모를 지닌 관계일까. 그날 나는 외삼촌의 언어로 '키의 철학'을 다시 들었다.

당시 고등학교 생물 교사를 꿈꾸던 내 마음속에 들어와 그대로 박혀버린 말씀도 있었다.

"배운다는 것은 자신을 낮추는 것이며 가르친다는 것은 희망을 이야기하는 것이다. 사랑한다는 것은 서로 마주 보는 것이 아니라 한 방향을 바라보는 것이다."

내가 교사가 되었을 때 가끔씩 아이들의 얼굴을 보며 지금 내가 무엇을 하고 있으며 어떤 삶을 살아야 하는지 스스로 질문하게 만든 말씀이었다.

그날의 만남이 편안했던 것만은 아니었다. 우린 가족이었지만 떨어져 지낸 시간의 무게는 속일 수 없었는지 조금은 어색하고 낯선 분위기가 이어졌다. 그 와중에 나는 외삼촌께 조심스럽게 질문했다.

"제 이름을 강리라고 지으신 무슨 이유가 있으셨어요?"

외삼촌은 웃으시며 잠시 후 이렇게 대답하셨다.

"네가 태어난 때가 아주 더운 여름날이었거든. 집 앞에 흐르는 맑은 강물을 바가지로 한가득 떠 마시면 시원하겠다는 생각이 들었지."

외삼촌은 말씀을 아끼셨고 나 역시 더 이상 묻지 않았다. 외삼촌의 얼굴 표정에서 단순히 평화로운 시골 마을 풍경을 말씀하시는 것이 아니라는 것을 짐작할 수 있었다. 짧았던 귀휴가 끝났고 외삼촌은 사각의 좁은 방으로 돌아가셔야 했다.

1988년, 함열에 있는 한 여고에서 강마을 선생님으로 새로운 삶을 시작하던 그해 여름, 외삼촌은 특별 가석방으로 가족들의 곁으로 돌아오셨다. 외삼촌은 출감 후 우이동牛耳洞에 머물면서 북한산에 오르는 일을 즐기셨는데 그즈음에 '쇠귀'라는 새로운 호를 지으셨다.

어느 날 여고 교무실로 소포 꾸러미 하나가 배달되었다. 조심스레 뜯어보니 햇빛출판사에서 나온 『감옥으로부터의 사색』이었다. 길고 긴 수감생활 동안 외할아버지께서는 아들의 편지를 소중하게 모아오셨고 그 편지들이 책으로 묶여 나온 것이었다. 겉표지를 넘겼을 때 붓글씨로 쓰인 글씨가 한눈에 들어왔다.

"강리의 성장을 기뻐하며, 작은 외삼촌 보냄."

돌아보면 참으로 긴 시간이었고 예전엔 절실했던 꿈들이 지금은 자연스러운 일상이 되었다. 사람들이 나를 강마을로 기억하고 이 이름으로 불러줄 때난 행복해진다. 강마을이라는 이름에서 신영복 선생님을 찾아낸 사람들은,

있는 그대로의 강마을이 아니라 자신이 존경하는 선생님의 존재를 덤으로 얹어 나까지 괜찮은 사람으로 만들어주곤 한다. 한때 이름에 실린 외삼촌의 무게가 무겁게 느껴진 적도 있었다. 하지만 지금은 내 삶의 균형추가 되어 기분 좋은 긴장감을 잃지 않게 해준다. 가족의 인연으로 태어나 내가 귀한 선물을 받았음을 새삼 알게 된다.

이 글을 쓰다 보니 문득 젊은 날의 꿈 하나가 작은 조각배에 실려 강물을 따라 너른 바다를 향해 흘러가는 모습이 떠오른다. 박꽃이 하얗게 피고 지는 강마을을 지날 무렵, 그곳에 한 젊은이가 흐르는 강물을 보고 있었던 것은 아닐까. 세월이 흘러 이제는 머리에 하얀 서리가 내린 노년의 한 신사가 바다를 바라보며 긴 사색에 잠겨 있는 것은 아닐까.

인연의 길목에서 행복하게 잠시 머물다 이제 이 글을 접는다.

나의 영원한 오빠,
휴머니스트 신영복 ✚

심실 ┃ 유니원커뮤니케이션 회장·가정교사 시절 제자

1960년, 그때는 참 가난한 시절이었다. 따지고 보면 전쟁이 끝난 지 몇 년 되
지도 않았던 때가 아니었던가. 서울 성북동에서 제법 잘살던 우리 집에 영복
오빠가 처음 온 것은 바로 그해였다. 대학생이던 영복 오빠가 다섯 형제나 되
던 우리 집에 입주 가정교사로 왔던 그날을 나는 지금도 생생하게 기억한다.
오빠는 후배 두세 명과 함께 손수레를 끌고 와서는 대문 앞에서 '문 열어주
세요'라고 크게 소리를 질렀다. 검게 염색한 군복을 입고 목에 수건을 척 하
니 두르고는 군화 같은 것을 신고 있던 모습. 유치원을 다니던 어린 나에게도
오빠는 굉장한 멋쟁이였다. 지금 생각해보면 오빠는 일종의 이벤트를 한 것
같다. 당시 서울대학교가 있던 대학로에서 출발해서 우리 집이 있던 성북동
까지 오는데 일부러 남산 쪽으로 돌아서 명동성당 근처에서 냉차를 한 잔씩
사먹고 왔다니 의도적으로 연출한 것이 아니었겠는가. 그런 차림으로 '짐이
요, 짐'이라고 외치며 다녔다니 정말 이벤트도 그런 이벤트가 없지 싶다.
  오빠는 가정교사 같지 않았다. 그전 가정교사들이 모두 모범생이었던 데

비해서 오빠는 일종의 종합 엔터테이너였다고나 할까. 혜성같이 나타나셔 우리(애)들뿐만 아니라 부모님과 우리 집 모든 사람들을 행복하게 해준 엔터테이너. 당시 우리 집에는 객식구가 많았다. 이북에서 내려온 아버지에게 딸린 친척들, 집안일을 해주는 아저씨, 아주머니들, 언니들이 늘 북적거렸고, 소금장수 아저씨, 마늘장수 아저씨들도 아침에 와서는 밤에 가곤 했는데, 오빠는 그 모든 사람들을 행복하게 해준 존재였다. 우리 집 차를 운전하던 기사 아저씨가 아버지를 모시고 퇴근해 돌아오실 때면 오빠는 차고로 달려가서 셔터 문을 손으로 돌려 열어드렸다. 안 그러면 기사 아저씨가 차에서 내려서 그 문을 손으로 연 후에 다시 차에 타서 움직여야 하니까 얼마나 고마웠겠는가. 오빠는 그런 마음을 읽어낼 줄 아는 사람이었다. 지금 칠십 세가 훨씬 넘으셨을 그 기사 아저씨는 지금도 오빠와 연락을 주고받는다고 한다.

영복 오빠는 누구와 얘기할 때 어떻게 해야 하는가를 잘 알고 있었던 것 같다. 여섯 살짜리와 얘기할 때 오빠는 여섯 살 눈높이에서 얘기했다. 내가 '왜?'라고 하면 오빠는 한참 생각을 한 후에 대답을 하곤 했다. 내가 뭘 생각하는지 생각해보고 얘기하는 듯한 느낌. 봄이면 뒷동산에 가 풀밭에 누워 하늘을 보며 놀았다. "실아, 저 하늘이 뭐 같아?" "곰 같아." "곰이 뭐로 변하는 것 같아?" "산으로 변하는 것 같아." 그렇게 한 시간을 보내며 놀았다. 오빠는 우리를 자연과 함께 길렀다. 소꿉장난할 땐 함께 벽돌을 갈아서 고춧가루로 쓰고. 원래 그럴 때 어른이 끼면 싫은데, 오빠는 우리와 같은 목소리를 내며 함께 놀았다. 천둥 번개가 마구 칠 때는 무서워서 오빠 방으로 달려갔다. 그러면 빛의 속도가 소리의 속도보다 훨씬 빠르기 때문에 굉장히 멀리서 치는 것이어서 무서워할 필요가 없다는 얘기를 해주었다. "같이 세어볼까? 똑딱 똑딱 똑딱 꽝. 봐, 여섯 번 일곱 번을 넘어가면 굉장히 먼 거야. 이건 지금 충청도쯤에서 치는 거야." 쉰세 살이 된 지금도 나는 번개가 치면 똑딱 똑딱 세고 있다. 천둥과 번개는 내게 오빠를 생각나게 하는 또 하나의 자연이다.

그때 마침 집에 녹음기가 있었다. 오빠는 우리 형제들에게 역할을 맡겼다. "너는 신발을 신고 군화 소리를 내고, 막내는 문을 열었다 닫았다 해라. 실이는 이걸 두드리고 빨래 방망이는 누가 할래?" 오빠는 각본을 만들어 와서 우리에게 음향효과를 내게 하며 라디오 드라마를 만들었다. 녹음을 하고 나중에 들어보면 얼마나 재미있었는지.

영복 오빠가 입주 가정교사를 한 것은 1년 정도였다. 입주가 끝난 후에도 부모님은 아예 방을 하나 오빠 것으로 만들어두었고 오빠는 자주 우리 집에 왔다. 일주일에 한 번 정도 오는 오빠는 올 때마다 늘 바빴다. 우리 부모님께 인사를 드리면서 세상 돌아가는 얘기를 나누고, 할머니에게는 시사적인 얘기를 해드리고, 일하는 아주머니 중에 글 못 읽는 분에게는 군대 간 아들에게 보낼 편지를 써주고, 일하는 언니들에게는 인생 상담을 해주고. 우리는 오빠가 우리 차지가 되는 시간을 손꼽아 기다렸다. 오빠는 정말 우리 모두와 친했다. 얼마나 친했던지 우리 집에서 일하는 언니나 아주머니 들이 우리 어머니께는 극장 간다고 해놓고는 도시락이랑 김밥이랑 싸서 학교에 있는 오빠의 연구실로 놀러가곤 했다. 오빠가 그렇게 좋았나 보다.

한번은 오빠에게 물었다. "나는 왜 이렇게 성격이 강할까, 마음속에 분노가 있을까." 오빠는 잠시 생각을 하더니 나그네의 옷을 벗기는 햇볕과 바람의 비유를 들려줬다. 조금 다르게. "실아, 햇볕이 따뜻할 때 나그네가 옷을 벗었지만, 실이는 바람이다, 따뜻한 바람이야. 따뜻한 바람도 나그네의 옷을 벗길 수 있단다. 실이는 따뜻한 바람이 되자." 아마도 내가 햇볕이 되려고 했으면 스트레스를 많이 받았을 거다.

〈사운드 오브 뮤직〉이라는 영화가 있다. 수녀 지망생이던 말괄량이 마리아가 아이가 일곱이나 있는 트랩 대령의 집에 가정교사로 들어가서 아이들과 즐겁게 좌충우돌하다가 결국 홀아비인 트랩 대령과 결혼하게 된다는 흐뭇한 옛날 영화. 그 영화를 보면서 오빠 생각을 정말 많이 했다. 나는 만약 오빠가 여자고 우리 아버지가 혼자였다면 영화 같은 그런 일이 벌어졌을 것이라고 믿는다. 우리 형제가 재능이 없어 그 영화에 나오는 아이들처럼 노래를 잘 부르지 못해서 그렇지, 오빠는 마리아보다 더 극적인 감동을 준 사람이었다.

내가 중학교 1학년이던 어느 날, 갑자기 오빠가 오지 않기 시작했다. 어머니는 오빠를 우리 집에, 아니 좀더 정확하게 말하자면 우리 집 위쪽에 있는 별장같이 쓰던 집에 숨겨주셨다. 오빠는 그곳에서 한두 달 숨어 있다가 다른 곳으로 옮겨간 후에 잡혔다. 어머니는 사회적인 문제에 대해서는 잘 몰랐지만 오빠를 기본적으로 믿고 계셨고, 우리에게는 "영복이는 억울하다"는 얘기를 하셨다. 어머니는 오빠 생각을 참 많이 하셨다. 나중에 아버지가 어머니에게 소곤거리는 말을 들었다. "여보, 영복이가 사형을 면했대." 오빠가 잡혀간 그해 겨울 우리 모두는 참 우울했다.
영복 오빠가 없는 그 세월 동안 나는 한시도 오빠를 잊어본 적이 없다. 지금의 나를 있게 해준 오빠, 나의 존재를 가능하게 해준 오빠를 어떻게 잊을 수 있겠는가. 있는 사람은 없는 사람에게 나눠주기 위해서 있는 것이라는 생각, 어린이를 무시하지 않는 어른이어야 한다는 생각, 옳지 못한 사고와 행동을 하는 사람에게는 엄격해야 한다는 생각, 누군가를 가르칠 때에는 자기의 모양새를 가다듬어야 한다는 생각. 이 모든 것들이 오빠로부터 나왔는데 어떻게 오빠를 잊을 수 있겠는가. 어머니도 그러셨던 것 같다. 오빠가 언젠가 뒷동산에서 물감으로 그려놓았던 추상화를 어머니는 표구를 해서 걸어두셨다. 약간은 암울하고, 자유를 갈구하는 듯한 상징을 담고 있던 그 그림. 내가 대학 다닐 때까지만 해도 걸려 있던 그 그림은 아마 이사 때 없어진 것 같다.
비록 어릴 때였지만 오빠가 했으면 나도 한다고 생각했다. 그래서 나는 내 주변 사람들과는 다른 생각을 하였고, 다른 방식의 투표를 하였다. 1979년 12월 12일 군사쿠데타가 난 직후 학생운동을 하던 사람을 우리 집 지하에 6개월 동안 숨겨준 적이 있었다. 서슬이 퍼렇던 그 시절에 내가 감히 그렇게 할수 있었던 이유는 오직 오빠 때문이었다. 나중에 그 사람이 감옥에 가서 오빠를 지나치면서 소리를 쳤다고 한다. "선생님, 성북동이요." "성북동 누구?" "실이, 심실이, 심실!" 오빠는 저런 운동권이 어떻게 실이를 알까 몇 달을 고민했다고 한다. 어떻게 알기는, 다 오빠 때문에 안 건데.

나는 결코 평범한 부르주아가 될 수 없었다. 오빠를 안 만났다면 몰라도. 누군가 내게 "너는 배부른 투쟁을 한다"고 말한 적이 있다. 오빠와 얽혀 있는 나의 역사를 어떻게 알 수 있을까, 오빠가 일러준 길을 갈 수밖에 없는 나를 어떻게 이해할 수 있을까. 옳은 사람이 감옥에 가는 것을 보며 이미 중학생 때 세상이 엉터리임을 깨달아버린 내 속마음을 어떻게 짐작조차 할 수 있을까.

20년이 지나서 오빠가 나오던 날, 나는 그곳으로 달려갔다. 철문을 나서는 오빠에게 마치 그 20년이 없었던 것처럼 물었다. 오빠 잘 있었어? 감옥에서 어떻게 살았어? 억울하지 않았어? 얼굴도 몸집도 말투도 오빠는 하나도 안 변했다. 정작 변한 것은 나였다. 중학생이던 내가 중년의 여성이 되어 있었으니. 오빠는 그 안에서 손으로 직접 쓴 열두 폭 병풍을 우리 어머니께 드릴 선물로 가지고 나왔다. 아주 작은 글씨로 꽉 채운 병풍. 나중에 어머니께서 돌아가셨을 때 장례식장에도 그것을 펴드렸다.

오빠가 출소 후 우리 집에 처음 왔던 날이 떠오른다. 기억상실증에 걸린 사람이 자기 집에 돌아올 때 담벼락을 더듬으면서 기억이 되살아나던 영화가 있었는데, 그 영화랑 자기가 똑같다며 오빠는 벽을 더듬으며 눈물을 흘렸다. 서울이, 아니 세상이 다 변했는데, 오빠의 젊은 날이 있던 성북동 그 집만 안 변했다고. 한옥의 입구, 대문, 나무, 산. 그곳에 들어오면서 오빠는 20년 전으로 돌아갔다.

영복 오빠는 역사의 수레바퀴에 치여서 죽었다 살아난 사람, 20년 동안 냉동되었다가 돌아온 사람이다. 나는 오빠의 그런 세월을 잘 알고 있기 때문에 오빠를 역사의 위대한 인물로 존경하는 것이 아니라 우리 시대의 아픔을 함께 나누는 휴머니스트로 사랑한다. 오빠는 정녕 우리 시대의 휴머니스트다. 오빠라고 어찌 젊음, 실수, 고난, 좌절 그리고 시행착오를 통해 성숙할 수 있었던 20년 세월에 대한 아쉬움이 없겠는가, 어찌 자신을 감금한 시대에 대한 분노가 없겠는가. 그러나 오빠는 그 시간 동안 여섯 살 내게 눈높이를 맞춰 얘기해주던 관계성의 철학, 관계론의 미학을 갖고 돌아왔다. 그 안에서 만난 수많은 사람들과 눈높이를 맞춤으로써 오빠는 사람을 사랑하는 휴머니스트가 되어 우리 곁에 돌아왔다.

영복 오빠와 나중에 오빠의 후임으로 가정교사를 했던 운찬 오빠(정운찬 전 서울대 총장)는 내가 부모님에게서 유산으로 물려받은 축복이다. 나는 앞으로 오빠가 가장 행복해하는 일을 하기를 원한다. 작은 그룹의 사람들과 함께 얘기하고 가르치고 배우는 모습. 함께 내린천에 나들이도 가고, 붓글씨도 배우고, 함께 숨쉬고, 왜 이렇게 살아야 하는가 생각해보고. 그래서 사람들이 오빠와 나눈 것들을 사회에 아름답게 보여주는 모습. 이게 아마 오빠가 가장 행복해하는 모습이 아닐까. 휴머니스트가 만들어낼 아름다운 사회를 꿈꿔본다.

빈손 ✚

서숙 │ 이화여대 영어영문학과 교수

글과 사람이 만나는 것도 인연이라는 말에 나는 동감한다.

신영복 선생님의 글을 처음 읽게 된 것은 1988년 여름, 『평화신문』을 통해서이다. 그러니까 선생님도, 『감옥으로부터의 사색』도 아직 세상 속으로 나오기 전이다.

그날 나는 친구 집에서 늦은 저녁을 먹었다. 안식년으로 출국을 며칠 앞두고서였다. 새로 개발되고 있는 그 집 주변으로는 가든이라는 초대형 갈비집들이 그야말로 우후죽순처럼 들어서고 있었는데, 친구는 진동하는 갈비 굽는 냄새 때문에 이사라도 가야 할 판이라고 했다. 시도 때도 없이 찐득거리기까지 하는 고기 굽는 냄새에 시달리다 보니, 80년대 독재 타도만을 외치며 살아온 결핍이, 대선이 몰고 온 허탈감이 탐식이라는 괴질로 터지고 있다는 말도 했다. 그런 말들이 전혀 과장으로 들리지 않았다. 나 또한 그 당시 대학사회를 몰아친 소용돌이에 지쳐 있었고 이런저런 개인적인 이유로 진저리를 치며 도망간다는, 그런 상태에 있었다. 그때의 나를 지금 돌이켜보면 그저 유구무

언일 뿐이지만 말이다.

그날 집에 오는데, 내가 탄 택시는 깊은 밤, 후텁지근한 장마철 비 그친 뒤의 강남 거리를 무법자처럼 질주했다. 어느 지점부터 머리가 지끈거리기 시작했다. 택시 창문을 닫고 있어도 천지에 자욱한 고기 타는 냄새는 더 심해지는 듯했고 시궁창 냄새처럼 느껴지기도 했다. 하여간에 저녁 잘 먹고 와서도 나는 기진맥진했다. 그런 상태에서 텁텁한 좁은 아파트 식탁에 앉아 『평화신문』에 실린 글을 읽었다.

이제는 너무도 잘 알려진 그 편지.

> 여름 징역은 자기의 바로 옆사람을 증오하게 한다는 사실 때문입니다.
>
> 모로 누워 칼잠을 자야 하는 좁은 잠자리는 옆사람을 단지 37°C의 열덩어리로만 느끼게 합니다. 이것은 옆사람의 체온으로 추위를 이겨나가는 겨울철의 원시적 우정과는 극명한 대조를 이루는 형벌 중의 형벌입니다.
>
> …… 더욱이 그 미움의 원인이 자신의 고의적인 소행에서 연유된 것이 아니고 자신의 존재 그 자체 때문이라는 사실은 그 불행을 매우 절망적인 것으로 만듭니다.
>
> 그러나 무엇보다도 우리 자신을 불행하게 하는 것은 우리가 미워하는 대상이 이성적으로 옳게 파악되지 못하고 말초감각에 의하여 그릇되게 파악되고 있다는 것, 그리고 그것을 알면서도 증오의 감정과 대상을 바로잡지 못하고 있다는 자기혐오에 있습니다.

자정이 훨씬 지난 시간. 나는 한참 동안 그냥 앉아 있었다. 내 속에서 아우성치던 악머구리 같던 소리들이 뚝 그쳤다. 순식간이었다. 수백 마리 하루살이 떼가, 물어뜯고 따끔거리던 것들이 하늘로 증발했는지 땅속으로 꺼졌는지 온데간데없어졌다.

지금도 불가사의다. 깊은 정적, 그 돌연한 평온함이 어디서 어떻게 왔는지 이해할 수 없다. 20여 년이 지난 지금도 나는 그 글이 가져왔던 변화, 그 고요와 서늘함을 만질 수 있는 듯하다. 그리고 그럴 때마다 글의 힘에 대해서, 사람이 진실하고, 그가 쓰는 글이 진실할 때 그것이 뿜어내는 영향력에 대해 생각한다.

지금 내 방에 액자 하나. 〈빈손〉. 선생님의 글씨이다.

우리 집에 온 지 10여 년도 훨씬 넘지만, 그러나 이 액자를 나는 한동안 걸어두다가 떼다가를 반복했다. 전시회에서 첫눈에 반해 그야말로 모셔왔는데도 그랬다. 그러니까 '빈손'이라는 것이, 그 두 글자에 담긴 내용이 나에게는 단순하지 않았다. 때에 따라 복잡하고 다른 느낌을 주었다. 그 아래 작게 '일손, 거둘 손'이라는 설명이 있지만 충분하지 않았다. 날씨도 춥고 몸과 마음이 썰렁할 때, '빈손'은 나를 불편하게 했다. 엉성한 손가락 사이로 내 인생이 모래처럼 스르륵 새나가는 듯했다. 액자를 돌려놓았다. 날씨도 좋고 의기양양해지면, 내 시야가 멀리까지 훤하게 트이는 듯해지면, '빈손'은 내가 지향하는 삶의 맑은 구심점인 듯했다. 그러나 어려운 것은 그 지향점이 결코 홀로 독야청청하는 상태가 아니라는 데 있었다.

늦가을 오후 기차를 타고 서울로 오고 있었다. 창밖으로 방금 추수 끝난 논들이 계속 지나갔다. 물결치는 누런 곡식의 잔영과 추수의 훈기가 아직도 느껴지는 빈 들에는 마음을 가라앉혀주는 무엇이 있었다. 무심한 평화가 있었다.

봄여름 씨 뿌리고 가꾸어 가을에 수확을 거둔 이들의 손길 때문일 것이다……. 땅에서 나고 자라 열매를 맺는, 생명의 터전이기 때문일 것이다……. 그러나 무엇보다도 일하여 거둔 것을 다시 나누며 비우는, 천지의 순리가 그곳에 있기 때문일 것이다……. 돌아오는 내내 나는 빈 들에 잠겨 있었다.

그 여름 장마철 깊은 밤, 내가 읽은 글과 추수 끝난 뒤의 넓은 들판에는 공통점이 있다는 생각이 든다. 마음을 가라앉혀 주고 위로해주고 세상과 사람에 대해 그래도 안심하게 해주는 것, '빈손'이 지향하는, 유행으로서의 무소유나 공생공빈을 넘어서는, 어떤 정신과 분명 상관있다는 생각이 든다.

글과 사람이 만나는 것도 때가 맞아야 한다는 말에도 나는 동의한다. 토양에 따라 씨앗의 행로가 달라지듯이 말이다. 나의 의식과 감정이 더 이상 칼날같지 않던, 가령 90년대 중반의 어느 때에 선생님의 글을 처음 읽었다면 어땠을까. 나는 같은 경험을 했을까. 그러나 『감옥으로부터의 사색』이 특정한 시기를 넘어 이 시대의 고전으로 자리 잡았다는 것은 우리가 여전히 거기 나타난 정신, 서로 아끼고 나누며 함께 살아가는 세상에 대한 꿈을 포기하지 않았다는 표시일 것이다.

함께 걷는
서오릉 길 ✛

노회찬 ｜ 민주노동당 국회의원

1987년 6월 항쟁으로 전두환 군사독재체제가 후퇴하자 7월부터 수십 년간 억눌려온 노동자들의 분노와 함성이 터져나왔다. 그해 여름 7, 8, 9월 석 달 동안 3,000여 건의 파업이 발생하고 1,200개가 넘는 노동조합이 결성되었다. 세계 노동운동의 역사에서도 유례없는 이 같은 폭발적인 열기는 해를 넘겨서 도 지속되었다. 가을과 겨울 대신 여름과 여름 그리고 여름이 계속되고 있던 1988년 7월 어느 날이었다. 세월의 절반을 아스팔트 위에서 보내던 그 무렵 누군가 꼭 읽어보라며 어느 무기수의 편지가 실린 신문을 건네주었다.『평화 신문』. 처음 보는 신문이었다. '신영복'. 처음 듣는 이름이었다.

　신영복 선생의 옥중 편지가 『감옥으로부터의 사색』이란 이름으로 출간된 것은 그로부터 두 달쯤 뒤였다. 나온 지 며칠 안 되는 따끈따끈한 초판본을 사서 읽다가 저자가 8·15특사로 이미 석방된 것을 알게 되었다. 이후 이 책 은 내가 가장 많이 산 책, 가장 많이 추천한 책이 되었다. 주머니가 허락할 땐 한 번에 세 권, 네 권씩 사서 선물하기도 했다. 지금의 아내에게도 한 통의 편지와 함께 이 책을 선물했고 이를 계기로 1년 뒤 결혼하게 되었다.

1989년에서 1992년까지 옥중에 있으면서 베를린 장벽이 무너지고 70년 이상 유지되어 온 소련체제가 무너지는 것을 보면서 사회변혁을 다시 생각하고 이를 위한 운동을 근본적으로 성찰해야 할 때가 있었다. 많은 사람들이 방황과 혼돈 속에서 길을 잃고 떠나던 때였다. 운동의 방향과 운동가로서의 철학에 대해 진지하게 '감옥에서의 사색'을 해야 할 그때 다시 읽은 책 역시 『감옥으로부터의 사색』이었다.

누구에게나 그러하겠지만 특히 세상을 바꾸겠다고 뛰어든 사람들에게 가장 중요한 것은 철학과 인생관이다. 『감옥으로부터의 사색』을 처음 읽었을 때 든 생각은 '살아 있는 변증법 교과서'라는 것이었다. 사물의 본질과 관계에 대해, 그 모순과 변화에 대해 이처럼 깊이 있게 성찰하고 생활 속에서 체화시킨 경우를 일찍이 보지 못하였다.

운이 좋았는지 감옥에서 나오고 얼마 안 있어 신영복 선생을 만나 뵙게 되었다. 컴퓨터를 배우겠다고 하셨다. 그 다음 해인가 찾아뵈니 컴퓨터로 그림 그리는 방법을 익히고 계셨다. 서화에 조예가 깊은 선생께서 '예술성이 부족해보이는' 컴퓨터 그래픽에 관심을 두는 이유를 알지 못해 여쭈어보았다. 사람들이 쉽게 접근하고 널리 배포할 수 있기 때문이라 하신다. 전문 작가들의 경우 판화마저도 마구 찍지 않고 제한된 수량만 제작하는 관행은 들어설 틈도 없었다. 특유의 서체로 유명한 '신영복 글씨' 역시 마찬가지이다. 아무나 써달라고 하면 써주신다. 예술성이란 미명하에 감춰진 희소성이니 시장가격이니 하는 세속적 가치추구의 흔적도 찾기 어렵다. 더 많은 사람들이 예술을 향유할 수 있어야 한다는 철학과 소신만이 바위처럼 버티고 있다.

어쩌면 이렇게 책과 사람이 똑같을 수 있는가? 나는 그때 사상과 존재가 일치하는 드문 예를 보았다. 그리고 이론과 실천의 통일을 배웠다. 『강의』에서 해설하신 "실천 없는 이론은 어둡고 이론 없는 실천은 위태하다"〔學而不思

則罔 思而不學則殆)는 말씀의 바탕을 보았다.

2006년 들어 가장 후회되는 일은 '청구회 추억' 팀의 40년 만의 봄소풍에 함께하지 못한 것이다. 따사로운 봄날 봄바람 속에서 청구회 꼬마들과 함께 걷고 싶은 희망은 아직 실현되지 않았다. 그러나 오랜 몰입의 탓인지 '청구회 추억'은 어느덧 나의 추억처럼 기억되고 있다. 「청구회 추억」에서 나는 사람을 만나는 법, 사람을 대하는 법을 배웠다. 인간관계가 이처럼 아름다울 수도 있다는 신념을 갖게 되었다. 그리고 겨우 20대 후반의 청년이 죽음의 문턱에 서서도 이처럼 아름다운 이야기를 이렇게 담담하게 그려낼 수 있다는 놀라운 사실을 경험하게 되었다.

세월이 흘렀지만 서오릉으로 소풍가던 스물여섯 살의 청년은 아직도 할 일이 많으시다. "중추구조를 바꾼다고 사회가 바뀌는 것은 아니다. 가까운 역사에서 또다시 무산된 경우를 얼마든지 보지 않았나. 사회를 바꾸려면 그 자체가 보람되고 자부심 느낄 수 있는 일들을 찾아 오래 견뎌야 한다. 목표 달성보다 운동 자체를 예술화하고 인간화하는 노력이 필요하다."

서오릉 소풍길은 아직도 많이 남았다. 그때 그 꼬마들이 지금 내 나이가 되었으니 나도 돌아가면 그 꼬마들처럼 되어 함께 그 길을 걸어갈 수 있으리라. 신영복 선생과 함께 걷는다는 것, 같은 방향을 바라본다는 것, 같은 곳을 디디고 서 있다는 것, 이 모든 것이 다 축복이고 기쁨이다.

내 마음속의
스승 ✤

혼돌 | 노래 캐는 사람

세월이 훌쩍 지나가버렸습니다. 뒤돌아보면 제가 걸어온 길 여기저기에 세월의 찌꺼기들이 많이 쌓여 있는 것이 보입니다. 게으름을 많이 피우고 살아온 탓이지요. 뒤늦게나마 깨달은 바가 있어 부지런을 떨어보지만 무정한 세월은 더 빨리 지나갑니다. 얼마나 빨리 지나가는지 흔들리는 마음을 가누기가 무척 힘이 듭니다. 아마 뿌리를 길게 내리지 못한 탓이겠지요. 참으로 나이 헛먹었음을 느끼지 않을 수 없습니다.

일찍이 좋은 스승을 만났더라면 험한 세상 헤쳐 나가는 법을 제대로 배웠을 텐데, 불행하게도 저에게는 그런 일이 일어나지 않았습니다. 학교공부마저 게을리 했으니 어떤 스승이 저 같은 놈을 찾아다니며 세상사는 법을 가르쳐주겠습니까. 인생을 가볍게 여기고 우쭐대며 살아온 대가라고 생각합니다.

올림픽이 끝난 이듬해, 어느 날이었습니다. 평소에 책을 가까이 하지 않던 제가 동네 서점을 기웃거렸습니다. 친구들로부터 선생님 얘기를 듣고 난 뒤였습니다. 제 마음에 잡초가 무성해서 그랬는지는 모르겠지만 그야말로 책속의 길이라도 찾고 싶었습니다. 참으로 오랜만에 책을 사보았습니다.

『감옥으로부터의 사색』.

그러지 않아도 저는 제가 매일 감옥 속에 살고 있다고 생각을 했습니다. 노래를 캐려고 이 산 저 들판 떠돌던 시절, 간첩으로 오인되어 잡혀갔다가 아버지에게 인계된 뒤부터 저는 아버지가 운영하는 조그만 약방 일을 돕게 되었습니다. 세 평 남짓한 가게에 하루 종일 갇혀 있다 보니 감옥이 따로 없었습니다. 하루는 또 왜 그리도 긴지, 자유롭게 떠돌던 시절이 그리워 미칠 지경이었습니다. 하지만 갇혀 지내는 일도 해가 거듭되다보니 저도 모르게 익숙해져버렸습니다.

그 책을 보고 난 뒤 어찌나 부끄러운지, 누가 나를 잡아다가 진짜 감옥에 처박아 주었으면 하는 심정이었습니다. 자유의 참뜻도 모르는 놈이 뜻대로 되는 일이 없다 하여 사회를 커다란 감옥이라고 생각했으니 참으로 부끄러운 일이 아닐 수 없습니다. 그 사회가 감옥이었다면 무슨 죄로 그 감옥에 살고 있는지, 그렇지 않다면 그 사회에 대해서 왜 침묵했는지, 거기에 대해서는 한 번도 생각해보지 않았습니다. 돌이켜보면 그때 저는 아무 일도 하지 않았습니다. 그냥 저만치 떨어져 세상 풍경을 바라보고 있었던 비겁한 구경꾼이었습니다.

「청구회 추억」이라는 글을 읽고 나서 저는 소리 없이 울었습니다. 그 시절, 저도 거기에 있었더라면 그 아이들과 함께 우편저금도 하고, 진달래 한 묶음을 선생님께 건네주고 킥킥거리며 좋아하기도 하고 그랬을 겁니다. 그런데 아이들에게 가르쳐준 노랫말 때문에 취조를 받다니 도대체 그게 말이나 되는 건지요. 사회주의 혁명을 위한 준비라니……. 아, 우리가 그런 세상에 살고 있었습니다.

어릴 때부터 좋은 스승이 길을 이끌어준다는 것은 아이들에게 참으로 행복한 일입니다. 힘들고 어려울 때, 찾아갈 스승이 없어서 저처럼 을씨년스러운 길을 걷고 있는 사람들에게는 여간 부러운 일이 아닙니다.

그러지 않아도 어지러운 이 세상! 참스승들이 많이 계셨으면 좋겠다는 생각을 해봅니다. 정치하는 사람들이 나라를 이끌어간다고 생각하는 사람들도 있겠지만 저는 그렇게 생각하지 않습니다. 정치하는 사람들 가운데서 이 사회를 이끌어갈 진정한 스승을 찾기가 어렵기 때문입니다. 물론 이 나라를 위하여 감옥에 갔다 온 정치인들도 많지만 그렇다고 해서 그들을 모두 진정한 민주투사였다고 말할 수는 없습니다.

수많은 꽃들 가운데서 자기가 좋아하는 꽃이 있듯이 스승도 자기가 존경하는 스승이 있기 마련입니다. 꽃처럼, 스승도 많이 있어서 어렵고 힘든 사람들에게 힘이 되어주었으면 좋겠습니다.

1989년 이른 여름이라고 기억합니다.

재미없는 세상을 살고 있던 어느 날, 친구들한테서 선생님을 모시고 남한산에 오르기로 했다는 연락을 받았습니다. 그로부터 일주일 뒤, 그렇게 그리워하던 스승이 거짓말처럼 제 앞에 나타나셨습니다. 일주일 내내 선생님의 모습을 그리며 혹시나 못 오시면 어쩌나 했는데 정말로 선생님을 모시고 오자 저는 믿을 수 없이 기뻤습니다. 하지만 저는 아버지 가게에 갇혀 있는 몸이라 오랜 시간 동안 나와 있을 수가 없었습니다. 비록 짧은 만남이었지만 저로서는 선생님과의 첫 만남이었고 지금도 그때를 소중하게 생각하고 있습니다.

선생님을 처음 본 순간 제가 어땠는지 아세요?

먼저 제 몸이 천천히 오그라들더니 무언가 죄지은 사람처럼 고개를 제대로 들 수가 없었습니다. 하얀 모시 남방을 입은 선생님의 몸에서는 아침햇살 같은 빛이 피어올랐고, 그 빛에서 뿜어져 나오는 가느다란 향기가 제 마음으로 스며들었습니다. 20년의 세월을 거름삼아 자신의 뿌리를 길게 내린 큰나무의 그늘 속에 서 있다는 것만으로도 저는 어쩔 줄 몰라 했습니다. 눈이 부시도록 빛나는 잎사귀들을 생각하다보면 정말로 스승의 몸에서는 광채가 어리고 있었습니다. 이 말은 괜히 하는 얘기가 아니고요, 정말 그랬습니다.

제가 신영복 선생님을 스승으로 섬기고 있다는 것을 신영복 선생님은 알지 못합니다. 저 혼자서 정해버린 일이기 때문입니다. 그래서 저는 지금도 선생님을 스승님이라고 부르지 못합니다. 마치 사랑하는 사람에게 사랑한다는 말을 하지 못하는 심정처럼 가련하기도 하지만 그냥 저 혼자서 스승으로 섬기고 있는 것만으로도 행복하답니다. 가끔씩은 멀리서도 스승의 향기를 느낄 수 있으니 이 또한 얼마나 행복한 일인지 모르겠습니다. 이제는 제법 세상 바라보는 눈도 조금 너그러워졌습니다. 다 스승님 덕분입니다.

선생님은 아무리 아랫사람이라도 하대를 하는 경우가 없으십니다. 저 같은 사람한테는 반말을 해주었으면 좋겠는데 꼬박꼬박 존대를 해주시니 어떤 때는 언제쯤 반말을 해주실까 하고 혼자서 내기를 해보기도 합니다.

2006년 초에 저는 오래 전부터 고민해오던 이야기를 책으로 내게 되었지요. 선생님께 떨리는 마음으로 뒷글을 부탁했는데, 흔쾌히 허락해주시고 책 제목 글씨까지 써주셨습니다.

'우아, 스승님이 내 부탁을 들어주셨다.'

지금까지 살아오면서 한번도 그런 사랑을 받아본 적이 없는 저로서는 얼마나 기쁘고 고마웠는지 모릅니다. 오래 전(1991년 봄), 제가 처음으로 대중들 앞에서 공연하던 날도 선생님은 말없이 찾아와 주셨지요. 그리고는 노래 못하는 저에게 잘 들었다고 칭찬도 해주셨습니다. 벌써 15년 전 일입니다. 참 세월 빠르네요. 아무리 무정한 세월이라고 하지만 선생님한테만큼은 더디 갔으면 좋겠네요.

이 세상 모든 사람들의 꿈들이 서로 어우러져 큰 바다를 이룬다면 우리네 인생은 아무리 작은 배라도 멀리 갈 수 있을 거라고 생각합니다. 하지만 대부분의 꿈들이 그랬듯이 처음에는 잘 흘러가던 꿈도 거친 여울목을 지날 때면 무참하게 흩어지고 말지요. 어떤 꿈은 강 언저리에서 맴돌고 어떤 꿈은 물 밖에서 썩어가고 어떤 꿈은 물속에 가라앉기도 합니다. 그나마 어렵게, 어렵게 바다로 간 꿈들도 먼 바다로 가지 못하고 다시 파도에 밀려 버려지기도 합니다.

많은 사람들이 신영복 선생님을 스승으로 생각하고 있습니다. 저는 그 가운데 한 사람일 뿐이지요. 부디 오래도록 건강하셔서 길 헤매는 수많은 꿈들을 일깨워 먼 바다로 흘러갈 수 있도록 해주십시오.

떡으로 기억되는 남자, 모성을 가진 남자 ❖

오한숙희 | 여성학자·방송인

내가 신영복 선생님을 실제로 만난 것은 목동 아파트에 살 때였다. 어느 일요일 이른 아침, 이웃에 사는 후배가 좋은 일이 있으니 어서 동네 공원으로 나오라는 전화에 눈곱도 못 떼고 나가 보니 여러 사람이 모여 앉았는데 그 중에 신영복 선생님도 계셨다. 『감옥으로부터의 사색』에서 느꼈던 이미지보다 훨씬 더 소박하고 푸근한 느낌을 받았다. 아저씨라기보다는 아줌마 같았다고나 할까.

이 모임은 인근에 사는 대여섯 명의 사람들이 일요일마다 모이는 것이었는데, 늘 지각을 하는 내게 선생님은 '게을러지기 쉬운 일요일, 잠 깨자는 모임'이라며 나의 민망함을 덜어주셨고 손수 휴게실에서 차를 뽑아다주시기도 했다. 나에게만이 아니었다. 이런 모임이 있다는 것을 알고, 아니 신영복 선생님을 라이브로 만나기 위해 오는 사람들 모두에게 그러셨다. 한번은 누군가 고로쇠 물을 가져왔다. 선생님은 오는 사람마다에게 고로쇠 물이 아주 좋은 것이며 저 사람이 가져왔다고 알려주면서 물을 권했다. 말씀 도중이라도 새로운 사람이 오면 물 곁에 있는 사람에게 고로쇠 물을 그에게 챙겨주라고 부탁하셨다.

거기 모인 사람들은 늘 선생님의 말씀을 한마디라도 더 듣고자 이것저것을 여쭤보곤 했다. 그러나 솔직히 나는 그때 무슨 말을 들었는지 별로 기억이 나지 않는다. 난 기억력이 비교적 좋은 편이라 이런 일은 흔치 않은데, 아마 사람들과 더불어 있을 때 선생님의 모습이나 태도가 남긴 강한 인상으로 말미암아 내 머릿속의 음성 인식장치가 빛을 잃은 모양이다.

지금 우리 집 거실 벽에는 〈한솥밥〉이라는 춤추는 듯한 글씨의 액자가 걸려 있다. 13년 전인가, 진보적 여성운동의 기금 마련을 위한 바자회에서 우리 어머니가 선뜻 사오신 것이다. 그 밑에는 조금 작은 글씨들이 이렇게 춤추고 있다. "너른 마당 열린 대문 두레상 한솥밥." 우리 집에 들어와 그것을 보는 사람마다 '야, 좋다'를 빼놓지 않는다. 글씨가 좋은 것을 알기 전에 그걸 읽노라면 저절로 그려지는 시골집 마당의 풍경이 좋다는 것이다. "그렇지, 옛날에는 정말 그랬어. 지나가는 사람들도 다 불러들여서 한술씩 뜨라고 했잖아. 집에 와서 엄마 없으면 아무집에나 가서 먹고 갑자기 손님 오면 이웃집에서 밥 빌려 오기도 했고." 그림도 아니고 글씨를 보면서 이렇게 추억담을 나눌 수 있다니 얼마나 신기한 일인지.

이 그림(이미 글씨가 아니다) 앞에서 나는 마치 해설자처럼 설명이 길어진다. 이것이 신영복 선생님 특유의 협동체 또는 어깨동무체이며, 짜기로 유명한 우리 어머니가 당시 한 달치 식비에 해당하는 거액을 망설임 없이 던져 찜하신 거라는 것과, 우리 집 친인척은 말할 것도 없고 우리 집에 한 발이라도 걸쳤던 사람치고 우리 어머니 손에 밥 한술 안 얻어먹은 사람이 없으니 이게 우리 어머니의 인생을 집약한 그림이고, 게다가 어머니 성이 한씨이니 이 얼마나 절묘한 궁합이냐고 약장사처럼 침을 튀기기도 했다.

그런데 한번은 어떤 이가 나의 이 설명에 고개를 끄덕이더니 "이래서 당신이 낸 책 제목이 『아줌마 밥 먹구 가』였군요" 하는 것이었다. 그 말에 나는 정말 깜짝 놀랐다. 내가 목동을 떠나 김포에 살면서, 또 자그마한 상담소를 운영하면서 사람들과 겪은 인상기를 쓴 그 책이 나오게 된 바탕에 '한솥밥'이 내게 심어준 감성이 있었음을 그제야 깨달은 것이다.

평화로울 때 사람들은 다투지 않는다. 그런데 신영복 선생님은 밥을 나눌 때 사람들이 비로소 평화로워짐을 알려주셨다. 감옥에서 있었던 건빵 이야기 (같은 방의 수인 중 한 사람이 다들 잠든 틈에 혼자 건빵을 씹는데 점점 침이 모자라 입 안에서 부서지는 소리가 났다. 다음날 아침 다른 사람이 어젯밤 그가 먹은 건빵 개수가 몇 개인지를 말하더라는 이야기)는 내가 여성학을 강의할 때 가끔 써먹는 일종의 '증빙자료'이다. 여자들은 차별이라고 하면 먹을 것과 관련된 것을 가장 많이 기억한다. 그만큼 깊이 아팠다는 것이다. 이를 별로 공감하지 못하는 남자들도 건빵 사례를 들으면 금방 고개를 끄덕이니, 나는 밥벌이에도 선생님의 도움을 받고 있는 셈이다.

밥벌이뿐이랴. 사람들이 나에게 신앙이 뭐냐고 물을 때면 이제는 망설임 없이 '기천불 종합신자'라고 말한다. 어머니와 작은언니는 절에 다니고 큰언니는 성당에, 나와 우리 애들은 교회에 다니는 것을 두고 주변에서는 이상하다는 정도를 넘어 통일되지 않은 신앙으로 집안이 불행해진다고 협박처럼 말하곤 했다. 기천불 종합신자란 기독교, 천주교, 불교를 모두 믿는 사람을 말하는 신영복식의 용어로 선생님은 일명 떡신자라고도 한다. (종교 단체에서 감옥을 방문할 때 떡을 해오는데 해당 종교 신자만 먹을 수 있기 때문에 모든 떡을 다 먹자면 기천불 종합신자가 되어야 한다.) 대학 시절 나는 절에 다녔고 결혼 후부터는 일요일에 아이들과 함께 다닐 수 있는 장점 때문에 교회를 다니게 되었다. 김포로 이사 간 다음에는 비가 오거나 시간이 모자라 교회에 갈 수 없게 되면 어머니와 함께 가끔 집 옆에 있는 성당에 가는데 신영복 선생님 덕에 남들이 뭐라 해도 우리 마음은 그렇게 떳떳할 수가 없다. (성모마리아와 관세음보

살이 닮은 듯한 건 어머니와 내 눈에만 그러한가?) 올해도 우리는 부활절에는 성당에서 받아 온 달걀을 먹었고 초파일에는 절에서 준 떡을 먹었다. 이제 크리스마스 케이크만 남았다고 신앙 달력을 체크하는 나는, 우아한 종합신자라기보다 떡신자임이 분명하다. 내가 마당 한 켠에 사랑방 삼아 지은 흙집의 상량문에 "세 끗발이 밀어주니 거침이 없도다"라고 쓴 것을 보고 풀이를 청하는 사람들에게 나는 신영복식의 떡신자 내력을 말해준다. 사람들은 재미있어 하면서 그저 농담으로만 안다. 그러나 이건 생존과도 직결된 문제이다. 나는 종교상의 갈등을 전혀 느끼지 않으면서 천주교, 기독교, 불교 신자들을 대상으로 강연을 할 수 있고 그들에게 기천불 종합신자라고 밝힘으로써 편 가르기식의 시선들을 피해갈 수 있다. (그런데 사람들의 반응을 보면 우리의 정서상으로는 종합신자가 더 많음이 분명하다.)

지난해 성공회대에서 실로 오랜만에 선생님을 뵈었다. 떡신자답게 그것도 학교 식당에서였다. 여러 사람과 둘러앉아 식사를 하시다 나를 발견하곤 손짓으로 불러 앉혀주셨다. 마치 두레상 한솥밥 식구처럼. 마침 그날은 생일을 맞은 학생들을 축하하느라 별식으로 케이크를 대접하는, 한 달에 한 번 있는 날이었으니, 오호! 성령으로 인도하신 떡신자의 행보였다. 낯선 사람들 틈에서 밥을 먹는 나에게 손수 케이크를 챙겨주시는 모습은 고로쇠 물 때와 조금도 다름이 없었다.

음식은 사랑의 표현이다. 그것이 고루 나눠질 때 우리는 질투 없이 사랑할 수 있다. 『성경』에는 떡으로만 살 것이 아니라고 했지만 말씀으로만 살 수도 없다. 말로는 인간이 평등하다고 하지만 떡을 나눌 때는 어디 그렇던가. 아니, 평등의 말씀은 떡을 나누는 손으로 현실이 된다.

사람이 꽃보다 아름다울 수는 있어도 돈보다 귀하기는 점점 더 어려워지는 세상을 살다보면 선생님의 살아가시는 모습이 더욱 귀하다. 돈타령 정도가 아니라 날로 인기를 더해가는 돈신앙 간증기를, 선생님의 글씨 말미에 찍히는 호처럼 쇠귀에 경 읽듯 넘기지 않고야 어찌 사람을 돈보다 귀하게 여길 수 있으랴. 어찌 내 배를 줄여서 다른 사람 입에 떡 한 점 넣어줄 수 있으랴. 선생님이 떡신자인지는 잘 모르겠으나 내 마음에 그분은 떡신자의 교주이다.

선생님을 자주 뵙지는 못하지만 그분은 국도 변을 지나다 보았던 어느 마을 어귀의 커다란 고목처럼 내 마음에 새겨진 존재이다. 돈 욕심과 이기심으로 사람에 대한 애정이 줄어들어 스스로 팍팍해진다고 느낄 때면 나는 신영복이라는 나무를 떠올린다. 더운 여름 땡볕 아래 커다란 그늘을 드리워 남녀노소 마을 사람들의 쉼터가 되어주는 그 나무처럼, 선생님의 존재로 말미암아 나는 내 마음을 착하고 따뜻하게 되돌리게 된다. 돈보다 중요한 것이 사람이고 사람과 누리는 연대감이야말로 나를 복되게 하는 것이며 그러한 연대는 나눔을 통해 이루어진다는, 떡신자의 교리를 다시금 굳건히 하게 되는 것이다.

선생님을 연상하면 제일 먼저 떠오르는 모습이 있다. 열심히 말씀하실 때 왼쪽 가슴에 손을 자주 얹으시는 것이다. 국기배례를 할 때의 자세 같기도 하고 흔히 양심에 손을 얹으라고 할 때 하는 자세 같기도 한데, 나는 외람되게 또는 불경스럽게도 '거기 젖이 있지 않을까?' 하는 생각이 든다. 이 자손 저 자손 골고루 풀어 먹이느라 다 말라붙어서 납작해진 여느 집 외할머니의 젖처럼, 젖 같아 보이지 않는 진짜 젖 말이다.

나를 성찰하게 하는
글과 말 ✤

하승창 | 전 함께하는시민행동 사무처장

내가 신영복이라는 이름을 처음 접한 것은 학생운동 시절 근현대 사회운동사를 공부하는 과정에서였다. 통일혁명당 사건에 관련되었다는 것 말고, 군부독재 시절에 육사에서 가르치고 있었다는, 당시로 보면 독특한 경력의 소유자였다는 기억만 남아 있었다. 어떻게 육사에서 가르치는 사람이 통일혁명당에 관계하게 되었을까 하는 의문을 갖고 있었다.

두번째 접한 것은 1988년 20년 만에 출소한다는 신영복 선생님의 출소 관련 기사를 통해서였다. 많은 장기수들이 있었기에 그런 경우의 하나로 내게 기억되었다.

세번째 접한 것은 나의 두번째 징역살이 시절, 책을 통해서였다. 어느 날 손에 잡힌 책은 『사람아 아, 사람아!』였다. 다이호우잉의 책이었다. 문화혁명이 가져온 인간 파괴에 대한 저항이 잘 그려진 이 책을 통해, 80년대 내가 걸어온 길을 다시 성찰할 수 있었다. 다 읽고 나서 누가 이렇게 번역을 잘했을까 생각했다. 대개 번역서를 통한 전달은 조금 딱딱하게 느껴지기 마련인데

참 수월하게 읽혔기 때문이다.

신영복? 아, 그 사람 아냐? 통일혁명당 사건 장기수? 흠, 그렇구나. 번역 참 잘하시는 분이구나 했다. 번역을 통해 심금을 울리는 정서를 전달한다는 것이 쉬운 일은 아닐 터인데, 하는 생각으로 새삼 신영복이란 사람의 이력을 살펴보았던 기억이 난다.

『감옥으로부터의 사색』은 책이 나온 지 꽤 지나서 손에 잡게 되었다. 신영복이라는 사람을 그 몇 번의 통상적 만남을 넘어서 새로이 생각하게 된 것은 순전히 이 책 때문이었다. 아, 사람을 이렇게 볼 수도 있구나, 어떤 분이기에 이리도 사람에 대한 애정이 진하냐, 하는 생각을 내내 떨칠 수 없었다. 따뜻하면서도 사람마다 갖고 있는 한을 잘 버무려 보여주기도 하는데, 그것이 분노나 원한으로 여겨지지 않고 사람에 대한 애정으로 승화되는 글의 흐름은 삶을 넉넉한 자세로, 관계하는 모든 것들을 다 품을 것 같은 자세로 살아가는 사람 아니면 나오기 힘들다. 그런 글들을 읽고 스스로의 삶의 자세를 성찰하지 아니할 수 없었다. 어허, 이렇게 글로 사람을 가르치지 않으면서 배우게 하는구나 싶어 신영복 이름 석 자를 깊이 기억하게 되었다.

출소하고 나서 간간이 참석하던 사회단체들의 후원행사가 있을 때 신영복 선생님의 글씨가 붙어 있는 것을 보며 글씨도 글씨지만 문구가 더 마음에 와 닿았던 기억이 난다. 흔히 사회운동단체 행사에서 볼 수 있는 구호성 글이 아닌 '처음처럼', '더불어 함께' 같은 글은 참 흔한 말이지만, 신영복 선생님이 쓰시면 마치 새겨야 될 말처럼 새로운 느낌을 갖게 했던 것이다. 시민행동이 출발하면서 '처음 마음 그대로'라는 표현을 즐겨 사용했는데, '처음처럼'에서 얻은 말일 수도 있겠다 싶다.

어느새 성공회대 교수로 당신 일을 하고 계셨고, 그래서 웬만하면 한번쯤은 이런저런 행사장에서 뵐 듯도 한데 난 한번도 뵙지 못하였다. 신영복이라는 이름 석 자는 선생의 글씨로만 접할 수 있었을 뿐이다.

경실련을 나와서 시민행동의 창립과정에 기여하면서 몇몇 사람이 무언가 우리 사회에 필요한 싱크탱크를 만드는 일을 해보자고 한 적이 있다. 그 일의 중심에 성공회대의 신영복 선생을 생각해보자는 제안에 따라 선생님을 처음 뵙게 되었다. 글만큼이나 온화하고 따뜻한 분이었다.

그 일은 이런저런 사정으로 이루어지지 않았지만 나는 개인적으로 선생님과의 연을 얻게 되었다. 조희연 교수의 제안으로 성공회대 엔지오 펠로로 한 학기를 지내면서 좀더 가까이서 선생님과의 연을 이어가게 된 것도 내겐 기쁨이었다. 지금은 유명한 성공회대 교수 축구회의 객원 멤버로 적을 두게 된 것도 이 시기였고, 선생님의 '덕의 축구론' 덕에 별다른 부상 없이 일주일에 한 번은 공을 차는 기쁨도 누렸다. 함께 공을 차는 덕분에 책도 한 권 선물받게 되었는데, 여행 다니시면서 쓰신 『더불어 숲』이었다.

"여행이란 떠남과 만남의 낭만이 아니라 자기 자신에 대한 끊임없는 재발견이었습니다. 여행은 떠나는 것이 아니라 돌아오는 것이었습니다."

『더불어 숲』에서 선생님은 세계를 돌면서 발견한 자신의 모습을 보여주는 것만으로도 '나'를 생각하게 만들었다. 『감옥으로부터의 사색』에서 느꼈던 사람에 대한 애정은 세계에 대한 애정으로 확대되어 있지만, 관심과 문제를 들여다보는 선생님의 시선은 언제나 자신에게로 돌아오는 것이었기에 여행을 통해 여행지를 보는 것이 아니라 자신을 보는 것이었다. 말하자면 신영복 자신을 통해 독자인 나를 보게 만드는 것이었다. 오랜만에 나는 선생님의 글을 통해 다시 자신을 돌아보는 기회를 갖게 되었다.

『더불어 숲』뿐 아니라 내가 읽은 선생님의 글은 대부분 '나'를 돌아보게 만들었다. 책을 대하는 독자가 다 제각각의 상념과 이해가 있을 것이지만 내게 선생님의 글은 그런 것이었다.

내가 성공회대에서 축구 한다는 것을 알게 된 시민단체의 몇몇 분이 선생님의 강연을 주선해달라는 요청을 종종 하였다. 기회를 만들지 못하다가

2001년 시민사회단체 연대회의의 전국시민운동가대회 때 특별강연을 부탁 드렸다. 당시에 건강이 그리 좋지 않으신 상태여서 다른 훌륭한 분을 모시라 며 고사하시다가 몇 번을 더 말씀드린 끝에 수락하셨다. 나는 선생님의 강연 역시 당신의 글과 같으리라 기대했다. 온화하고 부드러운 말씀으로 자신의 이야기를 통해 운동가들을 성찰하게 할 것이라고 기대했다.

결론부터 말하면 그런 내 기대는 어긋났다. 키도 그리 크지 않으신 분이, 목소리도 그리 크지 않으신 분이 마이크를 손에 잡고 하신 말씀은 글과 달리 아주 강력한 메시지를 직접 전달하시는 것이었다.

"자기 운동영역 중심의 사고는 편협하고 부정적인 영향을 끼칩니다. 수많 은 단체가 자신이 좀더 강한 존재가 돼야 한다는 생각을 가지고 있습니다. 연 대는 물처럼 자기보다 약한 쪽과 해야 합니다. 강한 쪽과의 연대는 연대가 아 니라 추종입니다. 보다 진보적인 단체와 덜 진보적인 단체가 연대할 경우 누 가 더 양보할 수 있습니까? 덜 진보적인 단체는 양보할 것이 없습니다."

강연을 다 듣고, 글과 다른 분위기의 말씀에 나처럼 다른 사람들도 당황하 지는 않았을까 걱정하는 순간, 누군가 '이건 운동의 리더들이 들어야 하네' 하는 혼잣말이 들려왔다. 다들 집중해서 듣고 있었던 것이다. 그 혼잣말은, 편협하고 부정적인 영향을 끼치는 자기 운동영역 중심의 사고가 우리 운동 내부에, 그것도 주요한 단체나 리더 들 내부에 있다는 지적처럼 들렸다.

강연의 주제는 연대에 관한 것으로 연대의 방식과 그 근본철학을 담고 있 었다. 자신을 강철처럼 키우려는 존재론적 방식이 아니라 일하는 타인과의 관계를 탄탄히 하는 관계론적 방식으로 전환하라는 메시지에는 운동의 패권 적 발상에 대한 강력한 경계가 있었다. 운동 목표의 근본에 대한 성찰을 강력 히 주문하셨던 것이다. 어느 단체도, 어떤 운동도, 어떤 사람도 꼬집지 않았 지만 모든 단체를, 모든 운동을, 모든 사람을 꼬집는 것이기도 했다.

강연 도중에 해주신 글씨 이야기도 기억에 남는다. 글자 하나하나의 모양이 아니라 글씨 전체의 균형과 미를 보신다는 말씀, 못생긴 글자 하나하나가 모여서 의미 있는 전체를 이루는 과정과 생각에 대한 설명은 잊히지 않는다. 잘나고 능력 있는 사람들이 모여 무언가를 이루는 것이 아니라 정말 여러 모습의 사람이 모여 하나의 아름다운 공동체를 이룬다는 생각을 하게 되었으니 글씨가 그냥 글씨가 아닌 셈이었다.

그날 강연에 대한 내 나름의 해석은 '버리면 얻는다' 였다. "덜 진보적인 단체는 양보할 것이 없다"는 말씀은 양보할 것이 없는 단체, 버릴 내용이 없는 단체라면 나눌 것도 없다는 생각을 절로 들게 했다. 결국 단체의 명망과 성취에 대한 욕심을 버리면 버릴수록 얻을 것이라는 믿음과 확신이었다. 실제로 80년대와 90년대를 지나면서 여러 단체에서 일했지만 언제나 자신이 일하는 조직에 대한 헌신과 열정을 표현하는 방식은 자신의 조직을 확대하고 그 조직을 중심으로 자원과 사람을 모으는 것이었다. 그 과정에서의 경쟁은 같은 목표를 가진 많은 사람들에게 상처로 남는 것이기도 하였다는 점에서, 선생님이 강연 끝머리에 전해주신 "군자君子는 화이부동和而不同이고 소인小人은 동이불화同而不和"라는 말씀은 가슴에 새길 만한 것이었다.

선생님이 쓰시는 글과 사뭇 다른 분위기와 논조의 말씀은 글을 대했을 때의 기대와는 다른 것이었지만 메시지는 같았다. 부드러움이나 온화함이 느껴지는 글이나 단호하고 강한 톤의 말씀이나 결국 나를 돌아보게 하였다.

그 후로도 성공회대 운동장에서 선생님을 간간이 만나 뵙지만 특별히 많은 얘기를 나눌 기회는 없었다. 그저 뵙고 인사하고 공 차고 또 돌아갈 뿐이다. 간혹 연구실로 찾아뵙고 내어주시는 차 한 잔 마시고 돌아오는 것이 전부지만 선생님의 글과 말을 통해 이미 많은 이야기를 들은 셈이다. 선생님의 글과 말을 통해 갖게 된 자기경계와 자기성찰에 대한 각성을 견지할 수 있느냐가 내게 숙제처럼 늘 남아 있기를 바랄 뿐이다.

디지털 글꼴 '엽서체' 개발 이야기 ✤

김민 | 국민대 디지털미디어디자인학과 교수·디지털 글꼴 '엽서체' 개발

2004년 5월 9일

드디어 신영복 교수와의 회동 일자와 장소가 결정되어, 오늘은 오랜만에 본가에 내려가 아버님께서 그 동안 한 권도 빠짐없이 모아놓은 교수님의 저서들을 가지고 왔다. 아버님께서는 "가문의 영광으로 생각하여 최선을 다하길 바란다"고 격려해주셨으나, 결혼 초기부터 틈만 나면 『감옥으로부터의 사색』이 필독서라 강조해온 집사람은 "그러기에 미리미리 읽어두시지……"라며 말꼬리를 흐렸다. 교수님을 뵙기 전에 이 많은 책을 다 읽을 수 있을지 제법 부담스럽다.

2004년 5월 13일

손글씨를 복원하여 디지털 글꼴로 제작하려는 아이디어를 교수님이 이해 못 하시거나 반대하시면 큰일이다. 지면으로만 접했던 교수님은 오랜 기간

경외의 대상이었기에 은근히 걱정이 된다. 과연 어떤 성품이실까. 완고? 보수? 고지식?

정치범으로서 20년 암묵의 세월을 견디어내셨으니 예사로운 분은 아님이 틀림없다.

2004년 5월 14일

혹시라도 늦을까 잔뜩 긴장하여 약속 시간 15분 전에 도착했으나 공교롭게도 약속 장소인 전통 찻집은 내부수리 중이었고, 이미 도착하신 교수님은 길가 나무 그늘에 서서 기다리고 계셨다. 본의 아니게 결례를 하였다는 죄스러운 마음에 잰걸음으로 달려가 허둥지둥 인사를 드렸다. 한 꾸러미의 화선지를 품에 안으시고 부드러운 미소로 반갑게 맞이해주신 교수님의 첫인상은 오월의 인사동 거리와 같은 편안함이었다.

옥중서간 원본을 제공해주시는 일과, 추후 상용화될 수 있다는 점에 대해 반대하실지 모른다는 걱정 때문에 며칠 밤을 설쳤으나, "누군가 해야 할 좋은 일 시작하셨습니다. 제 글씨도 기대가 되는군요"라는 교수님 말씀에 그동안의 걱정을 일순에 떨칠 수 있었다. 천만다행이었다. 교수님과 이야기를 나누는 동안 명색이 대학교수인 나는 강의를 듣는 학생과 다름없었다. 20년 징역살이를 진정한 대학시절이었다고 스스럼없이 표현하시는 교수님께서 미장, 목공, 재단, 봉제, 제화, 한시, 서예, 그림 그리고 컴퓨터를 활용한 그래픽디자인에 이르기까지 다방면에 해박하신 것은 놀라움 그 자체였다. 천상병 시인의 육필 복원작업이 마무리되면 연락하라는 말씀을 끝으로 교수님과 헤어졌는데 두 시간 남짓 잔뜩 긴장했던 탓인지 와이셔츠 밖으로 땀이 배어나올 지경이었다.

잊어버리기 전에 교수님께서 일러주신 것을 써놓아야겠다.

바다: 세상의 모든 것을 받아들인다는 뜻, 그림: 그리워한다는 것, 삶: 사람의 준말.

2005년 8월 10일

천상병 시인의 육필 복원과 디지털 글꼴 제작 및 디지털 글꼴에 의한 유고 시집 디자인과 출판 등 정신없이 지내다가 1년이 훌쩍 지난 오늘에서야 인사동에서 교수님을 다시 만나 뵙게 되었다. 오늘은 교수님의 열혈 추종자인 집사람을 동반하였다. 겁 없는 아내는 교수님과 마치 구면인 것처럼 조잘조잘 말도 잘했다. 대부분의 대화 내용은 '청구회'에 관한 것이었는데 나는 오늘도 역시 경청하는 자세로 앉아 있을 수밖에 없었다. 작년에 벼락치기로 짧은 시간에 여러 권을 읽기는 하였어도 저런 대목은 없었던 것 같은데 솔직히 자신이 없었다. 어설프게 대화에 끼어드는 것보다는 차라리 과묵한 캐릭터를 유지하는 것이 상책이라는 생각이 들었다. 집에 돌아오는 길에 아내에게 교수님이 어렵지 않았는지, 도대체 『감옥으로부터의 사색』은 몇 번이나 읽었는지 넌지시 물어보았다.

"청구회 소년들과의 일화를 읽어보면 교수님의 따뜻하고 섬세한 성품을 알 수 있어. 예전부터 친근한 이미지가 있었고, '청구회의 추억'은 증보판에 실린 것이기 때문에 당신이 아버님으로부터 빌려 읽은 옛날 책에는 그 일화가 소개되지 않았답니다."

교수님과 헤어진 후의 귀갓길은 언제나 탈진 상태가 된다.

2005년 8월 19일

오늘 이후 본격적인 복원작업이 시작된다.

1968년 음력 생일에 구속되어 정확히 20년 후 음력 생일에 출감하신 기록은 그 어떤 영화보다도 극적이다. 강산이 두 번 변한 기간에 가족과 지인 들에게 또박또박한 글씨로 보낸 편지들은 분실된 단 한 장을 제외하고는 모두 소중하게 보관되어 있었다. 돌베개에서 2003년 출판한 영인본『엽서』를 꼼꼼히 살펴보고 이메일로 부탁드렸던 18장의 서신 원본을 오늘 교수님으로부터 직접 받았다.

1983년 5월 대전교도소 시절부터 1987년 10월 전주교도소 수감 당시의 서신만을 대상으로 18장을 선별했던 것은 원고의 상태가 양호했던 이유도 있었지만 수감 초기의 60, 70년대에 비해 글씨의 모양새가 단아했기 때문이다. 사형선고와 무기징역. 긴 세월 동안 자유를 빼앗긴 중년 남성의 글씨체로 보기에는 믿기 어려울 정도로 섬세하여 아리따운 여성의 글씨와 같은 느낌마저 들 정도였다. 교수님이 즐겨 쓰시는 '처음처럼'이나 '더불어 숲'과 같은 힘이 넘치는 붓글씨 서체〔民體〕와는 사뭇 다르다. 초기의 서신에서는 전형적인 펜글씨 서체처럼 세로획의 시작 부분이 꺾이거나 받침자가 빠르게 흘려 쓰인 특성이 보였다. 70년대의 서신에서는 낱자들의 축이 일정치 않고 자간과 행간이 불규칙하여 다소 불안정한 느낌이 들었으나, 80년대 중반 이후의 글씨는 손글씨라 하기에는 너무도 정연하여 감탄을 금하기 어려웠다. 특히 '맞춤'과 '여백'의 시각으로 지면 전체를 보면 더욱 그러하다. 필체를 분석하던 중에 문득, 초기의 불안정감과 말기의 안정감은 교수님의 내재된 감정이 글씨에 배어나온 결과가 아닐까 하는 생각이 들었다. 사람은 누구나 나이, 필기구, 글 쓰는 상황, 내용 등의 요인들에 의해 필체가 조금씩 바뀌는데 그 중에서도 쓰는 이의 감정이 모양에 가장 큰 영향을 준다. 빼곡히 쓰인 수많은 글자 중에서 단 한 자도 틀리거나 수정된 자국이 없으며, 지면의 어느 곳에도 불필요한 공간이 남아 있지 않은 특징 또한 눈여겨볼 필요가 있다. 혹시 당시의 철필 서체는 스스로를 엄하게 관리하여 기약 없는 무기징역살이에 흐트러

짐 없도록 하는 심강함의 또 다른 면은 아닐는지.

"오늘은 다만 내일을 기다리는 날이다. 오늘은 어제의 내일이며 내일은 또 내일의 오늘일 뿐이다"고 1969년 남한산성의 육군교도소에서 쓰신 글씨를 유심히 보고 있으면 당시 교수님 심정을 조금이나마 느낄 수 있다.

2005년 8월 23일

고해상도로 18장의 원본을 스캔 받는 작업이 끝났다.

편지 「여름 징역살이」의 서체를 '엽서체'의 기준으로 삼아, 이 서신에서 중복된 글자를 제외한 180자의 낱자들을 추릴 수 있었다. 작업의 제1단계는 원고를 스무 배 이상으로 스캔 받아 고해상도 데이터로 저장하며, 첫 글자 '가'부터 마지막 글자 '힝' 자까지 발굴하는 일이다. 사용 빈도가 높아 중복되는 글자들은 기준에 가장 근접한 글자만을 선별하고 나머지 글자들은 없는 글자들로 변환하는 것에 사용된다. 예컨대 여러 번 등장하는 '가' 자들 중에서 가장 보편적인(크기, 굵기, 기울기의 측면) 하나만을 선택하고 나머지 '가' 자는 사용 빈도가 낮아 찾을 수 없었던 '갸'와 '걔' 등으로 탈바꿈시키는 작업이다.

2005년 9월 4일

'꽃순이'로 시작하는 1983년 7월 14일자 원본 서신에서 13자를 찾아낸 것을 끝으로 총 728자를 발굴하는 성과를 얻었다. 기업과 단체의 정체성을 표현하기 위한 CI(Corporate Identity) 디자인 시스템 개발작업에서 사용 빈도가 높다고 하는 400자 내외의 전용 서체를 개발하는 것이나, 천상병 시인 육필 복원작업 당시에 찾아낸 424자에 비하면 훨씬 양호한 조건에서 시작할 수 있었다. 26글자의 알파벳과는 달리 우리 한글은 2,350자로서 한 벌의 폰트가 되는데 이를 완성형폰트라 한다. 자모음이 조합될 수 있는 모든 경우의 수를 포함한 11,172자의 유니코드 폰트는 조합형이라 하는데 손글씨 복원 폰트는 완성형 방식을 통해 제작된다. 원고에서 발췌할 수 있었던 글자를 제외한 나머지 글자(1,622자)들은 엄밀한 의미에서 교수님이 직접 쓰신 것은 아니다. 예를 들어 원본에서 찾을 수 없었던 '껏'자의 경우, 초성 'ㄲ'과 '엇'의 구조를 지닌 발췌 글자들 중 굵기와 기울기가 유사한 글자를 추려 조합하는 방식으로, '껍'자의 경우 ㄲ을 '것'자의 'ㄱ'과 교체하여 누락 글자 하나하나를 완성해갔다.

껍 + 것 = 껏

태 + ㄱㅚ = 퇘

2005년 11월 1일

누락 글자들의 자모음 집자와 변환과정을 거쳐 전체 2,350자를 모두 완성하였다. 내일부터는 보정작업이 시작되는데, 이 과정에서는 각 글자마다 미세한 차이가 있는 굵기, 기울기, 크기 등을 글꼴의 기준에 맞추어 조정하게된다. 집자와 보정작업은 제아무리 뛰어난 컴퓨터 기술이라 하여도 아직까지는 사람의 감각을 따라오지 못하기 때문에 제작자는 시간과의 지루한 싸움을 감내해야만 한다. 주위에서는 내가 학생들을 동원하여 이 작업을 진행했을 것이라고 추측하는 경우도 있는데, 모듈화할 수 없는 육필서체만의 특징 때문에 오직 혼자서 전체를 다루어야만 가능한 일이었다. 솔직히 작업 도중에

'도대체 이 일을 내가 왜 시작했을까' 하는 후회도 종종 했지만, 그럴 때마다 폰트가 완성된 후에 자판을 두드리면 튀어나올 '엽서체'를 보는 재미를 상상하며 스스로를 독려하곤 했다.

2006년 1월 17일

집자, 변환, 보정 등의 과정은 포토샵 프로그램에서 진행되며, 마지막 단계에서는 폰토그라퍼라는 소프트웨어를 사용하여 픽셀이 아닌 벡터 형식으로 완성된다. 이 단계에서 최종 작업을 마치게 되면 비로소 자판을 통해 교수님이 옥방에서 쓰신 아날로그 글씨를 '엽서체'라는 디지털 글꼴로 불러올 수 있다. 이제 대부분의 작업이 끝났고 내일부터는 영문자와 아라비아 숫자를 비롯한 각종 문자 기호의 굵기와 크기 조정 및 최종적인 벡터 파일에서 수정·보완과 문장에서의 테스트 등을 남겨놓고 있다. 아마도 신학기 전에는 교수님께 선을 보일 수 있을 것 같다.

2006년 2월 26일

설레는 마음으로 교수님께 '엽서체'를 선보였다. 작년에 완성한 천상병 시인의 '귀천체'에 대한 평가는 미망인 목순옥 여사가 대신하셨기 때문에 그다지 긴장감이 없었으나 이번만큼은 원작자이신 교수님의 반응이 궁금하여 다소 걱정이 되었다. 영상자료에 의한 약 15분 동안의 발표가 끝난 직후, 교수님의 평가는 "수고에 감사는 드리지만 왠지 어색해"라는 B학점이었다. 어차피 상업적 목적으로 시작한 일이 아니어서 금전적인 손해를 보지는 않겠지만 원작자가 만족하지 못한다면 그 동안의 고생이 수포로 돌아감은 물론, 3탄으로 준비하고 있는 윤동주 시인의 육필원고 복원작업의 의미까지 재고해야 될 심각한 상황이었다.

내 눈에는 원본과 폰트에 의해 타이핑 된 텍스트가 거의 같게 보이는데, 교수님께서 부자연스럽다고 하는 '2% 부족'의 원인은 도대체 어디에 있는 것일까.

2006년 3월 5일

'2% 부족'의 문제를 해결할 수 있을지…….
아무런 대안 없이 날짜는 무심히도 지나간다.

2006년 3월 9일

국민대학교에서 열린 신영복 교수님의 특강에 참석했는데 그 자리에서 '2% 부족'의 원인을 찾을 수 있었다. '관계론'과 '존재론'의 차이점을 설명하시던 교수님께서는 서예를 예로 들어, "획 하나하나는 상호 끊임없이 연동하여 글자가 되며, 한 글자 한 글자는 서로 보완하여 단어와 행을 이루고, 행은 행을 보완하여 연을 만들어 마침내 화면 전체가 조화로운 균형으로 완성된다"는 말씀을 하셨다. 디지털 기술에 의존한 손글씨 폰트가 자필에 비해 어색할 수밖에 없다는 점을 깨달은 순간이었다. 모든 낱자가 정해진 기준과 틀에 맞추어지고 정형화된 디지털 글꼴이, 상황에 따라 유연하게 달라지는 아날로그 손글씨에 비해 우수하다면 그것은 인간이 기계보다 열등하다는 논리가 성립되므로 '2% 부족'은 너무나도 당연한 귀결이었다. 우리가 손으로 글을 쓸 때 '가족'의 머리글자 '가'와 '나무가 있다'의 토씨 '가'의 모양새와 크기는 달라지기 마련이다. 그러나 폰트에서는 항시 동일한 글자 '가'만을 제공하기 때문에 관계의 조화로움은 애초부터 부재했다는 점을 알게 된 후,

내 마음은 한결 가벼워졌다. 교수님 강의 중의 '화이부동' 和而不同은 디지털과 아날로그의 차이점까지 명확하게 구분 지으며 내게 다가왔다. 모르는 것을 알아가는 과정은 고통스럽기는 해도 깨달은 순간은 커다란 기쁨으로 넘치게 된다. 아날로그의 정취가 디지털의 기세에 밀려 뒷전에 놓이는 것을 우려하여 시작한 일임에도 불구하고, 단지 고생했다는 이유만으로 디지털 글꼴의 한계를 선뜻 인정하지 않았던 일이 부끄럽게 느껴졌다.

최고의 디지털 기술은 디지털 같지 않은 것이다.

2006년 3월 30일

집자, 변환, 보정 등의 인위적 과정을 거친 손글씨 복원 글꼴 '엽서체'가 2% 부족한 것인지, 아니면 2%만 재현한 것인지에 대한 판단은 원작자나 폰트 제작자가 아닌 이 글을 읽는 독자들에게 맡기려 한다. 단지 바라는 것이 있다면 앞으로도 '엽서체'와 같이 개성 있는 손글씨 서체가 끊임없이 복원되고, 아름다운 손글씨 디지털 글꼴이 많이 창작되어 디지털 환경에서 사랑받았으면 하는 것이다.

높지도 거세지도 않은,
그러나 도도한 장강처럼 흐르는 ✦

김은정 | 『전북일보』 정치부장

2005년 3월 15일 햇빛은 눈부셨으나 바람은 차가웠다. 성공회대 신영복 교수와의 인터뷰가 있는 날이었다. 지하철 온수역에서 성공회대까지는 걸어서 10분 거리. 봄빛 닮은 젊은이들의 환한 웃음으로 가득 찬 대학 교정은 찬바람 대신 활기가 넘쳤다.

대학 정문에서 가장 가까운 새천년관 6층에 있는 그의 연구실은 넓지도 좁지도 않았다. 짧지 않은 기자 생활 탓에 이미 인터뷰는 일상이 되다시피 했지만 그날의 인터뷰는 특별했다. 세상을 변화시키는 진정한 힘을 깨우쳐주었던 그의 글에 대한 감동 때문이었던 것 같다.

단아한 인상의 신 교수는 단호하고, 섬세하면서도 명쾌한 논리로 고전을 이야기하고 현실과 시대를 분석했다. 인터뷰를 위한 두 시간은 결코 짧다고 할 수 없었으나 금세 지나간 것만은 확실했다.

그날 인터뷰는 신 교수의 『강의』 출간을 기념한 지역 순회강연의 전주편을 내가 몸담고 있는 신문사가 후원하게 되면서 기획된 것이었다. 신 교수의

『강의』는 이미 수많은 독자들의 일상적 삶과 정신을 일깨우는 통로가 되어 있던 즈음이어서 전주강연회 또한 지역 독자들에게 가슴 설레게 하는 만남이었다.

고전의 반열에 오른 중국 춘추전국시대 제자백가들의 사상을 되새긴 책 『강의』는 고전에 대한 훈고학적인 탐구나 그 경전 자체에 대한 해석에 머무르지 않는다. "고전으로부터 현실을 읽고 성찰하며 미래를 재조명하는 것." 신 교수가 고전독법을 하는 이유는 그대로 독자들에게도 전달된다.

어지러운 시대에서일수록 현실을 직시하고 성찰하는 지혜가 요구되어서일까. 신 교수의 고전독법은 그 동안의 그의 저서가 그랬듯이 넘치지 않으나 결코 멈추지 않는 장강처럼 도도하게 독자들을 끌어들이고 감화시켰다. 좀체 외부 강연에는 나서지 않는 신 교수가 지방강연을 계획했었던 것도 더 이상 독자들의 열망을 비켜갈 수 없었기 때문이었을 것이다.

그는 전주와 인연이 깊다. 20년 복역의 마지막 시기인 2년 6개월을 전주교도소에서 보낸 신 교수에게 전주는 교도소 생활의 연상으로 기억되고 있었다. 그러나 그것은 어둡기보다는 새로운 삶의 출발을 연상케 하는 밝은 기억으로 남아 있는 듯했다.

"전주교도소 정문 바깥의 눈부신 햇빛과 가족친지들의 반가운 얼굴은 지금도 잊을 수 없습니다. 전주교도소에서 곧바로 향했던 서해안 바닷가 그리고 서울로 향하는 고속도로의 질주. 전주는 설렘으로 남아 있는 공간이지요. 전주 강연 역시 그렇습니다."

전주 강연 길에는 신 교수와 복역했던 장기수 할아버지들과 만남이 예정되어 있었다. 출소 후 한 번도 만나지 못했던 그리운 사람들이다.

그는 전주교도소에서 감옥살이를 정리했다. 1968년 통혁당 사건으로 구속되어 무기징역을 선고받고 복역한 지 20년 20일. 1988년 8월 15일 특별가석방으로 출소했다.

"전주교도소에서의 생활은 나의 20년을 돌이켜보는 계기였어요. 많은 사람들의 도움도 받았죠. 그곳에 있는 동안 무기수들의 사회참관 프로그램이 있었는데 전주여고 동문들이 참여하는 봉사회의 초청으로 외출했던 것이 생각나는군요."

신 교수는 전주 강연이 많은 사람들의 도움에 대하여 감사하는 마음도 되살리고 감옥에서 깨달았던 소중한 반성들을 다시 한번 되살리는 계기가 될 것이라고 말했다.

짧지 않은 인터뷰 시간 동안 가장 인상 깊었던 것은 늘 사람과 사람의 관계를 주목하는 그의 가치관이었다. 신 교수가 펴낸 모든 책들 역시 관계론에 긴밀한 뿌리를 내리고 있다. 절망도 희망도 결국은 사람으로부터 오는 것이라고 말하는 신 교수는 사회모순의 구조 또한 사람들의 관계에서 비롯된다고 명쾌하게 정리했다.

"결국은 사람입니다. 서로를 일으켜 세워 '더불어' 살려는 사람. 나무 한 그루 한그루가 모여 숲을 이루듯이 '더불어' 체온을 느끼고 함께 사람다운 삶을 애써 살아가려는 사람들, 그것이 희망 아니겠습니까. 모든 기쁨은 사람에게서 옵니다."

그런데 이야기를 듣다보니 문득 신 교수의 의지가 우리 사회의 난마를 푸는 해법으론 너무 추상적인 것은 아닐까 하는 생각이 들었다.

"긴 역사 속에서 보자면 10년이나 20년쯤은 짧은 기간입니다. 보통 사람들은 집을 그릴 때 지붕부터 그리지요. 하지만 제가 감옥에서 만난 목수는 기단부터 먼저 그리고 기둥과 지붕 순으로 그리더군요. 그가 그린 그림이 완성될 때까지 나는 그것이 집이라고 생각하지 못했습니다. 이것이 현실입니다. 삶이고 세상이지요."

그는 이 대목에서 희망을 이야기했다.

"희망을 준비하는 사람들은 바다를 닮았으면 좋겠어요. 가장 낮은 곳에서 세상 모든 것을 다 받아들이는 바다처럼 스스로를 낮춰 많은 것을 받아들이고 연대하고 확산하면서 희망을 가다듬고 키워나가는 것. 세상이 혼탁할수록 이론은 좌경적으로, 실천은 우경적으로 하는 것이 좋을 것 같아요."

인터뷰 도중 신 교수가 들려준 '여름징역' 이야기는 다시 사람과 사람의 관계를 생각하게 했다. '여름징역'은 그가 옥중에서 세상으로 내보낸 편지 중에도 들어 있다.

"없는 사람이 살기는 겨울보다 여름이 낫다고 하지만 교도소의 우리들은 차라리 겨울을 택합니다. …… 여름징역은 바로 옆사람을 증오하게 한다는 사실 때문입니다. 모로 누워 칼잠을 자야 하는 좁은 잠자리는 옆사람을 단지 37℃의 열덩어리로만 느끼게 합니다. …… 자기의 가장 가까이에 있는 사람을 미워한다는 사실은 매우 불행한 일입니다."

그랬다. 감옥 안의 '여름징역'처럼 세상 도처에서는 인간에 대한 증오와 갈등이 풍경이 되어 펼쳐지고 있는 것이다. 이 갈등과 증오를 치유하는 방법은 없을까.

"지향점이 분명하지 않은 논란과 주장들의 팽팽한 대립 속에서 많은 사람이 고뇌에 빠져 있어요. 논란이 합의점을 찾아나가는 과정이라면 창조적 생산적 진통이겠으나 그런 것 같지도 않고요."

신 교수는 고통은 괴로운 현재보다 전망이 보이지 않을 때 온다고 말했다.

"이럴 때는 좀 멀리 보는 시각, 긴 호흡이 필요합니다."

그와 이야기하다보니 우리 사회가 통합을 향해 나아갈 수 있을지 궁금했다.

"먼저 갈등의 이유에 대한 자각이 있어야 해요. 봉합하려는 노력에 앞서 무슨 병인가를 밝혀내는 작업이 선행되어야지요. 제가 보기엔 정파 간 입장

차이나 자본가와 노동자의 대립, 보혁대립, 냉전논리 등이 현재 우리 사회의 모순구조를 설명해주지는 않습니다. 지역갈등 같은 것은 일종의 부수적인 것에 불과하죠. 은폐된 우리 사회 갈등구조의 뿌리를 드러내야 합니다. 그런 다음에야 치유에 들어갈 수 있습니다."

신 교수는 그런 일을 할 수 있는 신뢰받는 집단이 형성되어야 한다고 말했다.

"정치인도, 전경련도, 시민운동도, 노동자도 그 집단이 되기 어렵지요. 양심적 신뢰집단을 만들어내야 합니다. 쉽지는 않겠지만⋯⋯."

이쯤해서 신 교수로부터 들은 감옥 이야기를 짚고 넘어가지 않을 수 없다.

감옥에 들어간 것이 스물여덟 살, 바깥세상으로 나온 것이 마흔여덟 살. 30대와 40대의 절반 이상을 감옥에서 온전히 갇혀 보냈지만 그는 교도소에서의 삶을 아픈 과거로만 껴안고 있지 않다.

"우리사회의 모순 구조를 이론적이고 관념적으로 해석하고 추구하려 했었음을 교도소에 들어가서 비로소 확연하게 깨달았습니다. 교도소는 사회의 모순을 가장 집약적으로 보여주는 곳이지요. 그곳에 있는 사람들을 통해 처절한 삶의 현장을 만나는 일은 저에게 또 다른 배움의 시간이었습니다. 외롭고 혹독하긴 하지만 우리가 처해 있는 암울한 현실과 시대를 체험하고 배우는 소중한 계기였지요."

수많은 책을 읽으면서도 그에 못지않게 사람들의 이야기를 경청하려 했다는 그는, 교도소 생활 20년까지도 '대학시절'로 규정한다. 그의 말을 빌리자면 "대전교도소는 '대전대학시절', 전주교도소는 '전주대학시절'" 같은 것이다.

"희망은 늘 사람에게 있습니다. 우리들의 기쁨과 아픔은 대부분이 관계로부터 옵니다. 지혜도 능력도 개인의 내부에 축적되는 것이 아니라 관계로부터 오는 것입니다. 사람과 관계에 주목하는 일은 그래서 매우 중요합니다. 자신의 존재에 집착하지 않고, 다른 사람을 배타하면서 자신의 능력을 쌓아가려 하지 않는다면 사회의 모순은 치유될 수 있습니다."

우리들 속의 존재론을 반성해야 한다는 신 교수는 '실천적 관계론으로서의 연대가 곧 희망이고, 그것은 운동론에 그치지 않고 삶의 철학으로 이어져야 한다'고 말했다.

전주강연회에 앞서 기획된 인터뷰였던 만큼 '전주'에 대한 그의 생각이 궁금했다. 뜻밖에도 일본 '가나자와'의 이야기부터 돌아왔다. 가나자와는 전통문화도시로 가기 위해 도시 발전의 전략을 모색하고 있는 '전주'가 큰 호감과 관심으로 주목하고 있는 도시이기도 했다.

신 교수는 자본주의에 종속된 문화의 폐해를 털어낸 '가나자와'의 현명한 선택을 통해 전주의 갈 길을 제시했다. 인구 45만 명의 작은 도시 가나자와로부터 받은 인상이 깊은 듯싶었다. 가나자와 시민들이 갖고 있는 '자부심'과 가나자와 대학이 중심이 된 '내발적 발전'을 전주와 같은 도시가 주목해줄 것을 부탁했다.

"이 도시는 외부수혈을 거부합니다. 가나자와에서는 쉽게 외부 자본을 끌어들이지 않습니다. 가나자와에는 '지점'이나 '지사'라는 간판을 찾아보기 어렵지요. 도시의 회사들은 거의 '본사회사'예요. 우리나라 지방 도시들처럼 레저시설이나 대기업 지점 등을 유치하려고 앞 다투어 나서지 않지요."

그가 소개한 내발적 발전의지 또한 자기 것을 뒤돌아보는 '성찰'의 힘으로부터 얻어지는 것이라는 생각이 들었다. 내발적 발전은 물론 지역 단위의 경제적 자립을 토대로 하고 있지만 궁극적으로는 경제보다는 '삶'을 지키려는 지극히 인간적인 철학을 지향하는 것이라고 그는 강조했다.

"근대화의 물결 속에서 넓혀졌던 도로를 다시 좁은 도로로 회복시키는 작업, 그래서 도시의 중심으로 물이 흐를 수 있도록 도시 환경을 바꾸어놓는 이

도시의 힘이 놀라웠습니다. 그 힘은 도시가 지닌 문화적 전통과 주민들이 갖고 있는 자긍심에 있는 것이 아닐까요."

우리나라에도 가나자와 같은 도시가 있을까를 생각해보니 경주나 전주 정도이지 않을까 싶었단다.

"가나자와 같은 도시는 전주가 더 가능성이 있지 않을까요." 신 교수가 내린 답이다. 전주가 든든한 지원자를 얻은 것이 분명했다.

신 교수는 인터뷰 말미 다시 '고전'으로 돌아갔다.

그에게 동양고전은 바로 관계론적인 철학을 이끌어내고 과거의 중요한 가치를 일깨워주는 그릇이다. 관계론은 그가 강조하는 고전독법의 관점이자 20여 년 수감생활 중 4~5년 독방시절, 면벽명상의 추체험 시간을 통해 얻은 결론이기도 하다. 저서 『강의』 역시, 고전의 재조명이면서 동시에 미래에 대한 모색이다.

"미래는 과거로부터 옵니다. '오래된 미래'의 의미가 그렇지요. 그런데도 오늘날 한국사회의 담론들은 미래로부터 강물이 흘러오는 것에 맞추어져 있습니다. 변혁의 물결이 외부로부터 오는 것처럼 인식되는 상황은 안타깝습니다. 이런 생각은 식민주의적인 인식구조, 종속사회의 의식구조입니다."

과거는 짐이지만 그것과의 끊임없는 대화가 곧 미래를 여는 지혜가 된다고 신 교수는 말했다.

"과거는 망각되지 않아야 합니다. 그것은 현실을 있게 한 바탕이고 그것의 축적 위에 미래가 오기 때문입니다. 과거를 잊어버릴 수 있는 것은 지혜이고, 잊지 않는 것은 용기지만 우리에게 필요한 것은 용기입니다."

출소한 지 20여 년. 여러 권의 저서를 통해 많은 사람들에게 맑은 성찰과 깊은 사색이 가져오는 아름다운 가치와 힘을 전해주는 신 교수의 글쓰기는 우리에게 어떤 의미로 안겨 있는가.

"미셸 푸코처럼 나의 글은 '완고한 권력구조를 깨트리기 위한 연장통'은 아닙니다. 다만 우리의 삶을 반성하고 현실과 시대를 재조명하는 작은 거울이기를 바라지요."

신 교수는 너무 소박한 소망이라고 했지만 우리는 안다. 자본주의의 거대한 물결 속에서 화려한 상품미학으로 치장한 생산품들의 생명이 얼마나 짧고 부박한 것인지를. 거기에 비하면 오래되고 낡은 것, 소박한 것들이 지닌 생명력과 힘이 얼마나 큰지를.

처음처럼 ✦

손혜원 | 크로스포인트 대표·홍익대 산업미술대학원 교수

'처음처럼'은 필자 좌우명으로 꽤 오랫동안 휴대폰 초기화면을 장식하고 있었다. '처음처럼'이 『감옥으로부터의 사색』을 쓴 신영복 선생님 말씀인 줄은 나중에서야 알았다. 새로운 소주 브랜드를 준비하면서 여러 가지 후보 안을 준비했지만 '처음처럼'을 소주 브랜드에 차용하고 싶은 유혹을 뿌리칠 수가 없었다. 신영복 선생님께 자초지종을 설명드리고 '처음처럼'을 소주 브랜드로 사용할 수 있도록 허락받았다.

그러나 프리젠테이션을 거쳐 막상 브랜드네임이 '처음처럼'으로 결정되고 나니 이런저런 걱정으로 마음이 편치 않았다. 소비재 중에서도 가장 대중적인 제품인 소주에 선생님 말씀과 글씨가 그대로 새겨지는 것이 마음에 걸렸다. 더구나 선생님께서는 "'처음처럼'을 돈을 받고 팔 수는 없다"고 하시며 사례를 일절 고사하셨다. 브랜드가 결정된 며칠 후 '처음처럼' 로고를 소주병에 임시로 붙인 시제품을 들고 성공회 대학을 방문했다. 신영복 선생님을 비롯한 여러 교수님이 함께 모여 '처음처럼' 시제품을 보았다. 그 자리에서

뭐라고 말하는 사람은 없었지만 소주병을 바라보는 눈길들은 모두 착잡했다.

이틀 후 박경태 사회과학부 교수가 다음과 같은 메일을 보내왔다. '벌써 오래 전 일입니다. 제가 신영복 선생님께 여쭤본 적이 있습니다. 제 마음 속으로 선생님을 우상인 양 모시고 있는데 그래도 괜찮겠느냐고요. 선생님께서는 우상은 좀 그렇고 그냥 등대처럼 생각을 해주면 좋겠다고 하셨습니다. 필요할 때 멀리서 바라볼 수 있는 등대 정도면 괜찮겠다고 말씀해주셨습니다. 저는 선생님을 제 등대로 생각하며 살고 있습니다. 안개가 짙어서 어디로 가야할지 잘 모를 때에 희미한 빛을 보내주는 등대……. 빛조차 보이지 않더라도 낮은 고동소리를 보내주며 조심스럽게 이끌어주는 등대입니다. 저는 신 선생님께서 많은 사람에게 등대가 되어주고 계신다고 생각합니다. ……"

'처음처럼'이라는 말과 글이 신영복 선생님 작품인 걸 많은 사람이 알고 있는데, 혹시 선생님께서 당신 이익을 위해 그것을 팔았다고 남들이 오해하게 되면 선생님께 누가 되지 않을까 염려하는 내용으로, 선생님을 지극히 아끼고 사랑하는 충정을 담은 메일이었다. 또 제조업체측에 성공회 대학에 어떤 형식으로든 기부를 하게 해서 신영복 선생님이 '처음처럼'을 내어주신 순수한 마음에 대한 보답을 해드렸으면 좋겠다는 구체적인 아이디어도 있었다. 모두들 착잡해하고 있던 부분을 정확히 지적한 것이었고 나름대로 해결방안까지 제시해준 박 교수 제안이 정말 고마웠다.

메일을 받자마자 바로 해당 소주회사 대표를 찾아가 상의했고 내가 받을 디자인 작업비 중 일부와 회사에서 별도로 출연한 금액을 합해서 장학금 1억원을 조성하여 '처음처럼장학금'이라는 명칭으로 성공회 대학에 기부하기로 했다. 2006년 1월 소박한 행사를 준비해서 성공회 대학에 장학금을 전달했고 신영복 선생님은 소주회사 대표께 '처음처럼'이라는 글씨를 정성스럽게 액자로 꾸며 선물하셨다.

바르고 따뜻한 사람들이 좋은 뜻을 가지고 모이면 언제나 사랑과 감동이 넘쳐난다. 소주라고는 한 방울도 마시지 못하는 필자가 소주와 무슨 특별한 인연이 있는지 10년에 걸쳐 여러 차례 소주 브랜딩과 디자인 작업을 했다.

1996년 '참나무통맑은소주'는 회의하던 중 즉석에서 만들었고 98년 '참眞이슬露'는 엿새 만에 만들었다. 2000년 '山' 역시 실제로 브랜드를 만든 시간은 그리 오래 걸리지 않았으며 2004년 증류식 소주 '화요'는 한 달 남짓, 2006년 '처음처럼'은 단 2주 만에 완성했다. 브랜딩 난이도가 가장 높다고 알려진 소주 브랜딩 작업을 매번 짧은 시간에 해결해냈다고 가볍게 이야기를 하곤 했는데 얼마 전 한 후배에게 색다른 지적을 당했다.

실제 작업에 걸린 시간은 짧았을지 몰라도 그 이름을 만들어낸 내 안의 여러 재료는 내가 살아온 시간 만큼, 또 일해온 시간 만큼 숙성되었을 거라는 설명이었다. 그렇다면 '참나무통맑은소주' 42년, '참眞이슬露' 44년, '山' 46년, '화요'는 50년, 그리고 '처음처럼'은 무려 52년 만에 완성되었다는 얘기다.

그저 쉽게 생각해서 간단히 해결했다고만 여겼던 까다로운 브랜딩 작업들에 실제로는 이렇게 오랜 시간이 소요됐다는 사실이 한편으로는 섬뜩하지만, 다른 한편으로 생각해보면 앞으로도 계속 좋은 일을 해낼 수 있는 준비가 돼 있다는 이야기로도 해석할 수 있는 희망적인 지적이라고 생각했다.

그러나 이렇게 오랜 세월을 숙성시켜야만 좋은 결과를 낼 수 있다고 처음 시작하던 그 시절에 누군가 이야기했다면 아마 필자는 이 길을 걷지 않았을 것 같다. 누구라도 그런 힘들고 험한 길로는 가지 않으려고 할 것이다. 그렇지만 언제나 처음 같은 마음으로 살고, 인생의 끝까지 '처음처럼'이란 말을 잊지 않는다면 매일매일의 '처음'들이 쌓여 가치 있는 인생이 될 거라고 누군가 조언한다면, 그것은 한 번 시도해볼 만한 일이라고 누구나 생각할 수 있을 것이다. 바로 이런 관점이 '처음처럼' 브랜드의 설득력이며 불특정 다수에게서 공감대를 불러일으킨 포인트다.

아직도 내 휴대폰 초기화면은 '처음처럼'이다. 인생이 생각한 대로만 진행되지는 않겠지만 항상 처음 생각했던 대로, 처음 약속한 대로, 처음 대한 것처럼, 처음 순수했던 것처럼 살아갈 생각이다. 소주 '처음처럼'에도 이 같은 삶의 이야기가 담겨 있다.

천년의 약속,
'더불어숲' ◆

이승혁 | 유니소니언여행사 실장·더불어숲 회원

감옥 안에서든 바깥에서든 울창한 사람들의 숲을 일궈온 선생님은 루쉰뿐만 아니라, 장 지오노의 『나무를 심은 사람』의 주인공 엘제아르 부피에와도 닮 았습니다. 이 책은 이렇게 시작됩니다. "한 사람이 참으로 보기 드문 인격을 갖고 있는가를 알기 위해서는 여러 해 동안 그의 행동을 관찰할 수 있는 행운 을 가져야만 한다. 그 사람의 행동이 온갖 이기주의에서 벗어나 있고, 그 행 동을 이끌어나가는 생각이 더없이 고결하며, 어떠한 보상도 바라지 않고, 그 런데도 이 세상에 뚜렷한 흔적을 남겼다면, 우리는 틀림없이 잊을 수 없는 한 인격을 만났다고 할 수 있다." 그런데 1989년 4월 이래로 십 수년 간 '잊을 수 없는 인격'을 지켜볼 수 있었던 행운을 가졌던 제가 보기에, 선생님은 부피에 처럼 척박한 땅에 고독하게 나무를 심는 대신, '이 세상에 뚜렷한 흔적을 남 기면서' 더디지만 '여럿이 함께' 사람들의 숲을 일궈오신 것 같습니다.

　'더불어숲'은 1997년 1년간 『중앙일보』에 연재된 해외엽서 모음책 『더불 어 숲』의 제호로 처음 사용한 이래로 우리 모임과 홈페이지 이름으로 사용하고 있는 것 외에, 인제에서 매월 여는 주말학교, 대구의 민간도서관, 인천의 인터넷 헌책방, 성공회대 대학발전후원회, 가수 전경옥이 부른 노래, 화정의 학원, 수원의 화실, 제주의 지역아동센터, 언어논술학원, 연기군 청소년 자원봉사 동아리, 다섯 개의 한의원 네트워크(相林), 포스코건설 환경봉사단, 한양대 장애학생지원센터, 합천의 나무조합, 공무원직장협의회 회보, 아름다운 재단의 이주노동자 기금, 천안 YMCA의 어린이 자연학교 등 이루 헤아릴 수 없이 많이 쓰이고 있습니다. 아마 그 이름이 주는 상징성과 연대감을 공유하고 싶어하는 사람들이 우리 사회에 그만큼 많아졌다는 반증이기도 할 것입니다.

모임 '더불어숲'은 1987년 민주화 투쟁의 결과로 이듬해 20년 만에 8·15 특사로 출소한 신영복 선생님과, 같은 시기에 출간된 『감옥으로부터의 사색』이라는 씨앗이 인간적인 가치를 고민하는 수많은 사람들의 가슴 위에 싹트면서 시작되었습니다. 선생님은 1989년 봄 성공회대에서 강의를 시작한 이후, 글과 붓글씨 그리고 강연을 매개로 우리 사회의 현실을 고민하는 다양한 사람들을 만나게 되고, 1990년 봄부턴 지인들과 매주 북한산 산행을 갑니다. 그후 『중앙일보』에 '세상으로부터의 사색'인 「나무야 나무야」가 연재 중이던 1996년 봄부턴 '목동 파리공원 모임'으로 이어지고, 같은 해 스승의 날엔 이연창 씨가 홈페이지 '더불어숲'을 선생님께 선물하면서 온라인을 통해서도 다양한 곳에서 작은 숲을 일구던 나무들이 만날 수 있게 됩니다. 그러나 본격적인 모임 더불어숲에서의 만남은 인터넷 사용이 활성화되는 시기인 1998년 7월 홈페이지에 게시판이 추가되고 11월엔 온라인에서 만나던 나무들이 모여 철원으로 첫 소풍을 가면서 정기적인 대중모임의 성격으로 전환하게 됩니다. 그러나 모임 더불어숲을 주위 사람들에게 설명하기란 쉽지 않습니다. 때론 신영복 독자 팬클럽이 아니냐는 오해도 있었고 여느 모임처럼 성격이 명확하지 않아서 떠난 사람도 있었지만, 오히려 그래서 더욱 만남의 '과정'을 중시하고 인간적인 만남으로 채워나갈 수밖에 없었지 않나 싶습니다.

홈페이지 더불어숲이 만들어진 지 2006년 5월로 꼭 열 돌이 됩니다. 홈페이지는 몇 번의 이사를 거쳐 1999년 7월 현재의 주소를 마련하고, 또 몇 번의 개보수를 거쳐 2003년 2월 현재의 집으로 단장하게 됩니다. 홈페이지에 '게시판'이 추가된 초기엔 올라오는 글이 그리 많지 않아서 어떤 나무는 업무시간에도 홈페이지를 컴퓨터 창에 띄워놓고 있다가 어쩌다 새로운 글이 올라오면 다른 나무에게 전화를 해서 "누가 글을 올렸으니 게시판을 빨리 읽어보라"고 할 정도로, 디지털 시대에 아날로그 정서로 살아가는 사람처럼 홈페이지에 대한 애정이 넘치던 시절이었습니다. 그러다 1998년 11월부터 정기적인 월모임(소풍)이라는 직접적인 만남이 다시 시작되면서 홈페이지라는 가상공간을 통한 만남만으론 채우기 어려웠던 교감이 현실공간에서의 만남으로 채워지면서 서로에 대한 이해와 공감을 키우게 됩니다. 아마 이즈음부터가 아니었나 싶습니다. 살아가며 느끼는 자신의 생각이나 삶조차도 서슴없이 보여주는 정직한 글들이 홈페이지에 나타나던 시기가.

홈페이지의 글과 사진을 모아 2001년 6월 『나무가 나무에게』라는 책으로 출간하였습니다. 홈페이지 더불어숲과 세상의 첫 접속이었습니다. 이 책의 발문에서 선생님은 "이 책의 출판을 통하여 무엇보다도 사이버공간과 현실공간이 통일되기를 기대한다. 홈페이지는 현실공간에서의 만남을 준비하고 현실공간에서의 만남은 다시 홈페이지에 애정을 불어넣음으로써 가상과 현실이, 이론과 실천이, 이성과 감성이 조화를 이루어갈 수 있기를 바라기 때문이다"고 하셨습니다. 그러나 5년이 지난 지금도 여전히 열린 모임과 운동회 등의 전체모임, 그리고 고전읽기반과 서도반, 축구모임 등의 소모임을 통해서 내적인 역량과 신뢰를 쌓아가기에 급급한 형편입니다.

그러나 돌아보니 '더불어숲'에서의 '만남'은 자본주의가 심화되면서, 뿌리 뽑힌 줄도 모르고 살아가는 우리들에게 인간적인 가치를 키우고 뿌리를 내리는 교실이었으며, 사람들의 숨결 가득한 숲을 지나 느리지만 고향으로 돌아가는 사람들의 발자국으로 이어진 오솔길이었습니다. '더불어숲'에 들면 편안함과 아늑함을 느끼는 나무들이 많고, 적지 않은 위로와 격려를 받고 느슨해진 마음을 곧추세우는 계기가 된다고 합니다. 아울러 우리의 삶이 맺고 있는 무수한 관계망에 눈뜨고 사람들과의 어깨동무 속에서 흔들리지 않는 튼튼한 진지 같은, 따뜻한 가마 같은 '더불어숲'이 되었으면 합니다. 그리고 "우리 더불어 숲이 되어 지키자"는 새 천년의 역사를 시작하면서 선생님께서 우리와 나누고 싶은 약속이었습니다. 그 약속을 '더불어숲'의 벗들과 함께 '천년의 약속'으로 오래도록 키워나가고 싶습니다.